Infancias: políticas y saberes en Argentina y Brasil

ISABELLA COSSE, VALERIA LLOBET,
CARLA VILLALTA Y MARÍA CAROLINA ZAPIOLA
(EDITORAS)

Infancias: políticas y saberes en Argentina y Brasil

Siglos XIX y XX

AGENCIA
NACIONAL DE PROMOCIÓN
CIENTÍFICA Y TECNOLÓGICA

CONICET

Universidad
Nacional de
General
Sarmiento

teseo

Fundación
Centro de Estudos
Brasileiros

UNSAM
UNIVERSIDAD
NACIONAL DE
SAN MARTÍN
ESCUELA DE HUMANIDADES

Buenos Aires
Septiembre de 2011

Infancias : políticas y saberes en Argentina y Brasil : siglos XIX y XX / edición
a cargo de Isabella Cosse ... [et.al.]. - 1a ed. - Buenos Aires : Teseo, 2011.
426 p. ; 20x13 cm. - (Ensayo)
ISBN 978-987-1354-98-6
1. Sociología de la Cultura. I. Cosse, Isabella, ed.
CDD 306

teseo

ÍNDICE

TERCERA PARTE
Bienestar y cuidados: políticas
de infancia, comunidades y familia

CUARTA PARTE
El campo de la "minoridad": entre dispositivos penales y asistenciales

Introducción

Isabella Cosse, Valeria Llobet,
Carla Villalta y María Carolina Zapiola

En las últimas tres décadas, los estudios sobre la infancia se han convertido en un frondoso y potente campo
de investigación que no ha dejado de expandirse y de incorporar nuevos problemas, enfoques y líneas de trabajo.
Desde su mismo origen, tal campo estuvo marcado por el
impacto de la tesis central de Philippe Ariès que descubría
que la infancia era una construcción histórica.[1] En efecto, la
sociología y la historia europeas y norteamericanas se arti-
cularon en torno a la propuesta de la contingencia histórica
de la estabilización de un estatus social distintivo para los
niños, aunque rechazando en general que la "invención"
moderna de la infancia pudiera haber operado sobre un
campo yermo, vacío, en el que los niños fueran considerados de igual manera que los adultos.[2] Con ello, se discutían
las visiones teleológicas que se suponían contenidas en
el planteo inicial de Ariès y se afirmaba la importancia
de dotar de entidad a la pluralidad de formas históricas y
culturales de concebir a los niños o, en otros términos, se
criticaba la equiparación que en los trabajos pioneros se
hacía entre la infancia moderna y la "infancia".

---

[1]   Philippe Ariès, *El niño y la vida familiar en el Antiguo Régimen*, Madrid,
       Taurus, 1987 (1ª edición en francés, 1960).

[2]   Entre las respuestas críticas, véase Linda Pollock, *Los niños olvidados:
       relaciones entre padres e hijos de 1500 a 1900*, México, Fondo de Cultura
       Económica, 1990 (1ª edición en inglés, 1983).

Con estos presupuestos, el campo se organizó alrededor del estudio de los procesos de conformación social, política y económica de la idea del estatuto diferencial de la niñez, así como de los procesos de consagración de la noción de las "necesidades" infantiles. Estas ideas suponen dos afirmaciones centrales. La primera es que la "infancia" no puede ser vista como un descriptor aproblemático de una fase natural. Por el contrario, debe verse como una expresión cultural particular, histórica, políticamente contingente y sujeta a cambios. La segunda es que la manera en que vemos y actuamos respecto de los niños no es inocua. Por el contrario, esa mirada da forma a la experiencia infantil, así como a sus propias respuestas y a su involucramiento con el mundo adulto. En suma, la infancia es común a todos los niños, pero también es una categoría fragmentada por la diversidad de las vidas cotidianas de los niños y las niñas.

A partir de estos supuestos nodales, se organiza un campo denso y complejo de investigaciones y líneas de debate y se multiplican los estudios que enfocan, a nivel microsocial, en la perspectiva de niños y niñas sobre los procesos sociales que los involucran, así como en la propia experiencia infantil. En cambio, en el nivel de los procesos macro o mesosociales, los estudios se han focalizado en las políticas, los discursos y, en términos más generales, en los procesos de construcción social de las categorías de "infancia", de "niñez", y de otras asociadas a ellas, como "menor" y "minoridad".[3]

---

[3]   Véanse entre otros: William Corsaro, *The Sociology of Childhood,* Thousand Oaks, CA, Pine Forge Press, 1997; A. James y A. L. James, *Constructing Childhood. Theory, Police and Social Practice,* Cambridge, Polity Press, 2004; Berry Mayall, *Towards a Sociology for Childhood: Thinking from Children's Lives,* Buckingham, Open University Press, 2002; *Jens* Qvortrup, *Studies in Modern Childhood: Society, Agency and Culture,* Londres, MacMillan Palgrave, 2005; Viviana Zelizer, *Pricing the priceless child: The Changing Social Value of Children,* Princeton University Press, 1994; Allison James and Alan Prout, *Constructing and Reconstructing*

En el contexto latinoamericano, en los años ochenta y noventa del siglo XX, este campo de estudios creció al compás de la preocupación por la vida de los trabajadores y de los sectores populares y del interés por la comprensión de las políticas dirigidas a ellos. Dicha preocupación cobró un renovado impulso a partir de las propuestas y acciones vinculadas con la institucionalización de los derechos de niños, niñas y adolescentes y las singularidades de las dinámicas familiares latinoamericanas, caracterizadas por la diversidad de formas de organización y de tradiciones culturales y sociales. En ese marco, comenzó a despuntar en nuestro país un campo de estudio que se encuentra en proceso de sustanciación y expansión desde entonces.[4]

Efectivamente, desde fines del siglo pasado, una serie de auspiciosos signos permiten constatar que este tipo de indagaciones, de largos y fructíferos antecedentes en el ámbito internacional, ha comenzado a cobrar entidad en

Childhood: Contemporary Issues in the Sociological Study of Childhood, Londres, Falmer Press, 1997.

[4] Entre los trabajos pioneros: Eduardo Ciafardo, *Los niños en la ciudad de Buenos Aires (1890-1910)*, Buenos Aires, Centro Editor, 1992; Emilio Méndez García y Elías Carranza, *El derecho de los "menores" como derecho mayor*, Buenos Aires, Unicef-Unicri-Ilanud, 1992; Juan Suriano, "Niños trabajadores. Una aproximación al trabajo infantil en la industria porteña de comienzos de siglo", en Diego Armus (comp.), *Mundo urbano y cultura popular*, Buenos Aires, Sudamericana, 1992; Alcira Daroqui y Silvia Guemureman, "Los 'menores' de ayer, de hoy y de siempre: un recorrido histórico desde una perspectiva crítica", *Delito y Sociedad*, n° 13, 1999, pp. 35-69, y *La niñez ajusticiada*, Buenos Aires, Del Puerto, 2001; Julio César Río y Ana María Talak, "La niñez en los espacios urbanos (1890-1920)", en Fernando Devoto y Marta Madero (dir.), *Historia de la vida privada. La Argentina plural: 1870-1930*, Tomo 2, Buenos Aires, Santillana, 1999, pp. 139-161; Donna Guy, "The Pan American Child Congresses, 1916 to 1942: Pan Americanism, Child Reform, and the Welfare State in Latin America", *Journal of Family History*, vol. 23, n° 3, July, 1998, pp. 272-291; Sandra Carli, *Niñez, pedagogía y política. Transformaciones de los discursos acerca de la infancia en la historia de la educación argentina entre 1880-1945*, Buenos Aires, Miño y Dávila, 2002.

la Argentina. En tal sentido, se ha asistido a la multiplicación de publicaciones, de tesis de grado y de posgrado,
de presentaciones a congresos, de carreras y seminarios
que tienen como objeto la infancia y la familia. En tales
trabajos, la infancia, o mejor dicho sus modos de vida, las
políticas dirigidas a ella, los saberes, las categorías y las
representaciones sobre la niñez y/o los procedimientos
jurídico-institucionales ideados para encauzar sus conductas pasaron a cobrar centralidad y a ser el foco de agendas
de investigación que, a partir de la incorporación de distintas perspectivas y de enfoques teórico-metodológicos,
han permitido complejizar su análisis.

Si bien, en líneas generales, es posible distinguir características comunes entre la expansión de este campo de
estudios en la Argentina y la ocurrida en otras regiones y
latitudes, también es preciso destacar algunas particularidades que le son propias. Es así como, por un lado, puede
afirmarse que se trata de una corriente de investigación y
de producción gestada y atravesada en gran medida por las
preocupaciones del presente. Y aunque esto es cierto para
cualquier área del conocimiento, en el caso de la infancia
y la familia resulta difícil no trazar una línea directa entre
una serie de problemáticas y transformaciones político-
institucionales contemporáneas y el establecimiento de
una agenda de investigación como la que se ha constituido
en los últimos años. De hecho, en la definición del tipo de
preguntas y de objetos que hoy resultan centrales entre los
estudiosos de la infancia puede reconocerse el impacto
de la degradación de las condiciones socioeconómicas y
culturales de vida de amplios sectores de niños latinoamericanos y de sus familias durante la última década del
siglo XX. También puede identificarse la importancia de la
voluntad de contestar la explosión de discursos mediáticos
estigmatizantes de los niños y de los jóvenes más pobres
de la población. No menos decisivo ha sido el influjo de

los combates (y los triunfos) en contra de las políticas y las estrategias segregacionistas de las infancias minorizadas, ancladas en el paradigma tutelar y el impacto de los novedosos *corpus* legales y de políticas públicas emanadas de los estados municipales, provinciales y nacionales, o de los organismos internacionales, en pos de compensar –al menos parcialmente– la degradada situación de amplísimos sectores de niños y jóvenes.

Por otro lado, el campo de estudios de la infancia se ha caracterizado por constituir un espacio multidisciplinar, y ello no sólo porque en sus marcos conviven e interactúan profesionales de diversas disciplinas (antropólogos, historiadores, juristas, pedagogos, psicólogos, sociólogos), sino, sobre todo, porque fue la confluencia de diversos decursos disciplinares la que ha hecho posible la definición de una serie de problemáticas relevantes para investigadores de distintas tradiciones profesionales. Por tomar un ejemplo, es difícil asignar un origen disciplinar "puro" al problema del estudio en perspectiva histórica de las políticas públicas para la "minoridad". De modo tal que en nuestro país, como en otros de la región, resulta imposible disociar estos intereses de las luchas de juristas y activistas de derechos humanos por la derogación de la Ley de Patronato de Menores y del impacto social que tuvieron los cuestionamientos que se desplegaron en la etapa posdictatorial contra las instituciones destinadas a la minoridad. Sin duda, tales críticas junto con las acciones de distintos agentes –institucionales, de organizaciones sociales, de organismos de derechos humanos– tendientes a incorporar una nueva retórica y un enfoque basado en la defensa de los derechos de los niños para las políticas del sector, constituyeron un puntapié inicial para que diversos científicos sociales se interesaran en restituir los sentidos de la minoridad y de las prácticas legales e institucionales construidas en torno a esa categoría a lo largo del siglo XX.

Esta convergencia de enfoques e intereses, si bien auspiciosa en la conformación de un campo de estudios, tuvo como efecto un excesivo sesgo normativo en los abordajes que se sucedieron en la década de 1990 en nuestro país. Contraponiendo modelos o paradigmas –el de "la situación irregular" *versus* el de "la protección integral"– o normativas –la Convención de los Derechos del Niño *versus* el régimen legal de la minoridad–, tales estudios se orientaron más a denunciar las intervenciones abusivas y discrecionales de distintas instituciones del Estado en la vida de niños y niñas, jóvenes y sus familias, que a comprender las razones, racionalizaciones y condiciones sociales que posibilitaron la perdurabilidad de particulares nociones y categorías que sirvieron para nominar y en consecuencia tratar a esos niños, niñas y jóvenes. Además de ello, el énfasis puesto en los aspectos más violatorios de derechos de la intervención estatal sobre los menores de edad condujo también a una suerte de escisión entre los estudios que abordaban a la infancia y aquéllos que focalizaban en los "menores", reificando en buena medida, y de manera no intencional, la escisión que criticaban.

En los últimos años la creciente producción en este campo ha permitido desplegar nuevos interrogantes, matizar los enfoques prevalecientes en ese período fundacional, abrir diálogos –aún incipientes– entre distintas disciplinas y así combinar métodos y técnicas de indagación. De tal manera, a modo de ejemplo, los recientes estudios sobre la "minoridad" identificaron que no era posible realizar un análisis de los discursos y saberes que tuvieron por objeto a ese sector de la infancia sin explorar y analizar aquéllos que fueron formulados, en distintos momentos históricos, en torno a la niñez y a las relaciones familiares. De igual forma, los estudios que adscribieron a una historia de la educación se han visto enriquecidos en los últimos años por los aportes realizados desde la historia política e institucional pero, también, por el psicoanálisis en general y por el psicoanálisis infantil en particular. Asimismo los trabajos de corte antropológico sobre la niñez no sólo se multiplicaron, sino que también incluyeron en su abordaje temas tales como los arreglos relativos a la crianza, las nociones en torno a la responsabilidad paterna y materna, y avanzaron así en delinear una agenda de investigación que se orienta a comprender cómo en contextos particulares son significados los "derechos", la "protección" e incluso la "niñez". A su vez, los estudios relativos a la vida cotidiana, la sexualidad y el género, así como a las representaciones sociales y culturales respecto de los modelos familiares en la década de 1960, permitieron incorporar al campo de estudios sobre la niñez una serie de tópicos que dinamizaron el análisis de los cambios que durante la segunda mitad del siglo XX tuvieron a los niños, niñas y jóvenes como protagonistas. Asimismo, el creciente interés por desplazar el eje porteño-céntrico de las agendas de investigación está generando auspiciosos resultados para distintas regiones y localidades del país y un campo de estudios articulado transversalmente que enriquece –y complejiza– las interpretaciones a escala nacional y regional.

En suma, los distintos trabajos que han sido realizados en los últimos años dan cuenta no sólo de un sostenido interés en torno a la infancia, sino también de la necesidad de poner en discusión marcos teóricos, afinar instrumentos de indagación y fundamentalmente enriquecer las perspectivas de abordaje mediante un debate que, sin desconocer las especificidades disciplinares, permita la confluencia de hallazgos, reflexiones y recorridos. En este sentido, es posible plantear algunos desafíos y algunas derivas de este libro y de los debates que lo originan.

En primer lugar, estos estudios han mostrado la importancia de poner de relieve las singularidades locales e

históricas de la construcción de la niñez en América Latina.[5]
Esto parecería especialmente importante en función de
valorizar en términos interpretativos la coexistencia de
diferentes modalidades de institucionalización de la infancia –en relación con la escolarización y la "minorización"
o "tutelarización"– y las singularidades que asumieron
esas formas en diferentes contextos regionales y locales.
Igualmente importante parecería ser profundizar el análisis
de las prácticas institucionales, los actores que las mode-
laron y los conflictos que suscitaron. Ello en diálogo con
los estudios que están renovando los análisis de las formas
locales de constitución del Estado, por la vía de valorizar e
iluminar las capacidades, los actores y los recursos puestos
en juego, las contradicciones que signaron ese proceso
pero, también, las confrontaciones y las resistencias que
supusieron.[6] En efecto, en lugar de concebir los procesos
locales como "casos desviados" de un patrón cuya matriz se
encontraría en los modelos conceptuales elaborados para
otras realidades –tal el caso francés analizado por Jacques
Donzelot o la expansión de las disciplinas en los países
europeos teorizada por Michel Foucault–,[7] se ha avanzado
en especificar la mirada historiográfica para analizar esos
procesos en términos de sus características propias y de
su singularidad: una vía de indagación, en la cual aún es
necesario avanzar, que permitió comenzar a reponer la
multidimensionalidad y la complejidad de estos procesos.

---

[5]   Véase especialmente Claudia Fonseca, *Caminos de adopción*, Buenos
      Aires, Eudeba, 1998 (1ª edición en portugués, 1995).
[6]   Entre otros, por ejemplo, Lila Caimari, *Apenas un delincuente. Crimen,
      castigo y cultura en la Argentina, 1880-1955*, Buenos Aires, Siglo Veintiuno
      editores Argentina, 2004 y Ernesto Bohoslavsky y Germán Soprano (ed.),
      *Un Estado con rostro humano. Funcionarios e instituciones estatales en
      Argentina desde 1880 hasta la actualidad*, Buenos Aires, Prometeo, 2010.
[7]   Nos referimos a otro texto central en la configuración de este campo de
      estudios, el de Jacques Donzelot, *La policía de las familias*, Valencia,
      Pretextos, 1990.

En segundo lugar, parecería importante profundizar las narrativas ancladas en los niños, en la experiencia infantil y en sus familias. Ello permite sortear las miradas excesivamente institucionalizadas y, por tanto, centradas sólo en los procesos de dominación y reponer la heterogeneidad de los mismos, su multiplicidad y las formas específicas de resistencia, apropiación y existencia. En ese sentido, avanzar en la desnaturalización de la "infancia moderna" como paradigma interpretativo para dar cuenta de las distintas formas de ser niño o niña constituye aún un desafío. De igual forma, des-homogeneizar la idea de infancia para convertir en objeto de investigación, por ejemplo, a la infancia de las clases medias o, en términos más generales, a los niños y a las niñas en el marco de procesos de movilidad social –ascendente y descendente– e identificar y comprender las diferentes estrategias familiares en las que ellos están insertos se revela como un fructífero analizador que aún no ha sido suficientemente explorado.

En tercer lugar, los estudios han mostrado la importancia de la circulación de ideas, definiciones e imágenes en las dinámicas de institucionalización y de construcción de percepciones sobre la infancia. Esta dimensión ha complejizado nuestra manera de comprender la construcción social, cultural y política y ha puesto en relación los contextos nacionales con la escala trasnacional. Así, los análisis de las organizaciones internacionales, los convenios multinacionales o las empresas editoriales han ofrecido nuevos insumos para entender las formas de atender, percibir, educar y controlar a los niños y a las niñas. En esa dirección, sería de especial importancia incorporar esta clave a nuestra comprensión no sólo de la minorización y de la escolarización sino, también, de la conformación de un mercado dirigido a los niños y de las pautas de conducta y de los valores que con ellos se han difundido.

Finalmente, en su conjunto, estos desafíos se verían potenciados al profundizar ciertas apuestas metodológicas o ciertos enfoques conceptuales que fortalezcan las actuales líneas de investigación. Por un lado, resulta de especial interés reponer la larga duración y dar lugar a interpretaciones y a conceptualizaciones más o menos generales que, sin perder la riqueza, inscriban los resultados de las recientes investigaciones a escala microsocial en el escenario de las relaciones sociales y de las prácticas institucionales. Por otro lado, el diálogo entre los distintos campos disciplinares y los intercambios entre los investigadores insertos en diferentes contextos nacionales parecería un desafío de especial importancia al que este libro intenta responder. Ello implica aceptar la discusión tanto fuera como "dentro" de los textos, en el espacio social y en la producción académica, y capitalizar las investigaciones precedentes para incorporar más activamente una tradición de "campo" que trascienda el contexto nacional y dé lugar a un diálogo directo y fructífero con las producciones de América Latina.

Desde esta perspectiva, el presente libro pretende, justamente, constituirse en un aporte significativo para la consolidación del campo de los estudios sobre la infancia, a partir del reconocimiento de su doble cualidad de imbricación con los conflictos y con los intereses del presente y de espacio multidisciplinar. Lo hará a partir de un enfoque poco frecuentado hasta ahora, como es el de la puesta en relación de los estudios realizados sobre las políticas públicas dirigidas a la infancia y la familia en la Argentina y en Brasil desde una perspectiva histórica, antropológica y sociológica.

Esta óptica, entendemos, permite conjurar el riesgo de abordar la infancia como una categoría cerrada en sí misma, sin tener en cuenta las relaciones sociales y de poder que contribuyeron y contribuyen a moldearla en cada momento histórico y en el presente. A su vez, en lugar de partir de un plano abstracto o de definiciones normativas –tal la de niño como "sujeto de derechos" –, el enfoque propuesto se orienta a analizar las dinámicas concretas y cotidianas en las que esas nociones y esas narrativas operan, producen efectos y son utilizadas y resignificadas por distintos actores sociales. Asimismo, ha sido interés de este libro reunir trabajos que den cuenta no sólo de la variabilidad socio-histórica de las nociones de infancia, sino también de las formas en que éstas y las políticas que la tuvieron por objeto se han implementado en diferentes zonas de nuestro país y de la región.

Este libro se encuentra organizado en cuatro partes. En la primera de ellas, se abordan y se problematizan los enfoques teóricos y metodológicos que han prevalecido en la construcción del campo de estudios de la infancia en la región y en nuestro país. En tal sentido, el capítulo de Sandra Carli es un mapeo de la producción sobre la infancia en la Argentina, a partir del cual la autora reflexiona sobre la historicidad no sólo de los estudios, sino también centralmente de los procesos de configuración social de la infancia. Identifica entonces una pregunta por la continuidad de discursos, dispositivos y prácticas institucionales para ahondar en la persistencia del pasado en el presente pero también en la transformación, con el fin de producir "una comprensión más ajustada de las dinámicas y de las formas del cambio histórico y mayor imaginación política para lidiar con los dilemas del presente". Según Carli, estas preguntas se responden mejor pasando de la fijeza de los dispositivos a la fluidez de la memoria de la infancia. El capítulo de Lucía Lionetti propone una discusión historiográfica que conecta los estudios del campo de la infancia y de la educación en función de pensar lo político. Ello aporta a la comprensión de la acción de la escuela en términos de una doble preocupación: el carácter del régimen político y la diversidad social. El resultado pone de relieve las potencialidades y los desafíos de indagar dicha articulación así como los potentes resultados de investigaciones recientes. Al considerar las relaciones entre la historia educativa y la historia de la infancia, Moysés Kuhlmann Jr. señala que se ha subsumido la consideración de los niños a su inclusión en la institución escolar, desdeñándose así la consideración de lo que hoy se denomina "primera infancia", así como no se otorga calidad "escolar" a su asistencia. El autor cuestiona la tendencia a tratar como intrínsecos los procesos institucionales, sociales y culturales que ocurren en el sistema educativo, denominándola "educentrismo", y propone en contraposición una revisión crítica que "se opone a la comprensión de la cultura escolar como entidad autónoma".

La segunda parte del libro, titulada "Saberes y tecnología: la crianza 'moral' y 'científica'" comienza con un capítulo de María Adelaida Colángelo. La autora examina la relación constitutiva que existió entre la delimitación y la legitimación de una especialidad profesional –la "medicina del niño" o pediatría– y una "ciencia de aplicación" ligada con aquélla –la puericultura– y la construcción de una categoría social, la infancia, en el período que va de 1890 a 1930. El análisis demuestra que la constitución de dichos saberes como especialidades profesionales y la legitimación de las prácticas de quienes pasaron a ser expertos en su abordaje implicaron establecer y explicar la especificidad de la niñez, sus caracteres singulares y diferentes a los adultos, tendencias que se inscribieron en, y que a su vez, abonaron los procesos locales de construcción de la niñez como categoría específica y como problema social. Por su parte, Adriana Álvarez y Daniel Reynoso estudian las renovadas características que asumió la atención de la niñez popular enferma durante las décadas de 1920 y de 1930 en dos instituciones dependientes de la Sociedad de Beneficencia de la Capital Federal, el Sanatorio Marítimo y el Solarium, situados en la ciudad de Mar del Plata. Plantean que por entonces se inició una etapa signada por importantes cambios en las representaciones sociales sobre la enfermedad infantil y en los tratamientos prolongados de los niños enfermos internados, especialmente de los tuberculosos. Con la intención de generar futuros ciudadanos saludables, los médicos desplazaron su atención de la curación y de la prevención a las modalidades y de la calidad de la internación a las necesidades de los niños. Este cambio de perspectiva se hizo apreciable en una serie de innovaciones en las instituciones mencionadas y, a pesar de sus limitaciones, preanuncia líneas de intervención que se profundizarían a partir de los años treinta. Para el mismo período, Cecilia Rustoyburu indaga en su capítulo la recepción local de los avances producidos por la endocrinología, y cómo ellos se mixturaron, a partir de la década de 1930 en nuestro país, con las ideas eugénesicas y de la medicina social. Los cuerpos de los niños y las niñas leídos a través de esa lente fueron así espacios propicios para detectar "anormalidades" vinculadas a la intersexualidad y para reforzar a través de su diagnóstico y tratamiento normas de género. De esta manera, reflexiona sobre las complejas relaciones entre los discursos médicos y la construcción de lo social, la regulación moral y la construcción dicotómica de la diferencia sexual.

En la tercera parte de este libro, "Bienestar y cuidados: políticas de infancia, comunidades y familias", María José Billorou examina el surgimiento y la consolidación de las políticas nacionales de protección y de asistencia con la creación de la Comisión Nacional de Ayuda Escolar (en 1938) destinadas a los escolares de las provincias del Norte y los territorios nacionales de la Argentina. A pesar de sus limitaciones, dichas políticas indican, sin duda, nuevas tendencias que comenzaban a perfilarse en los años treinta. Por un lado, avanzaron los esfuerzos centralizadores que redefinieron la relación entre el Estado nacional, los estados provinciales y los municipios. Por otra parte, dicha Comisión viabilizó sus acciones a través de la red de agentes estatales constituida por los inspectores, los directores y los maestros, ampliando de este modo las tareas de los docentes en las escuelas, instituciones que a su vez se convertían en el centro de las políticas sociales en gestación. A continuación, Paola Gallo analiza las transformaciones socio-demográficas de una comunidad escolar en Tandil en función de comprender la percepción de las relaciones de autoridad por parte de diferentes actores escolares entre 1940 y 1980. La autora estudia las mutaciones de la matrícula, con énfasis en el retiro de alumnos, y revela que las mismas fueron simultáneas y estuvieron asociadas con las migraciones y con la llegada de nuevos habitantes al barrio. En estas transiciones de larga data, la memoria de la experiencia escolar ubica la asimetría y la jerarquía como una base estable para hacer convivir formas de autoridad tradicionales con otras más modernas. Seguidamente, María Florencia Gentile focaliza el análisis de los criterios de inclusión que, en la actualidad, distintas instituciones y organizaciones destinadas a niños y jóvenes "en situación de vulnerabilidad social" construyen en la práctica cotidiana. Su trabajo de campo en distintas organizaciones del área metropolitana de Buenos Aires le permite registrar y dar cuenta de las prácticas y de las disputas en torno a la construcción de las categorías de niñez y de inclusión social y analizar los requisitos para el acceso que –muchas veces basados en un ideal de "transformación actitudinal"– elaboran tales instituciones. Para ello, también indaga cómo estos criterios son receptados, significados y/o confrontados por los niños y los jóvenes destinatarios de tales políticas y demuestra que la naturalización de los supuestos de la intervención conduce a que los trabajadores de esas instituciones perciban las conductas que no se adecúan a lo prescripto por cada programa en términos de imposibilidades individuales de esos niños y esos jóvenes. Finalmente, el capítulo de Laura Santillán centra su análisis en los sentidos políticos y cotidianos del cuidado y la atención de la infancia. A partir de su trabajo etnográfico en barrios populares de la Zona Norte del conurbano bonaerense, documenta cómo las intervenciones sociales sobre la infancia se despliegan en el territorio de la mano de múltiples actores sociales y se sustentan en relaciones de proximidad que exceden los espacios planificados por las burocracias estatales. Contextualizando histórica y políticamente tales iniciativas, analiza a su vez las interacciones concretas que tienen lugar entre los tutores de los niños y las niñas y los responsables y los voluntarios de esos espacios comunitarios, para dar cuenta de cómo en ellas se materializan prácticas ligadas con la orientación moral y la modelación de conductas.

La última parte, "El campo de la 'minoridad': entre dispositivos penales y asistenciales", comienza con un capítulo de Yolanda de Paz Trueba. La autora reconstruye las prácticas asistenciales de las instituciones de beneficencia en Azul, una localidad del centro de la provincia de Buenos Aires, a fines del siglo XIX. Basándose en la prensa local y en la documentación inédita municipal e institucional, su estudio revela la alarma que despertó en la elite local la problemática de los niños y las niñas abandonadas y las medidas de contención social que se idearon. También reconstruye la perspectiva de la institucionalización desde el ángulo de las familias. Ello permite comprender las estrategias y las lógicas de madres y padres en términos de las relaciones de afecto, los cuidados y las coyunturas personales. A continuación, Leandro Stagno presenta un capítulo que forma parte de su investigación doctoral. En el mismo estudia la creación de los Tribunales de Menores, a partir del análisis de los antecedentes internacionales y de las iniciativas locales que intentaban avanzar sobre las limitaciones de la Ley de Patronato. Asimismo, refiere a los primeros años de actuación del Tribunal de Menores del Departamento Judicial de la Capital, en términos de los procedimientos judiciales previstos, la experticia exigida a los agentes judiciales y el énfasis puesto en el basamento moral de las actividades delictivas. En este sentido, el análisis gira en torno a la definición de políticas públicas referidas a un sector de la población infantil y juvenil, a la formación de campos especializados de intervención en materia de niños y jóvenes y a la creación de particulares instituciones del ámbito judicial. Luego, en la misma sección, Carolina Ciordia, basándose en la investigación de su tesis doctoral, analiza distintas organizaciones no gubernamentales que administran en la actualidad "hogares convivenciales" en la provincia de Buenos Aires en función de su interrelación con las agencias estatales. El capítulo muestra la trama heterogénea y compleja que conforman esas organizaciones que, lejos de ser autónomas, mantienen intercambios y son interdependientes del Estado. Analizando los argumentos y los valores a partir de los cuales los agentes de esas organizaciones legitiman y explican su tarea, el estudio revela que la participación de la sociedad civil no redunda necesariamente en la adopción de un enfoque de derechos. Por último, Silvia Guemureman presenta un diagnóstico respecto a las medidas de privación de libertad de adolescentes y jóvenes infractores y/o presuntos infractores en la provincia de Buenos Aires. Analizando diversas fuentes y construyendo información cuantitativa sobre una realidad que no se deja captar fácilmente, ya que la escasez de datos consistentes y homogéneos pareciera ser una constante en el circuito institucional destinado a la reclusión de estos jóvenes, analiza las variaciones en la privación de libertad que han tenido lugar durante los últimos años en un contexto de reconfiguración institucional y de reforma normativa. Su capítulo, basado en diferentes investigaciones que ha llevado adelante el equipo de investigación que coordina, también revela las características más salientes que asume para los jóvenes la experiencia del encierro.

Finalmente, resta decir que este libro ha sido posible gracias al apoyo y a la participación de distintas personas e instituciones, en un trabajo de consolidación de debates que lleva ya un quinquenio. Sus antecedentes se remontan al año 2008, cuando María Carolina Zapiola e Isabella Cosse organizaron la Jornada "Historia de la infancia en Argentina, 1880-1960. Enfoques, problemas y perspectivas" que tuvo lugar en la Universidad Nacional de General Sarmiento –y que contó con el apoyo de la Universidad de San Andrés–, la cual reunió a diferentes investigadores del país. Se fue constituyendo así un espacio de debate e intercambio que facilitó la concreción al año siguiente de las Jornadas "Descubrimiento e invención de la infancia. Debates, enfoques y encuentros interdisciplinares" en el Instituto de Estudios Histórico-Sociales, FCH, de la UNICEN, organizadas por Lucía Lionetti. En ambas instancias fue quedando en claro el significativo poder de convocatoria de estos eventos, a los que concurrieron no sólo investigadores sino también profesionales y, en un sentido más amplio, trabajadores de la educación, de la salud, de organismos de protección de derechos, entre otros, que cotidianamente desarrollan sus actividades en relación con niños, niñas y sus familias.

Los artículos que componen este libro fueron presentados en versiones preliminares en una tercera instancia de reunión acontecida en 2010: las Jornadas "Estado, familia e infancia en Argentina y Latinoamérica: problemas y perspectivas de análisis (fines del siglo XIX-principios del siglo XXI)" que se desarrollaron en el Museo Roca de Buenos Aires y para las cuales contamos con un subsidio de la Agencia Nacional de Promoción Científica y Tecnológica, con otro del Consejo Nacional de Investigaciones Científicas y Técnicas, así como con el apoyo financiero de las Universidades Nacionales de General Sarmiento y San Martín y del Departamento de Publicaciones de la primera y la Escuela de Humanidades de la segunda. Estas Jornadas –que fueron auspiciadas por las universidades ya mencionadas, y por la Sección de Antropología Social de la Facultad de Filosofía y Letras de la Universidad de Buenos Aires– contaron con la participación de destacados investigadores nacionales y extranjeros, tesistas de posgrado de diferentes instituciones del país y numerosos asistentes, constituyéndose en una nueva y fecunda instancia de consolidación de las relaciones entabladas y también –fundamentalmente– de continuidad y de fortalecimiento del diálogo interdisciplinar iniciado en 2008. A todos ellos queremos agradecer especialmente. Además, para la concreción de esta publicación contamos con nuevos apoyos que también deseamos agradecer. La Fundación Centro de Estudos Brasileiros –y especialmente la Lic. Egle Da Silva y la profesora Mariana Alcobre– para la traducción y la edición de los textos escritos en portugués. Asimismo, el Proyecto PICT 2007-1684 (ANPCyT), dirigido por Carla Villalta, y los Proyectos de Investigación Plurianual (PIP 0231, 2011-2013 y PIP 112 200901 00520, 2010-2012) de CONICET otorgados a Isabella Cosse y a Valeria Llobet, respectivamente, y la Universidad Nacional de General Sarmiento aportaron financieramente para hacer posible esta publicación.

Esperamos, con la publicación de este libro y con la organización sistemática de futuras reuniones, contribuir a seguir encontrándonos, discutiendo y trazando propuestas de acción entre quienes, desde una pluralidad de situaciones profesionales, laborales y existenciales, nos sentimos interpelados por las infancias y aspiramos a la prosecución y la profundización de ese diálogo.

PRIMERA PARTE

**ENFOQUES TEÓRICOS Y METODOLÓGICOS
DE UN CAMPO EN CONSTRUCCIÓN**

El campo de estudios sobre la infancia en las fronteras de las disciplinas. Notas para su caracterización e hipótesis sobre sus desafíos

Sandra Carli

Introducción

En este texto nos proponemos realizar, en primer lugar, una caracterización del campo de estudios sobre la infancia, considerando su devenir histórico y destacando algunos de los aportes y de las indagaciones más relevantes. En segundo lugar, plantearemos una serie de desafíos de la investigación en este campo, considerando algunos fenómenos de la actualidad y profundizando ciertos dilemas teóricos. La relativamente tardía conformación y delimitación de este campo de estudios presenta, sin embargo, horizontes auspiciosos, en tanto sus desarrollos indican que el conocimiento acerca de la infancia puede ser pensado como un bien público de alta calidad académica, atendiendo a la dimensión performativa de sus saberes.

El campo de estudios sobre la infancia en la Argentina

Trazar las características de un campo de conocimiento supone considerar el tiempo y el espacio en que se produjo su *sedimentación*. En la Argentina este campo de investigación se fue configurando a partir del retorno a la democracia en 1983 y adquirió una delimitación más precisa en la actualidad, resultando de la convergencia de aportes de distintas disciplinas, pero también de la presencia del tema de la infancia en las agendas de las políticas públicas y de los organismos internacionales.

En este sentido no es posible desvincular las indagaciones académicas, tendientes a la generación de nuevo conocimiento sobre distintos tópicos, de la problematización que se produce en torno a los mismos en debates públicos y en intervenciones institucionales. No porque las lógicas que estructuran el espacio universitario y el espacio en el que se diseñan políticas para la niñez sean equivalentes, sino porque las problemáticas del presente abren un espectro de preguntas que conducen a nuevos itinerarios de investigación en los ámbitos universitarios, que luego revierten sobre los ámbitos políticos.

Como enseña la historia intelectual es necesario prestar atención a la producción, a la circulación y a la apropiación en distintas esferas del conocimiento social, en este caso sobre la infancia. Pero también, recuperando las tesis del pragmatismo sobre la relación entre conocimiento y acción, se trata de ahondar en los usos que distintos actores realizan en distintos ámbitos. Por otra parte el estatuto actual del conocimiento en el campo de las ciencias sociales y humanas supone considerar sus rasgos de inter y transdisciplinariedad, a partir de lo cual el conocimiento sobre la infancia invita a ser trabajado en las fronteras de las disciplinas, colocando en un lugar central la perspectiva histórica para desesencializar la infancia como categoría y dar cuenta siempre de su construcción social.

Mientras en la década de 1990 la promulgación de la Convención Internacional de los Derechos del Niño generó una nueva agenda de temas y de financiamiento de políticas, propiciando en algunos casos investigaciones institucionales en organismos del estado, en las universidades el tema de la infancia fue convirtiéndose en objeto de estudio ligado a un nuevo interés por las problemáticas de los sujetos de edad y a la renovación de temas, teorías y metodologías en el marco de distintas disciplinas. La década en curso, caracterizada por la expansión de la investigación científica y del sistema de posgrado, indica un cambio cuantitativo y cualitativo. Si tenemos en cuenta el conjunto de publicaciones, investigaciones, tesis de posgrado y eventos académicos que se han producido en los últimos diez años, verificamos una notable ampliación que, sólo en el espacio de posgrado, muestra que una nueva generación de investigadores ha encontrado en esta temática o en otras que se ubican en una constelación afín (mujer, familia, etc.), un camino para el inicio de investigaciones originales.

Una dificultad refiere a la filiación de esos desarrollos en una única historia disciplinaria, en tanto temática que requiere la exploración de distintas dimensiones, que abre a analíticas diversas y que se vincula en muchos casos con demandas de intervención política, social o educativa. De allí que la delimitación de un campo de estudios sobre la infancia no se plantee como resultado de la acumulación lineal de conocimiento académico sino de la convergencia de desarrollos que se generan por dentro y por fuera de las disciplinas y en el espacio más amplio de la producción universitaria, con los diálogos e intercambios que allí se propician.

Aludir en la Argentina a los "estudios sobre la infancia" constituye un intento de demarcar una *zona* que es resultado de los cambios teóricos y epistemológicos producidos en el campo académico, pero también de los avances en los abordajes metodológicos. También tiene como telón de fondo los cambios socio-históricos de estas últimas décadas que producen la declinación de cierta construcción moderna de la infancia del siglo XX, a partir de la crisis y de los debates sobre el estado de bienestar, las transformaciones de la relación estado-sociedad civil, la expansión del mercado global, los acelerados cambios de orden científico y tecno-cultural, y la emergencia en el siglo XXI de nuevas problemáticas infantiles. La infancia se torna objeto de investigación a partir del reconocimiento común de su dimensión de *historicidad*.

En la Argentina la producción existente sobre el tema infancia procede de distintas disciplinas y podría ordenarse en una clasificación provisoria de esta manera: 1) aportes del psicoanálisis, 2) aportes de la sociología, del derecho y del trabajo social, 3) aportes de los estudios literarios, de la comunicación y de la cultura, 4) aportes de la antropología y de la antropología de la educación, 5) aportes del campo de la historia y de la historia de la educación. Puede resultar discutible diferenciar los aportes según la relación o la procedencia disciplinaria, sin embargo esta última incide en el recorte de los objetos de estudios, en las preguntas que se formulan y en los tipos de abordaje. Intentaremos situar este conjunto de aportes, sin pretender exhaustividad, sino barriendo algunas producciones significativas para destacar derivas de las investigaciones y de los temas centrales.

Los aportes del campo psicoanalítico resultan insoslayables a la hora de intentar establecer una configuración de lo que denominaremos "estudios sobre la infancia". En el caso argentino el despliegue temprano del psicoanálisis de niños a partir de los años cincuenta del siglo XX, los debates fundacionales sobre el tema que indican una vinculación estrecha entre representantes locales y especialistas europeos, la apropiación vernácula de la obra de Anna Freud y de Melanie Klein, el impacto en los años setenta de la teoría de Lacan, Winnicot, entre otros, demarcan un territorio abonado por debates referidos a la producción/invención de conocimiento sobre el niño, a las similitudes y a las diferencias entre el psicoanálisis de niños y el psicoanálisis de adultos, a las vinculaciones entre el discurso educativo y el discurso psicoanalítico.

En la década de 1990 se multiplicaron trabajos de distintos autores que interrogaron el *concepto de infancia* en el psicoanálisis y revisan críticamente las construcciones teóricas y la experiencia clínica acumulada, a la luz de nuevos paradigmas teóricos y de la mirada retrospectiva del psicoanálisis de niños en el país. Pueden ponerse en serie los trabajos referidos a la historia de la psicología y del psicoanálisis en la Argentina, que registran numerosos antecedentes, con la historia del psicoanálisis de niños en el país,[1] con los estudios sobre los conceptos de infancia en psicoanálisis[2] y con el abordaje de la cuestión de la infancia en el terreno de las instituciones y de nuevas experiencias con niños y jóvenes.[3]

El "niño del psicoanálisis" se explora en distintas superficies que van desde el archivo de las instituciones, el material sobre los casos clínicos, el debate teórico entre

---

[1]   Silvia Fendrik, *Psicoanálisis para niños. Ficción de sus orígenes,* Buenos Aires, Amorrortu, 1989; Silvia Fendrik, *Desventura del psicoanálisis.* Buenos Aires, Ariel, 1993; Sandra Carli, "Infancia, psicoanálisis y crisis de generaciones. Una exploración de las nuevas formas del debate en educación", en Puiggrós, Adriana (dir.), *Dictaduras y utopías en la historia reciente de la educación argentina. 1955-1983,* Tomo VIII, Buenos Aires, Galerna, 1997; Marcela Borinsky, *Historia de las prácticas terapéuticas con niños. psicología y cultura (1940-1970). La construcción de la infancia como objeto de intervención psicológica,* Tesis doctoral, Facultad de Psicología de la Universidad de Buenos Aires, 2010.

[2]   Emiliano Galende, *Historia y repetición. Temporalidad subjetiva y actual modernidad,* Buenos Aires, Paidós, 1992; Silvia Bleichmar, *La fundación de lo inconsciente,* Buenos Aires, Amorrortu, 1993; Luis Horstein, *Práctica psicoanalítica e Historia,* Buenos Aires, Paidós, 1993; Juan Carlos Volnovich, *El niño del "siglo del niño",* Buenos Aires, Lumen-Humanitas, 1999; Mariana Karol, *"La constitución subjetiva del niño",* en Sandra Carli (comp.), *De la familia a la escuela: infancia, socialización y subjetividad,* Buenos Aires, Santillana, 1999.

[3]   Publicaciones del Centro Interdisciplinarios de Estudios del Niño (CIEN), entre otras.

escuelas psicoanalíticas, las obras de los clásicos. La inte-
rrogación se produjo en un contexto en el que, según Nasio,
"la cuestión del sujeto fue ganando terreno y transformándose en el problema principal"[4] y en el que el concepto de
infancia resultó interpelado. Para Bleichmar, en cambio,
se trata de "la cuestión del objeto, en psicoanálisis de niños, la que debemos poner hoy en el centro de nuestras
preocupaciones", siendo "la categoría niño, en términos del
psicoanálisis, la que debe ser precisada".[5] En una cultura
como la argentina, tan impregnada por el psicoanálisis,
los debates sobre el concepto de infancia permitieron
emprender un trabajo crítico a la vez que ofrecer insumos
teóricos muy interesantes para los historiadores, sea para
reponer en el plano intelectual la inquietud por el sujeto
como para revisar las categorías que están en la base de
las intervenciones clínicas.

Desde aquellos trabajos de la década de 1990, el debate
ha continuado. Sólo destacamos la persistencia del interés
histórico por la infancia en el campo del psicoanálisis,[6] la
formulación de nuevas hipótesis teóricas que permiten
pensar la violencia de las instituciones sobre los niños y sus
efectos desubjetivantes en pleno clima de reconocimiento
de los derechos del niño,[7] la visión atenta de los procesos
de medicalización de la infancia que generan interrogantes
sobre el papel del estado, de la escuela y de la familia ante
el avance del mercado farmacológico y de los diagnósticos
sobre los déficits infantiles.[8]

---

[4]   Juan Nasio, *El magnífico niño del psicoanálisis,* Barcelona, Gedisa, 1994,
        p. 115.
[5]   Silvia Bleichmar, *La fundación de lo inconsciente,* ob. cit.
[6]   Marcela Borinsky, *Historia de las prácticas terapéuticas con niños. psi-
        cología y cultura (1940-1970),* ob. cit.
[7]   Graciela Frigerio, *La división de las infancias. Ensayo sobre la enigmática
        pulsión antiarcóntica,* Buenos Aires, Del estante, 2008.
[8]   Beatriz Janin *et al., Niños desatentos e hiperactivos. Reflexiones críticas
        acerca del trastorno por déficit de atención con o sin hiperactividad*

Desde el campo de la psicología de la educación cabe mencionar las investigaciones de corte constructivista sobre la formación de los conocimientos sociales en los niños[9] en tanto discuten la tesis acerca del niño naturalista para considerarlo como un sujeto "intervenido", con un papel activo en la producción de ideas sobre distintos tópicos y vinculado con un espectro amplio de representaciones sociales. La indagación del problema del aprendizaje y de la educabilidad del niño, reactivada en años recientes ante polémicas interpretaciones sobre el impacto de la crisis social en la niñez, pero también el estudio de los problemas de conducta y de los sistemas de castigo en la escuela,[10] abren inquietudes acerca de las articulaciones entre infancia, educación y escuela. En el terreno de la pedagogía las incursiones en el tema de la infancia se orientaron en algunos casos a una problematización teórica[11] e institucional y en otros a problemáticas del nivel inicial y de los primeros años de vida del niño.[12]

Desde la *sociología, el derecho y el trabajo social,* los aportes conforman un *corpus* heterogéneo que incluye

---

(ADD/ADHD), Buenos Aires, Noveduc, 2004.

[9]   José Castorina y Alicia Lenzi (comp.), *La formación de los conocimientos sociales en los niños,* Barcelona, Gedisa, 2000.

[10]   Ricardo Baquero, "De Comenius a Vigotsky o la educabilidad bajo sospecha", en *Infancias y adolescencias: teorías y experiencias en el borde. Cuando la educación discute la noción de destino,* Buenos Aires, Ediciones Novedades Educativas, 2003; Mario Zerbino, *Los niños con "problemas de conducta" y el sistema de castigos en la escuela primaria,* Tesis doctoral, Facultad de Psicología de la Universidad de Buenos Aires, 2007.

[11]   Graciela Frigerio y Gabriela Diker (comps.), *Infancias y adolescencias: teorías y experiencias en el borde. Cuando la educación discute la noción de destino,* Buenos Aires, Ediciones Novedades Educativas-Fundación CEM, 2003.

[12]   Ana Malajovich (comp.), *Experiencias y reflexiones sobre la educación inicial. Una mirada latinoamericana,* Buenos Aires, Siglo XXI Editores, 2006; Estanislao Antelo, Patricia Redondo y Marcelo Zanelli (comp.), *Lo que queda de la infancia,* Rosario, Homo Sapiens, 2010.

aquéllos vinculados con la sociología de la educación y con la sociología del control social, pero también trabajos que articulan aportes del campo del derecho, de la psicología y del trabajo social. Uno de los temas más estudiados desde mediados de los años noventa ha sido la historia del sistema de la minoridad, en el escenario abierto por la Convención Internacional de los Derechos del Niño y ante el impacto de la crisis social sobre la población infantil y juvenil.[13] La construcción histórica de la minoridad a partir de las practicas judiciales y la tutela del menor fueron objeto de estudios que intentaron reconstruir la génesis de un sistema institucional productor de una "niñez ajusticiada" a partir de distinto tipo de intervenciones en colisión con los derechos del niño.[14] El estudio de la dimensión moral de la intervención de los jueces sobre la historia de los menores y de las particularidades de la construcción socio-jurídica de la infancia en contextos regionales, ofrece nuevas aristas para problematizar las intervenciones del poder judicial.[15]

---

[13]   Elinor Bisig y María Inés Laje, *Abandono de menores. Un enfoque jurídico-sociológico*, Córdoba, Marcos Lerner Editora, 1989; Emilio García Méndez, *Derecho de la Infancia-Adolescencia en América Latina*, Colombia, Fórum Pacis, 1995. Emilio García Méndez, *Infancia: de los derechos y de la justicia*, Buenos Aires, Editores del Puerto, 1998; Emilio García Méndez y Mary Beloff, *Infancia, Ley y Democracia*, Buenos Aires, Ed. Temis, 1998.

[14]   Ana María Dubaniewicz, *Abandono de menores. Historia y problemática de las instituciones de protección*, Buenos Aires, Imprenta Edigraf, 1997; Silvia Guemureman y Alcira Daroqui, *La niñez ajusticiada*, Buenos Aires, Editores del Puerto, 2001; María Inés Laje, *Adolescentes y jóvenes en instituciones de menores: un análisis social de la intervención estatal*, Tesis doctoral, Facultad de Filosofía y Letras, Universidad de Buenos Aires, 2004.

[15]   Silvia Guemureman, *Cartografía moral de las prácticas judiciales en los tribunales de menores*, Tesis doctoral, Facultad de Ciencias Sociales, 2009; Elinor Bisig, *La construcción socio jurídica de la infancia. Córdoba Siglos XIX-XX*, Tesis doctoral, Facultad de Ciencias Sociales, Universidad de Buenos Aires, 2011.

Cabe destacar la mirada que los organismos de derechos humanos imprimieron al campo de la infancia en el
contexto democrático en la lucha por la recuperación de
los hijos de desaparecidos,[16] que ahondaron en un abordaje
socio-jurídico de notoria actualidad. También podemos
mencionar las preocupaciones de fin de siglo por las políticas públicas y por las intervenciones de los trabajadores
sociales.[17] El trabajo infantil y la problemática de la niñez
en la calle,[18] pero también el estudio de las instituciones
de atención entendidas como fabricas productoras de subjetividad[19] han permitido profundizar en las experiencias
de vida de la infancia pobre latinoamericana, que ha crecido exponencialmente en la Argentina desde la dictadura
militar. En su contratara, la socialización familiar y escolar
de los segmentos infantiles de las clases medio-altas es un
fenómeno analizado[20] como producto del aumento de la
polarización social y de la transformación de la estructura
económica del país. Las desigualdades sociales fueron
cincelando en las prácticas de crianza y educación familiar
nuevos imaginarios acerca de la infancia en los sectores

---

[16]   Mirta Bokser y Mirta Guarino, *Derecho de los niños o legitimación de
       delitos*, Buenos Aires, Colihue, 1992; Alicia Pierini (comp.), *El derecho a
       la identidad*, Buenos Aires, EUDEBA, 1993; María del Carmen Bianchi
       (comp.), *El derecho y los chicos*, Buenos Aires, Espacio editorial, 1995;
       Eva Giberti (comp.), *Políticas y niñez*. Buenos Aires, Losada, 1997.
[17]   Carlos Eroles, Adriana Fazzio y Gabriel Scandiso, *Políticas públicas
       de infancia: una mirada desde los derechos*, Buenos Aires, Alfagrama
       ediciones, 2001.
[18]   Mariela Macri *et al.*, *El trabajo infantil no es un juego. Estudios e inves-
       tigaciones sobre trabajo infanto-adolescente en Argentina (1900-2004)*,
       Buenos Aires, Editorial Crujía, 2005; Julieta Pojomovsky, *Cruzar la calle.
       Niñez y adolescencia en las calles de la ciudad*, Tomo 1, Buenos Aires,
       Espacio Editorial, 2008.
[19]   Valeria Llobet, *¿Fábricas de niños? Las instituciones en la era de los
       derechos de la infancia*, Buenos Aires, Noveduc, 2010.
[20]   Carla Del Cueto, *Los únicos privilegiados. Estrategias de familias residentes
       en countries y barrios cerrados*, Buenos Aires, Prometeo, 2007.

populares como en las elites, con el telón de fondo del
deterioro de las políticas públicas de los años noventa, el
aumento exponencial de la pobreza y la concentración
de la riqueza.

Los aportes procedentes del *campo de la antropología*
estuvieron ligados en sus comienzos con el interés por la
cultura escolar y por la vida cotidiana familiar y comunitaria.
Los desarrollos actuales de la antropología de la educación
recuperan la importancia de explorar los conceptos acerca
de la infancia y la adolescencia, desde una revisión crítica
de las teorías antropológicas de mediados del siglo XX sobre
la crianza de los niños en las comunidades primitivas. La
exploración de los conceptos de identidad y socialización
y el estudio de contextos complejos, que articulan escalas
geopolíticas locales y globales y que relacionan dimensiones subjetivas y contextos macrosociales, habilitó nuevas
investigaciones sobre niños y jóvenes.[21] Los estudios sobre
la familia, los docentes y los niños en escuelas de sectores
populares,[22] pero también aquellos que abordan la situación
de los niños en zonas rurales, comunidades indígenas o
ámbitos multiculturales,[23] han abierto un espectro plural

[21]   Ana Padawer, *Cuando los grados hablan de desigualdad*, Buenos Aires,
Teseo, 2007.
[22]   Graciela Batallán y Raúl Díaz, "Salvajes, bárbaros y niños. La noción de
patrimonio en la escuela primaria", *Cuadernos de Antropología Social*, vol.
2, n° 2, Buenos Aires, Facultad de Filosofía y Letras, 1990; Estela Grassi,
"La familia: un objeto polémico", *Sociedad*, n° 6, Facultad de Ciencias
Sociales, Universidad de Buenos Aires, Buenos Aires, 1996; María Rosa
Neufeld y Jean Ariel Thisted, *De eso no se habla. Los usos de la diversidad
sociocultural en la escuela*, Buenos Aires, Eudeba, 1999; Patricia Redondo
y Sofía Thisted, "Las escuelas primarias 'en los márgenes'. Realidades
y futuro", en Adriana Puiggrós (comp.), *En los límites de la educación.
Niños y jóvenes del fin de siglo*, Rosario, Homo Sapiens, 1999; Graciela
Batallán, *Docentes de infancia. Antropología del trabajo en la escuela
primaria*, Buenos Aires, Paidós, 2007.
[23]   Carola Goldberg y Andrea Szulc, "Espacios vacíos, niños tristes y escuelas
de frontera", *Cuadernos de Epistemología de las Ciencias Sociales* n° 6,

de indagaciones que pone en discusión la universaliza-
ción de la categoría infancia, a favor, en cambio, de leer
los rasgos particulares que asume en contextos, épocas y
comunidades.

Se destacan estudios que, desde una mirada históri-
co-antropológica, abordan los procesos de apropiación
y secuestro estatal de la población infantil, que tendrían
orígenes anteriores a la dictadura militar, como una práctica
de larga duración que ha generado una cultura jurídica.[24]
La etnografía de los archivos y la investigación de distintas
escalas de la vida social, ofrece una perspectiva interesante
que ilumina zonas oscuras del sistema judicial y de las
políticas de estado.

Existe un conjunto de aportes que, más que ligarse con
una única disciplina, conforman una zona de estudios muy
fértil desde el punto de vista teórico y de la construcción
de nuevos objetos de investigación en la que convergen *los
estudios literarios, de la comunicación y la cultura.* Estudios
sobre la literatura infantil y las lecturas infantiles[25] plantearon un temprano interés por la historia de la infancia, las
representaciones de la infancia en la literatura y la experiencia del niño como lector. La resonancia del concepto
de infancia en la literatura abrió nuevas indagaciones, con
una particular atención en los aspectos estéticos, entre

Facultad de Filosofía y Letras, Universidad de Buenos Aires, 2000, pp.
7-22; Liliana Sinisi, "Diversidad cultural y Escuela. Repensar el multi-
culturalismo", *Ensayos y Experiencias*, n° 32, Buenos Aires, Noveduc,
2000; Elisa Cragnolini, *Educación y estrategias de reproducción social
en familias de origen campesino del Norte de Córdoba*, Tesis doctoral,
Facultad de Filosofía y Letras, Universidad de Buenos Aires, 2002.

[24] Carla Villalta, *Entregas y secuestros. La apropiación de "menores" por parte
del Estado*, Tesis Doctoral, Facultad de Filosofía y Letras, Universidad
de Buenos Aires, 2006.

[25] Graciela Montes, *El corral de la infancia*, Buenos Aires, El Quirquincho,
1990; Maite Alvarado y Horacio Guido, *Incluso los niños. Apuntes para
una estética de la infancia,* Buenos Aires, La Marca, 1992.

las que se destacan la exploración autobiográfica, la indagación de tópicos cercanos como las representaciones sobre la maternidad, la historia de las lecturas infantiles y la exploración de la memoria de la infancia.[26]

El notable papel de los medios en el mundo global y la crisis de los estados naciones conllevó la tesis sobre la destitución/desaparición de la infancia como categoría social moderna habilitando la exploración de las nuevas formas de la subjetividad, en estrecho diálogo con los estudios semióticos y con la obra de Michel Foucault.[27] Otros estudios han avanzado en la indagación de fenómenos vinculados con la cultura global, con el consumo infantil y con los productos de la cultura televisiva[28] desde enfoques y categorías procedentes de las teorías de la comunicación, de los estudios culturales y de la pedagogía crítica. Las representaciones de la infancia en distintas superficies dan cuenta de cambios en la experiencia infantil y, así como la cultura escolar concitó un especial interés a partir del reconocimiento de su dimensión histórica e institucional, en estos desarrollos la cultura infantil se presenta como

---

[26]   Silvia Molloy, *Varia imaginación*, Rosario, Beatriz Viterbo Editora, 2003; Nora Domínguez, *De dónde vienen los niños. Maternidad y escritura en la cultura argentina*, Rosario, Beatriz Viterbo Editora, 2007; Valeria Sardi, *El desconcierto de la interpretación. Historia de la lectura en la escuela primaria argentina entre 1900 y 1940*, Santa Fe, UNL, 2010; Sandra Carli, *La memoria de la infancia. Estudios sobre historia, cultura y sociedad*, Buenos Aires, Paidós, 2011.

[27]   Cristina Corea y Ignacio Lewkowicz, *¿Se acabó la infancia. Ensayo sobre la destitución de la niñez*, Buenos Aires, Lumen-Humanitas, 1999.

[28]   Sandra Carli (comp.), *La cuestión de la infancia. Entre la escuela, la calle y el shopping*, Editorial Paidós, Buenos Aires, 2006; Viviana Minzi, *Los chicos según la publicidad: representaciones de la infancia en el discurso del mercado de productos para niños*, Tesis de Maestría, Universidad de San Andrés, 2005; Valeria Dotro, *Televisión e infancias en la Argentina reciente. El caso 'Chiquititas'*, Tesis de Maestría, UNSAM, 2008; Carolina Duek, *Infancia, juegos y pantallas (1980-2008)*, Tesis doctoral, Facultad de Ciencias Sociales, 2009.

un tópico muy sugerente para el análisis de los modos de homogeneización de las identidades infantiles en contextos de globalización y mundialización de la cultura. Cuáles son los modos de globalización de la infancia como categoría cultural y las operaciones visuales, cognitivas y mercantiles que intervienen constituye una hipótesis fértil para diverso tipo de investigaciones. Pero también cómo en la historia argentina tomó forma una oferta cultural para la infancia con rasgos particulares.

Por último, los *aportes de la historia* y en particular de la *historia de la educación* ahondaron en el papel del estado y de la familia, en las problemáticas sociales y en el alcance y las características de las políticas públicas. Los estudios del campo de la historia, desde perspectivas que van desde la historia social, la historia cultural y las perspectivas de género, se han relevado en trabajos recientes.[29] Interesa recuperar aquí los trabajos iniciales sobre los niños en la Ciudad de Buenos Aires a fines del siglo XIX y sobre el trabajo infantil en la industria porteña de principios de siglo XX,[30] sobre la presencia de los niños en la vida familiar y en la esfera privada en el siglo XIX[31]y sobre el lugar de los niños en la cultura política del anarquismo.[32] Desde principios

---

[29] Lucía Lionetti y Daniel Míguez, "Aproximaciones iniciales a la infancia" en Lucía Lionetti y Daniel Míguez (comps.), *Las infancias en la historia argentina. Intersecciones entre prácticas, discursos e instituciones (1890-1960)*, Tandil, Protohistoria Ediciones, 2010.

[30] Eduardo Ciafardo, *Los niños en la ciudad de Buenos Aires (1890-1910)*, Buenos Aires, Centro Editor de América Latina, 1992; Juan Suriano, "Niños trabajadores. Una aproximación al trabajo infantil en la industria porteña de comienzos de siglo", en Diego Armus (comp.), *Mundo urbano y cultura popular*, Buenos Aires, Sudamericana, 1992.

[31] Ricardo Cicerchia, "Familia: la historia de una idea", en Catalina Wainerman (comp.), *Vivir en familia*, Buenos Aires, Losada/UNICEF, 1994 e *Historia de la vida privada*, Buenos Aires, Troquel, 1998.

[32] Dora Barrancos, "Los niños proselitistas de las vanguardias obreras 1898-1913", *Serie de Documentos de trabajo*, n° 21, CEIL-CONICET, Buenos Aires, 1987.

del siglo XXI se desarrollan los estudios de historia de la familia,[33] entre los cuales se destacan aquéllos que vinculan procesos históricos, políticas públicas, vida cotidiana y vida familiar.[34] Los trabajos históricos sobre la infancia durante el peronismo,[35] sobre los menores en el siglo XIX y XX, desde la historia social y desde la historia cultural,[36] prestan especial atención a las particularidades regionales e institucionales del fenómeno de la minoridad y ponen en discusión las caracterizaciones históricas generalistas.

Desde la historia de la educación y considerando la expansión de la educación pública durante los siglos XIX y XX, el tema de la infancia concitó un interés temprano en la investigación latinoamericana, articulado al acceso a los antecedentes europeos. La investigación en Argentina se ha focalizado en el sistema educativo, en la conformación de

---

[33] José Luis Moreno (comp.), *La política social antes de la política social. Caridad, beneficencia y política social en Buenos Aires, siglos XVII a XX*, Buenos Aires, Trama editorial/Prometeo, 2000; Pablo Cowen, "Nacimientos, partos y problemas de la primera infancia. Fines del siglo XVIII, primeras décadas del siglo XIX", en José Luis Moreno (comp.), *La política social antes de la política social. Caridad, beneficencia y política social en Buenos Aires, siglos XVII a XX*, Buenos Aires, Trama editorial/ Prometeo, 2000.

[34] Isabella Cosse, *Estigmas de nacimiento. Peronismo y orden familiar*, Buenos Aires, Fondo de Cultura Económica, 2006 y *Pareja, sexualidad y familia en los años sesenta*, Buenos Aires, Siglo Veintiuno Editores, 2010.

[35] María Marta Aversa, *Que todos los niños sepan reír. La infancia popular en tiempos del peronismo (1946-1955)*, Tesis de Maestría en Historia, IDAES, UNSAM.

[36] María Carolina Zapiola, "La invención del menor. Representaciones, discursos y políticas públicas de menores en la Ciudad de Buenos Aires 1882-1921", Tesis de Maestría, UNSAM, 2007; Leandro Stagno. "La minoridad en la provincia de Buenos Aires, 1930-1943. Ideas punitivas y prácticas judiciales", Tesis de Maestría, FLACSO, 2008; María Marta Aversa, "Infancia abandonada y delincuente. De la tutela provisoria al patronato público (1910-1931)", en Daniel Lvovich y Juan Suriano (eds.), *Las políticas sociales en perspectiva histórica. Argentina, 1870-1952*, Buenos Aires, Prometeo, 2006.

la pedagogía moderna y en el pensamiento político sobre la infancia. Algunos estudios ahondaron en los dispositivos de disciplinamiento de la población infantil en el marco de los procesos de escolarización en el siglo XIX y los orígenes del pensamiento pedagógico moderno sobre la infancia, en lo que prima el análisis de los modos de homogeneización y de control del sujeto infantil, las formas de regulación y la construcción de un orden escolar.[37] Otros estudios han reconstruido los discursos acerca de la infancia y sus conceptualizaciones acerca del niño en la historia argentina, a partir de la hipótesis de que la infancia constituye un analizador privilegiado de la cultura pedagógica y de la cultura política.[38]

Estudios más recientes indican un espectro de temas y de enfoques. Algunos han ahondado en la formación de la ciudadanía y de la interpelación a los niños y en la estrecha relación entre políticas educativas y políticas de salud en las primeras décadas del siglo XX.[39] No pocos comienzan a explorar la presencia de la infancia en las producciones impresas, en distintos períodos del siglo XX y desde la cultura material la historia del juguete.[40] Por último, desde

---

[37] Mariano Narodowski, *Infancia y poder*, Buenos Aires, Aiqué, 1994.

[38] Sandra Carli, *Niñez, Pedagogía y Política. Transformaciones de los discursos acerca de la infancia en la historia de la educación argentina, 1880-1955*. Buenos Aires, Editorial Miño y Dávila, 2002.

[39] Lucía Lionetti, *La misión política de la escuela pública: formar a los ciudadanos de la república (1870-1916)*. Buenos Aires, Editorial Miño y Dávila, 2007; *María José Billorou*, "La *protección maternal* e infantil debe ser colocada en primer plano en un país como el nuestro. Las políticas de *protección* a la infancia en la Argentina de principios del siglo XX", en *Jornada Historia de la infancia en Argentina, 1880-1960. Enfoques, problemas y perspectivas*, Universidad Nacional de General Sarmiento – Universidad de San Andrés, Los Polvorines, 18 de noviembre, 2008.

[40] Sandra Szir, *Infancia y cultura visual. Los periódicos ilustrados para niños (1880-1910)*, Buenos Aires, Miño y Dávila, 2006; Daniela Pelegrinelli, *Diccionario de juguetes argentinos. Infancia, industria y educación 1880-1955*, Buenos Aires, El juguete ilustrado editor, 2010.

distintas perspectivas de la historia, incursiones en la segunda mitad del siglo XX permiten esbozar nuevas hipótesis
sobre la cuestión de la infancia en el pasado cercano,[41] en
un contexto de mayor interés historiográfico por los años
sesenta y setenta.

A modo de cierre de esta primera parte, podemos señalar que en las disciplinas de las ciencias sociales y humanas
los estudios sobre la infancia están en pleno desarrollo.
Más allá de las dificultades que trae la apertura de nuevas
zonas de investigación y producción de conocimiento en
disciplinas antiguas o recientes, dificultades ligadas con
la mayor legitimidad de ciertos objetos de análisis y con
ciertos supuestos y/o prejuicios existentes respecto de la
relevancia académica, histórica o política de la cuestión
de la infancia, en los últimos años el crecimiento de los
estudios se ha manifestado en eventos académicos, en propuestas curriculares para la formación universitaria y para
la formación docente y en la multiplicación de proyectos
de investigación y tesis de posgrado. Pero sobre todo al
propiciar la circulación de sus productos de mayor calidad
académica en una zona interdisciplinaria.

Problemáticas del presente, preguntas políticas y desafíos teórico-metodológicos

En esta segunda parte nos proponemos plantear algunos desafíos de este campo de estudios, centrados en

---

[41]   Isabella Cosse, Karina Felitti y Valeria Manzano (comps.), *Los sesenta
de otra manera. Vida cotidiana, género y sexualidades en la Argentina*,
Buenos Aires, Prometeo, 2010; Sandra Carli, "Notas para pensar la
infancia en la Argentina (1983-2001). Figuras de la historia reciente",
en Sandra Carli (comp.), *La cuestión de la infancia. Entre la escuela, la
calle y el shopping*, Buenos Aires Editorial Paidós y de la misma autora
La memoria de la infancia, ob. cit.

las tensiones entre pasado y presente en la definición de los objetos de análisis y en las dimensiones teórico-metodológicas de la investigación sobre la infancia, como zona que ausculta las características del tejido social, de las instituciones y del lazo social con las nuevas generaciones. Para ello retomaremos y ampliaremos algunas reflexiones desarrolladas en un texto anterior.[42]

Una mirada de la actualidad pone en primer plano una serie de problemáticas sociales de larga data. En primer lugar el trabajo infantil, cuya persistencia y nueva visibilidad nos retrotrae a lógicas de explotación premodernas de la Argentina oligárquica del siglo XIX. También problemáticas como la prostitución infantil y la trata de personas, que afectan en particular a niñas y mujeres, como fenómenos agudizados por el aumento de la pobreza en décadas recientes y por el crecimiento de redes de poder político, policial y económico. El Estado, que se revela ineficaz para la resolución de algunas problemáticas, avanza en otras con políticas como la Asignación Universal por Hijo, que materializa una medida impulsada por distintos sectores en la década pasada y que se presenta como instrumento parcialmente reparador de la desigualdad estructural heredada. Las tendencias a la medicalización de la infancia revelan la alta incidencia del mercado farmacológico, que interviene en los diagnósticos de los especialistas, mientras el área de la salud pública sigue adoleciendo de regulaciones e intervenciones estatales que reparen las notables situaciones de injusticia social que afectan a los niños más pobres. El más amplio reconocimiento del derecho a la educación conlleva deudas pendientes respecto del acceso a una educación pública de mayor calidad, en un sistema educativo que conserva problemas de diverso tipo. Por último, la notable expansión de

---

[42]   Sandra Carli, "Introducción", en *La memoria de la infancia,* ob. cit.

la cultura audiovisual y del mundo virtual ha dado forma a un hábitat crecientemente tecnologizado productor de nuevas subjetividades infantiles, alterándose las fronteras entre lo público y lo privado, en un marco de ampliación del acceso y de valorización de la audiencia infantil como objeto de disputa cultural en los medios.

Estos fenómenos, entre otros, interrogan el papel del Estado y de la familia en la institución de la infancia, sus alcances en la modulación de las nuevas generaciones y el sentido de sus intervenciones. Como instituciones modernas están acechadas tanto por la memoria de sus promesas como de sus fracasos y de sus violencias, de sus alcances como de sus déficits, de sus metas salvadoras pero también de sus retóricas. Si las nuevas legislaciones, que enarbolan los gobiernos latinoamericanos, pugnan por fortalecer el papel del estado en la protección y el cuidado de las nuevas generaciones, la familia como institución es objeto de discursos que buscan impugnar sus lastres conservadores y reconocer el impacto diferencial de la pobreza sobre sus lógicas vitales. Por otra parte, la escuela se perfila como una institución no siempre eficaz en la mediación entre los horizontes del estado y las expectativas familiares.

En el escenario latinoamericano, en el que algunos gobiernos han puesto en la agenda política la desigualdad que afecta y fragmenta a la población infantil, buscando revertir las tendencias neodarwinistas del capitalismo salvaje que convirtieron en décadas anteriores a amplios segmentos de la población en resto desechable, sería interesante ahondar en investigaciones que con alcance crítico interroguen, entre otras cuestiones, la relación entre pasado, presente y futuro en lo que respecta a las políticas e instituciones para niños, a las dimensiones socio-culturales de la experiencia infantil, a las visiones y los imaginarios sobre la infancia y a los procesos de constitución de los niños como sujeto generacional.

El ciclo global, que conllevó polémicas tesis acerca del fin de la historia, intentó clausurar los vínculos entre pasado y presente a favor de una idea de futuro irrefrenable que iba a barrer con todo vestigio de tiempos remotos. Sin embargo, los acontecimientos mundiales y las conceptualizaciones sobre el tiempo presente, el presente histórico o la historia inmediata sugieren la lectura de elementos del pasado en el presente y resaltan la importancia de estudiar desde una clave histórica el tiempo que transcurre. Desde la perspectiva de la infancia, estos aportes resultan de interés en tanto es el tiempo infantil de una generación de niños el que se despliega mientras se torna objeto de estudio de los historiadores y de la crónica periodística. Por otra parte, la relación entre pasado y presente permite reconocer el desplazamiento del historiador por distintas temporalidades, tanto en el registro de la actualidad como en el estudio del tiempo pasado, acercando la perspectiva de la historia a la investigación de las ciencias sociales. La continuidad histórica de discursos, de dispositivos y de prácticas institucionales con niños (desde el sistema educativo hasta el sistema de minoridad), así como la emergencia de nuevos fenómenos invitan a producir interpretaciones sobre la persistencia del pasado en el presente y sobre los grados de innovación o de cambio en la configuración social de la infancia en pleno siglo XXI.

Mientras las indagaciones sobre la historia de la infancia amplían el acerbo de conocimientos históricos sobre el pasado, se produce una mejor comprensión de los fenómenos actuales, cercanos. A mayor conocimiento histórico, más elementos para una lectura aguda del presente, lo cual permite ahondar en los vínculos entre conocimiento y acción para el desarrollo de intervenciones críticas y polémicas. En el campo de la infancia ha predominado en ocasiones la sectorización o la subalternización de los temas, vaciada de registro histórico, debilitando su resonancia en la opinión pública, a diferencia de la estrecha conexión entre las preocupaciones académicas feministas y la militancia activa en torno a ciertas problemáticas.

Cabe señalar, sin embargo, que no se trata de negar la singularidad de los tiempos históricos. Si las intervenciones en distintos ámbitos públicos invitan a una selectividad del pasado, propiciando la rememoración, la contramemoria, la indagación retrospectiva, la recuperación de ciertas figuras, acontecimientos e experiencias institucionales, la investigación del pasado desde una perspectiva histórica debe ahondar en la particularidad de ese tiempo remoto o reciente. Se hace necesario identificar los "grados de distancia cultural" con el pasado,[43] reconocer las fronteras entre los ciclos históricos, pero también los elementos de discontinuidad o fractura y, sobre todo, los aspectos irreversibles. La historia de la infancia está convocada a profundizar en su lectura del pasado, formulando nuevas preguntas, explorando nuevos archivos, problematizando nuevas dimensiones de análisis de los fenómenos y de los hechos históricos. Esa profundización permitirá comprender las dinámicas, las formas y los alcances del cambio histórico en los modos de crianza y educación de las generaciones y también en las políticas, en las instituciones y en las acciones estatales, en ocasiones afectadas por las innovaciones epocales y en otras sumamente conservadoras, reacias a las transformaciones.

Abordar las dimensiones sociales y culturales de la experiencia infantil, tanto en el pasado como en el presente, y analizar las transformaciones de las visiones, imaginarios y representaciones de la infancia constituyen un desafío en ciernes de este campo de estudios. Mientras la historia social y política ha hecho foco en los discursos y

---

[43]   Peter Burke, *Formas de historia cultural*, Madrid, Alianza Editorial, 2006, p. 243.

en las concepciones acerca de la infancia, moduladas por distintos sectores de la sociedad civil y del estado durante el siglo XX y han identificado los componentes litigiosos y polémicos que se ponen en juego en la construcción de la democracia moderna y la vitalidad de los desacuerdos que animan la historia,[44] un acercamiento desde la historia cultural requiere también estudiar las experiencias de los niños y considerar su papel en las escenas históricas. Esa niñez interpelada, nombrada, categorizada y clasificada, pero sobre todo construida en una trama de discursos, dispositivos y prácticas adultas de diverso tipo, es también un sujeto generacional cuya historia vivida merece un mayor detenimiento de los estudios.

El acercamiento histórico a esa experiencia generacional no es sencillo, pero conlleva desafíos interesantes, entre otros reconstruir ese presente infantil en el tiempo pasado. En primer lugar la historia oral puede acercarnos al pasado, como señala Paul Thompson, "a través de la escucha y registro de las memorias y experiencias de sus protagonistas", recuperando las "esferas escondidas" de los registros históricos, como son las relaciones familiares y las experiencias de infancia.[45] Pero también la historia cultural con su atención puesta en los lenguajes, las representaciones y las prácticas[46] ofrece insumos teóricos y metodológicos para acercarnos a la vida cotidiana infantil al reconocerla como un universo simbólico particular. Una

---

[44]   Jacques Rancière, *El desacuerdo. Política y filosofía,* Buenos Aires, Nueva Visión, 1996.

[45]   Paul Thompson, "Historia oral y contemporaneidad", *Historia, memoria y pasado reciente, Anuario n° 20,* Escuela de Historia-UNR, 2003/2004, pp.15-34.

[46]   Roger Chartier, "La nueva historia cultural", en *El presente del pasado. Escritura de la historia, historia de lo escrito,* México, Universidad Iberoamericana, Departamento de Historia, 2005.

limitada incursión en la memoria autobiográfica[47] nos permite sugerir que tras el telón de fondo de las grandes tradiciones intelectuales de la Argentina moderna, la infancia es recordada y reinventada en una diversidad de textos que develan una experiencia sensible que ha dejado sus huellas en la cultura y en el pensamiento político. La memoria de la infancia constituye una zona densa de indagaciones posibles de las experiencias históricas de los niños, en un país atravesado por imaginarios contrastantes acerca del destino de las nuevas generaciones, que parecen oscilar entre el reconocimiento temprano de derechos, las flagrantes brechas sociales y las políticas de genocidio.

La propuesta de la historia cultural de estudiar los contactos entre distintas culturas[48] no sólo sugiere la indagación del proceso de hibridación de las identidades infantiles en el ciclo histórico global, sino también explorar los elementos comunes y heterogéneos de la vida cotidiana de los niños en tiempos remotos. La pregunta por la identificación, que, de acuerdo a Hall, busca indagar "el proceso del devenir y no de ser" y "cómo nos han representado",[49] en el terreno de la infancia implica desplazarse desde la reconstrucción y el análisis de los dispositivos de interpelación a la niñez (políticos, institucionales, mediáticos, familiares, etc.) a la reconstrucción y el análisis de la memoria de los niños sobre sus contactos con modelos y figuras de identidad, con la cultura política de una época, con los proyectos educativos, con los lenguajes en uso, para reconocer los modos particulares de ligazón con ellos. En tanto ese devenir de

---

[47]   Sandra Carli, "La memoria de la infancia. Los escritos autobiográficos de Norah Lange y Arturo Jauretche", en *La memoria de la infancia, ob.cit.*
[48]   Peter Burke, *Formas de historia...*, ob. cit.
[49]   Stuart Hall, "¿Quién necesita 'identidad'?", en Stuart Hall y Paul du Gay (comps.), *Cuestiones de identidad cultural,* Buenos Aires, Amorrortu Editores, 2003, p.18.

la infancia se ha modulado en un espectro de representaciones, conlleva también explorar los imaginarios en juego.

La investigación sobre la infancia se distingue de otro tipo de indagaciones. Parece provocar una implicación particular en la medida en que sugiere una mayor responsabilidad adulta en la construcción del relato histórico y en la indagación de fenómenos del presente, así como reconocer las tendencias transferenciales con el objeto de estudio,[50] evitando también cierta tentación de colonizar la palabra del niño a través de la voz adulta. Por otra parte, si el niño es un sujeto en constitución, la investigación puede incorporar la pregunta por los horizontes posibles, por los elementos indeterminados de una identidad infantil, siempre abierta a la contingencia histórica, sin por ello negar el peso de los procesos históricos concretos: de allí las dimensiones políticas de la investigación sobre la infancia. Desde una perspectiva atenta al devenir y a la historia del niño, Bleichmar planteaba que "la cría humana se constituye";[51] por lo tanto en ese proceso de constitución la investigación sobre la infancia interviene de maneras sutiles o contundentes, puede ofrecer elementos para torcer cierta historia o no dejar huella.

La atención en la historia del niño, tanto en el pasado como en el presente, requiere también revisar las concepciones desde las cuales se estudia el papel desempeñado por las *instituciones*. Sea desde perspectivas deterministas que enfatizan su poder maquínico o desde perspectivas que borran su eficacia estructural a favor de leer los elementos discontinuos, las instituciones son muchas veces un supuesto no interrogado. Jacques Revel ha analizado

---

[50] Dominick Lacapra, "Historia, psicoanálisis, teoría crítica", en *Historia en tránsito. Experiencia, identidad, teoría crítica*, Buenos Aires, Fondo de Cultura Económica, 2006.

[51] Silvia Bleichmar, *La fundación de lo inconsciente*, ob.cit., p.185.

los cambios en las concepciones de la teoría social e histórica a lo largo del siglo XX, ha destacado el impacto del debilitamiento de las instituciones de regulación social sobre dichas concepciones a partir de los años setenta y ha, recomendado valorizar el pensamiento de algunos autores (entre otros Mary Douglas y Norbert Elias).[52] Lo que interesa recuperar aquí es su planteo acerca de que la institución y las normas que produce "no aparecen ya como exteriores al campo social ni como impuestas a él" sino que "son inseparables de la configuración social y de las acciones que allí son posibles":[53] desde una perspectiva de historia de la infancia, ello implica estudiar las acciones posibles en las instituciones, entendidas por fuera de la lógica de la pura coerción o de la pura exterioridad; implica convertirlas en un observatorio particular de los estudios históricos. Desde otra perspectiva teórica, como la de Eduardo Remedi, supone ahondar en la historia institucional, en la cultura experiencial y en los intersticios[54] que delimitan un espectro de experiencias infantiles posibles en las que el juego de la identificación y de la sociabilidad desempeñan un papel central.

La pregunta que se abre a partir de aquí refiere al papel histórico que han desempeñado las instituciones en la constitución de la infancia, en la apertura de nuevos horizontes de vida o en la clausura de los mismos. Pero también la pregunta acerca del papel del pensamiento experto sobre la infancia en la creación, en la conservación y /o en la renovación de las instituciones a lo largo del siglo XX. En tanto la segunda mitad del siglo XX se ha

---

[52]   Jacques Revel, "La institución y lo social", en *Un momento historiográfico*, Buenos Aires, Manantial, 2005.

[53]   *Ibid.*, p. 81.

[54]   Eduardo Remedi, "La institución: un entrecruzamiento de textos", en *Instituciones educativas. Sujetos, historia e identidades*, México, Plaza y Valdez, 2004.

caracterizado por la producción de un campo de saberes especializados sobre el niño, su permeabilidad diferencial en instituciones y políticas, en sectores sociales y épocas, así como su revisión crítica en épocas posteriores a su emergencia, podría ser indagada. El siglo XXI nos encuentra con una pluralidad de saberes sobre la infancia, de mayor o menor actualidad, más o menos segmentados, ante realidades complejas que demandan no sólo el recurso a los saberes disponibles sino a imaginar nuevas acciones institucionales que consideren, entre otras, la participación y la implicación de los niños.

Desde esta perspectiva, el conocimiento que reúne este campo de estudios de fronteras abiertas resulta también interpelado tanto en cuanto a su capacidad para dar lugar a un constante balance sobre los enfoques teórico-metodológicos y sobre los resultados de sus indagaciones, como a su versatilidad para circular, para transferirse a otros ámbitos y para ser usado para incidir en la transformación de las instituciones de cuidado, atención y educación, en la presencia de las problemáticas infantiles en las agendas públicas y en la comprensión de las experiencias singulares e históricas de los niños.

INFANCIA Y EDUCACIÓN EN DIÁLOGO: UN CAMPO DE POSIBILIDADES PARA LA REFLEXIÓN TEÓRICA Y RENOVADAS PERSPECTIVAS DE ANÁLISIS[1]

Lucía Lionetti

La historia de la educación ha estudiado diacrónicamente los procesos de alfabetización, las políticas educativas y la conformación de los sistemas públicos de educación, las teorías pedagógicas, la formación docente y la tradición normalista, las prácticas educativas y la relación entre la escuela y las comunidades, entre otras cuestiones. Estas temáticas –y otras nuevas que se investigan en la actualidad– deben ser atendidas en función del contexto de las condiciones sociales, políticas, económicas y culturales donde se gestan y esta necesidad reclama interdisciplinaridad. Este artículo, justamente, pone en relación los aportes del campo de estudios de la infancia y los de la educación en función del doble desafío de contemplar la historicidad y la complejidad del fenómeno educativo en función de su conexión con lo político.

En principio, es importante recordar que los procesos educativos se insertan en proyectos globales de sociedad. Esto implica reconocer que no es la educación la que conforma la sociedad de cierta manera sino que es la sociedad la que, al conformarse de cierta manera, constituye la educación de acuerdo a los valores que la orientan. Así se le ha atribuido a la educación su condición de "reproductora del orden social", al tiempo que se la plantea como "palanca

---

[1]   Agradezco la oportuna lectura y los sugerentes comentarios que las compiladoras han brindado generosamente a este trabajo.

de cambio" puesto que daría, gracias a la adquisición de un capital cultural, un repertorio de competencias que haría factible que todo hombre o mujer educados fueran capaces de criticar de forma constructiva la sociedad en la que viven, de intervenir sobre ella. En ese marco, es necesario resaltar la historicidad del fenómeno educativo. En ese sentido, un "enfoque culturalista" quizás sea el que mejor nos introduce a dicha dimensión histórica. Desde esa perspectiva, la educación se contempla como un bien de cultura, como síntesis de cultura, como individualizadora de cultura, como conservadora de cultura y como transformadora de cultura.[2]

Todas estas características estimulan el diálogo entre educación e historia, puesto que subrayan el hecho de que cada sociedad, en cada época histórica, ha defendido una determinada concepción de la educación y unas formas de practicarla. Desde ese lugar puede afirmarse que los investigadores han conseguido mostrar acabadamente que lo educativo implica mucho más que la estricta recuperación de las políticas educativas y de sus referentes pedagógicos. Tal como se ha remarcado, las prácticas sociales y discursivas, las representaciones y los imaginarios son transitados con la firme intención de avanzar en el sentido de una historia de la educación que supere lo *político* para captar la dimensión social y cultural de lo educativo.

En esa dirección, los estudios sobre las representaciones pedagógicas en torno a la niñez han producido resultados sugerentes.[3] Uno de los temas centrales de investigación

---

[2]   Virginia Guichot Reina, "Pasado, Presente y Perspectivas futuras", *Historia de la Educación, Anuario,* n° 8, Buenos Aires, SAHE-Prometeo, 2007, pp. 39-78.

[3]   Uno de los aportes de mayor relevancia dentro de esta línea de análisis es el de Sandra Carli, *Niñez, Pedagogía y política. Transformaciones de los discursos acerca de la infancia en la historia de la educación argentina entre 1880 y 1955,* Buenos Aires, Editorial Miño y Dávila, 2005.

de esos estudios ha sido la presencia de una multitud de escolares bajo la autoridad de un maestro en las escuelas de los nacientes sistemas educativos modernos del siglo XIX y, con ello, la producción pedagógica, las tecnologías didácticas y las polémicas públicas que despertaron.[4] Como explica Escolano, estas investigaciones han permito dar cuenta de los cambios en las concepciones de la infancia durante las dos últimas centurias enmarcando tres grandes momentos a lo largo de la historia. En un primer momento, la sociedad habría asistido a una suerte de revolución sentimental derivada del naturalismo pedagógico con lo que se introdujo en la educación los mitos del libertarismo y de la permisividad al postular el aislamiento del niño de los contactos precoces con la vida social. Esto conduce a un segundo momento donde se promovió la escolarización total de la infancia y se permitió el surgimiento de los sistemas nacionales de educación, lo que para algunos fue la creación de las estructuras efectivas para la reclusión institucional de los niños. Finalmente, se asistió a otro desplazamiento en la concepción de la infancia producto del desarrollo positivo de las ciencias humanas, principalmente de la psicología, la pedagogía y la medicina infantil, iniciado a finales del siglo XIX y continuado ininterrumpidamente a lo largo del siglo XX y lo que va del presente, que proporciona las bases necesarias para la dirección científica de la conducta infantil y, consiguientemente, para la organización metódica de la escuela.[5]

Por otra parte, como resultado de esas investigaciones, ha sido posible llegar al acuerdo de que la categoría infancia

---

[4] Ver también sobre el tema: Mariano Naradowski, *Infancia e Poder. Conformacaô da pedagogía moderna.* San Pablo, Universidad de San Francisco, 2001.

[5] Agustín Escolano Benito, "Aproximación histórico-pedagógica a las concepciones de la infancia", *Studia Pedagogica. Revista de Ciencias de la Educación,* n° 6, 1980, Universidad de Valencia, pp. 5-16.

supera la idea de una realidad social objetiva y universal, ya que es el resultado de un consenso social siempre inacabado y, por tanto, procesual. Al mismo tiempo, su enunciación y las representaciones sociales en torno a ella no pueden dar opacidad a lo que la realidad histórica muestra, como ser la diversidad en la(s) experiencia(s) de la niñez.

Estos avances dentro del campo de la historia de la educación, sumados al diálogo con la historia social y con la historia cultural,[6] promovieron una renovación epistemológica y metodológica que invita a un nuevo desafío: (re)visitar precisamente el lugar de lo *político* y formular nuevos interrogantes sobre la relación entre esas políticas educativas y sus destinatarios. Aun reconociendo que esa monumental tarea de educar a la infancia se inspiró en una manifiesta voluntad de dominación social por parte de las elites gobernantes –como forma de legitimar la construcción del orden republicano–, esa política educativa no puede ser pensada, sin más, de una manera lineal. El despliegue de esas políticas públicas, en tanto expresión de esas modernas técnicas de gobierno, colocó a la infancia escolarizada en el centro de una grilla de acciones en las que autoridades y educadores debieron negociar con los padres y con la comunidad en general. Formas de intercambios que transitaron por instancias de tensión, conflictos, acuerdos y cooperación entre las partes involucradas. Este artículo procura reflexionar en

---

[6]   A propósito el reconocido historiador británico Eley en su valiosa contribución plantea de modo sugestivo, cruzando su propia biografía y la renovación que ha sufrido el campo historiográfico, una relación entre la historia social y la cultural más dialéctica que secuencial, al tiempo que formula "nuevas hibridaciones" y un "pluralismo básico" para hacer historia hoy. Ver Geof Eley, *A Crooked Life From Cultural History of Society*, Ann Arbor, University of Michigan Press, 2005. Un estimulante debate generado a partir de este texto entre los historiadores Garielle Spiegel, William H. Sewell y Manu Goswami en *The American Historical Review*, vol. 113, n° 2, April, 2008.

esa dirección de modo de superar el orden del aconteci-
miento –*événementiel*– para sugerir que, en ese moderno
arte de la gubernamentalidad y su apuesta a favor de la
educación,[7] la cuestión de la configuración de la niñez
escolarizada adquiere una particular relevancia. Se trata,
entonces, de seguir indagando en las formas de recepción
de esas políticas educativas por parte de los gobernados y
en su adaptación y apropiación, a partir del contacto con
la diversidad de representaciones sociales de la infancia
que circulan en los diferentes contextos socio-culturales.

Aproximaciones conceptuales en torno a la representación social de la(s) infancia(s)

Antes de avanzar en la dirección de análisis propuesta
es relevante apelar a una serie de aportes que permitan
tener una idea más acabada de las representaciones sociales que circulan en torno a la niñez en un determinado
contexto social. Se sabe que las representaciones sociales se
construyen y se transmiten socialmente y, en consecuencia,
sus contenidos no son neutros.[8] Por su carácter social, anteceden al individuo y requieren del uso del lenguaje. Las
representaciones crean imágenes que circulan mediante
actos y procesos comunicativos en las que se integran la
historia, las creencias, el mundo simbólico, la explicación

---

[7]   Se retoma aquí la presentación de Foucault quien definió las técnicas
de gobierno como gubernamentalidad para referirse al arte de gobernar
como un modo de conducir el comportamiento de los otros. Es decir, una
forma de ejercicio de poder que consistiría en "conducir las conductas" y
en planificar la probabilidad. Michel Foucault, "La gubernamentalidad",
en *Estética, ética y hermenéutica*, Barcelona-Buenos Aires, Paidós, 1991,
pp.175-198; Michel Foucault, *Nacimiento de la biopolítica*, Buenos Aires,
Fondo de Cultura Económica, 2007.

[8]   Alejandro Raitter, "Representaciones sociales", en Alejandro Raitter *et
al.*, *Representaciones sociales*, Eudeba, Buenos Aires, 2002.

social y la política. Esto les imprime dos características: son dinámicas y son compartidas por un colectivo. En gran medida, las representaciones en torno a la infancia resultan ser un excelente test proyectivo de la realidad social que se pretende estudiar. Un conjunto de factores –sociales, étnicos, de género, lugar de residencia y composición familiar pero también valores, conocimientos, hábitos y prácticas culturales– dan forma a los modos específicos de ser niño.[9] De modo tal que la representación social se sitúa en una conjunción de lo psicológico y lo sociológico y, al mismo tiempo, es un mecanismo psíquico en cuanto expresión del espíritu humano y un mecanismo social, en cuanto producto cultural. Ella permite la comunicación entre los individuos y, en particular, entre las generaciones.[10]

El mayor desafío para los cientistas sociales se encuentra en conseguir dar visibilidad a las representaciones sociales sobre la infancia en diversos ambientes, en la medida en que propicia una reflexión sobre la realidad social en la que los niños son sometidos cotidianamente. En esta dirección procura avanzar la sociología de la infancia que se propone "el establecimiento de una distinción analítica en su doble objeto de estudio: los niños como actores sociales en sus mundos de vida y la infancia como categoría social de tipo generacional socialmente construida".[11] La infancia es objetivamente heterogénea en la medida en que existen infancias socialmente diferentes y desiguales.

---

[9]   Ângela Meyer Borba, "As culturas da infância no contexto da Educação Infantil", en Tânia Vasconsellos (org.), *Reflexões sobre infância e cultura*, Niteroi, EdUFF, 2008, p. 76. La traducción es nuestra.

[10]   Marie Lauwe y Josée Chombart, "A representação social na infancia", en Denise Jodelet (org.), *As Representações Sociais,* Rio de Janeiro, EDUERJ, 2005, p. 285. La traducción es nuestra.

[11]   Manuel Sarmento, "Sociologia da Infância: correntes e confluencias", en Manuel Sarmento y Maria Cristina Soares Gouvela (org.), *Estudos da Infância: educação e práticas sociais*, Petrópolis, Vozes, 2008, p. 22. La traducción es nuestra.

En el mismo sentido, María Adelaida Colángelo explica que la infancia como categoría socialmente construida conjuga tres dimensiones de lo social: variabilidad cultural, desigualdad social y el género. En estas relaciones se construyen identidades (nosotros, los otros) históricamente situadas y cambiantes. Las características atribuidas a la naturaleza infantil (pureza, incompletitud, fragilidad, inocencia) son el resultado de un proceso histórico que, según entiende siguiendo el modelo de Ariès, no va más allá del siglo XVIII. Estos atributos conferidos a la infancia como categoría tienden a homogeneizar la gran variedad de experiencias vividas por niños y niñas relacionadas con la diversidad cultural y con la desigualdad social. La versión homogeneizante en los abordajes de la infancia continúa prevaleciendo, por lo cual, es preocupación de la antropología comprender y valorar la "lógica del otro" como igualmente legítima en las múltiples formas de entender la infancia como agente social.[12]

En la misma dirección, Clarice Cohn advierte que uno de los hallazgos más recientes de la antropología como disciplina es percibir al niño o a la niña como sujeto social, dando lugar a una *nueva antropología* del niño o de la niña. Esta concepción abarca también nuevos modos de entender la cultura y la sociedad. La cultura es tomada en la simbología y en las relaciones sociales que la conforman y le dan sentido: "El contexto cultural del que hablamos hasta aquí, y que es imprescindible para entender el lugar del niño o de la niña según los nuevos estudios, debe ser tomado como siendo ese sistema simbólico".[13] La sociedad está en constante pro-

---

[12]   Ver María Adelaida Colangelo, "La mirada antropológica sobre la infancia. Reflexiones y perspectivas de abordaje", 2005 (disponible en: www.me.gov.ar/curriform/publica/oei_20031128/ponencia_colangelo.pdf Consulta: agosto de 2011).

[13]   Clarece Cohn, *Antropología da criança*, Río de Janeiro, Jorge Zahar Editor, 2000.

ducción por parte de los individuos que viven en ella, que adquieren por ello protagonismo como actores sociales. Tal como comenta, lo que significa ser niño o cuándo termina la infancia puede ser pensado de manera muy diversa en diferentes contextos socioculturales. Al procurar salir del *adultocentrismo* en la narrativa con niños y niñas, lo que propone la narrativa etnográfica es observar las prácticas escolares en su dimensión política en primer lugar desde los adultos en escuelas primarias estatales. Esto implica examinar las prácticas escolares y considerar la escuela como un espacio social en el que resulta posible analizar procesos políticos sin reducirlos a dimensiones pedagógicas, administrativas y/o de legislación. De modo tal que "la trama compleja de prácticas trascienden la escuela y adquieren significados diversos tanto en el afuera como en el adentro escolar".[14]

Ahora bien, ¿es posible aproximarse desde la historia de la educación a la niñez sin que aparezcan la mediación de las palabras y los conceptos de los adultos? Y, de ser así, la historia de la educación, ¿puede producir conocimiento sobre ese universo rescatando su voz más allá de recuperar los estereotipos pedagógicos que construyeron las imágenes sobre la infancia? Para avanzar en esa dirección, en principio, habrá que superar las enormes barreras metodológicas que impone la perspectiva del registro, en el sentido de que las fuentes archivísticas que se disponen transmiten las voces de los adultos. La(s) infancias(s) llegan a nuestro presente mediatizadas por esos discursos dominantes o, en todo caso, tamizadas por una historia oral que recupera las experiencias de la escolarización a partir de testimonios donde se apela a la memoria. Habrá que allanar esa dificultad esforzándose en la búsqueda de

---

[14]   Diana Milstein, "Conversaciones y percepciones de niños y niñas en las narrativas antropológicas", *Revista Sociedade e Cultura*, Facultad de Ciencias Sociais, Universidade Federal de Goias, Goiania, 2008.

nuevas estrategias metodológicas sustentadas en un mayor bagaje de registros documentales donde se pueda dar cuenta de esa capacidad de agencia de los niños y las niñas.

Más allá de esos límites, estos avances permiten reconocer el lugar de lo político en las prácticas educativas ensayadas sobre la niñez y los jóvenes escolarizados. Dar relevancia a la dimensión política de la educación en los diversos contextos culturales y sociales –atendiendo de modo particular a la acción humana y a la contingencia– es un modo de aproximarse a esa diversidad dentro del universo de la infancia y a las distintas realidades donde se extendió la alfabetización.

La educación, la infancia y lo "político"

En ese cruce entre lo político, la educación y la infancia, una vez más, es apropiado rescatar esa valiosa producción que retomó la visión durkheimiana para centrar su atención en explicar los mecanismos de cohesión social y de legitimación de una jerarquización social que responda a una división del trabajo social cada vez más compleja. El rol de la escuela sería el de homogeneizar –mediante la transmisión a las nuevas generaciones de las normas, de los valores y de los conocimientos sociales– y el de diferenciar –mediante la formación de competencias y de capacidades– a los individuos según el lugar que ocupen en la sociedad. Se parte de ese presupuesto en el que la escuela reproduce culturalmente y, al hacerlo, legitima el sistema de dominación.[15]

---

[15] Entre la vasta producción que recupera este presupuesto podemos citar, entre otros, los citados trabajos de Juan Carlos Tedesco, *Educación y sociedad en Argentina (1880-1945)*, Buenos Aires, Solar-Hachette, 1986; Daniel Filmus, *Estado, Sociedad y Educación en la Argentina de fin de siglo. Procesos y desafíos*, Buenos Aires, Ed. Troquel, 1999; Adriana Puig-

La reproducción de un orden cultural dominante a través de la "construcción social de los alumnos" que realiza el orden escolar es la idea que subyace en ese tipo de enfoques.[16] Dichas investigaciones retoman a Bourdieu y a la perspectiva foucaultiana de constitución de los cuerpos disciplinados[17] para analizar las formas cotidianas de la vida escolar a través de las cuales el trabajo pedagógico inscribe en los cuerpos de los alumnos las convenciones culturales dominantes reproduciendo en el orden escolar, el orden social. Al hacer hincapié en el rol o en la función de la escuela, en tanto institución social, ponen el acento en su función socializadora y política, vinculada a la diseminación ideológica que, implícita o explícitamente, se realiza a través del sistema educativo. En ese sentido, estos enfoques destacan el peso que sobre ella ha ejercido el Estado y sus políticas educativas. Este énfasis puesto en la reproducción y en la dominación limita la posibilidad de pensar en las acciones de los sujetos sociales involucrados, en las contingencias y, aun más, en las instancias de conflicto, acuerdo y colaboración entre el Estado y la sociedad

---

grós, *Sujetos, disciplina y currículum en los orígenes del sistema educativo argentino*, Buenos Aires, Galerna, 1990; Adriana Puiggrós (dir.), *Sociedad Civil y Estado en los orígenes del sistema educativo argentino*, Buenos Aires, Galerna, 1991; Adriana Puiggrós, (dir.) y Edgardo Ossana (coord.), *La educación en las provincias y territorios nacionales, 1885-1945*, Buenos Aires, Editorial Galerna, 1993 y *La educación en las provincias, 1945-1983*, Buenos Aires, Editorial Galerna, 1997; y finalmente, Pablo Pineau, *La escolarización de la provincia de Buenos Aires (1875-1930)*, Buenos Aires, FLACSO, 1997.

[16]   Un trabajo donde se apela a este enfoque es el de Diana Milstein y Héctor Mendes, *La escuela en el cuerpo. Estudios sobre el orden escolar y la construcción social de los alumnos en la escuela primaria*, Madrid, Miño y Dávila editores, 1999.

[17]   Es evidente que Foucault problematizó la práctica del disciplinamiento en tanto, tal como se mencionó *ut supra*, le preocupó estudiar especialmente esas formas de intervención sobre las personas y las cosas para producir los efectos deseados.

civil[18] a la hora de implementar ese modelo de construcción social de la niñez escolarizada. Desde ese lugar, una vez más, se demuestra la complejidad de lo político.

Al respecto, como lo expresa Hilda Sábato, la historia política ofrece un nuevo campo de posibilidades en tanto se han abandonado los enfoques convencionales que habían comprendido que la naturaleza de lo político debía explicarse a partir de otras dimensiones de lo social que la determinaban en última instancia. La acción humana y la contingencia forman parte de esa dimensión explicativa que busca aproximarse a la complejidad de lo político. Lo que ahora importa es la relación entre el Estado, la sociedad civil o lo que algunos autores prefieren denominar como la sociedad política.[19] En ese sentido, puede reconocerse cómo, en ese esfuerzo por transmitir desde la institución escolar un modelo de comportamiento ideal, quedan in-

---

[18] Cabe señalar que los referentes de los estudios subalternos han problematizado para nuestras sociedades contemporáneas la relación entre el binomio Estado y sociedad civil. Según explica Chatterjee, la categoría de sociedad civil, referida al conjunto de ciudadanos que constituirían un todo homogéneo –el pueblo– en los modernos Estado-nación capitalistas, se sustenta en el principio de que todos los ciudadanos son iguales ante la ley, sin embargo, en la administración de los servicios públicos se plasma el carácter ficticio de esta construcción legal. La sociedad civil actúa como referente para las fuerzas favorables al cambio político, pero la lucha cotidiana por el reconocimiento de derechos legales y de derechos adquiridos dio lugar a la emergencia de la sociedad política. Las claras exclusiones, violencia y vacíos generados por los estados modernos llevaron a la sociedad política a representar a los grupos fragmentados, con intereses particulares, los cuales también son interpelados fragmentariamente en el ejercicio de las políticas públicas de gubernamentalidad. En ese sentido, la lógica de la sociedad política, o de esa "política de los gobernados", parece ser la conquista fragmentada de los derechos encontrando un lugar dentro de la cultura política. Ver Partha Chatterjee, *La nación en tiempos heterogéneos y otros estudios subalternos,* Buenos Aires, Siglo XXI-CLACSO, 2008.

[19] Hilda Sábato, "La política argentina en el siglo XIX: nota sobre una historia renovada", en Guillermo Palacios (coord.), *Ensayos sobre una Nueva Historia Política en América Latina, siglo XIX,* México DF, El Colegio de México y Comité Internacional de Ciencias Históricas, 2007.

volucrados los actores estatales con sus expectativas de construir un orden pero también los diferentes grupos sociales que integran la sociedad y que aparecen unificados por sus intereses, por sus demandas, sus acciones y sus respuestas a esas políticas, es decir, por su capacidad de negociación.

Hace muchos años atrás Malinowski explicó que el verdadero problema no es estudiar la manera cómo la vida humana se somete a las reglas –pues no se somete–: el verdadero problema es cómo las reglas se adaptan a la vida.[20] La dominación y la hegemonía surgen como la resultante de un conjunto de procesos constantes y continuos por medio de los cuales se impugnan, se legitiman y se redefinen las relaciones de poder en todos los niveles de la sociedad, de modo tal que la autoridad sólo puede ser entendida en el marco de una configuración específica de las relaciones sociales. En ese sistema de relaciones operan la dimensión objetiva y subjetiva, es decir, la distribución de los recursos materiales en la sociedad como fuente de poder y las prácticas simbólicas en las relaciones de poder y autoridad. El mundo de lo simbólico es también campo de enfrentamientos y luchas por la apropiación de los significados a través de los cuales se define la realidad.[21]

Partiendo de este presupuesto no resulta contradictorio afirmar que, desde sus inicios, la escuela pública –hija de la formación de los estados nacionales– ha tenido como misión fundamental la integración y la socialización política de los individuos en una comunidad de ciudadanos.[22] La legitimidad republicana necesitó de la compatibilidad cul-

---

[20] Bronislaw Malisnowski, *Crimen y Costumbre en la Sociedad Salvaje*, Barcelona, Ariel, 1991 (1ª edición, 1926).

[21] Norbert Elias, *The Civilizing Process*, London, Blackwell, 2000 (1939).

[22] Esta cuestión ha sido analizada en Lucía Lionetti, *La misión de la escuela pública: educar a los ciudadanos de la república (1870-1916)*, Buenos Aires, Editorial Miño y Dávila, 2007.

tural de sus ciudadanos. Resulta indiscutible reconocer formas de interacción ideológica donde el discurso educativo
representa relaciones de poder –y de confrontación– entre
una parte dominante que promueve un modelo de ciudadanía –y por ende de orden social– y otra subordinada –la
sociedad receptora–. Como eslabón entre esa voluntad de
dominación y esa sociedad a quien se buscó cohesionar y
socializar emerge la idea de pedagogización de la niñez, al
ser los niños investidos como los futuros ciudadanos de la
república. Sin embargo, esas propuestas culturales cruzaron
(y cruzan) los procesos educativos de distintas maneras y
producen efectos no lineales ni evidentes en las instancias
de subordinación de algunos grupos sociales o culturales.

Los estudios sobre la subalternidad como los de James
Scott, que han analizado las formas de resistencia y las
relaciones entre grupos dominados-dominantes, que consideran la existencia de discursos ocultos o velados en oposición al discurso público o al discurso del poder, resultan
de invalorable aporte a la hora de explicar la capacidad de
agencia de los actores sociales objeto de la dominación.
Ese discurso oculto que se despliega fuera del alcance de
los territorios de poder no se plasma solamente en palabras sino también en el terreno de las prácticas sociales.
Lo subalterno,[23] y sus estrategias de negociación con el

---

[23]   Cabe señalar que el concepto de subalternidad fue trabajado inicialmente
por la teoría social y política de Antonio Gramsci. Apeló a la categoría
de clases subalternas, en sus *Apuntes sobre historia de las clases subalternas. Criterios de método* (1934) para explicar que quienes habitan
esa condición lo hacen en tanto no logran unificar sus proyectos y
cristalizarse en sociedad política, o en lo que él llama Estado ampliado.
Esa disgregación sería el resultado de la hegemonía de un modelo cuya
capacidad de dominio y de consenso radica en la habilidad para producir
fragmentación en los proyectos que cuestionan sus bases. Subalterno se
refiere, entonces, a todo aquello con rango inferior a otra cosa, y cabe
aplicarlo a cualquier situación de dominio y no únicamente al de clase.

poder, a las que Scott presentó como el discurso oculto,[24] para autores como Guha representa el dominio autónomo de la política de los subalternos.[25]

De allí que el desafío de la historia de la educación en relación con esa infancia escolarizada radique en comprender los diversos niveles discursivos y las acciones de la subalternidad sin que esto signifique hablar por el otro sino más bien representar al otro sin esencialismo en la construcción de su imagen. Al mismo tiempo, partir de esta premisa permite superar a las instituciones del Estado y a los agentes estatales como los productores de una dinámica histórica. Los agentes estatales –en este caso los maestros y las maestras que se insertaron en las distintas comunidades de la geografía del país– no fueron meramente portadores de las ideas de control y disciplinamiento. Como advierten Di Liscia y Bohoslavsky, "habrá que dejar de pensar a los 'controlados' como meros depositarios de la opresión estatal y social y considerarlos como figuras que no dejaron de ser –por lo general– víctimas de una distribución desigual de bienes materiales y simbólicos, pero que, así y todo, reaccionaban frente a ese orden de distintas maneras que vale la pena historiar".[26]

Cabe interrogarse acerca de cuáles habrían sido las condiciones de posibilidad como para que la sociedad, o los diferentes grupos sociales que la componen, recibiera el discurso educador. Para responderlo, en primer lugar, habrá que reconsiderar la idea de un discurso lineal e

---

[24]   James Scott, *Los Dominados y el Arte de la Resistencia*, México, ERA, 2000.

[25]   Según el autor, se puede dar cuenta –a partir de enfoques historiográficos recientes– de dos dominios correspondientes a la política: la política de la "elite" y la política de los "subalternos". Ranahit Guha, *Las voces de la historia y otros estudios subalternos*, Barcelona, Editorial Crítica, 2002.

[26]   María Silvia Di Liscia y Ernesto Bohoslavsky (eds.), *Instituciones y formas de control social en América Latina. 1840-1940*, Buenos Aires, Prometeo Libros, 2005, pp. 13-14.

inalterable que es llevado a cabo por los agentes del Estado como letra y práctica unánimes. Su reinterpretación se convierte en una nueva lectura de esa realidad, a veces acentuando esa premisa ordenadora del discurso estatal, y otras atenuando o negociando como forma de alcanzar un reconocimiento por parte de la comunidad. Pero, aun más, cuando se encuentran esos puntos de contacto sobre los que se puede llegar a una negociación habrá que indagar sobre ese sustrato cultural común que comparten tanto los agentes de la dominación como aquéllos que son pasibles de control social. Bajo ningún punto de vista se está considerando que estas intermediaciones disminuyan la eficacia del poder de lo estatal sino, en todo caso, de reconocer la forma en la que se configura el poder social.

Esas políticas educativas, entonces, no se aplicaron (y de hecho no se aplican) en mundos sociales inertes, pasivos y/o estáticos. Esto permite visualizar el hecho de que la dominación simbólica sobre la infancia y las formas de intervención pedagógica que sustentaron la elaboración de políticas públicas universalistas entraron en tensión y debieron negociar con las singularidades de la clase social, de la condición étnica, del género y de que se habitara una determinada cartografía social.

La acción de la escuela involucró tensiones, conflictos y negociaciones a partir de una variedad de tópicos: conseguir que los padres cumplieran con su responsabilidad de alfabetizar a los niños; que se reconociera la autoridad del maestro o la maestra sobre los escolares en su labor educadora; que se pudiera compatibilizar el tiempo escolar con los ritmos y los tiempos de las comunidades donde se implantaba;[27] que se aceptara el tipo de formación que

---

[27]   Al respecto sabemos que el tiempo escolar es el producto de la concepción espacio-temporal de la sociedad moderna y capitalista. Pero como dirá Chatterjee ese tiempo homogéneo y vacío no existe como

brindaba la institución. En definitiva, las investigaciones
muestran que la institución escolar y sus agentes convi-
vieron (y conviven) con diferentes realidades sociales y
culturales donde las formas de vivir la niñez no necesariamente se condicen con esa idea de la infancia tal y como
se promueve desde el discurso educativo. Esa tensión se
advierte desde el mismo momento en que la escuela y su
discurso universalizador comenzaron a tomar fuerza, y se
evidencia en cada esfuerzo por encontrar puntos de contacto
entre el discurso, la práctica escolar y aquellos repertorios
culturales que desplegaban en su cotidianeidad niños y
adultos fuera del espacio escolar. Sólo a modo de ejemplo,
se cita este pequeño extracto del informe de un maestro
de una escuela elemental de la campaña bonaerense de
mediados del siglo XIX:

> La escuela tiene hoy 46 alumnos, pero también hay muchos
> niños a quienes los padres no tratan de dar educación ya
> sea que por su pobreza no pueden poner a sus hijos con
> aquella decencia necesaria para mandarlos a la escuela, o
> ya sea por desidia y para aprovechar de los servicios a que
> los tienen destinados, el que firma va a ponerse en la tarea
> de ver particularmente y prescindir de cada padre de familia,
> y con respecto a los hijos de los militares para ponerse de
> acuerdo con el Comandante Militar para que empiece su
> influencia para que los mande a las escuelas.[28]

Se podrá argüir que esa situación se dio en los primeros
tiempos de extensión de esas escuelas de primeras letras en
un pequeño poblado caracterizado, tal como lo enunciaba

---

tal en ninguna parte del mundo real. Es utópico. El espacio de la vida
moderna es una *heterotopía* (concepto aportado por Foucault), el tiempo
es heterogéneo, disparmente denso. Esos "otros" tiempos no serían
meras supervivencias de un pasado premoderno sino los productos del
encuentro con la propia modernidad. Ver Partha Chatterjee, *La nación
en tiempos heterogéneos y otros estudios subalternos,* ob. cit., pp. 62-63.

[28]   Alberto Reyna Almandos, *Bahía Blanca y sus escuelas. Reseña Histórica,*
La Plata, 1925, p. 56.

el discurso civilizador, por su rusticidad. Sin embargo, la escuela, y su premisa homogeneizadora, siempre ha debido adaptarse para gestionar realidades donde la infancia era (y es) mucho más heterogénea de lo que se contempla.[29] Los estudios socio-etnográficos muestran de qué manera entre todos los involucrados se conforman las relaciones sociales del espacio escolar.[30] La escuela y la comunidad no aparecen como territorios sociales con fronteras cla-

---

[29] Existe una serie de aportes que se puede mencionar en ese sentido, entre ellos, nos detenemos en un trabajo donde aún a mediados de los años sesenta del siglo XX –época en la que podemos reconocer nuevas perspectivas en el modelo de crianza y con ello una nueva centralidad del universo infantil para zonas urbanas como la Ciudad de Buenos Aires– encontramos representaciones y prácticas sociales en torno a la infancia fuertemente condicionadas por una cartografía social de la vida rural particular a la que se debieron adaptar los maestros que llegaban a la región con su "mensaje civilizador". En ese sentido un ilustrativo y valioso trabajo es el de Ana Troncoso, "El magisterio y la experiencia del espacio. La meseta norte chubutense (1930-1970)", *Cuadernos Interculturales*, año 8, CEIP, Universidad de Valparaíso, Chile, primer semestre de 2010, pp. 87-112. Si bien es evidente que la diversidad también se da en los contextos urbanos, en nuestro caso hemos realizado recientemente una entrevista a un maestro de la provincia de Catamarca quien relató su experiencia en una escuela rural. Tal como comentó, dictaba clases de septiembre a marzo para todos los alumnos que asistían de modo irregular. Como nos dijo, los hermanos rotaban en su asistencia en la escuela porque se ocupaban de cuidar los animales y de acompañar a sus padres en las distintas tareas rurales. En cuanto a sus padres tenían muy poco contacto con el maestro y de modo esporádico bajaban al valle para trocar con el "mercachifle turco" su producción por la mercadería que necesitaban. Allí el único maestro en absoluta soledad brindaba una enseñanza elemental para los más rezagados, además de los rudimentos de la religión católica porque "ni curas había". Tal como expresó, poco se podía soportar aquella lejanía de los lazos familiares más allá de lamentarse por la suerte de sus alumnos más adelantados que seguramente no conseguirían concluir su escolarización básica. Una situación que no ha variado –según adujo– en el presente.

[30] Un valioso trabajo en esta línea de investigación, sobre una escuela albergue rural de las serranías mendocinas, es el de María Belén Guirado, "La construcción cotidiana de una Escuela Albergue Rural. El caso de la comunidad de Sierras del Portezuelo", ISSE-FACSO-UNSJ, 2001-2009.

ramente delimitadas sino como espacios en permanente interrelación donde el nexo vertebrador es precisamente el sentido de socialización que, unos y otros, buscan promover en la niñez. Si bien ha sido evidente que la educación formal avanzó sobre el mundo doméstico, por otra parte, no es menos evidente que las prácticas escolares han sido condicionadas por las particularidades del contexto social en el que se insertó la institución.

El interés de las actuales perspectivas por recuperar el accionar de todos los agentes sociales –y no sólo de las autoridades– que intervienen en el hecho educativo ofrece nuevas aristas sobre la representación social de la infancia. En esa dirección, si bien es difícil recuperar las voces del pasado de los escolares, la etnografía ha dado perfecta cuenta de que los principales protagonistas de esas políticas educativas, los niños y las niñas, muestran capacidad de agencia en su relación con los adultos, ya sean padres, maestros o directivos.[31]

Epílogo

Existe un acuerdo extendido en que la modernidad política consagró a la escuela pública con la monumental misión de formar a los futuros ciudadanos. Un mandato universalizador que haría posible garantizar los beneficios de la educación a todos los niños y las niñas que habitaban la geografía de la república. Esa pedagogía nacional tuvo

---

[31]   El concepto inglés de *agency* puede traducirse como iniciativa histórica, también es posible hacer alusión a un campo más vasto de significados referidos al despliegue de la capacidad de un sujeto que asume el papel de acto. Ver Gyan Prakash, "Los estudios de la subalternidad como crítica post-colonial", en Silvia Rivera y Rosana Barragan (comps.), *Debates post-coloniales: una introducción a los estudios de la Subalternidad,* La Paz, Sierpe Publicaciones, 1997, p. 293.

como expectativa configurar una idea de infancia acorde al orden social que se buscó imponer. Precisamente esa impronta impuso una línea de análisis que se ocupó de reconstruir esas políticas educativas y sus enunciados pedagógicos. Sin embargo, la renovación dentro del campo de las ciencias sociales –y la historia en particular– mostró los límites de esas aproximaciones que no conseguían mostrar los desplazamientos de la realidad social.

Por ello interesa estudiar las instancias de circulación, de recepción y de apropiación del discurso educativo por parte de los sujetos sociales en tanto permite mostrar su iniciativa y reconocer que, en particular, la niñez escolarizada no es una materia inerte y que no siempre se ajustó (y se ajusta) al modelo de la infancia pedagogizada. Precisamente atendiendo a esta cuestión es que recupera su relevancia el lugar de *lo* político en su sentido abarcativo en la medida en que la agencia de los subalternos pone en evidencia la forma en que quieren ser gobernados y, con ello, las instancias de poder que se ven obligadas a atender sus demandas. La sociedad política muestra sus estrategias de acción para reclamar por sus derechos y defender sus intereses. En ese sentido, puede reconocerse que los procesos de escolarización, expresión de las políticas sociales de gubernamentalidad, han sido y son condicionados por las particularidades de cada contexto social y por los intereses de los propios sujetos sociales.[32]

---

[32] A propósito y sólo a modo de reflexión, cabe mencionar que en el caso de la Argentina poco se ha atendido a las particularidades que presentan los distintos contextos rurales en la recepción del discurso educativo civilizador, una cuestión que sí ha merecido una estimulante producción en el resto de América Latina (sobre todo para los casos de México y Brasil). En lo que respecta a la Argentina se cuentan con pocos trabajos, entre ellos podemos mencionar a Adrián Ascolani, "Los agricultores y la educación para la modernización e integración social, durante el apogeo y crisis de la Argentina agroexportadora (1899-1936)" y Talía Gutiérrez, "Políticas de educación agraria en la Argentina. El caso

De allí que el estudio del binomio educación/ infancia(s) sugiere atractivos territorios para continuar explorando el lugar de *lo* político. Si la institución escuela ha sido atravesada a lo largo de su historia por los desafíos que le impone la variopinta realidad social, se trata, entonces, de interrogar el pasado y el presente acerca de cuáles son esas condiciones de posibilidad para que se recepte y se apropie el discurso educador, atendiendo la diversidad de experiencias subjetivas de la niñez y las representaciones sociales en torno a la(s) infancia(s) con las que se enfrenta en su cotidianeidad.

---

de la región pampeana, 1875-1916", en Alicia Civera, Juan Alfonseca y Carlos Escalante (coords.), *Campesinos y escolares: la construcción de la escuela en el campo latinoamericano (siglos XIX y XX)*, Miguel Ángel Porrúa-El Colegio Mexiquense, México, 2010, pp. 162-194 y 264- 298; Elisa Cragnolino (comp.), *Educación en los espacios sociales rurales*, Colección Estudios sobre Educación, Córdoba, Editorial de la Facultad de Filosofía y Humanidades de la UNC, 2004; Talía Gutiérrez, *Educación, agro y sociedad. Políticas educativas agrarias en la región pampeana, 1897-1955*, Quilmes, Universidad Nacional de Quilmes, 2007; Talía Gutiérrez, "Productivismo vs didáctica. Políticas de enseñanza agrícola en la provincia de Buenos Aires, 1967-1992", en Teresa González y Oresta López Pérez (coords.), *Educación Rural en Iberoamérica. Experiencia histórica y construcción de sentido*, Anroat ediciones, España, 2009, pp. 265-294. Véase también María Cristina Plencovich *et al.*, *La educación agropecuaria en la Argentina. Génesis y estructura*, Buenos Aires, ediciones CICCUS, 2009. Y Lucía Lionetti, "Las escuelas de primeras letras en el escenario social de la campaña bonaerense (1850-1875)", *Naveg@ mérica*. Revista electrónica de la Asociación española de americanistas, n° 4, 2010 (disponible en http://revista.um la estrecha relación entre la política y la escolarización.es/navegamerica Consulta: agosto de 2010).

Infancia, sociedad y educación en la historia[1]

Moysés Kuhlmann Jr.

En las últimas décadas, la historiografía de la infancia se ha convertido en un área importante de investigación (en conexión con las corrientes de la historia del asistencialismo, de la familia y de la educación) con innumerables estudios realizados con diferentes abordajes, enfoques y métodos. Este artículo realiza algunas reflexiones en el campo de la historiografía de la educación en función de ciertos problemas que emergieron de su creciente –y muy significativo– acercamiento a la historia de la infancia. La idea es contribuir a una relación más consistente y fecunda entre ambas áreas.

En aras de avanzar en esta discusión, un primer apartado considera ciertas especificidades de la historia de la infancia, con intenciones de señalar la necesidad de evitar el anacronismo (como puede ser la extrapolación de categorías descriptivas o analíticas) y el tratamiento indiferenciado de los distintos sujetos y relaciones sociales a los que se refiere la infancia. El segundo apartado revisa las derivaciones que estas particularidades de la historia de la infancia imprimen a la historia de la educación. De este modo, se focaliza sobre las maneras en que distintas categorías (infancia, juventud,

[1]   Texto elaborado en el ámbito del proyecto *Historiografia da Educação: relações sociais e história*, apoio do Conselho Nacional de Desenvolvimento Científico e Tecnológico - CNPq (beca de productividad en investigación).

trabajo infantil) son usadas como herramienta clasificatoria. A continuación, se revisan los usos de la categoría "alumno" como puente entre la historiografía de la educación y de la infancia, para luego abordar algunos recaudos metodológicos que es necesario tomar para considerar las fuentes y los objetos estudiados. El siguiente apartado supone una revisión de la institucionalidad en concreto en el Brasil, para dar cuenta de la heterogeneidad de modelos culturales e institucionales desde los albores del sistema educativo y para seguir con una revisión de la importancia de considerar las relaciones sociales. Para terminar se realizan algunas reflexiones teóricas sobre la forma de analizar la institución escolar y la importancia de hacerlo en función de su articulación con el conjunto de las instituciones sociales y culturales de las que forma parte y de las que sólo puede separarse analíticamente.

La historia de la infancia en perspectiva

Durante largas décadas, la historiografía de la infancia se ha ocupado centralmente de la proposición de Philippe Ariès sobre el desarrollo de la concepción moderna de la infancia y lo ha hecho en función de pensar la época y los ritmos en los que se habría producido ese proceso. Los estudios han mostrado que la conciencia de la existencia de diferentes períodos de la vida humana por parte de los adultos, así como las atribuciones y las representaciones relacionadas a las características específicas de cada una de ellas –incluida la particularidad infantil– pueden ser identificadas en Occidente desde la Antigüedad y estuvieron presentes en las más diversas culturas.[2] En el tercer volumen de la colección

---

[2]   Egle Becchi, Dominique Julia (a cura di), *Storia dell'infanzia*. vol. I, Dall'Antichità al Seicento, vol. II, Dal Settecento a oggi. Roma, Laterza,

Historia de la vida privada, de cuya organización participó el propio Ariès, Jacques Gélis discutió la indiferencia medieval en relación con la infancia y la consideró una fábula, al descubrir la preocupación de los padres por la salud de los niños. Aun así, este descubrimiento no contradecía la existencia de una profunda transformación de las ideas y de las actitudes en relación con la vida y con el cuerpo en el marco de la cual surgió el sentimiento moderno de la infancia asociado al hecho de que la familia nuclear sustituyó al linaje y a la comunidad.[3] No obstante, cabe señalar que, a pesar de todas las críticas a las tesis de Ariès, éstas ganaron hegemonía. De modo que cuando se habla de historia de la infancia, este autor es visto y citado como la referencia básica o única, adoptada sin cuestionamientos.

Si hay problemas con las interpretaciones de Ariès para el contexto de la historia de la infancia francesa, la transposición inmediata de sus ideas a otros países puede implicar todavía más desvíos porque se nivelan realidades distintas o porque se establece una trayectoria lineal a ser transitada, con mayor o menor atraso. La formación de las sociedades presenta condiciones históricas, geográficas, sociales y culturales que desencadenan particularidades, relacionadas a la concepción de la infancia, a los sentimientos y a las prácticas de cuidado y de educación de los niños. En los diferentes países, las singularidades regionales y locales también necesitan ser consideradas. Pero, al mismo tiempo, la historia de la modernidad indica un proceso que envuelve

---

1996; Franco Cambi, Simonetta Ulivieri, *Storia dell'infanzia nell'Italia liberale,* Firenze, La Nuova Italia, 1988; Buenaventura Delgado, *Historia de la infancia,* Barcelona, Ariel, 1998; Pierre Riché, Danielle Alexandre-Bidon, *L'Enfance au Moyen Age,* Paris, Seuil / Bibliothèque Nationale de France, 1994; y Collin Heywood, *Uma história da infância: da Idade Média à época contemporânea no ocidente,* Porto Alegre, Artmed, 2004.

3   Jacques Gélis, "A individualização da criança", en Philippe Ariès y Roger Chartier (orgs.), *História da vida privada,* vol. 3, São Paulo, Cia. das Letras, 1991, p. 328.

relaciones sociales, económicas y culturales, en el plano internacional, en el interior de las cuales se da el desarrollo de la concepción moderna de la infancia. Las tensiones entre *universalidades* y *particularidades* son inherentes al análisis histórico y precisan ser tenidas en consideración.

En esta línea, una de las cuestiones centrales que sobresale de la reflexión crítica sobre la infancia y su historia, se refiere a las desigualdades y a las diferencias entre diferentes grupos de niños, lo que invalida atribuirle al concepto de infancia un sentido homogéneo y uniforme. En el trabajo realizado en conjunto con el recordado Rogério Fernandes, de la Universidad de Lisboa, se consideró que:

> Los hechos relativos a la evolución de la infancia, en la pluralidad de sus configuraciones, se inscriben en contextos cuyas variables delimitan perfiles diferenciados. La infancia es un discurso histórico cuya significación está consignada en su contexto y las variables de contexto que lo definen. Semejantes contextos son de naturaleza económica, social, política, cultural, demográfica, pedagógica, etc. Es indispensable discernir cuáles de esas variables actúan de hecho en cada coyuntura y son, consecuentemente, pertinentes en la delimitación del territorio en la causa. [...] La modernidad hizo de la denominación *infancia* un paraguas para proteger un conjunto de distribuciones sociales, relacionadas a diferentes condiciones: las clases sociales, los grupos generacionales, los grupos culturales, la raza, el género; bien como las diferentes situaciones: la deficiencia, el abandono, la vida en el hogar, en la escuela (el niño y el alumno) y en la calle (como espacio de sobrevivencia y/o de convivencia/juego). Es esa distribución que las concepciones de infancia se amoldan a las condiciones específicas que resultan en la inclusión y en la exclusión de sentimientos, valores y derechos.[4]

---

[4]   Moysés Kuhlmann Jr. y Rogério Fernandes, "Sobre a história da infância", en Luciano M. Faria Filho (org.), *A infância e sua educação: materiais, práticas e representações (Portugal e Brasil)*, Belo Horizonte, Autêntica, 2004, pp. 15-33.

En lo que se refiere a las edades, se puede decir que en el campo de las ciencias humanas, en general, se da una especie de anacronismo cuando no se consideran diferencias de edad en el interior del período de la infancia. Ese anacronismo desencadena análisis imprecisos y generalizantes producidos por el descuido en el análisis de las subdivisiones de las edades en sus límites inferior y superior y por nivelar las condiciones y las necesidades de los pequeños y de los que llegan a la juventud. Se indica aquí la importancia de considerar, por un lado, la historia de la infancia con la historia de la adolescencia y de la juventud y la historia de las relaciones entre diferentes grupos de edades. Por ejemplo, con relación a la infancia más cercana a la adolescencia, Heywood destaca la importancia del grupo de pares en la historia de la infancia que, incluso, algunas veces fue más significativo que la familia o la escuela.[5] La delimitación de las edades tiene implicaciones directas para la historia de la educación. Por ejemplo, en cuanto a la educación de los niños pequeños en guarderías y en escuelas de educación inicial, se nota que esa temática consiguió ocupar un espacio en las investigaciones educativas con mucho esfuerzo pero que aún todavía es vista de forma marginal. Y eso ocurrió también en lo que se refiere a su historia.

La infancia y la historia de la educación

La investigación sobre la historia de la educación inicial creció con la expansión de esas instituciones a finales de 1960. Hasta ese momento, tal historia ocupaba un lugar restringido en la historia educativa, relacionado con el ideario pedagógico, en especial Froebel y el jardín de infantes. El

---

5   Collin Heywood, *Uma história da infância*, ob. cit., pp.147-155.

crecimiento de las investigaciones, entre tanto, tampoco avanzó en la articulación con los demás niveles educativos y son pocos los que asocian el estudio de las instituciones de educación infantil con aquellas para los niños mayores. Algunas veces parece que, al querer acercar la historia de la infancia a la historiografía educativa, la infancia, en su sentido estricto, de los 0 a los 6 años, queda ausente en los textos. En efecto, éstos denominan como infancia sólo aquélla de la escuela primaria, del período caracterizado por Ariès como de "prolongación de la infancia", de los 6 o 7 a los 10 o 12 años.

El peso de la escuela obligatoria y el desfasaje de la oferta de instituciones de educación inicial en relación con la educación primaria pueden ser una explicación para que la historia de la educación de los pequeños sea vista como una historia "pequeña", desvinculada de la historia de la escuela primaria a la que se le otorga mayor atención. Como consecuencia, suele hacerse una asociación directa entre la historia de la infancia y la historia de la educación primaria, como si la primera fase de la infancia fuese inexistente o como si su estudio en el campo de la educación tuviera un significado marginal o fuera una mera curiosidad.

En las caracterizaciones de las instituciones de educación infantil sigue siendo frecuente el uso de una falsa dicotomía entre fines asistenciales y educativos. Contradiciendo las evidencias históricas, se afirman un origen y una condición asistencial que precisaría ser superada para "redimir" a las instituciones, tornándolas educativas. Ese supuesto está siendo superado por las investigaciones que han estudiado las instituciones destinadas a los niños a partir de los 2 o 3 años.[6] En cambio, esta interpretación sigue siendo

---

[6]   Jean-Noël Luc, "La diffusion des modèles de préscolarisation en Europe dans la première moitié du XIXe siècle", *Histoire de l'Education*, n° 82, mai 1999, pp. 189-206.

fuerte en los estudios sobre las guarderías. Esos estudios postulan, de forma arbitraria, que las guarderías nacieron como asistencialistas, aunque existan claras evidencias de que, desde sus inicios, esas instituciones fueron pensadas como educativas, lo que invalida pensar que en el pasado carecieran de esa función.[7] Es importante considerar que la historiografía de las guarderías o de las instituciones educativas similares (destinadas a los niños desde el nacimiento hasta los 3 años) todavía es muy incipiente en comparación con los estudios sobre la escuela maternal o el jardín de infantes. Podría pensarse que las investigaciones en diferentes países se resisten a reconocer y a incorporar a las guarderías en la historia de la educación infantil. Por ejemplo, Jean-Noël Luc, al realizar una cronología de la preescolarización en los países europeos, apoyado en investigaciones realizadas en diferentes países de aquel continente, menciona la efímera *salle d´hospitalité*, abierta en 1802, por la marquesa de Pastoret en París, que albergaba bebés, pero no la guardería, creada por Marbeau, en 1844.[8]

La intención de analizar la infancia en su conjunto –sin compartimentarla en diferentes edades– puede ofrecer importantes aportes para el avance de las investigaciones. Por ejemplo, la aceptación de niños pequeños en el interior de la escuela primaria, como sucedía en Europa antes de la creación de instituciones de educación infantil, es un fenómeno que también puede identificarse en Brasil. El Reglamento de Instrucción Primaria y Secundaria de la

---

[7]   Moysés Kuhlmann Jr., *Infância e educação infantil: uma abordagem histórica*, 6ª ed., Porto Alegre, Mediação, 2011; Moysés Kuhlmann Jr., "La educación infantil y el asistencialismo", en Adriana Fresquet, M. L. Porcar (comps.), Serie Construir, Desconstruir, Reconstruir, vol. 3, *Nivel Inicial. Reflexiones, críticas y propuestas*, Mendoza, 2005, p.33-40.

[8]   Jean-Noël Luc, "Chronologie de la préscolarisation dans quelques pays d´Europe aux XIXe et XXe siècles", *Histoire de l´Education*, n° 82, mai 1999, pp.207-224.

Corte, de 1854, preveía la admisión de individuos libres de 5 a 14 años en las escuelas primarias. En las investigaciones realizadas sobre la escuela primaria, en los comienzos del siglo XIX, se encontraron varios indicios de la presencia de niños menores de 7 años matriculados. Algunas de esas situaciones evidencian fraudes con la edad: niños matriculados con pocos meses de edad que curiosamente no le generaron reparos a la inspección escolar.[9]

Si en relación con los niños se constata la fragmentación de la infancia, en el otro extremo etario, al hablar de adolescentes y jóvenes pobres, se los considera uniformemente como si fueran parte de la infancia y no como otro grupo de edad. Ello sucede, por ejemplo, en los estudios que tratan la cuestión del trabajo. En muchos casos, esos estudios caracterizan negativamente el trabajo de esos adolescentes mientras minimizan u olvidan analizar la explotación en el trabajo, que es el elemento crucial. Con esa óptica se generaliza –algunas veces inadecuadamente– la denuncia y la condena de la actividad laboral sin ponderar las condiciones en las cuales ella se produjo.

---

[9]   En Río de Janeiro, en 1874, el 25% de los niños matriculados tenía menos de 7 años en la Escuela Municipal de San Sebastián. En San Pablo, un niño de 4 años frecuentó el "Aula Nacional de Enseñanza Mutua" de la feligresía de la Sé, en 1838, clasificada en la 1ª clase en Gramática, Geometría, Escritura y Lectura y en la 3ª clase en Aritmética. En el municipio de San Sebastián, SP, también se observó la existencia de niños menores de 7 años en las escuelas de primeras letras. Maria Cristina S. Gouvêa, "Tempos de aprender: a produção histórica da idade escolar", *Revista Brasileira de História da Educação*, n.8, pp.265-288, jul./dez. 2004; Monica I. Jinzengi, *A escolarização da infância pobre nos discursos educacionais em circulação em Minas Gerais (1825-1846)*, Belo Horizonte, 2002, Diss. (Mestr.) UFMG, 2002; Alessandra Frota M. Schueller, *Educar e instruir. A instrução popular na corte imperial, 1870-1889*, Diss. (Mestrado), Rio de Janeiro, 1997; Valdeniza M. Barra, *Da pedra ao pó: o itinerário da lousa na escola paulista do século XIX*, Dissertação de Mestrado, PUC-SP, São Paulo, 2001; Antonio Roberto Alves Felippe, *A instrução de primeiras letras na Vila de São Sebastião*, Dissertação de Mestrado, Universidade São Francisco, Litoral norte da província de São Paulo, 2007.

Pero las relaciones económicas no deberían ser abstraídas del contexto pues ellas definen el punto fundamental de la degradación. La propia denominación "trabajo infantil" presenta límites, pues muchas veces las investigaciones se ocupan de los niños más grandes (de 7 a 12 años y de adolescentes hasta los 18 años) o de jóvenes (cuando se presentan datos hasta los 20 años de edad). En estos casos, debería utilizarse la denominación de trabajo infanto-juvenil para caracterizar mejor la actividad, sin dejar de analizar las cuestiones relacionadas a la explotación del trabajo, cuando fuera el caso.

Además de reconsiderar la propia relación de la categoría "trabajo infantil" con la población infantil, sería importante considerar el trabajo de niños y adolescentes en conexión con el campo de la educación. En efecto, los estudios sobre las tutelas y los contratos de huérfanos otorgados a finales del siglo XIX y comienzos del siglo XX en Bragança Paulista mostraron que los contratos de salarios concebían el trabajo como uno de los principales medios de educación para los niños y los jóvenes pobres. Incluso en la época se prescindía de la inclusión de esos niños en instituciones educativas aún después de la creación de una ley en 1892 que prescribía la obligación de los tutores de enviar a los niños a la escuela. Aun más, esa ley fue ignorada porque la elite entendía que para esos niños era suficiente el trabajo, como elemento disciplinador y moralizador, negando la importancia de que tuvieran conocimientos sistematizados. Incluso, esas investigaciones han registrado que algunas madres se resistían a entregar sus hijos en tutorías y contratos y huían con ellos a otra ciudad.[10]

---

[10]   Por ejemplo, Zeferino, un niño de 9 años de edad que vivía con su madre Antonia, exesclava, se fugó a la semana de haber sido entregado a un tutor para servir bajo contrato –el 19 de abril de 1895– con su propia madre hacia São José de Toledo (Minas Gerais), según el pedido realizado por el tutor al Juez para que expidiese una orden de búsqueda y captura.

María Carolina Zapiola, al analizar las leyes de educación común y la reglamentación del trabajo de mujeres
y niños en la Argentina, muestra que los contemporáneos
consideraban un amplio conjunto de variables que complejizan la dicotomía predominante en la historiografía
entre niño-alumno y menor. La autora identifica que la
condición de hijos de trabajadores podía significar una
educación en la escuela o sólo por medio del trabajo.[11]

Los diferentes grupos contenidos bajo el paraguas
de la infancia no son compartimentos estancos, en tanto
niños y niñas en sus experiencias transitan por diferentes
papeles sociales. Por ejemplo, en relación con el par niño-
alumno, aun cuando el niño no tenga acceso a la escuela,
la propia existencia de esa institución y la conciencia de
su exclusión de ella marcarán su vida. Para el niño que
asiste a la escuela, no se puede pensar que, al interior de
la institución, deje de ser un niño para transformarse en
alumno, categoría que simboliza la creación de la infancia
moderna. La palabra *alumno*, en tanto, fue interpretada en
algunos casos como si representara una persona "sin luz",

Cuando fue capturado, Zeferino estaba yendo a la escuela. El caso no
sólo revela la resistencia de los sectores populares sino, también, las
valoraciones diferentes de la educación que poseían las autoridades
y la madre. Ella se esforzó por quedarse con su hijo y proporcionarle
alguna instrucción. En cambio, la Justicia había priorizado el trabajo en
detrimento de la educación porque el tutor no lo había matriculado en
ninguna escuela. Ana Cristina do Canto Lopes Bastos, Moysés Kuhlmann
Jr., "Órfãos tutelados nas malhas do judiciário (Bragança-SP, 1871-1900)",
Cadernos de Pesquisa, São Paulo, vol. 39, p. 41-68, 2009 (disponible
en http://www.scielo.br/scielo.php?script=sci_arttext&pid=S0100-
15742009000100004&lng=pt&nrm=iso Consulta: agosto de 2011).

[11]   María Carolina Zapiola, "Los límites de la obligatoriedad escolar en
Buenos Aires, 1884-1915", *Cadernos de Pesquisa*, São Paulo, vol. 39, n°
136, abr. 2009 (disponible en http://www.scielo.br/scielo.php?script=sci_
arttext&pid=S0100-15742009000100005&lng=pt&nrm=isoacesso em 01
abr. 2011. doi: 10.1590/S0100-15742009000100005 Consulta: agosto de
2011).

dado que entendieron etimológicamente la palabra como compuesta por el radical negativo *a* asociado al término *lumno*, que significaría luz. Veamos, la *a* es radical negativo no en latín sino en griego, y la palabra luz, en latín, se escribe *lumina*, con *i*. *Alumno*, en su etimología, tiene en verdad un significado mucho más interesante para la reflexión pedagógica que su correlato, *infans*: se refiere a la palabra latina *alo*, que se relaciona con nutrirse, con sustentar, con criar con alimento.

Consideraciones metodológicas sobre la historia de la infancia y de la educación desde una perspectiva relacional

Otro aspecto para destacar se refiere a las preocupaciones metodológicas, relacionadas a las diferentes fuentes utilizadas en las investigaciones.[12] Las fuentes para la historia de la educación de la niñez y la adolescencia precisan ser problematizadas, para que no sean tratadas con ligereza y superficialidad y para que se comprendan las condiciones de su producción, de su circulación y su significación. Es necesario tener cuidado en el estudio de la especificidad de cada una de esas fuentes, para no caer en la trampa de tratar la fuente como si fuera un sujeto histórico, del cual brotarían "discursos" para construir la realidad. Hay que considerar que esos discursos, así como

---

[12]   Las fuentes textuales pueden ser tanto manuscritas como impresas y envuelven periódicos producidos por las instituciones, cuadernos, almanaques, revistas, álbumes para los bebes, juguetes, propagandas, fotografías, relatos orales, manuales escolares, materiales didácticos, informes, libros de actas y otros documentos administrativos y legales. Las fuentes visuales envuelven diseños, fotografías y películas. Las fuentes materiales se refieren a lugares, construcciones, mobiliario y objetos, que pueden ser muchas veces identificados en textos e imágenes. Las fuentes orales se refieren a testimonios.

las fuentes materiales, son constitutivos del proceso histórico. Se producen en el cuadro de las relaciones sociales,
en las que interactúan personas reales y que producen
tensiones y disputas en esas relaciones.

El reconocimiento de diferentes infancias implica la
necesidad de contemplar la existencia de una pluralidad
educativa, de modo de superar interpretaciones idealizadas
y parciales de los sistemas educativos. Eso no significa la
defensa de una fragmentación de la historia de la educación, pues esa pluralidad es identificada en el interior
del proceso histórico. La historia de la infancia envuelve
necesariamente cuestiones relacionadas a la educación y
pretende comprender los procesos educativos en el interior
de las relaciones sociales, de forma amplia.[13]

---

[13] En relación a esa cuestión, se organizó el sitio *História da Educação e da
Infância*, que permite el acceso a fuentes digitalizadas, relacionadas a
diversas instituciones y temas. También divulga tesis, artículos y enlaces
para sitios de interés (con apoyo de Fundação de Amparo à Pesquisa
do Estado de São Paulo, FAPESP, y CNPq). El acceso a la página es libre, pero para tener acceso a los documentos es necesario registrarse:
http://www.fcc.org.br/pesquisa/jsp/educacaoInfancia/index.jsp. La
página pone a disposición fuentes de investigación relacionadas a las
Guarderías, al Parque Infantil, a la Asociación Femenina de Beneficencia
e Instructiva y a la Santa Casa de Misericordia de San Pablo. En cuanto
a las guarderías, la página se subdivide en documentos para la historia
de esas instituciones en Brasil, anteriores y posteriores a la década de
1970, reuniendo las publicaciones técnicas los recortes de periódicos
y folletos de movimientos sociales. Hay también un pequeño opúsculo
sobre la Guardería de S. Vicente de Paulo, de Portugal. En cuanto al
Parque Infantil, hay publicaciones diversas y dos publicaciones com-
pletas dirigidas a esas instituciones, una de 1947 a 1957, otra de 1969 a
1973. La Asociación Femenina de Beneficencia e Instructiva, fundada
por Analía Franco en 1901, fue responsable por la creación, en el estado de San Pablo, de más de una centena de entidades, entre escuelas
maternales, asilos y guarderías, liceos y escuelas nocturnas, tanto para
niños abandonados y huérfanos, como para mujeres desamparadas y
madres solteras. La página presenta correspondencia, publicaciones
diversas y ejemplares del periódico *A Voz Maternal* y de la revista *Álbum
das Meninas*. De la Santa Casa de Misericordia, se presentan algunos

La historia de la educación de la infancia involucra las relaciones de la sociedad con ese período de la vida, los cuidados, la instrucción y las más diversas formas de producción y reproducción social y cultural. Se encuentra a la educación en los lugares más diversos, como en las exposiciones internacionales o en los almanaques de farmacia.[14]

En las investigaciones del área educativa, la necesidad de comprensión de los aspectos específicos, internos, favorece la tendencia de explicar todo por el *bies* de la educación, casi tomar la dimensión educativa como el factor determinante de toda la vida social. Esa observación crítica sugiere la formulación de un neologismo, al estilo del llamado *eurocentrismo*, en el sentido de indicar que los estudios del área educativa vienen corriendo riesgos constantes de subordinarse a un *educentrismo*, que desconsidera el conjunto de las relaciones sociales en que se producen los fenómenos educativos. El *educentrismo* significaría comprender las cuestiones de la educación como si fueran producidas internamente a la educación, aunque, posteriormente, pueden ser consideradas en relación de subordinación a los demás aspectos sociales.

No se quiere decir, con eso, que sea irrelevante tomar aspectos del interior de las relaciones educativas y de las instituciones educativas como tema de estudio, como el mobiliario y los materiales didácticos, la formación de docentes en una determinada escuela, la historia de una

---

informes anuales, de los cuales se destacan los informes sobre el asilo de huérfanos. El proyecto se encuentra en una segunda etapa, de consolidación y ampliación del fondo.

[14] Moysés Kuhlmann Jr., Maria das Graças Sandi Magalhães, "La infancia en los almanaques de farmacia: nacionalismo, salud y educación (1920-1950)", en A. Padilla, A. Soler, M. L. Arredondo, L. Moctezuma (coords.), *La infância en los siglos XIX y XX: discursos e imágenes, espacios y prácticas*, México, Casa Juan Pablos, Universidad Autónoma del Estado de Morelos, 2008, p.184-204.

disciplina, de una institución, etc. Se trata de comprender que, en todos esos casos, los fenómenos educativos son elementos constitutivos de las relaciones sociales y se producen en el interior de esas relaciones y no aparte o sobrepuestos a ellas. Son procesos históricos en que las relaciones sociales definen grupos y sectores sociales considerados como capaces de ser educados. Si las concepciones, las formas, las propuestas educativas son históricas, entonces la comprensión de su historia no se puede restringir a los estrechos límites de la educación, olvidándose de sus relaciones con lo económico, lo geográfico, lo social, etc.

La heterogeneidad de las instituciones educativas y los modelos y las concepciones de educación y de infancia

El conjunto de instituciones de educación popular, destinadas a niños y adolescentes, creadas en los siglos XIX y XX, se componen de modalidades que van más allá de un modelo singular del sistema educativo, con la escuela primaria como base. Si en el estudio de la escuela *única*, obligatoria, las diferencias entre las escuelas para públicos distintos son muchas, más distinciones serán encontradas si se consideran esas otras modalidades de instituciones educativas.

Las diferencias entre las instituciones pueden ser consideradas bajo diversos aspectos. Con relación a la educación femenina, ella no representa sólo un recorte de género, sino que también puede ser pensada bajo la óptica del destino social: escuelas para niñas burguesas o para jóvenes *perdidas*. En el primer caso, se destinaba una institución escolar, en el segundo, hay otras finalidades, que se asocian con las llamadas instituciones educativas extra-escolares. Algunos análisis sobre las instituciones educativas indican que las intenciones disciplinadoras se combinan con las emancipadoras, lo que exige un cierto cuidado interpretativo cuando se ocupa del estudio de la historia de esas instituciones, para no caer en reduccionismos.

En la modalidad de las instituciones extra-escolares se encuadran muchas iniciativas, como, por ejemplo, el Sanatorio Marítimo del Norte, en Portugal, destinado a los niños con tuberculosis, creado en 1916; el Preventorio Inmaculada Concepción, de Bragança Paulista, creado en 1912, para hijos de tuberculosos; los Parques Infantiles de la Intendencia de San Pablo, organizados en 1935, una suerte de Centros de Recreación que recibían niños de 3 a 12 años, reuniendo la atención de los niños en edad pre-escolar con la atención, en horario complementario, de los niños que frecuentaban la escuela primaria.[15] Las finalidades de las instituciones extra-escolares amplían el cuadro con que se puede analizar las relaciones educativas para diferentes sectores sociales, lo que también puede dar luz para profundizar aspectos de las instituciones estrictamente escolares.

Es posible encontrar también análisis de la educación en el interior de instituciones asistenciales, como el Asilo de los Expósitos de la Santa Casa de Misericordia, en San Pablo, que se vuelcan para las cuestiones educativas para responder a las necesidades de sus niños, desde los bebés a aquellos en edad escolar.[16]

---

[15]   Anabela Araújo de Carvalho Amaral, "A pedagogia no sanatório: a escola ao sol", *Cultura Escolar Migrações e Cidadania. Actas do VII Congresso Lusobrasileiro de História da Educação*. Porto, 2008, Faculdade de Psicologia e Ciências da Educação da Universidade do Porto, CD-ROM, 2010; Monica Marzagão, *A institucionalização e a educação das crianças do Preventório Imaculada Conceição de Bragança Paulista (1912 a 1996)*, Bragança Paulista, 2002, Dissertação (Educação), USF. Ana Lúcia G. Faria, *Educação pré-escolar e cultura*, São Paulo, Cortez, 1999.

[16]   Moysés Kuhlmann Jr., José Fernando T. Rocha, "Educação no asilo dos Expostos da Santa Casa em São Paulo (1896-1950)", *Cadernos de Pesquisa*,

Aunque diferentes, las instituciones educativas se caracterizan también por su interrelación y por la referencia a las concepciones educativas comunes. Investigaciones sobre el Parque Infantil Paulista, en las décadas de 1940 y 1950, resaltaron la presencia de esa institución en los procesos constitutivos de propuestas pedagógicas referentes a la educación especial, a la educación física, a la educación higiénica, sexual y moral y a la educación musical.[17]

Relaciones sociales y formas de difusión de nuevas ideas

En el estudio de las relaciones sociales, se encuentran otras dimensiones de la educación que trascienden el ámbito de las instituciones educativas como en las exposiciones y congresos profesionales.[18] Haciendo referencia a los 4.160.000 visitantes de la Exposición de Higiene y Educación de Londres, en 1884, los relatores de la comisión brasileña dijeron:

> Si la mayoría de las personas, visitándola, sólo buscó el placer del paseo en los jardines, o, en las galerías, de la

---

     vol. 36, n° 129, set./dez., 2006, pp. 597-617.

[17]   Daniela Filócomo, *A gênese da educação especial: a contribuição dos Parques Infantis da cidade de São Paulo, 1947-1957*, Diss. (Mestrado) USF, Itatiba, 2006; Diego Vinicius da Silva, *O Boletim Interno da Divisão de Assistência e Recreio da Secretaria de Cultura do Município de São Paulo (1947-1957): a educação moral e higiênica*, Iniciação Científica, Relatório de Pesquisa, USF, Itatiba, 2008; Silvana Micaroni, *A educação física nos Parques Infantis da cidade de São Paulo: 1947 a 1957*, Diss. (Mestrado), USF Itatiba (SP), 2007; Juliane de Sousa Silva Paiva, *A música nas propostas educacionais dos Parques Infantis da cidade de São Paulo: 1947 a 1957*, Diss. (Mestrado), USF, Itatiba, 2009.

[18]   Moysés Kuhlmann Jr., "Congressos Profissionais no final do século XIX e início do século XX: ciência e política", en Alda Heizer, Antonio Augusto Passos Videira (orgs.), *Ciência, civilização e república nos trópicos*, Rio de Janeiro, Mauad, 2010, pp.179-198.

música, del encuentro con los amigos, de la vista de un
mundo elegante; si fue para una clase fuente de ganancia,
y para otra un sencillo hobby y recreación; aun así no fue
reducida su importancia, y tampoco disminuida la ventaja
obtenida por la visita.

De esta diversión es suficiente que el divertimento incluya
algo de higiene, y que el menos atento y resistente obser-
vador se lleve un poco de conocimiento, un aprendizaje
cualquiera que algún día van a dar frutos.

Aunque la exposición fuese disfrutada por un número limitado de visitantes, a aquéllos que buscaban elementos e
incentivos para nuevos estudios sobre la higiene y la educación, eso era suficiente.[19]

Desde el punto de vista de la difusión de los conocimientos y de los procedimientos considerados adecuados
a la higiene, el informe señala la posibilidad de educación,
aunque indirecta, de los visitantes en general. A la par
de eso, se resalta la dimensión del intercambio entre los
especialistas. La circulación de ideas involucra relaciones
sociales específicas entre personas que ejercen funciones
intelectuales y otras de carácter administrativo y político,
en diferentes lugares institucionales. Al mismo tiempo,
ella ocurre en ese contexto de difusión más amplia que
a la población, donde nuevos productos, instituciones y
modelos culturales necesitan ser incorporados a las prácticas sociales.

En la apertura del Congreso de Enseñanza, en Bruselas
durante 1880, Couvreur, presidente de la Comisión Ejecutiva,
consideraba que para que las nuevas ideas fuesen aceptadas y adoptadas era necesario que ellas penetrasen en las
multitudes y no sólo en algunos espíritus. Los congresos
tendrían el mérito de permitir la aparición de esas ideas, que

---

[19] Brasil, Comissão Brasileira na Exposição Internacional de Higiene e
Educação, Londres, 1884, *Trabalhos da comisssão brasileira*, Rio de
Janeiro, Imprensa Nacional, 1884, pp. 26-27.

podrían considerarse en el choque de las contradicciones. Debido a los congresos, la observación podría salir de los libros para producirse a pleno día, manifestándose en el foro, en lugar de envejecer en las bibliotecas, en las academias, en las administraciones. Con ello, según Couvreur, las ideas terminarían apoderándose de la opinión pública para imponerse al legislador: "los congresos son una de las formas más útiles del *self government*. Ellos preparan las leyes".[20]

Las propuestas para la educación de la infancia encuentran un espacio importante en las formaciones sociales, en que diferentes sujetos e intereses se organizan a fin de elaborar y difundir concepciones y de promover propuestas políticas e institucionales. Es posible identificar diferentes momentos y formas de circulación de las ideas, que ocurren en el plano internacional y nacional, en congresos, en asociaciones científicas políticas o religiosas, en la prensa general y especializada. Las relaciones internacionales difunden modelos institucionales y educativos, en nombre de los cuales se constituyen grupos que promueven otros procesos de difusión, en diferentes contextos nacionales y sociales.

En la difusión de la educación infantil, inicialmente esas relaciones están marcadas de forma preponderante por el contacto personal, como por ejemplo, correspondencia y viajes, y por la edición y traducción de publicaciones. Posteriormente, las relaciones se amplían en las exposiciones internacionales, en los congresos y en las asociaciones de ámbito nacional e internacional que refuerzan la difusión de propuestas institucionales y pedagógicas. Se puede considerar que, a fines del siglo XIX y comienzos del siglo XX, en América Latina, se formularon propuestas y

---

[20]   Congrès International de l'Enseignement, Bruxelles, 1880, *Discussions*, Bruxelles, Libr. de L'Office de Publicité, 1882, p.10-11.

se desarrollaron iniciativas embrionarias. Posteriormente, las realizaciones en relación con la infancia y con su educación ganan mayor expresión y llegan a las leyes y a la organización del Estado, formalizándose en instituciones y asociaciones.

Consideraciones finales

Es posible cuestionar cierto romanticismo, corriente en el área educativa, que sólo quiere ver una educación escolar universalizada y homogénea y cierra los ojos a los procesos sociales e históricos que segmentan los sectores desfavorecidos y destinan a esos sectores imitaciones de instituciones educativas, o mismo formulan idearios que excluyen el derecho a la educación en la escuela para los más pobres. Por lo tanto, es importante tener como punto de partida las relaciones de la sociedad con la infancia y la juventud, en sus diferentes condiciones, edades y situaciones: varones, mujeres, niños, adultos, ricos, pobres, trabajadores, abandonados, discapacitados, inmigrantes, indígenas, etc. Esa perspectiva nos permite intentar comprender de forma más amplia los procesos involucrados en los cuidados educacionales, ayer y hoy, sin restringirlos a modelos predeterminados.

El *educentrismo*, a su vez, llega a erigir la educación escolar como el centro de difusión de las concepciones educativas, o hasta como la producción de la vida social moderna, minimizando el mercado, las relaciones de producción, las estructuras y coyunturas políticas. La centralización en el interior de la escuela oscurece la historicidad de los procesos educacionales en las relaciones sociales. Otra consecuencia es la perspectiva de la cultura escolar como si fuera algo independiente, debido a su especificidad. Como si las características de la escuela fueran inéditas y sin relaciones con la cultura de otras instituciones y prácticas sociales, como la Iglesia, el Ejército, la Fábrica, la Familia. Indícase aquí una perspectiva distinta, que se opone a la comprensión de la cultura escolar como entidad autónoma, para aproximarse a lo que apunta Julia de la necesidad de análisis de las transferencias culturales de la escuela a la sociedad, además de los otros sectores sociales a la escuela.[21] En efecto, según Raymond Williams, la distinción de la cultura como un sistema de significados realizado no sólo abre el espacio al estudio de instituciones, prácticas y obras según su especificidad, sino que, por medio de ese énfasis, estimula el estudio de las relaciones entre esas y otras instituciones, prácticas y obras. "La interpretación de esas relaciones vale en los dos sentidos."[22] Él afirma: "La verdad es que sólo de manera abstracta se puede separar el 'sistema social' y el 'sistema de significados', ya que, en la práctica, en grados variables, son mutuamente constitutivos."[23]

Los elementos culturales que configuran la diseminación de los modelos institucionales en diferentes países, con diferentes culturas y estructuras sociales, son componentes importantes de su historia. Sería superficial considerar que esos elementos culturales fueran independientes de las relaciones internacionales de intercambio de mercancías y de interdependencia económica, que involucran mediaciones culturales, diplomáticas, militares y muchas otras. Sería igualmente inconsistente establecer la precedencia o la independencia de uno de esos elementos constitutivos de las relaciones sociales y de la producción cultural en otro.

Es por esa perspectiva que se puede, según Thompson, descartar "la noción de económico en su sentido

---

[21]   Dominique Julia, "A cultura escolar como objeto histórico", *Revista Brasileira de Educação*, n° 1, pp.9-43, jan./jun. 2001, p.17.

[22]   Raymond Williams, *Cultura*, 2ª ed., Rio de Janeiro, Paz e Terra, 2000, pp.207-208.

[23]   Raymond Williams, *Cultura*, ob. cit., pp.215-216.

contemporáneo limitado" a fin de recuperar el "pleno sentido de un modo de producción", que involucra relaciones de producción, de dominación y de subordinación, "en las cuales los hombres y las mujeres nacen o involuntariamente ingresan". En su opinión, "la clase no es solamente una formación 'económica' sino, también, 'cultural'; es imposible favorecer un aspecto en detrimento de otro, asignándole una prioridad teórica". Los temas relacionados a la historia de la infancia y de la educación también podrían ser entendidos como culturales y económicos sin priorizar o descartar una u otra. La relación estrecha entre esos factores se puede verificar en los más diversos aspectos.[24]

El Estado y las políticas públicas, las formaciones sociales (incluyendo relaciones internacionales, congresos, ligas y asociaciones), la organización y la administración de los sistemas educativos, la formación docente, las relaciones de trabajo, las divisiones de edades, las concepciones educacionales, los materiales, las propuestas de actividades, los diferentes contenidos de enseñanza, además de las fuentes que nos informan sobre esas cuestiones, expresan relaciones sociales que constituyen el proceso histórico. La educación se encuentra en el interior de la sociedad y no es que está confinada al interior de una delimitación escolar, referente a las instituciones, legislación o concepciones pedagógicas, vistas de una manera aislada en el proceso histórico. Como afirma Eric Hobsbawm: "No hay nada de nuevo en preferir mirar el mundo con un microscopio y no con un telescopio. La medida en que aceptamos que estudiamos el mismo cosmos, la elección entre micro y macrocosmos, es un tema de seleccionar la técnica más apropiada".[25]

---

[24] Edward Palmer Thompson, *As peculiaridades dos ingleses e outros artigos*, Antonio Luigi Negro e Sergio Silva (orgs.), Campinas, Ed. Unicamp, 2001, pp.259-260.
[25] Eric Hobsbawm, *Sobre história*, Rio de Janeiro, Paz e Terra, 1998, p.206.

SEGUNDA PARTE

SABERES Y TECNOLOGÍA:
LA CRIANZA "MORAL" Y "CIENTÍFICA"

EL SABER MÉDICO Y LA DEFINICIÓN DE UNA "NATURALEZA INFANTIL" ENTRE FINES DEL SIGLO XIX Y COMIENZOS DEL SIGLO XX EN LA ARGENTINA

María Adelaida Colángelo

> El mecanismo del niño es fácil, pero frágil. Su misma sencillez, mal entendida, lo expone al peligro de cualquier imprudencia. La regularidad de su funcionamiento se halla asegurada por la naturaleza, que es también la mejor consejera al respecto. La ciencia del niño no consiste, como podría creerse, en inventar leyes nuevas para aplicarlas a su estudio, sino en conocer las fuerzas naturales que rigen su organismo.[1]

Introducción

"El bienestar de las naciones –se afirma en la Argentina al finalizar el siglo XIX– se encuentra radicado en los hogares maternales, y tiene su fundamento en la salud de los niños."[2] Este discurso económico de conservación de los hijos resulta de una nueva preocupación por la población, que deja de ser considerada un dato o un elemento dado por la naturaleza, para comenzar a ser analizada y construida desde el Estado a través de políticas migratorias, sanitarias y educativas.

---

[1] Enrique Feinmann, *La ciencia del niño. Nociones de puericultura e higiene infantil*, Buenos Aires, Cabaut y Cia., 1915.

[2] *Guía maternal ó El arte de criar hijos sanos*, Buenos Aires, Talleres Ostwald & Cia., 1900.

Los estudios realizados revelan que la producción de futuros ciudadanos se ve amenazada por una elevada mortalidad infantil, que afecta principalmente a los lactantes. Desde esa perspectiva y siguiendo el ejemplo europeo, la tasa de mortalidad infantil se transforma en uno de los principales indicadores del "estado material y moral de una nación", preocupación demográfica a la que suele unírsele una inquietud eugenésica sobre la calidad de esa población. Los hijos ya no sólo valiosos para su familia, sino en términos de "capital humano de la nación", un capital a cuidar, desarrollar y administrar.

En este contexto, irán desplegándose tanto discursos científicos como debates políticos centrados en la infancia. Ésta será conceptualizada en términos de un "problema social" que, bajo la forma de la mortalidad, pero también del abandono o de la delincuencia infantil, adquiere el carácter de problema público. En torno al modo de definirla, de clasificarla y de proponer prácticas de protección y de tratamiento, se delinearán especializaciones profesionales que se complementarán, pero también que competirán por imponer su visión y su abordaje como los más legítimos y científicamente apropiados.

A partir de un interés antropológico en la construcción social de la niñez en contextos sociales particulares, en este trabajo se pretende explorar el modo en que la misma es delimitada y caracterizada como etapa de la vida por el saber médico en la Argentina de fines del siglo XIX y comienzos del XX, más concretamente entre 1890 y 1930. Es a lo largo de este período cuando puede situarse la constitución y consolidación de una "medicina del niño", una especialidad profesional centrada en la infancia, que recibe el nombre de pediatría. Ligada a la pediatría, que se especializa en la atención de las enfermedades del niño y en el seguimiento de su crecimiento y su desarrollo, surge la puericultura como una "ciencia de aplicación" vinculada con la higiene y orientada a la divulgación de métodos de crianza "racionales y científicos".

El establecimiento de una especialidad profesional pone en juego tanto la delimitación de un objeto de estudio propio, como la legitimación de los saberes y de las prácticas de quienes pasan a ser los expertos en su abordaje. En el caso de la pediatría y la puericultura, ello implica establecer y explicar la especificidad de la niñez, sus caracteres singulares y diferentes a los adultos, que hacen necesario un saber especializado.

La necesidad de un abordaje teórico y práctico específico de la niñez es expresada y discutida en la literatura médica de la época, que constituye la fuente privilegiada de esta indagación. Se analizan tanto obras eruditas, destinadas a un público médico vinculado al medio académico (artículos en revistas científicas, tesis, presentaciones en congresos), como obras de divulgación, destinadas a enseñar a las madres de la época los "principios científicos" de la crianza infantil (manuales, cartillas, revistas, textos de conferencias).

A través de sus obras, ya sea de textos eruditos o de divulgación, los médicos van delimitando las características que permiten distinguir la niñez de otras etapas de la vida, retomando elementos presentes en otros saberes y debates de la época, pero con el tinte particular de la preocupación por el cuidado de la salud y el tratamiento de la enfermedad, así como por las características del organismo del niño. Ello suele expresarse en términos de la definición y la explicación de la "naturaleza infantil", expresión que alude a aquellas características propias del niño, irreductibles a las de otras etapas de la vida, y pone en juego una serie de distinciones entre naturaleza y civilización, herencia y ambiente, instintos y comportamientos aprendidos; distinciones que están en la base del abordaje médico de la niñez.

La constitución de un saber médico especializado en la infancia

De acuerdo a González Leandri, en nuestro país la medicina comienza a configurarse como un campo científico profesional hacia 1870.[3] Algo más tarde, durante la última década del siglo XIX, en el marco de procesos locales de construcción de la niñez como problema social, pero también como parte de un movimiento existente a nivel internacional, la pediatría comienza a delinearse como una especialidad dentro de las ciencias médicas, acompañada por la puericultura que algunos médicos sitúan como una rama aplicada de aquella.[4] Siguiendo esencialmente las escuelas pediátricas francesa y alemana, este proceso se produce más o menos simultáneamente en los diferentes países de América Latina.[5] Hasta entonces, el cuidado de la salud y de las enfermedades de los niños había estado prioritariamente en manos de las mujeres de la familia, de curadores populares o de médicos clínicos o cirujanos en ciertos casos graves.[6]

Este proceso de especialización debe comprenderse en el marco de cambios sociales más amplios en la

---

[3]   Ricardo González Leandri, "La profesión médica en Buenos Aires, 1852-1870", en Mirta Z. Lobato (ed.), *Política, médicos y enfermedades. Lecturas de historia de la salud en Argentina,* Buenos Aires, Biblos- Universidad Nacional de Mar del Plata, 1996.

[4]   Los términos *pediatría* y *puericultura* habrían surgido en Francia en 1864 y 1872 respectivamente. Elisabeth Badinter, *Um amor conquistado. O mito do amor materno,* Rio de Janeiro, Nova Fronteira, 1985.

[5]   Teodoro Puga, "Reseña histórica de la pediatría latinoamericana" (disponible en http://www.alape.org/pediatria_latinoamericana.php, Asociación Latinoamericana de Pediatría, consulta: agosto de 2011).

[6]   Elisabeth Badinter, *Um amor conquistado,* ob. cit.; Michelle Perrot, "Figuras y funciones", en Philippe Ariès y George Duby, *Historia de la vida privada,* Madrid, Taurus, 1989, tomo 4.

relación entre adultos y niños,[7] cambios que, como se ha
mencionado, implican el reconocimiento de la niñez como
una categoría social específica y su construcción como un
problema social, en el marco de la preocupación por la
población del Estado recientemente organizado. Es decir,
no ha sido posible pensar una especialidad médica para
los niños sin que éstos fueran reconocidos con un estatuto
particular y un lugar social específico aunque, a su vez,
la pediatría contribuyó a la configuración de la categoría
de niñez o infancia y a los modos de relación niño-adulto
considerados apropiados.[8]

Hablar de la construcción de una especialidad profesional implica dar cuenta de un proceso que, recuperando
el análisis de Bonet, involucra dos aspectos simultáneos:
la construcción epistemológica de un principio de clasificación –a partir del cual se delimitan nuevos objetos de
estudio y/o enfoques dentro de una disciplina– y la institucionalización de un grupo profesional.[9] Es decir, en el
mismo movimiento en que construyen un particular objeto
de conocimiento e intervención –la infancia– y elaboran
prácticas específicas para abordarlo e intervenir en él,
ciertos médicos se constituyen como un grupo profesional
especializado.

El principio de clasificación que pone en juego la pediatría se funda en la delimitación de etapas del ciclo vital
y corresponde a un modelo de segmentación de las especialidades médicas que Bonet llama "segmentación por

---

[7]   Allison James, Chris Jenks y Alan Prout, *Theorizing Childhood*, Cambridge,
      Polity Press, 1998.
[8]   Marcelo E. P. Castellanos, *A pediatria e a construção social da Infância:
      uma análise do discurso médico-pediátrico*, Dissertação de Mestrado,
      Universidade Estadual de Campinas, inédito, 2003.
[9]   Octavio A. R. Bonet, *Os médicos da pessoa. Um estudo comparativo
      sobre a construçao de uma identidades profissional*, Tesis de doctorado,
      Universidade Federal do Rio de Janeiro, inédito, 2003.

edad y sexo".[10] Desde este criterio clasificatorio, la niñez es
recortada como una etapa, extendida entre el nacimiento
y la pubertad –la primera de una secuencia que abarca la
vida de los individuos– con características orgánicas propias
que generan manifestaciones patológicas y modalidades
de evolución diferentes a las de otras fases vitales.

En uno de los primeros tratados de pediatría escritos en
la Argentina y varias veces reeditado, Garrahan comienza
explicando:

> Abarca la niñez largo período de vida –desde el nacimiento
> hasta la pubertad, cerca de tres lustros–, período durante el
> cual se realizan el crecimiento y desarrollo. Caracterizan a
> esa época inicial de la existencia particularidades anatómi-
> cas y fisiológicas vinculadas al crecimiento y al desarrollo,
> particularidades que se modifican sucesivamente con el
> avance de la edad. Y también tiene la niñez su patología
> especial: enfermedades propias de determinadas edades,
> reacciones mórbidas diversas según se trate de recién na-
> cidos, de lactantes o de niños mayores.[11]

En este sentido, es posible observar en el discurso de
los comienzos de la pediatría un pasaje del estudio de las
manifestaciones de las enfermedades *en* los niños, al de
las enfermedades *de* los niños.[12] Es decir, ya no se trata de
la presentación de patologías generales en un cuerpo más
pequeño, sino de los modos de enfermar y de sanar propios
de un sujeto cualitativamente diferente de los adultos. Se
insiste en que el niño no debe ser considerado como un

---

[10] En este modelo, las etapas del ciclo vital y el sexo de la persona funcionan como principios de clasificación a partir de los cuales se diferencian especialidades como pediatría, clínica médica o medicina interna
(destinada a los adultos), geriatría, ginecología. Octavio A. R. Bonet, *Os
médicos da pessoa*, ob. cit.

[11] Juan P. Garrahan, *Medicina infantil para estudiantes y médicos prácticos*,
Buenos Aires, El Ateneo, 1930, p.17 (1ª edición, 1921).

[12] Amstrong, citado en Allison James, Chris Jenks y Alan Prout, *Theorizing
Childhood*, ob. cit.

adulto en miniatura (definición que habría predominado hasta entrado el siglo XIX), sino que tiene características que le son propias en función de su edad. Así, por ejemplo, en el discurso inaugural del 2º Congreso Americano del Niño, realizado en Montevideo en 1919, el pediatra Luis Morquio señala que "Las necesidades del niño varían según la edad; ya no es exacta la definición que hacía del niño un pequeño hombre".[13] A su vez, el médico naturista Antonio Valeta, en su manual de divulgación titulado *La salud del nene*, funda sus consejos en la particularidad infantil, al recuperar una afirmación de Rousseau: "El niño no debe ser ni animal ni hombre, sino niño".[14]

Se plantea que el cuerpo del niño presenta rasgos que lo tornan más vulnerable que el de los adultos para contraer enfermedades, las cuales se manifiestan en él con especial intensidad y nitidez, por no estar influidas por procesos patológicos previos o por la influencia prolongada del medio ambiente. A su vez, sin embargo, las posibilidades de cura son mayores, siendo la prevención y la terapéutica más eficaces en esta etapa por tratarse de un "organismo nuevo", dotado de defensas naturales.[15]

Estas características específicas, aparentemente contradictorias, son explicadas a partir de una concepción de la niñez como una etapa inicial y transitoria, y del niño como un ser incompleto y maleable, en proceso de constituirse como un ser humano pleno: es porque el niño aún no ha tomado su forma y sus capacidades definitivas que puede reaccionar de una manera o de otra ante las enfermedades

---

[13]   "Crónica", *Archivos Latinoamericanos de Pediatría*, Buenos Aires, 1919, p. 276.

[14]   Antonio Valeta, *La salud de los niños (Higiene física y moral)*, Biblioteca del Centro Naturista "Higiene y Salud", Montevideo, Imp. Latina, 1917.

[15]   Luis Morquio, "La Pediatría moderna en sus relaciones con la vida profesional (Lección de fin de curso- Segunda parte)", *Archivos Latinoamericanos de Pediatría*, año II, nº 12, Buenos Aires, 1906.

y la cura. Esta perspectiva pasa a ser sintetizada por las nociones de crecimiento y desarrollo que, como se verá más adelante, se tornan el eje de las definiciones e intervenciones médicas sobre el niño.

A partir de centrar la definición de la niñez en el crecimiento y el desarrollo, la pediatría no sólo se dedicará al estudio y al tratamiento de las enfermedades infantiles, sino también al seguimiento de dichos procesos en el niño sano, a fin de prevenir posibles desviaciones del recorrido esperable. La puericultura sumará su enfoque higienista y preventivo a la clínica y la pediatría definirá su objeto en términos amplios: la etapa que se extiende entre el nacimiento y la pubertad, especialmente en lo que concierne a los procesos de crecimiento y desarrollo que le son propios, abordada no sólo en sus aspectos patológicos, sino también en su evolución normal. En efecto, como parte de la pediatría y a la vez con una relativa autonomía con respecto a ella, la puericultura se constituye como el área o la disciplina médica especializada en la crianza infantil, especialmente durante los primeros dos o tres años de vida. A diferencia de la pediatría clínica, se orienta hacia los cuidados cotidianos del niño sano mediante la transmisión a las madres de métodos de crianza considerados "racionales y científicos".[16]

A su vez, para que el saber de un grupo profesional sobre el objeto de estudio e intervención así recortado sea

---

[16]   La delimitación disciplinaria y la relación entre pediatría y puericultura no están definidas de manera uniforme. La puericultura aparece en la intersección entre el enfoque preventivo de la higiene y la especificidad del objeto de la pediatría, en cuanto a una franja de edad particular. Esto último la hace, para algunos autores, parte indudable de la pediatría, mientras que para otros ambos abordajes de la niñez constituyen disciplinas con igual rango dentro de la medicina. En esto influye el lugar de quienes formulan las definiciones: los pediatras suelen incluirla como parte de su saber, en tanto que quienes se definen como higienistas le otorgan mayor autonomía.

reconocido en términos de una nueva especialidad –en este caso, la pediatría–, debe obtener algún grado de legitimidad, tanto al interior del campo científico profesional de la medicina, como afuera y más allá del mismo. Ello implica la puesta en juego de diferentes "estrategias de persuasión".[17] Al interior de las ciencias médicas, dichas estrategias se centran en la demostración de la especificidad de la niñez en cuanto a la salud y la enfermedad y en la institucionalización de la nueva especialidad a través de la creación de espacios académicos y eventos científicos propios, asociaciones profesionales y revistas especializadas. Al respecto, pueden mencionarse la conformación de cátedras de pediatría y puericultura en las principales universidades del país, la participación central de los pediatras en los Congresos del Niño realizados en 1913 y 1919, la creación en 1905 de los *Archivos Latinoamericanos de Pediatría* y la fundación, en 1911, de la Sociedad Argentina de Pediatría.

Hacia el exterior del campo científico, la legitimación de la pediatría se busca en la relación con el Estado y la participación –especialmente en combinación con la puericultura– en las políticas públicas, así como mediante una batalla contra los saberes legos, desestimados en términos de "prejuicios" e "ignorancia". En efecto, la atención de la salud y el control higiénico de la población constituyen algunas de las áreas donde la preocupación del Estado y

---

[17] Las estrategias de persuasión orientadas hacia "el afuera" de la profesión se complementan con otras dirigidas hacia "el adentro", "promoviendo la cristalización de criterios de demarcación, diferenciación y exclusión. Tal cristalización, clave en todo proceso de profesionalización, es a su vez el resultado de la pugna entre los distintos grupos que ejercen una misma actividad: mientras los grupos con más poder e influencias intentan disciplinar, subordinar y a veces excluir a otros, éstos, en respuesta, elaboran estrategias de supervivencia y reacomodamiento que muchas veces culminan en las redefinición de nuevas áreas o en la creación de nuevas disciplinas". Ricardo González Leandri, "La profesión médica en Buenos Aires, 1852-1870", ob.cit., p. 24.

el naciente entramado profesional se han interrelacionado de manera más temprana en la Argentina,[18] por lo que no es posible entender el papel de pediatras –y también higienistas dedicados a la puericultura– sin considerar las políticas públicas desarrolladas en las áreas que estos médicos consideran de su incumbencia. A su vez, la profesionalización no resulta posible sin la conformación de una creencia entre la población en la eficacia de la medicina y sin su participación como usuarios de los servicios médicos recientemente creados.

Puede afirmarse que hacia 1920 el proceso de constitución de la pediatría como especialidad médica se encuentra consolidado, dando cuenta del triunfo de una serie de argumentos fundados en el estatuto social específico de la infancia por sobre aquellos otros que defendían el carácter común del cuerpo de niños y adultos y, por lo tanto, una atención clínica común a pacientes de cualquier edad.[19]

Cabe aclarar que, si bien en la época analizada hay una progresiva constitución de especialidades médicas, éstas aún no implican incumbencias excluyentes –como lo son en la actualidad–, ya que la profesión médica está coordinada por redes informales de referencia entre generalistas y especialistas, por relaciones flexibles de equipo médico.[20] En este marco, la conformación de una especialidad médica orientada a la niñez no implica una exclusividad de los pediatras en el tratamiento médico de los niños, pues éstos seguirán siendo atendidos en gran parte por

18   Ricardo González Leandri, "La consolidación de una inteligentzia médico profesional en Argentina: 1880-1900". *Diálogos, Revista electrónica de Historia*, Costa Rica, febrero-agosto de 2006, año/vol.7, n° 1.
19   Carlos R. Soares Freire Rivorêdo, "Pediatria; medicina para crianças?", *Saúde e Sociedade*, n° 2, 1998.
20   Susana Belmartino, *La atención médica argentina en el siglo XX. Instituciones y procesos*, Buenos Aires, Siglo XXI, 2005.

los médicos clínicos. No obstante, los pediatras, desde los espacios académicos y de atención en los servicios de los hospitales, son quienes, cada vez más, generan y validan el saber específico sobre el niño, trasmitiéndolo a los médicos sin especialización.

Junto a esta distinción entre el "especialista de niños" y el "médico práctico general", se delinea otra más ligada al tipo de abordaje: el clínico, más centrado en la atención de casos individuales de enfermedad, y el higienista, vinculado a la función pública y las políticas de salud destinadas a la población. Ambos perfiles no son considerados excluyentes y suelen combinarse en el ejercicio profesional de algunos de los médicos de niños más prestigiosos de la época: Aráoz Alfaro, Centeno, Acuña, entre otros. Es justamente este carácter multifacético, definido en términos de ejercer la "misión social" de la pediatría y de la puericultura el que, en una época donde las especialidades médicas no están rígidamente delimitadas, les permite reclamar un lugar específico tanto en el campo académico-científico como en el campo social más amplio.

Crecimiento y desarrollo: las manifestaciones de la "naturaleza infantil"

El término "naturaleza" aparece una y otra vez en las explicaciones de los pediatras sobre la niñez, aunque de manera polisémica. Con ella se hace referencia tanto a la especificidad y a la irreductibilidad de las características físicas y psíquicas del niño, una suerte de "esencia" infantil, como también a los aspectos innatos e instintivos que el niño debe perder para transformarse en un ser humano completo, o a la fuente de los principios que regulan su funcionamiento normal y que deben guiar sus cuidados.

Se considera que el niño nace como un ser esencialmente incompleto, imperfecto, en el que todo está por
desarrollarse y tomar forma:

> El organismo del niño es, más que una realidad, una pro-
> mesa; más que un presente, un porvenir. Su alma como su
> cuerpo inician una evolución que la conduce a una consti-
> tución definitiva; sus ideas son confusas; sus movimientos
> son casi todos involuntarios; sus órganos, aun cuando fun-
> cionan, deben perfeccionarse y vigorizarse en el trabajo que
> cada uno de ellos realiza. En una palabra: *el niño crece.*[21]

En estas pocas frases aparecen sintetizadas las nociones con que, desde el saber médico (pero no sólo desde él),
es definido el niño como ser genérico: el niño es "promesa",
"porvenir", antes que "realidad" y "presente". Los elementos que conforman su cuerpo y su alma son aún débiles,
confusos, no han terminado de constituirse y consolidarse,
por lo que es más un mañana, un futuro a realizarse, que
una entidad actual. Para que se torne una realidad –que
sólo será en el momento de la adultez– debe atravesar
una evolución, un proceso progresivo de fortalecimiento
y de perfeccionamiento que no está exento de riesgos. Y
es precisamente este tránsito, este no ser aún un sujeto
pleno sino el estar en camino hacia ello, lo que define a la
niñez: "el niño crece".

Lo propio del niño es crecer y desarrollarse, lo cual
implica dejar de ser niño a través de una serie de transformaciones físicas y psíquicas. Crecimiento y desarrollo
–"las dos funciones esenciales de la vida de un niño"– se
constituyen, entonces, en el modo en que se manifiesta
la "naturaleza infantil", su condición de ser en transición
hacia su estado pleno.

---

[21]   Camilo Muniagurria, *La flor humana. Texto de puericultura elemental
        para uso de las escuelas primarias de niñas de la República,* Buenos
        Aires, Librería de Antonio García Santos, 1923.

"Toda la vida del niño está sujeta a su crecimiento y a su desarrollo", se afirma en el Congreso del Niño realizado en 1919.[22] En el mismo sentido, en su tratado de pediatría, Garrahan explica que "hay en el organismo joven un verdadero impulso de crecimiento desconocido en su intimidad y vinculado a la esencia misma de la vida".[23] El crecimiento es explicado como el aumento progresivo de tamaño; el desarrollo, como diferenciación anatómica y funcional, como complejización de la estructura de los sistemas de órganos y sus funciones.

Crecimiento y desarrollo son considerados procesos naturales que actúan en la niñez simultáneamente, aunque con relativa independencia. Ambos constituyen la expresión de características innatas, genéticamente establecidas, pero que requieren que el niño se mantenga sano y sea adecuadamente alimentado para poder desplegarse y manifestarse: "esta evolución se opera dentro de reglas fisiológicas que deben ser vigiladas y dirigidas conscientemente, para evitar desviaciones y para corregirlas cuando éstas se produzcan".[24] Si bien hay un recorrido esperable, considerado normal, crecimiento y desarrollo no se cumplen con la misma regularidad en todos los sujetos. De allí que se propongan y discutan diferentes métodos que permitan evaluarlos y se inventen diferentes aparatos (como el "puerímetro" o el "poediómetro") para pesar y medir a los niños, estableciéndose medidas estandarizadas (curvas y tablas) que sirvan como parámetros de normalidad.

El niño tendría dos períodos de crecimiento intensivo: el que sigue al nacimiento y el de la pubertad; períodos que, justamente, demarcan los límites de la infancia. Entre esos

---

[22]   *Archivos Latinoamericanos de Pediatría*, Buenos Aires, 1919, p. 276.
[23]   Juan P. Garrahan, *Medicina infantil para estudiantes y médicos prácticos*, ob. cit., p. 18.
[24]   *Archivos Latinoamericanos de Pediatría*, Buenos Aires, 1919, p.276.

límites, las transformaciones producidas en el niño permiten recortar una serie de etapas infantiles que, en general, incluyen las de recién nacido, lactante, primera infancia, y segunda infancia. Ambos procesos suponen un estado inicial de inmadurez, pero también una plasticidad, una maleabilidad, que hacen posible su transformación progresiva hacia la etapa adulta, o su deformación si este tránsito carece de una guía adecuada. En efecto, la concepción del niño como un ser maleable hace posibles las ideas de crianza y de educación: del modo en que las madres, guiadas por el médico, moldeen esa "blanda masa" que es el niño, depende que el Estado pueda obtener más tarde "el hombre fuerte de físico, sano de alma, flexible y abierto de inteligencia".[25]

Siguiendo a Jenks, puede afirmarse que crecimiento y desarrollo no sólo se ponen en juego en el ámbito de la medicina, sino que constituyen las dos grandes metáforas a partir de las cuales las sociedades occidentales modernas han comprendido y explicado la niñez.[26] Es a través de ellas que se establece una articulación entre la mirada médica y el tratamiento social del niño, y que las nociones y los argumentos de la pediatría encuentran resonancia en el discurso social más amplio, a partir del cual se generan políticas, instituciones y proyectos destinados a la niñez.

Sin embargo, ese modo de explicar los primeros tramos de la vida de los seres humanos corresponde sólo a una versión entre las muchas que han construido las sociedades humanas. El proceso de maduración humana ha sido organizado e interpretado de modos histórico y culturalmente variables; aun más, el percibir la vida como un proceso de maduración gradual implica en sí misma una concepción

---

[25]   Gregorio Aráoz Alfaro, *El libro de las madres. Manual práctico de higiene del niño, con indicaciones sobre el embarazo, parto y tratamiento de accidentes*, Buenos Aires, Cabaut & Cia., 1929, p. 1 (1ª edición, 1899).
[26]   Chris Jenks, *Childhood*, London and New York, Routledge, 1996.

particular que tiene que ver con una noción particular del tiempo, del cambio y de la persona.[27]

Respondiendo a un sentido del cambio progresivo, vinculado a la construcción de la persona en términos de individuo, en las sociedades modernas la metáfora del *crecimiento* hace de la mutación anatómica que se produce en la infancia un indicador de una transición social. A su vez, combinando las nociones de tiempo, naturaleza y progreso, el *desarrollo* se constituye en la metáfora primaria a través de la cual la niñez es explicada y articulada con la noción de futuro: implica la idea de una temporalidad lineal a lo largo de la cual el niño inevitablemente debe cambiar, el supuesto de que este cambio es un proceso natural, realización de lo que es biológicamente inherente y la noción de progreso, de mejoramiento gradual e inevitable, como guía de las transformaciones esperadas.[28]

Desde esta perspectiva, crecimiento y desarrollo son también los procesos que establecen la diferencia entre el niño y el adulto, distinguiendo estas dos etapas de la vida a partir de características que remiten a la oposición inmadurez/madurez: "El niño es bien distinto del adulto en su tamaño y en su constitución. Y es con el crecimiento y el desarrollo que esas diferencias disminuyen paulatinamente hasta llegar a desaparecer. Se comprende entonces, que cuanto menor sea su edad, mayores sean tales diferencias."[29] El tamaño y la constitución diferente y la morfología y la fisiología más o menos complejas son tomados como fundamento de los diferentes lugares sociales asignados a niños y adultos, así como de las relaciones establecidas entre ambos; relaciones definidas –y prescritas– en términos de cuidado, protección, formación.

---

[27]   Barrie Thorne, "Editorial: Theorizing Age and other Differences", *Childhood*, vol. 11, n° 4, 2004, pp. 403-411.

[28]   Chris Jenks, *Childhood, ob.cit.*

[29]   Juan P. Garrahan, *Medicina infantil para estudiantes y médicos prácticos*, ob. cit., pp. 19-20.

El proceso de crianza: tensiones entre naturaleza y civilización

El discurso médico presenta al niño que comienza su recorrido vital como un ser presocial, atado a la naturaleza; naturaleza que, en este caso, equivale a los aspectos de carácter biológico, innatos, instintivos. Pero si el recién nacido parece estar muy próximo a los animales y a sus conductas instintivas, a diferencia de otras especies, las características de que la naturaleza lo ha dotado son insuficientes para asegurar su supervivencia: "es en el momento de su nacimiento, el peor aventajado de todos los animales".[30] Por ello, los cuidados de los demás seres humanos se tornan indispensables:

> El niño al nacer es un organismo imperfecto, desigualmente desarrollado, con órganos incompletos, contenidos en un esqueleto óseo y muscular en plena formación. Es el ser menos bien dotado en ese momento de la vida; es inferior a los que luego han de ser infinitamente más débiles que él, que apenas nacidos, sin embargo, realizan funciones de locomoción y buscan su alimento. La naturaleza le provee de éste, es verdad; pero si precioso para su conservación, como parte, está muy lejos de constituir el todo. El hombre ha hecho lo demás y hemos visto cómo favorece su subsistencia rodeándolo de cuidados para defenderlo de la hostilidad del medio. Hemos aprendido a vestirlo, a limpiarlo, a alojarlo y a dirigir su alimentación.[31]

Se considera que la razón aún no se ha desarrollado en el lactante, mencionándose el estado rudimentario de sus sentidos, el carácter inconsciente y reflejo de su sensibilidad y movilidad, así como la ausencia de manifestaciones

[30]   Antoine Pinard, *La puericultura de la primera edad*, Buenos Aires, 1924, p. 23.
[31]   Rita Bertelli, *Por la salud del niño*, San Miguel de Tucumán, Universidad Nacional de Tucumán, 1924, p. 65.

intelectuales. El llanto es su lenguaje particular, a través del cual puede expresar sus deseos e incomodidades. Luego, a medida que sus sentidos se van desarrollando, comenzará a percibir y a interactuar con el mundo exterior, comenzando más tarde los rudimentos del lenguaje. Estas características lo hacen un ser absolutamente dependiente de los adultos, quienes deben conducirlo gradualmente a la vida en sociedad. De allí el lugar central que adquiere la puericultura, que debe proporcionar principios racionales y científicos para que el proceso de crianza se lleve a cabo adecuadamente. Tal como lo expresa Augusta Moll Weiss, creadora en Francia de las "escuelas para madres":

> al niño no se lo puede abandonar a las brutalidades del instinto; necesita vivir bajo una acción educadora que le haga comprender lo desordenado e injusto de las pasiones, y lo bello y saludable del buen vivir en compañía de su prójimo; y que, al mismo tiempo, le ponga en excelentes condiciones de salud y de desarrollo orgánico para participar dignamente de aquella vida de relación.[32]

La tensión entre naturaleza y civilización, entre instintos y comportamientos aprendidos, es el eje que atraviesa y da sentido a las distintas imágenes, definiciones y explicaciones de las características del niño y del proceso de crianza que lo tiene como objeto. Es para trascender su estado natural e irracional que se lo cría, pero también es la naturaleza la que proporciona la guía de una crianza racional, desde una perspectiva que recupera de Rousseau la noción de la naturaleza como regeneradora de los desvíos de la sociedad.

Sin embargo, como plantean Ríos y Talak, la infancia no es directamente homologada a la inocencia o a la pureza: carente aún de razón, actuando instintivamente, de

---

[32]   *Madre y Niño. Revista de Higiene y Educación de la Primera Infancia*, año I, n° 1, Buenos Aires, agosto de 1905, p. 20.

un modo egoísta y exigente, el bebé es presentado como un ser inocente, pero también como un ser apasionado y caprichoso, un pequeño déspota si se le permite hacer lo que desea.[33] Desde la ley biogenética haeckeliana, presente en el discurso académico positivista de fines del siglo XIX y comienzos del XX, el desarrollo individual recapitula las etapas del desarrollo de la especie, por lo que es de esperar que en la infancia de cada individuo haya manifestaciones de violencia, salvajismo, y aun tendencias criminosas, propias del hombre primitivo, es decir, de la "infancia de la humanidad".

Asignando a la oposición naturaleza-civilización una oposición de valores negativo-positivo, se propone que la crianza procure encauzar esos "deseos caprichosos" y permita arrancar al niño de la naturaleza oscura de los instintos. Basada en la autoridad y realizada a tiempo, esta tarea tiene grandes posibilidades de éxito: "Si se decide uno a sufrir los gritos durante algunos días, se puede estar seguro de no tener en la casa un pequeño tiranuelo caprichoso y molesto. Hay que empezar la educación del niño desde el nacimiento."[34] De ahí la importancia de la regulación de las conductas infantiles a través de la incorporación de horarios en sus actividades (alimentación, sueño, aseo, paseos) y de la sistematización de las operaciones que hacen a su cuidado corporal (baño, cambio de pañales, vestido).

Sin embargo, en el discurso de los médicos de niños de comienzos del siglo XX, este carácter caprichoso, instintivo, del niño, está en tensión con la idea de la bondad y de la inocencia también atribuida a la naturaleza infantil. Esto puede ser entendido a partir de la influencia que estos

---

[33]   Julio César Ríos y Ana María Talak, "La niñez en los espacios urbanos", en Devoto y Madero (dirs.), *Historia de la vida privada en Argentinam* tomo 2, Buenos Aires, Editorial Taurus, 1999.

[34]   Gregorio Aráoz Alfaro, *El libro de las madres, ob.cit.*, p. 66.

profesionales reconocen en Rousseau, sobre todo de su obra *Emilio*. En efecto, bajo la influencia de este pensador, hacia fines del siglo XVIII se produce una revalorización de la naturaleza en términos de pureza y autenticidad, invirtiéndose el sistema de valores. Ahora es la proximidad con la naturaleza y los orígenes la que hace al niño un ser puro y verdadero, comparable con el "buen salvaje". Esta perspectiva está claramente presente en médicos naturistas, como el uruguayo Valeta, pero también entre los pediatras académicos, como el mismo Aráoz Alfaro.

En realidad, las diferentes visiones sobre el niño (como puro, bestial, inocente, frágil), si bien se han originado en diferentes momentos y desde distintas posturas, coexisten en el momento analizado y aún en la actualidad. Opuestas, superpuestas, en tensión, esas imágenes darán sentido a las prácticas y a las representaciones médicas sobre la niñez y la crianza infantil hasta el día de hoy. Autores como Badinter[35] y Chombart de Lauwe[36] las sitúan en el marco más general del pensamiento y de la sociedad occidentales. A su vez, desde la sociología de la niñez, Jenks las sintetiza mediante dos imágenes: la niñez "dionisíaca" y la niñez "apolínea", discutidas, sostenidas y reforzadas por creencias religiosas, ideologías políticas y doctrinas científicas.[37] En relación con la primera, la tarea socializadora de los adultos es vista como una batalla contra la irracionalidad y el desborde de un sujeto caprichoso y testarudo, que debe ser doblegado para su propio bien, para poder formar parte del mundo social. En cambio, desde la visión "apolínea" de la infancia, el niño es considerado un ser con disposiciones y virtudes naturales, que requieren del cuidado y del acom-

---

[35]   Elisabeth Badinter, *Um amor conquistado*, ob. cit.
[36]   Marie-Josée Chombart de Lauwe, *Um outro mundo: a infância*, Sao Paulo, Editora Perspectiva- Editora da Universidade de São Paulo, 1991 (1ª edición en francés, 1971).
[37]   Chris Jenks, *Childhood, ob.cit.*

pañamiento de los adultos para poder aflorar y desplegarse. De allí que la socialización deba basarse en la vigilancia y la protección, la observación y el seguimiento continuo de los procesos de crecimiento y desarrollo, procesos en los cuales se inscriben los consejos sobre puericultura, las acciones de parteras y visitadoras de higiene, los controles de enfermeras y médicos especialistas en niños.

En síntesis, ya sea considerado en términos positivos o negativos, el instinto y la proximidad a la naturaleza y a la "esencia" de lo humano parece ser lo que caracteriza a los individuos en la primera etapa de su vida. La educación debe consistir, entonces, en el encauzamiento de los deseos instintivos e irracionales que se presentan tempranamente. En este proceso, el cuidado del cuerpo debe ser complementado con el cultivo de la inteligencia y la moral, para el cual la puericultura también ofrece indicaciones.

Consideraciones finales

El breve recorrido realizado ha pretendido dar cuenta de la relación constitutiva existente entre la delimitación y legitimación de una especialidad profesional –la "medicina del niño" o pediatría– y la construcción de una categoría social, la infancia.

La infancia aparece situada, en los textos médicos analizados, como parte de una secuencia temporal más amplia, que abarca la vida de los sujetos. Si ésta es concebida como una sucesión lineal de etapas que se extienden entre el nacimiento y la muerte, la niñez corresponde a la primera, la fase inicial, delimitada cronológicamente por el nacimiento y la pubertad. Entre estos límites, le son atribuidas características anatómicas, fisiológicas y de comportamientos particulares, que la distinguen de las restantes etapas de la vida y que son definidas en términos de una "naturaleza infantil".

La definición de la naturaleza del niño está anclada en una noción de temporalidad de carácter lineal, un modo de articular presente y futuro: la niñez remite a lo que aún no es, pero está presupuesto; a una realización futura antes que una experiencia del presente: en el presente, el niño es puro potencial, una "masa a ser moldeada". Es esta idea de maleabilidad de la niñez, que implica tanto incompletitud como potencialidad, la que da sentido y coherencia a las representaciones que guían la teoría y la práctica de la pediatría. Y ello se funda en la definición de la niñez a partir de los procesos de crecimiento y desarrollo, desde los cuales se abordan sus aspectos anatómicos, fisiológicos y mentales. Como resultado, la diversidad encontrada entre diferentes niños es trascendida por la unidad del ser que crece y se desarrolla: crecimiento y desarrollo se constituyen en categorías homogeneizadoras de la niñez.

Asimismo, el niño es tomado por la pediatría en su devenir hacia un estado diferente: el de la adultez. La idea del niño como inacabado, irracional e inmaduro, requiere e implica la visión del adulto como maduro, completo, racional y competente. La vulnerabilidad física y psíquica que se atribuyen a la naturaleza infantil (ya sea percibida como "dionisíaca" o como "apolínea") generan una relación con los adultos entendida en términos de cuidado y preservación. Se trata de aquello que Castellanos denomina el "gesto pedagógico", presente en todas las disciplinas que abordan la niñez, entre ellas, la pediatría.[38] De esta manera, el modo en que la medicina aborda la infancia va más allá del tratamiento de la salud y la enfermedad, para remitir a la crianza y a la socialización como resultantes del modo básico de vinculación entre adultos y niños en nuestra sociedad.

---

[38]   Marcelo Castellanos, *A pediatria e a construção social da Infância, ob.cit.*

ENTRE EL ABANDONO Y LA DEBILIDAD.
EL CUIDADO DE LA SALUD EN LA PRIMERA INFANCIA,
1920-1930[1]

Adriana Álvarez y Daniel Reynoso

Este artículo analiza algunos de los cambios que se dieron en torno a la atención de la salud de la niñez popular en Buenos Aires entre las décadas de 1920 y 1930. Forma parte de una investigación de mayor aliento que se ubica en la Argentina de fines del siglo XIX y mediados del XX, momento que coincide con la emergencia de un concepto moderno de infancia que colocó al niño en un espacio distinto al de los adultos, donde sobresalía una marcada preocupación por la vida del niño y su salud, visualizando en las instituciones médicas, entre otras, las bases sobre las cuales moldear a estos futuros trabajadores y ciudadanos. Este proceso reconoce varias etapas, una de ellas se inicia en la década de 1920 y es la que interesa a esta presentación.

Desde el plano teórico, este estudio se ubica en el campo de la salud pública infantil,[2] entendiéndola como un área multidisciplinaria, donde la influencia de la estructura social, del medio ambiente y del sistema de cuidado en

---

[1]   Este artículo es parte de un proyecto financiado por la Agencia Nacional de Promoción Científica y Tecnológica, PICTOS/07.

[2]   El desarrollo del concepto de *salud pública infantil* ha sido tratado por varios autores para analizar la medicina y la salud pública en la actualidad. De estos trabajos fue significativo a los efectos de otorgar historicidad a este concepto Lennart Köhler, "Child Public Health. A New Basis for Child Health Workers", *The European Journal of Public Health*, 1998, vol. 8, n° 3, pp. 253-255.

la salud de la población son destacados, maximizándose la implicación de todos los actores sociales que tienen la responsabilidad de tomar decisiones con posibles repercusiones en el área salud: instituciones y servicios tanto públicos como privados. No se trata de una historia de la pediatría, puesto que si se pretende igualar la salud pública infantil con la pediatría, nos quedaremos sólo en la periferia de las problemáticas que aspiramos analizar. La salud pública infantil es un concepto muy amplio que supera el marco de los profesionales y de las instituciones pediátricas y nos ubica en un espacio de mayor complejidad como es el del contexto social en el que vivieron los niños en las primeras tres décadas del siglo pasado en la Argentina.[3]

Partiendo de este punto de vista, este trabajo aborda las características que asumió la atención de la niñez popular enferma en un espacio institucional acotado, el Sanatorio Marítimo y el Solarium, radicados en la localidad de Mar del Plata –a 400 km de la Ciudad de Buenos Aires– dependientes de la Sociedad de Beneficencia de la Capital Federal, uno de los mayores efectores de servicios sanitarios destinados a la primera infancia.

Vacancias historiográficas

En la actualidad existe una amplia bibliografía, tanto en Europa como en América del Norte, que se ocupa de la salud infantil en perspectiva histórica.[4] En este nuevo

---

[3]   Henry E. Sigerist, *A History of Medicine*, New York, Oxford University Press, vol. 1, 1951, p. 32.

[4]   Roger Cooter (ed.), *In the Name of the Child. Health and Welfare 1880-1940*, London/New York, Routledge, 1992; Richard A. Meckel, *Save the babies: American Public Health Reform and the Prevention of Infant Mortality, 1850-1929*, Baltimore, Johns Hopkins University Press, 1990; y Deborah Dwork, *War is Good for Babies and other Young Children: a*

subcampo dentro de la historia de la medicina y de la salud se puede distinguir la prevalencia de ciertas temáticas que están presentes también en nuestro país, como es el papel jugado por el movimiento higienista en la emergencia de las políticas sanitarias destinadas a la primera infancia. Asimismo, y con rol destacado, figuran las preocupaciones poblacionales y raciales como dinamizadoras de una trama institucional que se expandió entre la población mediante procesos que combinaron la persuasión y la coerción, encontrando en la crianza de los más pequeños una de las instancias más importantes.[5]

Justamente, en nuestro país los trabajos giran en torno al problema de la puericultura, la protección de la madre y del niño, las instituciones públicas de salud de Buenos Aires, entre otros temas. Estos estudios tienen una tendencia a describir desde el plano de las ideas los debates referidos a la población deseada, las propuestas para modificar los comportamientos demográficos entre finales del siglo XIX y la década de 1940, las propuestas legales que intentaron regular estos comportamientos y analizan su relación con la construcción del Estado social en la Argentina. Falta aún en nuestra producción historiográfica visualizar cómo esos discursos se materializaron en políticas concretas, cómo esas políticas eran canalizadas en el acontecer de

---

History of the Infant and Child Welfare Movement in England, 1898-1918, London, Tavistock, 1987.

[5]   Valerie A Fildes, *Bottles and Babies. A History of Infant Feeding*, Edinburgh, Edinburgh University Press, 1986; Rima D Apple, *Mothers and Medicine. A Social History of Infant Feeding 1890-1950*, Madison, University of Wisconsin Press, 1987; Valerie A. Fildes, *Wet Nursing. A History from Antiquity to Present*, Oxford, Oxford University Press, 1988; Rimma D. Apple, "Constructing Mothers: Scientific Motherhood in the Nineteenth and Twentieth Centuries", *Social History of the Medicine*, vol. 8, n° 2, pp. 161-178; Rosa Ballester, Emilio Balaguer, "La infancia como valor y como problema en las luchas sanitarias de principios de siglo en España", *Dynamis*, 1995, p. 15.

las instituciones abocadas a trabajar con niños, como así también profundizar en torno al grado de aceptación, resistencia y/o adaptación de las mismas en contextos sociales particulares como era el de la niñez proveniente de los sectores más carenciados. Un análisis de experiencias institucionales como el que desarrollaremos aquí abre nuevas perspectivas puesto que posibilita apreciar desde el mismo comienzo del proceso de modernización el crecimiento de las demandas sociales de los grupos más desamparados, la canalización de respuestas a través de instituciones benéficas y filantrópicas, como también la metamorfosis que éstas sufrieron en las primeras décadas del siglo XX, de la mano de la revaloración del papel de la familia y del Estado en la vida social y política.

Marco histórico

En la segunda mitad del siglo XIX, la atención a los niños y la preocupación social por su bienestar aumentaron en la mayoría de las grandes capitales. Entonces se acentuaron las medidas de protección y de atención hacia la niñez urbana que era considerada en riesgo, ya sea por su situación de abandono, por las condiciones económicas y ambientales en las cuales vivían sus familias o por el deficiente estado nutricional en el que estos niños se encontraban.[6] De esta manera, las elites políticas y sociales reconocieron la importancia de la salud de los infantes en el

---

[6]   María S. Zárate Campos, "De partera a matrona: los inicios de la profesionalización del cuidado de la madre y de los hijos en Chile, 1870-1920", *Revista Colegio de Matronas*, 1999, Santiago de Chile, vol. 7, n° 2 y "Proteger a las madres: origen de un debate público, 1870-1920", *Nomadías*, Santiago de Chile, vol. 1, 1999; Asunción Lavrin, *Women, Feminism, and Social Change in Argentina, Chile, and Uruguay*, Lincoln, University of Nebraska Press, 1995.

mantenimiento del orden y aceptaron que las instituciones de beneficencia fueran, en gran medida, las responsables de poner en marcha lo que podríamos definir como las primeras políticas públicas de atención a la infancia. En la mayor parte de los países de América Latina, estas instituciones estuvieron manejadas tanto por conservadores católicos como por miembros reconocidos de las clases altas liberales. Especialmente sus mujeres desempeñaron un papel importante hasta bien entrado el siglo XX.[7]

En nuestro país, la acción de la caridad organizada en manos de la Sociedad de Beneficencia de la Capital Federal ocupa un lugar trascendente en la historia asistencial. Con su creación se inició un largo período de enorme crecimiento y expansión que terminaría con su disolución por parte del gobierno de Perón.[8] La Sociedad de Beneficencia fue creada el 2 de enero de 1823, por decreto del Gobernador de la Provincia de Buenos Aires. Fueron sus atribuciones: la dirección e inspección de las escuelas de niñas, la dirección e inspección de la casa de expósitos, del hospital de mujeres, del colegio de huérfanos y de todo establecimiento público dirigido al bien de las mujeres y de los niños. El 9 de diciembre de 1880 la Sociedad pasó a ser dependencia del gobierno nacional y en 1885 se aprobó que fuese compuesta por el número de socias necesario para la administración de sus establecimientos, las que a su vez podían proponer la fundación o instalación de nuevas dependencias.

---

[7] Valeria Pita, "¿La ciencia o la costura? Pujas entre médicos y matronas por el dominio institucional. Buenos Aires, 1880-1900", en Adriana Álvarez, Irene Molinari y Daniel Reynoso (comps.), *Historias de enfermedades, salud y medicina en la Argentina de los siglos XIX-XX,* Mar del Plata, Eudem, 2004.

[8] José Luis Moreno, *La Política Social antes de la Política Social. Caridad, beneficencia y política social en Buenos Aires, siglos XVII a XX,* Buenos Aires, Prometeo, 2001.

La Sociedad inició sus actividades en la lucha contra la tuberculosis infantil en 1893 cuando fundó el primer sanatorio y preventorio marítimo en las afueras de la Capital Federal, en el poblado de Mar del Plata.[9] Allí se especializaron en la atención de niños tuberculosos y pretuberculosos –también llamados "débiles"– en su mayoría derivados de otros Hospitales dependientes de la Sociedad de Beneficencia, especialmente del de Niños y de la Casa de Niños Expósitos, lo que convirtió al Sanatorio Marítimo en una extraña mezcla de sanatorio y colonia de verano. La lucha contra la tuberculosis por parte de la Sociedad de Beneficencia se amplió en 1912 gracias a la donación de María Unzué de Alvear y de Concepción Unzué de Casares, pues se creó en la ciudad de Mar del Plata un internado taller de manualidades para niñas débiles de 8 a 19 años con capacidad para 350 asiladas.[10] En febrero de 1918 se acrecentó la capacidad del Sanatorio Marítimo con la fundación de otro

---

[9]   Para los tratamientos antituberculosos que no necesitaban derivación a la ciudad de Mar del Plata y con el fin de ampliar las posibilidades de atención se construyó el Pabellón Siglo XX en el Hospital Rivadavia (1893). En vísperas del Centenario, la Sociedad de Beneficencia lanza un memorable manifiesto explicando al pueblo la iniciativa frente al recrudecimiento de la enfermedad y lo "exhorta a contribuir con su óbolo a la realización de una obra que tuviera un doble significado: levantar un gran monumento conmemorativo de la fecha y erigir un Instituto dedicado únicamente a la asistencia de las mujeres y niños tuberculosos de la República obteniendo en pocos días la suma de 135.763,58 pesos m/n". Florencio Etcheverry Boneo, "La Sociedad de Beneficencia de la Capital frente a la lucha antituberculosa. Su organización y su funcionamiento técnico y social", *Boletín de la Academia Nacional de Medicina de Buenos Aires*, Buenos Aires abril de 1935, p 837. En 1916 se inauguró el primer gran Hospital –Sanatorio de Llanura "Vicente López y Planes"– donde se asistía a mujeres y a niños afectados por tuberculosis en sus distintas modalidades y localizaciones. En este mismo establecimiento, gracias a una donación de Victoria de Aguirre, se estableció la primera maternidad para tuberculosas de América del Sur.

[10]   Florencio Etcheverry Boneo, ob. cit., p. 839.

establecimiento en la ciudad de Mar del Plata, el Solarium, con capacidad para 80 camas que también es objeto de análisis en esta presentación. Finalmente, en 1929, con el fin de reunir todos sus establecimientos de lucha contra la tuberculosis, se fundó el Dispensario de Higiene Social y de Preservación y Asistencia de la Tuberculosis en la ciudad de Buenos Aires, donde la Sociedad de Beneficencia centralizó su acción y creó una sección especial denominada Sección de Lucha Antituberculosa.[11]

La organización arriba detallada fue la expresión de un modelo de Estado que en gran parte canalizaba la intervención social a través de organizaciones de beneficencia en cuyos marcos se manejaron diferentes conceptualizaciones de los niños enfermos que, como demostraremos, se fueron transformando a lo largo del período bajo estudio.[12] En una primera etapa, ubicada entre fines del siglo XIX y los primeros años del siglo XX, éstos fueron objeto de acciones destinadas a una "regeneración social" que incluyó la búsqueda de cuerpos sanos y saludables, conjuntamente con la formación de hábitos higiénicos, morales y laboriosos con el fin de formar sujetos responsables, trabajadores y buenos ciudadanos. En un segundo momento, que podemos distinguir a partir de 1920 aproximadamente, se experimentó una ampliación de la idea de cuidado de la salud infantil, la cual se ubicó por encima de las aspiraciones sociales y se convirtió en

---

[11] La Comisión estaba integrada por una inspectora delegada de cada uno de los establecimientos dependientes de la Sección Lucha Antituberculosa, el Director del Dispensario de Higiene Social y de Preservación y Asistencia a la Tuberculosis y dos miembros titulares del Honorable Consejo Médico de la Institución.

[12] En este trabajo se ha tomado la idea de "representación" de Roger Chartier, ya que éstas hacen que "los individuos incorporen las divisiones del mundo social y que organizan los esquemas de percepción y apreciación a partir de los cuales éstos clasifican, juzgan y actúan", Roger Chartier, *El Mundo como representación. Historia Cultural, entre práctica y representación*, Barcelona, Gedisa, 1992, pp. 45-49.

un valor en sí mismo, transformándose en un derecho y no en un beneficio de tipo caritativo. De la transición de una instancia a la otra nos ocuparemos a continuación.

El Marítimo

Como se señaló anteriormente, el primer estableci-miento destinado a la atención de la niñez tuberculosa y pretuberculosa fue el Sanatorio Marítimo. Contaba con dos secciones principales: la Colonia de Niños Débiles y la sección del sanatorio propiamente dicha. La Colonia estaba instalada en un pabellón donde se alojaban contingentes periódicamente renovados de niños expósitos débiles. El pabellón contaba con galerías, baños, comedor y patios exclusivos con el fin de mantener a estos pequeños alejados de los enfermos, aunque los contactos fueron frecuentes y los reiterados contagios provocaron que la existencia de la Colonia fuera un punto de tensión entre los médicos y las damas de la Sociedad de Beneficencia, dado que los primeros buscaron suprimirla y las segundas mantenerla. El sanatorio poseía siete salas generales, un pabellón de observación, sala de operaciones y enyesados, sala de rayos X, consultorio de curaciones, laboratorio químico-bacteriológico, consultorio odontológico y farmacia.[13]

En este establecimiento de doble finalidad, entre fines del siglo XIX y los primeros años del XX primó la idea de la institucionalización de los niños tuberculosos, bajo una concepción que caratuló a estos pequeños provenientes de los sectores populares porteños como *menores* en la medida que el término *menor* condensaba las principales

---

[13] La mayoría de sus enfermos eran tuberculosos con localizaciones extra-pulmonares, mal de Pott, coxalgias, osteoartritis diversas y tuberculosis óseas, patologías que implicaban inmovilidad o dificultades para caminar.

características que poseían tanto los enfermos de la Casa de Expósitos como los del Hospital de Niños, es decir, niño pobre, carente de recursos materiales y con endebles o nulos vínculos familiares.[14] Este concepto de *menor* en el interior de los establecimientos estudiados conducía a acciones de protección social que incluían el cuidado de la salud infantil de estos pequeños. Por ello tanto la Colonia para niños débiles como el Sanatorio destinado al tratamiento de niños tuberculosos estaban orientados a obtener una mejor calidad de vida de esos niños pero, por sobre todo, a formar adultos saludables.

En los orígenes del Marítimo los infantes que eran derivados a este Hospital eran los llamados niños asténicos, según las categorizaciones que los médicos de la época hacían de los niños enfermos. Los asténicos eran parte del grupo de los niños considerados "anormales" que no padecían lesión cerebral, pero cuyos organismos:

> denuncian a simple vista una vida precaria, una miseria fisiológica intensa. Es el niño anémico, el niño débil [...] mal alimentado el fruto de la pobreza, de la miseria, con [...] taras hereditarias provenientes de sus progenitores que lo predisponen a la adquisición de enfermedades diversas. [...] el asténico es un retardo mental porque su cerebro, perfectamente normal, no recibe la cantidad de energías solicitadas durante sus elaboraciones síquicas de orden superior.[15]

Como se puede apreciar en la cita precedente, se definía al niño débil como enfermo a causa de la herencia, ya fuera ésta infecciosa o tóxica (tuberculosis, sífilis, alcoholismo,

---

[14]   Sobre estas temáticas recomendamos consultar los artículos compilados por Lucía Lionetti y Daniel Míguez, *Las Infancias en la historia argentina. Intersecciones entre prácticas, discursos e instituciones (1890-1969)*, Rosario, Prohistoria, 2010.

[15]   Luis, Borruat, *Por el niño débil por el niño pobre. Conceptos de la Escuela Contemporánea*, Buenos Aires, 1914, pp. 27, 34-39.

saturnismo, morfinómana, etc.) o del medio ambiente en que vivía, que implicaba malas condiciones higiénicas, mala alimentación, mala habitación, aire impuro, falta de sol y luz, exceso de trabajo, etc.[16] De esta forma, los niños que recaían en el Hospital Marítimo ya sea por su condición de tuberculosos o pre-tuberculosos eran considerados como cuerpos anormales. La intervención de la práctica médica podía rehabilitarlos en caso de padecer tuberculosis óseas, o bien evitar el esparcimiento de otras enfermedades, pero principalmente de la tuberculosis misma, resumiendo de esta manera el doble carácter preventivo y curativo que tuvieron estos establecimientos.

Estas concepciones formaban parte de un universo mayor que excedía ampliamente el espacio estudiado y que tenía que ver con diferentes formas de canalizar la asistencia sanitaria hacia la infancia de acuerdo al sector social al que pertenecieran los niños. Para los niños no vulnerables el lugar de atención era el médico en su consultorio, en los hospitales de colectividad o en el espacio doméstico. En cambio las instituciones sanitarias dependientes de la beneficencia estaban destinadas a los niños de menores recursos. En efecto, existió entre fines del siglo XIX y los primeros años del siglo XX una concepción de la asistencia sanitaria para la infancia popular enferma, que priorizaba el restablecimiento de la salud, la búsqueda del cuerpo sano, por sobre la educación, que quedó relegada a un papel secundario, pues la escolarización regular para los niños del Marítimo comenzó recién en la década de 1920. Concepción que no era ajena a los principales lineamientos del pensamiento hegemónico de entonces, como era el higienismo.

---

[16]   Isabel Kaminsky, *Los niños débiles y enfermos. Su educación,* Buenos Aires, Imprenta de "La semana médica", Universidad Nacional de Buenos Aires, Tesis 1662, Tomo 178, Buenos Aires, 1911.

El higienismo ponía el acento en la protección física de la niñez en general, pero de la pobre en particular, señalando la importancia de la luz, del sol, del aire abundante, del agua pura, de la buena alimentación y de los ejercicios, principios que estuvieron presentes tanto en el Sanatorio como en el Solarium. Sin embargo, la década de 1920 marca un límite en esta historia, en parte vinculado con las nuevas preocupaciones que enarbola el movimiento higienista en base a las transformaciones que desde hacía décadas se venían dando en el ámbito urbano, asociadas con la construcción de redes de agua potable, recolección de basuras, campañas de vacunación que sumadas contribuyeron a dominar las enfermedades infecciosas. En efecto, Diego Armus dirá que a partir de 1920, se experimentó un cambio en la agenda del higienismo que pasó por estimular la creación de una red de instituciones de asistencia, prevención, moralización, destinadas a contener y a acomodar los desajustes que los cambios modernizadores habían traído consigo.[17] En relación al ámbito asistencia infantil, los cambios quedaron reflejados en la incorporación de nuevas especialidades –como la odontología– y con la escolaridad hospitalaria, lo que permite vislumbrar la aparición de una concepción de salud más integral.

Vinculado a lo anterior, también en estos años se hace visible un proceso iniciado previamente que tiene que ver con la medicalización de la niñez y la crianza: la pediatría se recorta como una rama de la medicina especializada en los problemas de la niñez y, relacionada con ella pero también con la higiene, surge una ciencia de aplicación, la puericultura, orientada a la transmisión de métodos de

---

[17]   Diego Armus, "El descubrimiento de la enfermedad como problema social", en Mirta Lobato (comp.), *El Progreso, la modernización y sus límites (1880-1916)*, Sudamericana, Buenos Aires, 2000, p. 514.

COLONIA DE BELLA VISTA

TOMANDO EN EL BOSQUE EL SOL DE INVIERNO

crianza *racionales y científicos*.[18] Esta *nueva ciencia* irá institucionalizándose como un área específica, tanto en la formación universitaria de los médicos, como en los organismos estatales encargados de las políticas sanitarias y asistenciales. El niño fue considerado el sujeto más susceptible al contagio de enfermedades (por ejemplo, la tuberculosis) y a los efectos de las variaciones estacionales en su organismo (el invierno favorece las infecciones respiratorias y el verano las infecciones digestivas).

De la intersección entre la renovada agenda higienista con el pensamiento pediátrico y la llegada de remozadas posturas internacionales respecto de los derechos de los niños[19] surgieron cambios en las concepciones sobre ellos en el interior de los establecimientos analizados, los cuales si bien se iniciaron hacia mediados de la década del veinte se hicieron elocuentes en la década siguiente.

Uno de los cambios más visibles tuvo que ver con las posibilidades de los niños de lograr una atención más integral de su salud mediante la aparición en las instituciones de especialistas cuyos servicios eran costosos y sólo

---

[18]   María Adelaida Colángelo, "La construcción médica del niño y del cuerpo infantil: los discursos y las prácticas de la pediatría y la puericultura entre 1890 y 1930", en *Jornadas Historia de la Infancia en Argentina, 1880-19360. Enfoques, problemas y perspectivas*, UNGS, noviembre del 2008, CD. También recomendamos María José Billorou, "Madres y médicos en torno a la cuna. Ideas y prácticas sobre el cuidado infantil (Buenos Aires, 1930-1945)", *La Aljaba*, Segunda época, Volumen XI, 2007.

[19]   En el plano internacional desde 1913 surgió la idea de crear una asociación para proteger a la infancia, que se consolidaría en 1921 en Bruselas. Por otra parte, en 1920 se fundó la Unión Internacional de Socorro a los Niños en tiempos de Guerra y en 1923 se emprendió la redacción de un estatuto de los derechos del niño que recibió el nombre de Declaración de Ginebra. Sobre el tema consultar Jean Drumel y Marcel Voisin, *Esa persona llamada niño*, Barcelona, Teide, 1981 y Donna Guy "The Pan American Child Congresses, 1916-1942: Pan Americanism Child Reform and the Welfare State", *Journal of Family History*, año 23, n° 3, July 1998, pp. 272-291.

accesibles hasta el momento para los sectores pudientes. En algunos casos el Sanatorio Marítimo contó con ciertas especialidades que ningún otro establecimiento sanitario local tenía. De esta manera, en 1927 se adscribió al Sanatorio Marítimo y al Solarium el doctor Adolfo Sidelnick, médico oculista *ad honorem,* situación que fue modificada diez años después cuando se convirtió en médico rentado.[20] En 1928 se incorporó un nuevo médico, Cesar Serante, que en realidad era un alumno del sexto año de medicina que solicitó su adscripción *ad honorem* al Sanatorio Marítimo por padecer mal de Pott. Para la misma época al personal de servicio técnico se incorporaron un oculista y un especialista en garganta, nariz y oído para la atención no sólo en el Sanatorio y el Solarium sino que hicieron extensiva su tarea al Asilo Saturnino Unzué.[21] Para 1928 los establecimientos contaban con un médico director, un interno y un auxiliar que concurrían todos los días al Sanatorio y al Solarium para atender los distintos servicios que tenían a su cargo. A esto se sumaban los médicos adscriptos doctores Rómulo Echeverry e Ignacio Rodríguez, más el oculista Sidelnick que concurrían dos veces por semana, los doctores Echevarría y Fernández Castro de oftalmología y de otorringología que asistían dos veces al mes provenientes desde la Ciudad de Buenos Aires, el dentista Julio Machado que atendía una vez por semana, más el practicante Eduardo Pay que acompañaba a los médicos en sus visitas, además de un farmacéutico a cargo del despacho de las recetas. Por último contaban con un

---

[20]   Archivo General de la Nación (en adelante AGN), Legajo 99, Expediente 2.344, Carta fechada el 2 de septiembre de 1937.

[21]   Estos especialistas, los doctores Luis Echeverría y Adrián Fernández, procedían de Buenos Aires, eran enviados por la Sociedad de Beneficencia y atendían el primer y el tercer fin de semana de cada mes. AGN, Legajo 99, Expediente 2664.

secretario y un auxiliar para atender la Secretaría.[22] Esta estructura de personal médico era mucho más importante que la que había subsistido hasta la década de 1910, en la cual el único médico era su director Héctor Jara.

Lo expuesto admite varias lecturas, una de ellas es la importancia que en estos años adquiere la corporación médica y sus logros en su puja por ocupar espacios institucionales cada vez mayores. Susana Belmartino plantea que para comienzos de la década de 1920 gran parte de los agentes involucrados en el protosistema de servicios de salud consideraban la necesidad de transformar las formas organizativas vigentes, debido a que las mismas habían dejado de satisfacer sus funciones originarias o los intereses de aquellos que las respaldaban. Desde la perspectiva de los médicos, los cambios en el ejercicio profesional estaban asociados a dos cuestiones. La primera vinculada con los avances técnicos que permitieron el desarrollo de nuevos instrumentos diagnósticos y terapéuticos. La segunda, con aquella que analizaba estos avances desde la perspectiva del costo creciente de la atención médica y las modalidades que asumía la cobertura social de las enfermedades tratadas.[23] Para adecuarse a estos nuevos paradigmas era necesaria la presencia de médicos especialistas.

Pero las transformaciones detalladas también admiten una lectura desde la perspectiva de la atención sanitaria a la infancia popular. En este sentido, serían reveladoras de un proceso por el cual se tendió a igualar las posibilidades de los infantes democratizando el acceso a médicos especialistas. Éstos realizaban controles periódicos, y de alguna manera esto marcaba diferencias con lo que había sido hasta entonces el cuidado del cuerpo del niño tuberculoso, el que ya no importaba sólo en relación a dicho mal sino

---

[22]   AGN, Legajo 99, Informe del 9 de enero de 1928.
[23]   Susana Belmartino, *La atención médica en el siglo XX. Instituciones y Procesos*, Buenos Aires, Siglo XXI, 2005.

que era enfocado con una perspectiva integradora que paulatinamente se alejaba del concepto asistencialista sobre el cual se montaron los primeros dispositivos. Se afirmaba que la lucha contra la tuberculosis debía ser más preventiva que de asistencia. Para ello se requería la ejecución de un plan vasto y complejo que comprendiera la protección eficaz de la infancia, el mejoramiento de la alimentación, la habitación, la higiene y el bienestar de las clases sociales menos favorecidas; las medidas de policía sanitaria y la asistencia adecuada de los enfermos, la ayuda pecuniaria y moral a las familias, la cultura física y la educación popular en materia de higiene y sanidad.[24]

Los cambios en relación al cuidado de la salud de los pequeños no sólo quedaron evidenciados en la presencia de diferentes especialidades médicas, sino también en nuevas representaciones que se forjaron hacia el interior de los establecimientos estudiados. Además de curar y sanar a estos niños, quienes trabajaban en la institución comenzaron a preocuparse por las características de la internación, puesto que la misma podía durar años. Por ello, se planteó la necesidad de hacer que la hospitalización fuera más agradable, o bien, como se menciona en los documentos de la época, fuera "más entretenida". Y en ese sentido, es muy importante el rol que comenzaron a tener los juguetes, más aun cuando hasta ese momento no eran ni siquiera mencionados, lo que estaba en relación con el hecho de que el derecho al juego no había sido contemplado para la niñez popular. Sin embargo, a partir de la segunda década del siglo XX, hubo una puesta en valor de ese principio, que había permeado a la sociedad en general, a juzgar por el número de donantes registrados en las memorias institucionales que abarcaban desde

---

[24]   *La Doble Cruz, Órgano de la Liga Argentina contra la Tuberculosis*, año 1, n° 1, septiembre de 1936, Buenos Aires, p. 30.

la Asociación de Propaganda y Fomento hasta apellidos ilustres y políticos como el intendente de Mar del Plata o los niños de Fresco y Peralta Ramos.[25] Los donativos eran cajones de juguetes, aparatos cinematográficos, muñecas, triciclos, yo-yo, linternas mágicas, entre otros.[26]

La valoración del juego y de los juguetes plantea nuevos interrogantes en el marco de las etapas del cuidado de la salud de la niñez popular. Hasta ahora, en la historiografía predominan aquellas explicaciones que asocian el juego a la didáctica o lo analizan como una instancia de distinción de género o social.[27]. En este caso, está asociado al ámbito asistencial, lo que puede ser pensado como una adecuación de estos espacios asistenciales a cuestiones que son y han sido "innatas" a la infancia como es lo lúdico, independientemente de la clase social a la que se pertenezca.

Las instalaciones del Marítimo primero y las del Solarium después, hasta la segunda década del siglo XX, no guardaron mayores diferencias con las destinadas a la atención de los adultos. Pero entonces, la aparición de plazas con juegos infantiles o de rincones con juguetes modificaron el uso del espacio hacia el interior de estos establecimientos. Un ejemplo puede ser el patio central, que había sido utilizado tradicionalmente para los baños solares (para lo cual estaba poblado de camas) y que a partir de ese momento fue ocupado por hamacas, bancos placeros,

---

[25]   AGN, Sociedad de Beneficencia (en adelante SB), Legajo 99, Acta del 25 de julio de 1930.

[26]   En 1931 se donaron dos aparatos cinematográficos, uno para el Sanatorio Marítimo y otro para el Solarium. AGN, Legajo 99, Nota de Donación, fechada el 27 de marzo de 1931.

[27]   Sobre la cuestión del juego y los juguetes se consultó Eva Rocha, "El discurso de la infancia en la Revista El Hogar (1913-1921)", en Delia Salazar Anaya y María Eugenia Sánchez Calleja (comps.), *Niños y adolescentes. Normas y Transgresiones en México, Siglos XVII-XX*, México DF, Instituto Nacional de Antropología e Historia, 2008.

una calesita, a pesar de que la movilidad limitada, fruto de las afecciones de los pequeños, seguía estando presente.

Una primera explicación puede ser que la aparición del juguete, la golosina, los juegos de plaza tuvieron como finalidad hacer accesibles a los pacientes estos objetos de tipo recreativo de los que carecían por su condición social. Abundan los relatos en relación con la satisfacción y el asombro de estos pequeños frente al contacto directo con algunos de estos elementos a los que nunca habían tenido la oportunidad de tocar, de descubrir y, por ende, de jugar con ellos. Por otro lado, el juego se manifestó como parte de las actividades terapéuticas al aire libre. Ello puede apreciarse comparando imágenes que reflejan la práctica de los baños solares en dos momentos distintos. En una primera etapa, los rayos solares y el *saludable aire* se tomaban postrados en una cama (Imagen nº1), de manera silenciosa, siendo esta forma muy difundida hasta entrado el siglo XX. Pero a medida que avanzaba el siglo, esa modalidad fue vista como contraproducente pues cercenaba la capacidad de movimiento propia de los más pequeños, y en el caso de los niños débiles o pretuberculosos, esa calma fue interpretada como un "indicio de falta de tono fisiológico, de incapacidad para el juego, originada en una falta reiterada de oportunidad para practicarlo".[28] Es decir que, paulatinamente, se comenzó a establecer una correlación directa entre tonicidad muscular y juegos, aun en aquellos casos donde la motricidad estaba disminuida. De hecho, en las imágenes nº 2 y nº 3, que datan de los años treinta, se puede observar a los niños afectados de tuberculosis ósea en la playa practicando juegos de arena, con palas y baldes. El concepto de recreación se trasladó a la terapéutica cotidiana. La rehabilitación no pasaba solamente por

---

[28]   *Boletín del Instituto Internacional Americano de Protección a la Infancia del año 1932*, p. 14.

estar bien alimentados y aspirar el vivificante aire marino, sino que la idea del bienestar físico infantil comenzó a ser vinculada al gozo, a la dicha, a la alegría, y por ende a los juguetes y al juego al aire libre.

Imagen 1
Fuente: *Libro de la Sociedad de Beneficencia de la Capital Federal*. Número Aniversario, Buenos Aires, 1910.

Imagen 2
Fuente: AGN, Sanatorio Marítimo, legajo 100 (1932-1935).

Imagen 3
Fuente: AGN, Sanatorio Marítimo, legajo 100 (1932-1935)

La aparición de la plaza de juegos en los jardines del Marítimo o de los juegos en la arena debe ser comprendida en el marco de ideas que reclamaban un modelo educativo y sanitario en el cual los aspectos pedagógicos y los cuidados médicos tuvieran en consideración la cultura infantil, que entendieran al niño tal cual era, de manera de armonizar lo científico y los factores inherentes a la infancia.[29] Si en el siglo XIX se habían atribuido cualidades curativas y terapéuticas al clima y al aire, a medida que avanzó el siglo XX esas condiciones también se le atribuyeron al juego. Se sostenía que "el juego es un gran productor de salud. Es la mejor protección contra la tuberculosis" pues era visto como un factor de educación física "natural, placentero, y recreativo en mucho mayor grado que la gimnasia [...] pues permite que la acción tenga una antecedente legitimo que es la estimulación sensorial. Es el mejor organizador de las coordinaciones psicofísicas fundamentales".[30]

Otro elemento que fue ponderado a partir de esta relación que se estableció entre plaza de juegos y motricidad, fue la arena. Se decía que "el niño debe disponer de medios para aislar cantidades de ese material y contemplar las pequeñas construcciones que con ella se emprenda. [...] De allí la necesidad de moldes de latón para dar forma a la arena". El uso de la arena queda reflejado en la imagen n°2, que muestra que los baños solares se hacían en la playa, lo que fue acompañado con otras actividades como los concursos de castillos de arena, que servían para prolongar la exposición al sol.

Ahora bien, es indudable que en las décadas siguientes esas transformaciones no sólo continuaron sino que se

---

[29]   *Boletín del Instituto Internacional Americano de Protección a la Infancia,* 1932.

[30]   *Boletín del Instituto Internacional Americano de Protección a la Infancia,* 1932, pp. 9-11.

profundizaron, en el marco de un proceso más amplio que
como ya ha analizado Lucia Lionetti en el caso de las escuelas para niños débiles[31], los nuevos saberes, tales como la
paidología –ciencia del niño–, la pediatría y la puericultura,
lograron poner en práctica una serie de dispositivos tendientes a proteger la vida de los más pequeños. Producto del
cruce entre la renovación pedagógica, fundamentalmente
proveniente del *escolanovismo,* el movimiento eugenista, la
paidología y la psiquiatría infantil, fue factible la ideación
y puesta en práctica de un campo de acción para la asistencia social. Al nivel de las instituciones estudiadas, esto
se tradujo en una redefinición del rol que debía tener la
internación, la cual dejó de estar reducida sólo al cuidado
de la salud, para transformarse en una acción integral que
fortaleció el derecho a la educación de aquellos pequeños
que por su estado físico no podían acceder a la escolaridad.
Con el fin antes señalado, hacia mediados de los años treinta
las autoridades tuvieron interés en conocer el funcionamiento de instituciones similares en otras partes del globo.
Para ello se enviaron notas a los embajadores argentinos
en Alemania, Francia y Gran Bretaña solicitando informes
que contuvieran la última palabra de progreso en materia
de organización y funcionamiento de internados, solarium,
crianza de lactantes y métodos para la organización de
jardines de infantes.[32]

A partir de esos años, se hicieron presentes aspectos de
la renovación producida por las ideas de la escuela nueva
en las actividades que realizaban los niños del *Solarium*
y del Marítimo. Sandra Carli ha explicado cómo durante

---

[31]   Lucía Lionetti "La escuela pública y su acción sobre los *niños débiles* en
la Argentina de principios del siglo XX. Del 'laboratorio para enseñar'
al 'laboratorio de las políticas eugenésicas'", en *Jornada Historia de la
infancia en Argentina, 1880-1960. Enfoques, problemas y perspectivas,*
Los Polvorines, 18 de noviembre de 2008.
[32]   AGN, SB, Legajo 100, Nota fechada el 16 de marzo de 1936.

la década de 1930 aparecieron discusiones sobre el lugar que las nuevas generaciones ocuparían en los proyectos nacionales en las que primaba una mirada de largo plazo que excedía la mera escolarización, y en este caso podríamos agregar la curación o la recuperación física.[33]

De tal manera, a partir de 1925 comenzó a funcionar la Escuela del Sanatorio Marítimo-Solarium, que fue pionera en la República Argentina. Era una escuela que funcionaba dentro de la institución hospitalaria y respetaba la currícula vigente por entonces a nivel provincial[34], lo que ratifica la idea de que por entonces se asistía a una resignificación del concepto de asistencia integral para la infancia popular enferma, que tendía, por medio del acceso a médicos especialistas y/o a la escolaridad, a igualar las posibilidades de estos desvalidos de obtener salud y educación respecto del resto de los niños sanos.

La escolaridad trajo aparejados cambios hacia el interior del establecimiento, pues se debieron acondicionar aulas, se hicieron bancos, se pintaron pizarrones, y los pequeños también vieron incrementadas sus actividades. De hecho, los pacientes internados comenzaron a ser actores y protagonistas de la celebración de actos patrios. Valga de ejemplo la conmemoración que hicieron del 25 de mayo de 1929, de la cual se recordaba que:

> Con inusitado brillo se llevo a cabo la fiesta patria del 25 de mayo, habiéndose preparado un programita alusivo al acto;

---

[33] Sandra Carli, *Niñez, pedagogía y política. Transformaciones de los discursos acerca de la infancia en la historia de la educación argentina entre 1880 y 1955*, Miño y Dávila, Buenos Aires, 2002, p. 233.

[34] Silvia Zuppa, "Los niños enfermos necesitan 'una enseñanza esmerada'. La escolarización en el ámbito de un sanatorio para niños débiles y tuberculosos entre fines del siglo XIX y mediados del XX", Trabajo presentado en las Jornadas "Estado, familia e infancia en Argentina y Latinoamérica: problemas y perspectivas de análisis (fines del siglo XIX-principios del siglo XXI)", Buenos Aires, 18, 19 y 20 de agosto de 2010.

1º el himno nacional coreado por todos los enfermitos y luego
se recitaron varias poesías por los mismos. Terminándose la
fiesta con varios cantos patrióticos que fueron entonados con
mucha corrección y entusiasmo inculcándoseles al mismo
tiempo el significado de la fecha que se conmemoraba.[35]

Lo expresado torna visible esa doble condición que
habían logrado: la de ser pacientes y escolares.

A modo de cierre

A lo largo de este trabajo se han explicado los cambios que en los marcos de las instituciones estudiadas se
produjeron en las décadas de 1920 y 1930. Los mismos
deben ser entendidos como matices al estado de situación reinante desde fines del siglo XIX, pues no fueron
el resultado de una reformulación del modelo original,
ya que la protección de estos niños pobres y enfermos
continuó a cargo de las instituciones privadas dedicadas
a la niñez desvalida, en cuyo financiamiento el Estado era
el principal "benefactor". Sin embargo, las modificaciones
que experimentó la asistencia al niño enfermo que fueron
mencionadas en este trabajo sirvieron para gestar nuevos
escenarios en relación, por ejemplo, a la rehabilitación
vinculada al juego, a la escolarización para los excluidos
del sistema educativo formal y a la reconfiguración del
concepto de niño-pobre-enfermo que engendraron en
la práctica cotidiana nuevos modos de funcionamiento
que encontraron un marco jurídico normativo de carácter
nacional recién en las décadas siguientes.

Es decir, en el período estudiado la protección de la
infancia desvalida no fue entendida como una obligación
jurídica, por el contrario siguió siendo un compromiso

---

[35]   AGN, Solarium, legajo 96, imagen 809, nota del 3 de junio de 1929.

honorable, que entre otros aspectos tenía la intención de dar cuenta del grado de modernidad alcanzado por nuestra sociedad. Esto hace comprensible que entre el listado de donantes abunden niños de familias acomodadas y reconocidas tanto del lugar como veraneantes, ya que se continuaba apostando a la vigencia del sentimiento de caridad como medio de asegurar en los futuros adultos el valor por la filantropía infantil.

Pero lo cierto es que a pesar de la permanencia de ese sentimiento caritativo, componente fundamental del modelo vigente destinado al cuidado de la salud de la infancia popular, desde los años veinte se levantaron voces que lo analizaron críticamente y reclamaron un cambio organizativo. Entre otras cosas, porque la asistencia sanitaria a la niñez, al igual que el sistema sanitario en general, padecía de una fuerte fragmentación y dispersión institucional, que provocaba acciones no coordinadas, no centralizadas, lo que conspiró contra la generalización y/o ampliación de las modificaciones de avanzadas hacia el resto de la trama institucional destinada a la atención de la salud infantil. Desde 1918 se venía reclamando desde el Departamento Nacional de Higiene la creación de un organismo superior que vigilara y regulara el funcionamiento de todas las instituciones que tenían la misión de proteger al niño. De hecho, en el Segundo Congreso Americano del Niño celebrado en Montevideo se estipuló la necesidad de coordinar las acciones entre todas las instituciones privadas, estatales o de bien público destinadas a la protección del niño y de la madre.

Por ello, en 1924, siendo Gregorio Aráoz Alfaro presidente del Departamento Nacional de Higiene, se creó la Sección de Protección y Asistencia a la Infancia que entre otros objetivos tenía "estudiar todo lo relativo a la morbilidad y mortalidad de la infancia, a la protección de la madre, a la higiene escolar a la habitación y el trabajo del niño y a todo lo que constituya asegurar la salud y el vigor de la infancia".[36] Esta dependencia intentaba superar las falencias indicadas pues estaba constituida por un Consejo Consultivo en el que debían estar representadas todas las instituciones que se ocupaban de la defensa de la madre y del niño. Pero debido a las limitaciones presupuestarias y a la falta de una Ley Nacional, esta iniciativa tuvo escasos resultados.[37]

Por lo tanto, la experiencia interna del Marítimo y del Solarium no puede hacerse extensiva al resto de las instituciones, no sólo por la ausencia de una autoridad central que coordinara todos los servicios a través de un plan orgánico y completo de protección infantil en todo el territorio, sino también por la carencia de servicios propiamente dichos. Pues el mismo Aráoz Alfaro en 1933 decía que "todos (los niños) de la clase pobre y aun modesta carecen hoy de toda vigilancia sanitaria salvo cuando caen enfermos, en cuyo caso pueden recurrir a hospitales y consultorios asimismo insuficientes y que en su totalidad carecen de visitadoras competentes que hagan un servicio social eficaz".[38]

Lo que es indudable es que mirar hacia adentro de las instituciones estudiadas muestra que en la práctica cotidiana, entre los años veinte y treinta, se hicieron presentes varios factores relativos al cuidado integral de la salud de los más pequeños que años más tarde fueran legislados y transformados en derechos, dejando de esta manera de ser un beneficio fruto de la caridad.

---

[36] Anales de la Dirección Nacional de Higiene, vol. XXIX, n° 2, marzo-diciembre, 1923, p. 110.

[37] Gregorio Aráoz Alfaro, "El concepto integral de la protección a la infancia", *Anales de Biotipología, Eugenesia y Medicina Social* (Órgano de la Asociación Argentina de Biotipología, Eugenesia y Medicina Social), Buenos Aires, año I, n° 6, junio de 1933, p. 4.

[38] Gregorio Aráoz, "El concepto integral", ob. cit.

Niñ@s y sexualidad. Un análisis histórico de los discursos sobre hormonas en Argentina en los años 1930

Cecilia Rustoyburu

Introducción

> Hace mucho tiempo yo tenía 14 años y estaba sentado frente a un médico que lo sabía todo. Él sabía, por supuesto, quién era un hombre y quién una mujer. Sabía también quién podía ser un hombre o una mujer, y bajo qué condiciones. Y no sólo sabía, además, a quiénes deseaban hombres y mujeres, sino también quiénes podían efectivamente ser deseados como hombres o mujeres. Él se sabía un verdadero experto en el arte de distribuir personas en los órdenes de la identidad, el deseo y la felicidad; se sabía, sobre todas las cosas, un maestro en el arte de construir cuerpos capaces de hacerlos posible.
>
> Sentado frente a ese médico yo no sabía nada. No sabía quién era, ni quién podía ser, ni cuáles eran mis posibilidades de ser deseado, ni cómo, ni por quién. Aquello que creía mi saber se deshacía ante el suyo.[1]

Corrían los años de 1980 cuando el cuerpo de Mauro Cabral era leído como intersexual por un médico que silenciaba su voz. Sin embargo es una escena intemporal. Se trata de una secuencia interminablemente repetida desde fines del siglo XIX. Los derechos del niño que fueron declarados universales al mediar el siglo XX parecen no incluir a quienes poseen cuerpos que escapaban a la norma

---

[1]   Mauro Cabral (ed.), *Interdicciones. Escrituras de la intersexualidad en castellano,* Córdoba, Anarrés, 2009.

binaria que rige la sexualidad. El respeto a la identidad, el derecho a tener un nombre y a no sufrir discriminación por cuestiones de género desaparecen cuando *un@ niñ@* no adopta una identidad de género acorde con su genitalidad. La obligación de *protegerl@s* de cualquier tipo de crueldad o maltrato se desvanece ante el bisturí que mutila los cuerpos *intersex* y ante los tratamientos hormonales que corrigen la virilización o la pubertad precoz de las niñas. La voz de *es@s niñ@s* es silenciada al compás de la moral que establece la existencia de sólo dos sexos y fija la norma heterosexual. El saber médico se impone y se legitima no sólo sobre los relatos de los pacientes sino también sobre los saberes de los padres.

Estas prácticas encuentran cierta legitimación porque se asientan sobre una serie de *verdades* que se nos presentan naturalizadas y obvias. Una de ellas sería la que establece que existen sólo dos sexos y que sólo pueden ser identificables en las anatomías corporales. Sin embargo, esas ideas forman parte de una construcción socio-histórica bastante reciente que es necesario deconstruir. El historiador Thomas Laqueur ha dado cuenta de que fue recién en el siglo XIX, en Occidente, cuando los cuerpos fueron entendidos como sexuados y los sexos como opuestos, estables e inconmensurables.[2] Estas ideas se asentaron en una matriz de pensamiento dicotómica que estableció una serie de categorías que sólo podían entenderse como opuestas y excluyentes. Desde esa perspectiva, se pensó a los pares sociedad/naturaleza, hombre/mujer, público/privado.

Esta transformación en la forma de entender y leer los cuerpos no responde al descubrimiento de una *verdad* escrita en la anatomía que pudo ser descubierta cuando

---

[2]   Thomas Laqueur, *La construcción del sexo. Cuerpo y Género desde los griegos hasta Freud,* Madrid, Cátedra, 1994.

la ciencia tuvo las herramientas necesarias. Tal como ha afirmado la bióloga Anne Fausto Sterling,

> no hay blanco o negro, sino grados de diferencia. [...] etiquetar a alguien como varón o mujer es una decisión social. El conocimiento científico puede asistirnos en esta decisión, pero sólo nuestra concepción del género, y no la ciencia, puede definir nuestro sexo. Es más, nuestra concepción del género afecta al conocimiento sobre el sexo producido por los científicos en primera instancia.[3]

La producción de los saberes médicos no es ajena a los debates políticos y a las representaciones sociales. Los conocimientos sobre la sexualidad humana forman parte de ellos, al mismo tiempo que las ideas políticas, sociales y morales se incorporan a nuestro ser fisiológico.[4] Los cuerpos no hablan por sí mismos, ni constituyen una esencia, sino un armazón desnudo sobre el que las prácticas y el discurso modelan un ser absolutamente cultural.[5]

Esa tensión entre lo cultural y lo natural no es ajena a la forma en que se entendió la diferencia sexual. En este sentido, si bien se consideró que estaba inscripta y determinada por la biología, también se pensó en la posibilidad de que la influencia del medio podía contribuir en el borramiento de esas diferencias.[6] Así, la homosexualidad en los hombres y el trabajo asalariado en las mujeres parecían constituir amenazas a un orden sexual que no estaba basado en contrastes radicales. La aparente indiferenciación, tanto física como temperamental, entre los niños y las niñas fue

---

[3]   Anne Fausto Sterling, *Cuerpos sexuados. La política de género y la construcción de la sexualidad,* Madrid, Melusina, 2006, p. 17.

[4]   Anne Fausto Sterling, *Cuerpos sexuados...*, *ob.cit.*

[5]   Judith, Butler, *Cuerpos que importan. Sobre los límites materiales y discursivos del "sexo"*, Buenos Aires, Paidós, 2000.

[6]   Ludmila, Jordanova, *Sexual Visions: Images of Gender in Science and Medicine between the Eighteenth and Twentieth Centuries,* Wisconsin, The University of Wisconsin Press, 1989.

un motivo suficiente para controlar su proceso de desarrollo hasta la pubertad. Las mujeres fueron leídas como más vulnerables a la influencia del ambiente, entonces la crianza y la educación de las niñas estuvieron focalizadas en el desarrollo de sus cualidades maternales y emotivas. La formación intelectual, destinada a los varones, fue vista como peligrosa para la construcción de la feminidad.[7]

La forma en que fue pensada la química corporal está totalmente relacionada con esta construcción de la diferencia sexual como dicotómica y a su vez frágil. La circulación de ciertos fluidos corporales, que fueron conceptualizados como hormonas, estuvo en el centro de los argumentos que entendieron a los comportamientos de género como determinados por la biología. La endocrinología cumplió un papel fundamental en la construcción de saberes sobre esta cuestión. Desde su invención, las hormonas han estado asociadas a la idea de sexo y se ha supuesto que las hay femeninas y masculinas aunque parecieran afectar a órganos de todo el cuerpo y no son específicamente de ningún género. Tanto las anatomías como las actitudes fueron recurrentemente pensadas como producto de los desequilibrios en las gónadas o en las glándulas. Esta situación se debería a que las ideas de los científicos sobre la biología hormonal están estrechamente vinculadas con la construcción de ciertas representaciones sobre las diferencias de género.[8]

---

[7]   Fabíola, Rohden, "A construção da diferença sexual na medicina", *Caderno Saúde Pública*, vol. 19, n° 2, 2003, (disponible http://dx.doi.org/10.1590/S0102-311X2003000800002 Consulta: septiembre de 2011); Anne Vila, "Sex and Sensibility: Pierre Roussel's Système Physique et Moral de la Femme", *Representations*, n° 52, 1995, pp. 76-93.

[8]   Nelly, Oudshoorn y Ginette, Morel, "Hormones, technique et corps. L'archéologie des hormones sexuelles (1923-1940)", *Annales. Histoire, Sciences Sociales*, vol. 53, n° 4-5, 1998; Anne Fausto Sterling, *Cuerpos sexuados...*, ob. cit.; Beatriz Preciado, *Testo yonqui*, Madrid, Espasa, 2008.

En la Argentina, estos discursos encontraron un escenario propicio en la década de 1930 cuando la inmigración masiva, la baja en las tasas de natalidad y las reivindicaciones de las mujeres por el derecho al voto alteraban el ánimo de los sectores conservadores. En un contexto de crisis mundial, la biotipología y la eugenesia se constituyeron en herramientas fundamentales para los gobiernos autoritarios que se preocuparon por la construcción de la nación en términos de raza. Así, la identificación de los anormales y de los enfermos traspasó los límites del hospital e ingresó en los ámbitos escolares[9] y domésticos.[10] Las ideas sobre hormonas formaron parte del corpus de la biotipología, la eugenesia y la medicina social. Si bien desde la década de 1920 la recepción de los trabajos sobre hormonas de biólogos experimentales y de médicos europeos resultó evidente en algunas publicaciones como *Vox Médica* y *La Semana Médica*, fue unos años más tarde cuando alcanzaron mayor difusión. En 1933, la endocrinología encontró un espacio relevante en los *Anales de Biotipología, Eugenesia y Medicina Social* que constituía el órgano de la Asociación Argentina de Biotipología, Eugenesia y Medicina Social

---

[9]   Lucía Lionetti, "La escuela pública y su acción sobre los *niños débiles* en la Argentina de principios del siglo XX. Del "laboratorio para enseñar" al "laboratorio de las políticas eugenésicas", *Jornada Historia de la Infancia en Argentina, 1880-1960. Enfoques, problemas y perspectivas*, Los Polvorines, UNGS, 2008; Silvia Salto y María Silvia Di Liscia (ed.), *Medicina y educación en la Argentina: imágenes y prácticas (1880-1940)*, Santa Rosa, EdulPam, 2004; Marcela Borinsky y Ana María Talak, "Problemas de la anormalidad infantil en la psicología y la psicoterapia", en Hugo Vezzetti (dir.), *Proyecto UBACyT: "La psicología y el psicoanálisis en la Argentina: disciplina, tramas intelectuales, representaciones sociales y prácticas"*, Buenos Aires, Facultad de Psicología, UBA, 2005.

[10]   María José Billorou, *La constitución de la puericultura como campo científico y como política pública en Buenos Aires, 1930-1945*, Tesis de Maestría en Estudios Sociales y Culturales, Universidad Nacional de La Pampa, inédito, 2007.

que estaba ligada con la Escuela de Biotipología fundada en Italia por Nicola Pende.

En este trabajo, nos interesa profundizar en cómo se recibieron los descubrimientos sobre hormonas para explicar las conductas y para intervenir sobre los cuerpos de l@s niñ@s en los *Anales de Biotipología, Eugenesia y Medicina Social* en un momento que es definido como la "edad de oro de la endocrinología". Consideramos que un análisis histórico de los tratamientos con hormonas resulta necesario para deconstruir ciertos saberes que hoy se presentan como inmutables e incuestionables. Vincular la producción de los saberes biomédicos sobre la sexualidad infantil con las representaciones de género de su época nos permitirá dar cuenta del carácter social de la producción de esos conocimientos científicos.

Los endocrinólogos, las hormonas y la construcción de la diferencia sexual

Las ideas sobre hormonas y sexualidad infantil que se reprodujeron en los *Anales de Biotipología, Eugenesia y Medina Social* de Argentina en los años de 1930 se inscriben en una tradición de pensamiento occidental que entendió a los cuerpos como sexuados y en términos binarios. Por eso nos interesa comenzar con una presentación de la forma en que los saberes biomédicos pensaron a la diferencia sexual desde fines del siglo XIX hasta los años cuarenta.

En las sociedades modernas, la diferencia sexual fue entendida como determinada por lo biológico, pero no siempre se eligieron los mismos parámetros. Las interpretaciones sobre la intersexualidad permiten vislumbrar ese carácter arbitrario de las fronteras entre los sexos. Hasta mediados del siglo XIX, era frecuente que los médicos identificaran como hermafroditas a algunos de sus pacientes porque en esa definición cuadraban muchas variantes. Los saberes médicos entendían como hermafroditas a todos los sujetos que no se adecuaran a la norma que fijaba una correspondencia entre los genitales, las gónadas y la identidad de género. Así, eran clasificados en esa categoría los individuos en los que convivían genitales atribuidos a un sexo con los llamados signos sexuales secundarios asignados a otro, quienes presentaban genitales que no eran posibles de ser leídos como masculinos o femeninos y quienes adoptaban una identidad o una expresión de género distinta a la del sexo asignado al nacer.[11]

Unas décadas más tarde, el clima político se endureció a la par de los debates sobre la igualdad de los sexos y el fortalecimiento de las reivindicaciones de las mujeres sobre el derecho al voto. En ese escenario, en el que *ser hombre* permitía acceder a ciertos derechos, los parámetros que establecían la diferencia sexual se tornaron más estrictos. Hacia fines del siglo XIX, la interpretación de los cuerpos intersexuales cambió: la diferencia sexual se inscribió en las gónadas y sólo fueron entendidos como *hermafroditas verdaderos* quienes portaran testículos y ovarios a la vez, u ovotestículos. La consecuencia de esta nueva aproximación fue que pocos pacientes pudieron ser identificados como verdaderos hermafroditas y se invisibilizaron los sujetos de sexo mixto.

Para ese saber médico que pensaba las diferencias en términos binarios, las anatomías que no eran claramente clasificables en sus esquemas resultaban una anormalidad que debía ser corregida. Esta posibilidad llegó hacia los años treinta, cuando pudieron operar sobre los cuerpos de los pacientes y lograr que sobrevivieran. En estos tiempos, la cirugía y la terapia hormonal pasaron a constituir herramientas claves para la *corrección anatómica*. Sin

---

[11]   Anne, Fausto Sterling, *Cuerpos sexuados...*, *ob.cit.*

embargo, los médicos no siempre atendían a las gónadas para definir el sexo de un paciente. Admitían la clasificación entre hermafroditismo verdadero y pseudohermafroditismo, pero atendían a la complejidad de los pacientes y sus personalidades. Sin embargo, eso no implicaba que la intersexualidad fuera interpretada como una *forma de vida vivible*.[12] La pauta mayoritaria era recomendar la reconversión porque entendían que permitiría que los pacientes encajaran física y psicológicamente como seres humanos saludables. Esta intención descansaba sobre ideas que no eran problematizadas y permeaban las interpretaciones sobre la química corporal: que debía haber sólo dos sexos, que sólo la heterosexualidad era normal y que ciertos roles de género definían al varón y a la mujer psicológicamente saludables.

La sexualización de las hormonas tuvo su momento de mayor importancia en la segunda década del siglo XX, cuando el biólogo Eugen Steinach orientó su investigación a la experimentación a través de trasplantes de testículos a ratas y cobayas hembras, y ovarios a machos. Este científico observaba que las cobayas a las que les extirpaba los ovarios y les injertaba testículos se tornaban más robustas y sus conductas se transformaban. El aumento de la fuerza física y la exteriorización del apetito sexual en esos animales los interpretaba como signos de que las secreciones de las gónadas contenían el elixir de la masculinidad. Los cobayos que recibían ovarios parecían crecer menos, ser más temerosos y pasivos. Siguiendo la misma lógica, Steinach suponía que ello se debía a que la femineidad estaba contenida en las hormonas de los ovarios. Desde su concepción, los cuerpos y los comportamientos masculinos y femeninos eran el resultado de la actividad antagónica de las hormonas sexuales. Su teoría de la oposición hormonal entendía

---

[12]   Judith, Butler, *Deshacer el género*, Buenos Aires, Paidós, 2006.

que las glándulas sexuales inhibían a las del sexo opuesto. "En manos de Steinach, las hormonas mismas adquirieron características masculinas y femeninas. El sexo se hizo químico, y la química corporal se sexualizó. El drama de la diferencia sexual no sólo emanaba de las secreciones internas, sino que ya se estaba interpretando en ellas."[13] Ellas eran las responsables de marcar los límites entre la masculinidad y la feminidad, y entre la homosexualidad y la heterosexualidad.

Estos experimentos fueron trasladados a los seres humanos de la mano de la endocrinología que estableció su autoridad material en transformar el concepto teórico de hormona sexual en una realidad tangible, en sustancias químicas y en una nueva familia de medicamentos.[14] Lichtenstern fue uno de los pioneros en trasplantar testículos de hombres heterosexuales a homosexuales. En sus informes expuso algunos resultados que interpretaba como evidencias de cura de la homosexualidad de sus pacientes porque habían recuperado su virilidad. En 1920, estos trabajos alcanzaron repercusión en la revista argentina *Vox Médica*. Alfonso Becke describía los resultados y expresaba que, gracias al injerto, "el apetito sexual reapareció una semana después, y al cabo de un año, el tipo eunucoide se había borrado sin dejar rastros; el cabello se repuso y la inteligencia volvió a su normalidad. El paciente es ahora un hombre casado, que con capacidad y felicidad se dedica de nuevo a sus trabajos de campo."[15]

---

[13] Anne Fausto Sterling, *Cuerpos sexuados..., ob.cit.* pp. 193.
[14] Nelly Oudshoorn y Ginette Morel, "Hormones, technique et corps", *ob.cit.*
[15] Alfonso v.d. Becke, "Injerto de órganos sexuales. Inversión y duplicación de los caracteres sexuales. Resultado de los experimentos del profesor Steinach resumidos por el profesor Dr. Paul Kammerer (de Viena)", *Vox Médica. Revista mensual de medicina y cirugía*, n° 1, 1920, p.7.

Tres años más tarde, esas experiencias fueron desa-
creditadas. Más precisamente, los supuestos sobre los que
radicaba la teoría hormonal de Steinach fueron puestos
en duda. Los científicos comenzaron a detectar hormonas
masculinas en cuerpos femeninos y viceversa, al mismo
tiempo planteaban que ni la hormona femenina ni la masculina eran moléculas únicas sino familias de compuestos
químicos relacionados con propiedades biológicas similares
pero no idénticas. En 1932, Moore y Dorothy Price desde
la Universidad de Chicago plantearon ciertos principios
que formularon una nueva visión sobre la función hormonal. Esos principios establecían que las gónadas eran
estimuladas por la hipófisis, que las hormonas gonadales
no tenían ningún efecto sobre los órganos del sexo opuesto
y que actuaban como inhibitorias del apetito sexual. Esa
nueva manera de entender el sistema hormonal quitó protagonismo a los testículos y a los ovarios y derrotó la idea
de Steinach respecto del antagonismo entre las hormonas
sexuales, aunque en ciertos campos perduró.[16] A principios
de los años treinta las denominaciones *femenina* y *masculina* perdieron crédito. Las reemplazaron por estrógenos
y andrógenos pero siempre con la incomodidad de que
estaban en los cuerpos del otro sexo porque las hormonas
seguían siendo interpretadas como indicadoras y determi-
nadoras de la diferencia sexual.[17]

Desde que fueron descubiertas, se recurrió a las hormonas para explicar toda la economía corporal/mental de
las mujeres. Desde su invención a principios de 1920 hasta
1927, los remedios a base de hormonas fueron utilizados
con fines ginecológicos. Se suponía que si el padrón de
comportamiento sexual, social, reproductivo y estético no

---

[16]   Nelly Oudshoorn, *Beyond the Natural Body: An Archaeology of Sex
         Hormones*, London, Routledge, 2004.
[17]   Anne Fausto Sterling, *Cuerpos sexuados...*, *ob.cit.*

se ajustaba con el modelo de género esperado, la administración de las hormonas podía reconducir a las mujeres a
su debido lugar.[18] A partir de 1927, el principal laboratorio
europeo, Organon, amplió sus indicaciones para el campo
de la medicina psiquiátrica, creando un nuevo mercado
para las hormonas femeninas. En Alemania las usaron
para la esquizofrenia y la melancolía. También se registran
prescripciones para la psicosis, las depresiones atribuidas
a desórdenes del ciclo menstrual, la epilepsia, la pérdida
de cabello, las enfermedades en los ojos, la diabetes, la
hemofilia, etc.[19]

Las empresas farmacéuticas, los biólogos, los médicos
y los sexólogos interactuaban con feministas, defensores
de los derechos de los homosexuales, eugenistas, partida-
rios del control de la natalidad, psicólogos y fundaciones
de beneficencia. Aunque hacia 1940, los endocrinólogos
estadounidenses y europeos habían identificado, purifi-
cado y nombrado a las hormonas, sólo podían hacerlas
inteligibles en los términos de las disputas sobre género y
raza que rodeaban a sus entornos de trabajo. Cada elección
sobre cómo evaluar y nombrar las moléculas que estudia-
ban naturalizaba las ideas culturales sobre el género.[20] En
Argentina, esa configuración va a encontrar un carácter
especial en el campo de la biotipología.

---

[18] Fabíola Rohden, "O império dos hormônios e a construção da diferença
entre os sexos", *História, Ciências, Saúde –Manguinhos*, vol. 15, Supl.
junio, 2008.

[19] Fabíola Rohden, "O império dos hormônios", *ob.cit.*

[20] Anne Fausto Sterling, *Cuerpos sexuados...*, *ob.cit.*; Nelly Oudshoorn,
Beyond the Natural Body, ob.cit.

Infancia y sexualidad en los *Anales de Biotipología, Eugenesia y Medicina Social*

Los gobiernos autoritarios instalados en Argentina luego del golpe militar de 1930 establecieron vínculos con la biotipología italiana de Nicola Pende. El alto porcentaje de población de origen italiano resultó propicio para el fortalecimiento del Instituto Argentino de Cultura Itálica que construyó una serie de contactos culturales que implicaron el intercambio de médicos e intelectuales entre Argentina e Italia. En 1930, Pende visitó la Argentina y luego los médicos Arturo Rossi y Octavio López viajaron a Génova para visitar el Instituto de Biotipología que él dirigía. Tanto Rossi como López gozaban de prestigio en el ámbito médico local[21] y a su regreso, en 1932, fundaron la Asociación Argentina de Biotipología y Eugenesia, una entidad civil sostenida económicamente por el Estado hasta 1943 cuando fue nacionalizada y pasó a estar bajo la órbita de la Secretaría de Salud Pública de la Nación.[22]

Entre 1933 y 1941, la Asociación publicó los *Anales de Biotipología, Eugenesia y Medicina Social* dedicados a la Higiene Mental, la Eugenesia, la Biotipología y la Medicina Social. Era una revista de aparición quincenal hasta 1935, luego mensual hasta 1938 cuando pasó a ser bimestral. Desde sus inicios recibía colaboraciones de especialistas

---

[21]   Rossi era un médico constitucionalista y biotipólogo formado en Génova, profesor de las escuelas de enfermeras de la Cruz Roja y de las Samaritanas, se desempeñaba como médico en las clínicas de Mariano Castex y Carlos Bonorino Udaondo y en el Hospicio de las Mercedes dirigido por Gonzalo Bosch. López era el director del reformatorio Nacional de Olivera.

[22]   Nancy Leys Stepan, *The Hour of Eugenics: Race, Gender, and Nation in Latin America*, New York, Cornell University Press, 1991; Carolina Biernat, "La eugenesia argentina y el debate sobre el crecimiento de la población en los años de entreguerras", *Cuadernos del Sur Historia*, n° 34, 2005.

extranjeros y se publicaban traducciones de autores reconocidos. El Primer Miembro Honorario Corresponsal fue Pende. Su participación en las políticas eugenésicas del régimen de Benito Mussolini ha permitido que algunos historiadores vinculen la importancia de la Asociación Argentina de Biotipología y Eugenesia con el predominio de la eugenesia negativa.[23] Sin embargo, desde el campo de la historia de la salud se ha destacado que este tipo de ideologías no habrían encontrado asidero ni concreción debido principalmente a la ausencia de la infraestructura biomédica necesaria.[24]

Más allá de las posibilidades de concreción, las discusiones en torno de la eugenesia en los años treinta fueron monopolizadas por los participantes en dicha Asociación. La biotipología de Pende permitió complejizar las aproximaciones lombrosianas que suponían que el estudio del carácter fenotípico de los sujetos permitiría adelantar posibles actitudes delictivas. Pende argumentaba que la apariencia no brindaba elementos suficientes y propuso adentrarse en el organismo, haciendo uso de las herramientas de la endocrinología. Desde su punto de vista, se podían construir biotipos mediante la consideración de la constitución física (peso, talla, tamaño de la mano y del cráneo, etc.), del temperamento (sistema neuroendocrino) y del carácter (psicología del sujeto). Desde su perspectiva, toda la población debía ser sometida a una evaluación de su biotipo debido a que no bastaba con la identificación

---

[23] Marisa Miranda y Gustavo Vallejo, "Los saberes del poder: eugenesia y biotipología en la argentina del siglo XX", *Revista de Indias*, vol. LXIV, n° 231, 2004.

[24] María Silvia Di Liscia, "Los bordes y límites de la eugenesia. Donde caen las 'razas superiores' (Argentina, primera mitad del siglo XX)", en Marisa Miranda y Gustavo Vallejo (comp.), *Políticas del cuerpo: estrategias modernas de normalización del individuo y la sociedad*, Buenos Aires, Siglo XXI, 2008.

de determinados grupos de riesgo porque las anomalías podían estar ocultas en cualquier organismo. Este supuesto resultaba atractivo para los sectores de derecha que promovían estrategias de control social. En un momento en el que se replegaron tanto los sectores eugenistas que adscribían a posturas reformistas de izquierda como los que promovían la esterilización de disgénicos según el modelo anglosajón, la derecha pudo monopolizar el discurso. De esta forma, en un escenario que era percibido como de crisis, las prescripciones de derecha, las ideologías de género y raza y la mirada científica se rearticularon.[25]

La recepción de los trabajos de Pende y otros endocrinólogos europeos pusieron en circulación saberes vinculados con la química hormonal que activaban ciertas representaciones y estereotipos de género. En los *Anales de Biotipología, Eugenesia y Medicina Social* la publicación de artículos referidos a la salud, a la higiene y a las conductas de las mujeres era permanente. La adscripción de la revista con el pronatalismo y el antifeminismo hacía que las recomendaciones estuvieran orientadas hacia el control de la sexualidad y la maternalización de las mujeres. Esta postura no resultaba ajena al escaso protagonismo de las mujeres dentro la Asociación, quienes si bien participaron como enfermeras en los hospitales o como maestras en las actividades educativas, no alcanzaron lugares vinculados a la conducción o a la producción de saberes médico-científicos.[26]

Los conocimientos referidos a la relación entre el sistema endocrinológico y las aptitudes de las mujeres fueron presentados por Pende. En sus artículos adscribía a las interpretaciones clásicas que suponían que los organismos femeninos resultaban débiles, susceptibles y menos

---

[25]   Nancy Leys Stepan, *The Hour of Eugenics, ob.cit.*
[26]   Nancy Leys Stepan, *The Hour of Eugenics, ob.cit.*

desarrollados. Desde su perspectiva, la mujer parecía estar más dominada que el hombre por su fórmula hormonal. Su esquema interpretativo se alineaba con la teoría que veía al equilibrio hormonal como una permanente oposición de fuerzas. Las tensiones que planteaban las reivindicaciones de las feministas parecían representar los conflictos internos de los organismos de todas las mujeres. Entendía que el juego de diferentes agrupamientos funcionales de hormonas era el responsable del frágil equilibrio psíquico y orgánico de las mujeres. Planteaba que la hormona femenina debía ser entendida como un sistema pluriglandular que se organizaba en torno de dos constelaciones: de la feminidad erótica y de la feminidad maternal. La serie de trastornos que provocaban los enfrentamientos entre ambas constelaciones lo llevaban a plantear que la pubertad y la menopausia constituían momentos de cuasi enfermedad. La feminidad erótica era la responsable de la fase de maduración gradual de los caracteres sexuales femeninos durante la pubertad. Ella también sería la que estimularía el erotismo y los sentimientos genésicos, y prepararía la pared del útero durante el embarazo. La nidación del óvulo estaría comandada por la constelación maternal. Ambas constelaciones eran las responsables tanto de producir y de regular el ciclo menstrual como también de una serie de patologías. Por ello una alteración en el equilibrio hormonal podía explicar una serie de patologías propias de las niñas tales como el infantilismo o la pubertad precoz.[27] El control endocrinológico durante la infancia debía asegurar un ejercicio pleno de la maternidad en la edad adulta y la ausencia de manifestaciones sexuales a edades tempranas.

---

[27] Nicola Pende, "Un nuevo capítulo en la endocrinopatología. Síndromes de asinergia y arritmia-encocrina (endocrino-arritmias) de la pubertad y de la edad crítica", *Anales de Biotipología, Eugenesia y Medicina Social*, año 2, n° 40, 1935, p. 3.

Sin embargo, este control trascendía la construcción de ciertos mandatos para las niñas.

En un escenario social en que existía un interés particular por diseñar las características que asumiría la "raza nacional", la vigilancia del crecimiento de los niños adquiría importancia. Según Pende, el crecimiento y el desarrollo estaban determinados por el ritmo hormonal, más precisamente por el ciclo fisiológico de cada glándula y por la alternancia y la complementariedad entre ellas. Un desequilibrio en este ritmo se manifestaba en el aspecto físico del enfermo, por lo tanto era necesario diseñar una serie de observaciones referidas a la constitución física. Durante la década de 1930 se diseñaron varias fichas biotipológicas para ser aplicadas en la población escolar. Desde la perspectiva de Pende, en el momento de diagnosticar enfermedades a los niños y las niñas prepúberes, la proporción de los esqueletos, el desarrollo de los dientes incisivos, las dimensiones de las amígdalas, la madurez de las anatomías genitales eran valorados con la misma importancia que la presión arterial o el coeficiente de oxígeno en la sangre.[28]

Con la intención de establecer cuáles eran los parámetros que permitían diferenciar un crecimiento normal de uno retrasado o precoz, algunos médicos intentaron periodizar la infancia. Uno de ellos fue Louis Berman, un endocrinólogo estadounidense que alcanzó un importante reconocimiento en 1921 cuando publicó "Regulación glandular de la personalidad", donde afirmó que todos los actos, emociones o pensamientos tienen base endócrina y clasificó a los individuos de acuerdo con la secreción hormonal que parecía dominante en su cuerpo. Su trabajo en el análisis hormonal de doscientos cincuenta prisioneros significó la introducción de la endocrinología en la criminalística. Su

---

[28]   Nicola Pende, "Troubles endocriniens chez la femme", *Anales de Biotipología, Eugenesia y Medicina Social*, año 3, n° 48, 1935, p. 2.

enfoque, denominado como psico-endocrinología, resultó
muy crítico del psicoanálisis y del conductismo.[29] En los
Anales solían reproducir artículos de Berman. En 1935, en
"Las glándulas endocrinas y el niño normal", planteaba que
los niños en su proceso de desarrollo experimentan una
serie de metamorfosis provocadas por la glándula tiroides.
Su periodización señalaba que la primera transformación
podía identificarse por la erupción de los dientes de leche,
la segunda por la aparición de la dentadura permanente
y la tercera por la adolescencia. A esta última la caracterizaba *"por la prominencia de la emergente sexualidad del
individuo".*[30] Este tercer período, que denominaba como
pubertad, se iniciaría entre los 8 y los 10 años y se haría
manifiesto cuando el cuerpo comenzaría a desarrollarse
más en volumen que en altura. El signo que evidenciaría
ese cambio era la aparición de la barba en los varones y el
crecimiento de los senos en las niñas.

Los trabajos de Paul Godin, reproducidos en los *Anales,*
también se ocupaban de la pubertad. Godin fue un médico
francés, creador del término "auxología" y un referente de
los estudios antropométricos con niños por su invención
de unos índices de desarrollo físico y mental para que
implementaran los maestros en las escuelas.[31] Entendía
que las fases del crecimiento resultaban de un proceso
continuo de alternancia hormonal que cuando fallaba era
el responsable de un atraso o de un adelanto del desarrollo
puberal. También conceptualizaba a la pubertad como

---

[29] Christer Nordlund, "Endocrinology and Expectations in 1930s America:
     Louis Berman's Ideas on New Creations in Human Beings", *British Journal
     for the History of Science,* n° 40, 2007, pp. 83-104.
[30] Louis Berman, "Las glándulas endocrinas y el niño normal", *Anales de
     Biotipología, Eugenesia y Medicina Social,* año 2, n° 36, 1935, p. 27.
[31] Rosa Ballester Añon y Enrique Perdiguero Gil, "Ciencia e ideología en
     los estudios sobre crecimiento humano en Francia y en España (1900-
     1950)", *Dynamis,* n° 23, 2003, pp. 61-84.

la fase del crecimiento en el que el *germen maduro de la reproducción* provoca una nueva elaboración embrionaria del soma para completar la función de la reproducción. A diferencia de lo planteado por Berman, Godin entendía que el indicador de la pubertad en los varones era el cambio de voz. Establecía que si bien ese cambio era difícil de ser aprehendido científicamente, el médico debía realizar observaciones semestrales para detectarlo. Debido a que suponía que ocurría entre los catorce años y ocho meses hasta los quince cumplidos, la regularidad de las observaciones se tornaba perentoria.[32]

Los parámetros establecidos por Godin y por Pende para explicar y medir el crecimiento de los niños servían de instrumentos para señalar cuándo terminaba la infancia, cuáles eran los parámetros que distinguían a los normales de los anormales y a los enfermos de los sanos. Cándido Patiño, presidente de Biotipología de la Asociación Argentina de Biotipología, Eugenesia y Medicina Social, Arturo Rossi y Donato Boccia aplicaban los principios explicativos de Godin y Pende para definir como *anomalía del crecimiento* a una alteración extrema del desarrollo y como *enfermedad del crecimiento* a la alteración que superaba los límites de la normalidad por una transgresión profunda de las leyes fisiológicas.[33] Una enfermedad de este tipo no implicaba simplemente una alteración en la talla o en el volumen corporal, también podía estar representada por un desarrollo diferente al esperable en alguno de los órganos. Por eso, si un niño alcanzaba el desarrollo de sus órganos sexuales antes de la pubertad podía considerarse enfermo,

---

[32] Paul Godin, "El crecimiento durante la edad escolar. La pubertad. Influencia de la reproducción en el crecimiento", *Anales de Biotipología, Eugenesia y Medicina Social*, año 2, n° 40, 1935, p. 27.

[33] Cándido Patiño Mayer, Arturo Rossi y Donato Boccia, "Matronismo de Pende", *Anales de Biotipología, Eugenesia y Medicina Social*, año 2, n° 30, 1934, p. 2.

aunque su vida no corriera peligro. Si para Berman dicho desarrollo debía iniciarse a los ocho años y para Godin a los catorce, resulta evidente que no se trataba de verdades infalibles. Sin embargo, todos acordaban en que los niños no debían manifestar caracteres sexuales desarrollados y cuando llegara la pubertad cada uno debía crecer de acuerdo a las cualidades que la norma binaria establecía para cada sexo.

Entre las precocidades sexuales, en los *Anales* se presentó al matronismo, o síndrome de Pende como es conocido actualmente.[34] Los pacientes identificados como portadores de esta enfermedad eran caracterizados como niños y niñas de entre cinco y diez años, obesos de baja estatura, de aspecto similar al de los hombres o mujeres de edad madura, con *facies* sin *gracia infantil* que resultaban indicadoras de madurez y adultismo, correspondientes con el estilo de *hipermadurez* del cuerpo. Las niñas eran definidas como "pequeñas matronas grasas" y se advertía que se caracterizaban por un desarrollo sexual precoz.[35] La teoría del sistema pluriglandular servía para explicar las características de esas niñas. El desarrollo de los signos sexuales secundarios era explicado por un hipotiroidismo asociado a un hipercorticalismo suprarrenal. Por eso, la intervención sobre estos casos se circunscribía a la terapéutica hormonal y a la inhibición suprarrenal provocada con radioterapia. Más allá de las complicaciones que traía aparejado el síndrome, resulta interesante la preocupación por el adelantamiento de la pubertad. La representación social sobre la infancia entendía que la sexualidad era

---

[34] En las enciclopedias médicas actuales el matronismo es definido como una enfermedad que afecta a las niñas y es causada por alteraciones en las glándulas tiroides y suprarrenal. Sus síntomas son la obesidad, el desarrollo sexual precoz y el enanismo.

[35] Cándido Patiño Mayer, Arturo Rossi y Donato Boccia, "Matronismo de Pende", *ob.cit.*, p.2.

ajena a las niñas y la aparición temprana de los signos
sexuales secundarios y del *sentido erótico* era inadecuada
e incómoda.

Los niños y las niñas que llegaban a la pubertad presentando caracteres sexuales inadecuados para la norma binaria también eran leídos como posibles casos de patogenia
endocrina. Los varones púberes con vello pubiano escaso,
ausencia de pelos en las axilas y en el rostro, piel delicada y
"disposición femenina" eran interpretados como casos de
hipogenitalismo. Su posible diagnóstico se completaba con
los resultados de las radiografías craneanas que permitían
visualizar las características de la cavidad donde se aloja
la hipófisis, los análisis de sangre para medir su estado
clorótico y la detección de ciertos síntomas como acidez
gástrica o constipación.[36] El rápido crecimiento y la consecuente pérdida del tono muscular era una preocupación
constante en una época en la que la virilidad se medía por
la fuerza física. El futuro de estos niños era presentado como
oscuro y trágico. Las complicaciones endocrinas podían
provocarles el engrosamiento de las manos y los pies, un
crecimiento anormal de sus genitales, el aumento del azúcar
en la sangre y de la presión arterial, violentas cefaleas, ex-
citación psíquica, desviaciones sexuales y morales, falta de
inhibición, fobias, monomanías y delincuencia. La muerte
era el destino final de quienes padecían un cerramiento
de la cavidad que aloja la hipófisis. El diagnóstico preciso
y la opoterapia eran presentadas como las vías posibles
de curación.[37]

La opoterapia era una técnica que implicaba la administración de medicamentos producidos a base de extrac-
tos de gónadas de animales. Estos tratamientos estaban
en sintonía con las empresas farmacéuticas que ofrecían

---

[36]   Nicola Pende, "Un nuevo capítulo", *ob.cit.*
[37]   Nicola Pende, "Un nuevo capítulo", *ob.cit.*

medicamentos a base de hormonas en las páginas de los *Anales*. Al igual que en otros países, las teorías hormonales que relacionaban los desequilibrios endocrinos con afecciones nerviosas, obesidad, trastornos sexuales y de crecimiento servían de soporte para la creación de medicamentos producidos a base de tejido gonadal. En lo vinculado a la medicina infantil, los tratamientos para el infantilismo, las precocidades sexuales y el enanismo generalmente incluían este tipo de tónicos. Sin embargo, cuando las patologías amenazaban la diferencia sexual, las intervenciones eran más drásticas. El tratamiento de los varones a los que se les desarrollaban las mamas resulta ilustrativo.

Desde el punto de vista de ciertos endocrinólogos de la época (Cecca, De Nunzio, Palermo, Erdheim, Cooper, Andrews, Kampmeyer), la mama masculina presentaba caracteres similares a las de las mujeres prepúberes. Es decir que durante la niñez esos órganos serían iguales para las niñas y los niños. A diferencia de lo que planteaban Moore y Price, suponían que durante la pubertad las secreciones de los ovarios provocarían el desarrollo de las mamas en las niñas, y las de los testículos atrofiarían las de los niños. Desde esa perspectiva, el esquema de oposición hormonal era el responsable de vigilar la diferencia sexual. Sin embargo, esto no siempre ocurría y los médicos recibían en sus consultorios a niños púberes con una o las dos mamas desarrolladas. Esto resultaba inadmisible porque entendían que "la mama representa uno de los caracteres sexuales secundarios femeninos más importantes."[38] Los niños con mamas desarrolladas eran definidos como ginecomastas y debían someterse a tratamientos porque, en los términos

---

[38] Cándido Patiño Mayer, Arturo Rossi y Donato Boccia, "La reviviscencia mamaria en el hombre", *Anales de Biotipología, Eugenesia y Medicina Social*, año 2, n° 30, 1934, p. 3.

de la teoría de Pende, un individuo con testículos atrofiados adquiría cualidades femeninas: menor evolución, tendencia a la obesidad, pereza y disfunción de algunos órganos.

Patiño, Rossi y Boccia entendían que el desarrollo mamario en los varones púberes podía ser transitorio o permanente, si sucedía esto último era identificado como un síntoma de pseudohermafroditismo masculino. Al igual que los especialistas analizados por Michael Foucault, partían de la hipótesis de que todos los embriones atraviesan una fase inicial de sexualidad indiferenciada que es superada luego de que las secreciones de uno de los sexos anulan a las de su opuesto.[39] Cuando existía un problema o una falla en este proceso, presuponían que se originarían sujetos con tendencias constitucionales hermafroditas. La posibilidad de modificar esto les resultaba limitada. Sin embargo, planteaban que la mayor parte de los casos se relacionaba con alguna insuficiencia testicular tratable.

En los *Anales* se mencionaban y describían algunas intervenciones sobre pacientes pero no se publicaban historias clínicas. Por eso nos resulta interesante analizar la circulación de estas interpretaciones en los ámbitos hospitalarios a partir de la presentación de un caso de ginecomastia en *Archivos Argentinos de Pediatría*, el órgano oficial de la Sociedad Argentina de Pediatría. En 1937, el prestigioso neuropsiquiatra infantil Aquiles Gareiso junto a Samuel Schere y Juan Carlos Perellano publicaron un caso que consideraron interesante porque se trataría de un *verdadero ginecomasta*. La historia clínica publicada narra que Faustino tenía 12 años era "tímido, apocado y casi podría decirse femenino en su modo de ser",[40] se

---

39   Michael Foucault, *Los anormales*, Buenos Aires, Fondo de Cultura Económica, 2007.
40   Aquiles Gareiso, Samuel Schere y Juan Carlos Pellerano, "Sobre un caso de ginecomastia unilateral", *Archivos Argentinos de Pediatría*, vol. VIII, n° 3, 1937, p. 200.

quejaba de ligeros dolores espontáneos en la mama izquierda cuando sus familiares notaron que comenzó a
crecerle rápidamente. No tenía fiebre, sólo algunos dolores abdominales, pero decidieron llevarlo al Hospital. En
el consultorio se le hizo un examen neurológico que no
demostró ninguna alteración y se lo sometió a un examen
antropométrico. En su examen psicológico identificaron
ciertos aspectos que eran presentados como problemáticos:
era un niño con una afectividad muy acentuada, tímido,
apacible y poco comunicativo. Tenía buena memoria y
prestaba atención, pero sus modales eran delicados. Su
libido aún era indiferenciada, pero en conjunto brindaba
una impresión feminoide. La emotividad y la pasividad
eran características aceptables para una niña, en Faustino
algo funcionaba mal y en las hormonas podrían encontrar
alguna clave explicativa. La mama no le provocaba dolor,
pero los médicos no eran los únicos que entendían que los
varones no podían portar pechos prominentes.

En el examen de su aparato genital pudieron encontrar
las supuestas causas del crecimiento mamario. Tenía una
ectopía testicular doble, sus testículos no habían descendido *como debían*. Ante esto, Gareiso, Schere y Pellerano
acudieron a las explicaciones que esgrimieran Patiño, Rossi
y Boccia en los *Anales*. Desde ese punto de vista, la insuficiencia testicular y el desequilibrio hormonal podían
provocar ginecomastias. En el caso de las unilaterales,
había que sospechar de intersexualidad. Las causas del
crecimiento mamario podrían deberse a una atrofia glandular, pero también podía suceder que no detectaran las
causas que lo provocaban. Mientras estuvo internado en
el Hospital, Faustino volvió a sufrir dolores en su mama
cuando sus testículos descendieron. Ante esto, los médicos
manifestaron que su caso era de intersexualidad porque
"aun cuando no presenta alteraciones clínicas aparentes
de sus testículos, tiene un hábito y un psiquismo de tipo

feminoide".[41] En una época en la que las gónadas debían ser las que definieran a un hermafrodita, estos médicos partieron del psiquismo del paciente.

Como ha expresado Fausto Sterling, desde el punto de vista de los especialistas, las gónadas debían resultar determinantes, pero los pacientes complicaban los diagnósticos y había que incorporar otros aspectos. La intersexualidad de Faustino podía ser causada por su psiquismo. Este diagnóstico encontraba cierta lógica en las prácticas del consultorio en que fue atendido porque en la sala dirigida por Gareiso comenzaban a combinarse las técnicas propias de la biotipología con la medicina psicosomática. Sin embargo, su anatomía corporal no podía ser coherente con su intersexualidad psíquica. Ésta tal vez no podía ser modificada, pero su cuerpo sí. La apariencia masculina debía ser construida. El cirujano se ocupó de extirparle la mama, que según el análisis anatomopatológico tenía las características de una mama femenina, aunque en los resultados de la operación fue definida como un tumor. Un varón no podía tener una mama sino una masa patogénica. La corrección de su cuerpo venía impuesta por la norma anatómica binaria.

La coherencia entre la genitalidad, la identidad, la expresión de género y la orientación sexual resultaba central a la hora de definir a un paciente como *normal*. En el campo de la endocrinología, las hormonas ocupaban un lugar importante en el control de esa coherencia. Desde la mirada de los biotipólogos y los endocrinólogos, los pacientes constituían sujetos pasivos, sobredeterminados por su química corporal. Su herencia constitucional decidía no sólo cómo funcionaba su cuerpo sino también su personalidad. El odio, la cólera, el terror, la alegría y el

---

41   Aquiles Gareiso, Samuel Schere y Juan Carlos Pellerano, "Sobre un caso de ginecomastia", *ob.cit.*, p. 205.

placer encontraban su explicación en el funcionamiento del sistema nervioso en relación con las glándulas. Podemos suponer entonces que el control de las hormonas también podía entenderse como un reaseguro del mantenimiento del orden social y de las relaciones entre los sexos. En los consultorios pediátricos, la patologización y la corrección de los cuerpos que no reproducían ciertas metáforas en torno de la infancia se inscribían en el mismo sentido.

Consideraciones finales

Los discursos eugenésicos no siempre han estado vinculados con la reproducción de paradigmas conservadores de las diferencias de género y sexuales, o con posturas antifeministas. Su relación con los orígenes de la sexología ha permitido pensar que se encuentran en el inicio de ciertas corrientes feministas. Su compatibilidad con algunas propuestas reformistas que implicaron el mejoramiento de las situaciones ambientales de las madres y los niños ha llevado a que puedan interpretarse como eugenistas a determinados representantes de la izquierda. Sin embargo, como ha planteado Nancy Stepan, todo depende de en qué aspectos se haga hincapié.

Desde los *Anales,* los discursos de la biotipología y la endocrinología contribuyeron con la maternalización de las mujeres, con la negación de ciertos derechos civiles y políticos, con la construcción de la diferencia sexual y con la reproducción de ciertas metáforas sobre la infancia. En un escenario en el que la definición de la anormalidad se vinculaba con proyectos eugenésicos, las definiciones en torno de *l@s niñ@s* adquirían un lugar central. El análisis de las ocasiones en que se recurría a la química hormonal para diagnosticar y tratar no sólo afecciones físicas que implicaran riesgos de vida sino también para regular los comportamientos e identificar individuos que escaparan a las normas de género nos permite contribuir en la problematización de la relación entre los discursos médicos y la construcción de lo social. Esto no significa que los saberes biomédicos simplemente (re)produzcan ciertas representaciones sociales, entendemos que se trata de relaciones más complejas por medio de las cuales ciertas metáforas sobre el cuerpo se entraman con la forma en que se entiende el funcionamiento de lo social.

Los discursos sobre las hormonas y la sexualidad que hemos analizado fueron resignificados en otros escenarios y en torno a otras disputas que llegan hasta nuestros días. La historia de las ideas en torno a la química corporal sigue entramada con la construcción de las diferencias de género y de sexo. El escenario que transitamos en este trabajo es un instante en la historia social de la sexualidad que da cuenta de los debates en torno a qué vidas son vivibles, qué expresiones de género son tolerables y qué cuerpos son aceptables.

Tecnologías globales de la moralidad materna: políticas de educación para la primera infancia en el Brasil contemporáneo[1]

Claudia Fonseca

En este artículo busco entender cómo una política pública determinada interactúa con las formas de regulación moral asociadas a la maternidad. Específicamente, analizo los discursos referidos a un programa de educación infantil –Primera Infancia Mejor conocido como PIM– inaugurado por la Secretaría de Salud de Estado de Río Grande del Sur (Brasil) en 2003.

Trabajo a partir de una línea de análisis desarrollada por especialistas que se han dedicado al tema de la educación infantil durante las últimas tres décadas. Se trata de investigadores universitarios, integrados en redes internacionales de interlocución, que combinan investigación y compromiso político. Son investigadores que, bajo fuerte influencia de la teoría feminista, promueven la planificación y la ejecución de políticas de educación más allá de ámbitos municipales y estatales, en el ámbito federal. En Brasil, participaron de los movimientos sociales de la época posdictadura y fueron responsables de la inclusión de la *educación* de niños desde la primera infancia en la Constitución Federal de 1988. También contribuyeron a la formulación de la Ley de Directrices y Bases (LDB/1996) que afirmaba la educación infantil como la primera etapa de la Educación Básica. En la actualidad continúan extremadamente activos organizándose en redes de discusión y acción

---

[1]   El artículo ha sido traducido del portugués por Pilar Bálsamo Uriarte.

política tal como el Movimiento Interforos de Educación Infantil de Brasil y otros movimientos semejantes.[2]

Los investigadores de esta línea se apoyan en los aportes de diversas ciencias humanas (sociología, educación, antropología, psicología) para promover la comprensión de los procesos específicos de aprendizaje en los primeros años de vida y para luchar por la profesionalización de los maestros para esa edad y por el uso de técnicas pedagógicas de punta. Llamando la atención sobre la importante participación de las mujeres/madres en el mercado de trabajo, cuestionan la falta de inversión en guarderías públicas de calidad –en 2009 sólo el 17% de los niños de 0 a 3 años asistían a guarderías–[3] y muestran en sus investigaciones

---

[2]   Fulvia Rosemberg, "Organizações multilaterais, estado e políticas de educação infantil", *Cadernos de Pesquisa*, São Paulo, marzo de 2002, n° 115, pp. 25-63; María Clotilde Rossetti-Ferreira, Fabiola Ramon y Ana Paula Silva Soares, "Políticas e atendimento à criança pequena nos países em desenvolvimento", *Cadernos de pesquisa*, São Paulo, marzo de 2002, n° 115, pp. 65-102; Rosânia Campos e Roselane F. Campos, "A educação das famílias pobres como estratégia política para o atendimento das crianças de 0-3 anos: uma análise do Programa Família Brasileira Fortalecida", *Pro-Posições*, Campinas, enero-abril de 2009, vol. 20, n° 1, pp. 207-224; Ana Lúcia Goulart de Faria, "Políticas de regulação, pesquisa e pedagogia na educação infantil, primeira etapa da educação básica", *Educação & Sociedade*, Campinas, Octubre de 2005, Especial, vol. 26, n° 92, pp. 1013-1038; Lia Beatriz de Lucca Freiras y Terri Lisabeth Shelton, "Atenção à primeira infância nos EUA e no Brasil", *Psicologia: Teoria e Pesquisa*, Brasília, 2005, vol. 21, n° 2, pp.197-205; Deise Gonçalves Nunes, "Educação infantil e mundo político", *Revista Katálysis*, 2009, Florianópolis, vol. 12, n° 1, pp. 86-93; Maria Rosa Neufeld e Jens Ariel Thisted, "Vino viejo en odres nuevos: acerca de educabilidad y resiliencia", *Cuadernos de antropología social*, 2004, Buenos Aires, n° 19, pp. 83-99; Helen Penn, "The World Bank`s View of Early Childhood", *Childhood*, London, 2002, vol. 9, n° 1, pp. 118-132; Helen Penn, "Childcare and Early Childhood Development Programmes and Policies: Their Relationship to Eradicating Child Poverty", *Childhood Poverty Research and Policy Centre Report*, n° 8, 2004 (disponible http://www.childhoodpoverty.org/index.php?action=publicationdetails&id=88 Cosulta: julio de 2011).

[3]   En 2007 en Brasil, el 33% de las unidades domésticas eran hogares monoparentales a cargo de una mujer. Buena parte de las guarderías

que esta opción es privilegiada por las familias con más alto nivel educacional y mayores ingresos de la madre.[4] Estos investigadores ejercen presiones para democratizar la educación en la primera infancia a través del acceso universal a guarderías públicas de calidad. Por lo tanto, demuestran cierta desconfianza en relación con soluciones "alternativas" que arriesgan ser "soluciones pobres para niños pobres".

El programa Primera Infancia Mejor de Río Grande del Sur sería un ejemplo de ese tipo de "propuestas alternativas" porque busca sustituir la guardería y propone que, para mejorar la salud física y mental de bebés y de niños de hasta 6 años de edad, permanezcan en su casa con sus familias. El programa sigue un formato común a otros de esa naturaleza. Mediante visitas a domicilio, educadoras (con un mínimo de 18 años de edad y educación secundaria completa) deben hacer el control de vacunas, alimentación e higiene de los niños, además de enseñar a las madres estrategias educativas. Conforme uno de los impulsores del programa en Río Grande del Sur, esas estrategias remiten a "gestos simples, como acariciar la panza de la gestante durante el embarazo, mirar al bebé a los ojos y jugar con el niño".[5] El proyecto abarca otra serie de actividades, incluyendo reuniones periódicas con las madres, y ocasionalmente la entrega de *kits* que contienen ropa, pañales y juguetes. Según su sitio web, el Programa

---

están integradas a la red privada o filantrópica. Datos disponibles en la Sinopsis Estadística del Censo Escolar (disponible, www.inep.gov.br Consulta: junio de 2011).

[4]   María Clotilde Rossetti-Ferreira, Fabiola Ramon y Ana Paula Silva Soares, "Políticas e atendimento à criança", ob. cit., pp. 65-102.

[5]   "Primera Infancia Mejor cumple un año y ya atiende 4 mil familias", *Estado de Río Grande del Sur*, Noticias, 6 de junio de 2004 (disponible http://www.estado.rs.gov.br/ Consulta: agosto de 2011).

contaba en 2009 con 2325 "visitadores" en 253 municipios, alcanzando 58.125 familias y 87.188 niños.

No es mi intención aquí juzgar la eficacia del programa Primera Infancia Mejor riograndense; sería necesario otro tipo de abordaje para evaluar el funcionamiento en la práctica de las actividades proyectadas.[6] Tampoco quiero descalificar los esfuerzos de múltiples profesionales y familias que, a través de programas como éste, buscan maximizar recursos menguados para crear variados espacios de aprendizaje. Menos aun quisiera negar la importancia de la educación infantil. Ésta es tema de grandes conferencias mundiales desde los años noventa (la más conocida es la de Jomtien, "Educación para Todos", realizada en 2000 y ha recibido atención y financiamiento de organismos y especialistas importantes como UNESCO, UNICEF y Banco Mundial). Este interés ha generado programas alternativos, congéneres del programa Primera Infancia Mejor, en diversos países de América Latina (Chile, Colombia, Perú, México, Cuba). Sin duda, es uno de los componentes que ha contribuido para un descenso de la mortalidad infantil en todos los continentes. En todos los programas, es posible encontrar educadores y monitores creativos, empeñados en la mejora de las condiciones de vida para los niños y las familias involucrados. Sin embargo, como intentaré demostrar a lo largo de este capítulo, justamente a causa del gran interés que despierta, la idea de educación infantil se presta a los más variados usos, apoyando plataformas y mensajes morales que se colocan en posiciones muy diferentes del espectro político.

Apoyándome en la línea de análisis crítica esbozada antes, sugiero que hay determinados mensajes implícitos

---

[6]   Carin Klein, *Biopolíticas de inclusão social e produção de maternidade e paternidade para uma infância melhor*", Tese de Doutorado em Educação, Universidade Federal do Rio Grande do Sul, Porto Alegre, 2010.

en la formulación del programa Primera Infancia Mejor. En el esfuerzo por maximizar apoyo político, los promotores de ese programa "alternativo" terminan por presentar sus acciones como un sustituto preferible, no simplemente complementario, a la educación institucional. Para reforzar sus argumentos, recurren a nociones esencializadoras de la mujer, de la maternidad y del desarrollo infantil. Además hacen extrapolaciones cuestionables de las "evidencias científicas" y llegan peligrosamente a acercarse a las perspectivas eugenésicas sobre el desarrollo social.

Tengo particular interés en analizar cómo las evidencias científicas que legitiman una política social determinada son producidas y promovidas conjuntamente con actitudes morales. Otros investigadores ya subrayaron esta mezcla de ciencia y moralidad en otros contextos. Fabiola Rohden, por ejemplo, al examinar las perspectivas sobre lo masculino y lo femenino en las tesis de estudiantes de medicina en Río de Janeiro del siglo XIX, muestra como los autores pasaban del cerebro más chico de la mujer (entendiendo por esto una disminución de las "facultades intelectuales") y su "volubilidad de pensamientos" (lo que la tornaba incapaz para las ciencias y las artes) a su tendencia natural para el libre ejercicio de la función reproductiva (que la destinaba a la quietud y al reposo). Rohden continúa su análisis con una provocativa comparación con artículos y libros *actuales* destinados al público lego, mostrando la existencia de "continuidades sorprendentes" tanto en las extrapolaciones de las diferencias anatómicas entre hombres y mujeres como en sus consecuencias (intelectuales, morales, etc.). Es decir, determinadas posiciones morales se confunden con presupuestos científicos que, a su vez, tienen consecuencias en las políticas sociales.[7]

---

[7]   Fabiola Rohden, "O que se ê no cérebro: A pequena diferença entre os sexos ou a grande diferença entre os gêneros?", en Sonia Weidner Maluf

Inspirada en el análisis de Rohden, sugiero que las extrapolaciones morales no se restringen a la literatura para el público lego. Pronunciamientos sobre el comportamiento femenino continúan arraigados en visiones "científicas" con base en presupuestos sobre el cuerpo. Hacia fines del siglo XX se produjo un debilitamiento de los discursos sobre las diferencias innatas en el funcionamiento cerebral de hombres y de mujeres, dado que décadas de influencia feminista minaron ciertas perspectivas. Surgió, sin embargo, un nuevo tema que vehiculizaba implicaciones igualmente serias en relación al comportamiento femenino: el interés por el cerebro del *recién nacido*. Así, con este artículo, pretendo demostrar que en la actualidad renace cierta vertiente de la educación infantil, que, juntando la "ciencia" con la moralidad materna conservadora, busca mantener a las mujeres como rehenes, ya no de sus cuerpos, pero sí de los cuerpos (y cerebros) de sus bebés.

El lugar de las tecnologías globales

¿Cómo entender la persistente popularidad de las actitudes morales que presentan a la madre como responsable principal (sino exclusiva) del éxito o fracaso de su hijo hasta la vida adulta? Para responder a esta pregunta algunos observadores señalan las fuerzas inexorables de la historia o de la cultura –lo que me parece una salida muy poco satisfactoria–. La mayoría de nosotros ya aprendimos a criticar el reduccionismo socio-biológico que presenta el comportamiento femenino en términos de instinto animal. Quienes citan las prácticas de cierta especie de

---

y Carmen Susana Tornquist (eds.), *Gênero, saúde e aflição: abordagens antropológicas*, Florianopolis, Letras Contemporâneas, 2010, pp. 403-440.

primates para explicar la propensión "natural" de la fémina
a la monogamia (o a la promiscuidad, dependiendo del
investigador) ignoran la existencia de millares de otras
especies que desmienten esa hipótesis y que dan prueba
de la tremenda diversidad encontrada en el reino animal.[8]
Sugiero que quienes citan un elemento del pasado histórico
(por ejemplo, el régimen esclavista) para explicar todos los
males que asolan a la sociedad actual (desigualdad, prejuicios, etc.) está cediendo a un razonamiento igualmente
reduccionista. Tal razonamiento sólo se mantiene con la
condición de que se borre la diversidad de trayectorias históricas tomadas por diferentes sociedades e influenciadas
por un conjunto complejo de variables. Quienes sugieren
que "la cultura" (por ejemplo, latina) de determinado país
es responsable por una cierta configuración de relaciones
de género o una moralidad materna particular, simplemente
ignoran las últimas tres décadas de crítica antropológica
al concepto de cultura.[9] Es bastante posible que el pasado
colonial (así como el régimen esclavista o el origen latino)
sea *uno* de los diversos factores relevantes de análisis. Pero
presuponer esa relevancia, apelando a una categoría amor-
fa y homogeneizante (de cultura, de orden esclavista, de
latinidad, etc.), sin identificar la cadena de articulaciones
precisas que cargan ciertas tendencias, ideas y prácticas
de la época colonial hasta hoy, transformándolas en cada
etapa, significa, no sólo truncar el análisis, sino desarmarse
políticamente. Como dice Bruno Latour, "La totalización
toma parte fundamentalmente, por caminos retorcidos, en

---

[8]   Susan Mckinnon, "A obliteração da cultura e a naturalização da escolha
       nas confabulações da psicologia evolucionista", *Horizontes antropoló-
       gicos*, Porto Alegre, Diciembre 2011, año 7, n° 16, pp. 53-83.
[9]   Clifford Geertz, *"Os usos da diversidade"*, *Horizontes Antropológicos*,
       Porto Alegre, Maio 1999, año 5, n°10, pp. 13-34.

aquello que ella pretende abolir. Nos torna impotentes delante del enemigo al cual atribuye propiedades fantásticas".[10]

Obviamente, como antropóloga, no me gustaría mi-
nimizar la relevancia de los "factores culturales" –valores,
conocimientos, ideas– en el comportamiento de las personas. Al contrario, busco entender cómo esos factores son
vehiculizados (reactualizados y eventualmente transformados) en la práctica. No basta con hablar de continuidades
y cambios como si éstos fueran el resultado de alguna
fuerza misteriosa de la historia diseminada por ráfagas de
aire. Es preciso "extrañar" la persistencia de ideas antiguas
(así como la implantación de ideas nuevas), buscando
identificar los elementos y las circunstancias precisas que
contribuyeron a desarrollar y a consolidar una perspectiva
determinada. Para eso, trabajo con la noción de "tecnologías
de gobierno", es decir, formas de intervención orquestadas
a través de un agregado de fuerzas (legales, profesionales,
administrativas, presupuestales), técnicas de implementación (capacitación, ejecución y evaluación) y conocimientos autorizados acuñados para regular las decisiones y las
prácticas de individuos, grupos y organizaciones conforme
determinados criterios.[11] Estudiosos de esa área temática
llaman la atención sobre la dinámica globalizada de buena
parte de las tecnologías actuales de gobierno que, a pesar
de asumir claros trazos "locales", frecuentemente traen
la marca de preocupaciones que traspasan las fronteras
nacionales.[12]

---

[10]   Bruno Latour, *Jamais fomos modernos: ensaio de antropologia simétrica*,
        Rio de Janeiro, Editora 34, 1994, p. 123.

[11]   Nikolas Rose, "Governing 'Advanced' Liberal Democracies", in Aradhana
        Sharma e Akhil Gupta (ed.), *The Anthropology of the State: a Reader*,
        Oxford, Blackwell Publishing, 2006, p. 148.

[12]   Aihwa Ong e Stephen J. Collier, *Global Assemblages: Technology, Politics,
        and Ethics as Anthropological Problems*, Oxford, Blackwell, 2005.

Lucy Luccisano y Glenda Wall nos ofrecen un buen ejemplo de este abordaje, al analizar programas semejantes al PIM en Canadá y México. Con un interés semejante al nuestro, buscan entender cómo determinadas tecnologías de gobierno traen embutidos mecanismos de regulación moral de la maternidad.[13] Junto con otros investigadores llaman la atención sobre la intensificación de la psicología infantil durante el período posterior a la Segunda Guerra Mundial, cuando la maternidad pasó a ser una ciencia que, en nombre del bienestar infantil, exigía cada vez más dedicación de las mujeres.[14] Consideran que, especialmente en las Américas, las políticas de austeridad de los años 90 y la intensificación de un tipo de ingeniería social orientado a la producción del ciudadano neoliberal acentuaron ese proceso. Junto a la creciente convicción de que el mejor cuidado infantil era exclusivamente el materno, las necesidades, las ansias y los deseos de la madre fueron eclipsados por los del niño. En Canadá, bajo la influencia de discursos sobre la necesidad de mejorar el cerebro de los niños y así maximizar inversiones en el futuro, el foco pasó a ser, no la mejora de las guarderías, sino la educación

---

[13]   Lucy Luccisano y Glenda Wall, "The Shaping of Motherhood through Social Investment in Children: Examples from Canada and Mexico", *International Studies Association*, n° 48, 2007 (disponible http://www. allacademic.com/meta/p178980_index.html Consulta: abril de 2011).

[14]   Diana Eyer, *Mother-infant Bonding: A Scientific Fiction*, New Haven, Yale University Press, 1992; Katherine Arnup, *Education for Motherhood: Advice for Mothers in Twentieth-century Canada,* Toronto, University of Toronto Press, 1994; Julia Hanigsberg e Sara Ruddick (eds.), *Mother Troubles: Rethinking Contemporary Maternal Dilemmas*, Boston, Beacon Press, 1999; Isabella Cosse, "Argentine Mothers and Fathers and the New Psychological Paradigm of Child-Rearing (1958-1973)", *Journal of Family History*, april 2010, vol. 35, n° 2, pp. 180-202; Claudia Fonseca, "Algumas reflexões em torno do 'abandono materno'" en Carmen Susana Tornquist, Clair Castilhos Coelho, Mara Coelho de Souza Lago, Teresa K. Lisboa (eds.), *Leituras de resistência: corpo, violência e poder*. Volume II. Florianópolis, Mulheres, 2009, pp. 49-79.

de los padres para que éstos se tornasen buenos educadores. En México, gracias a aportes financieros del Banco Mundial (entre otros), en 1997 se inició un programa de subsidios para mujeres pobres, con la condición de que cumplieran con objetivos relacionados a la nutrición, a la salud y a la educación de los hijos.[15] Junto con la creciente responsabilidad dada a las mujeres, se instaló la percepción de que las madres necesitaban capacitación para poder proporcionar al interior del hogar "el estímulo necesario para el desarrollo de las habilidades cognitivas" de sus hijos. Según las autoras, los programas alternativos que entraron en boga durante los años noventa con apoyo de agencias internacionales y que buscan ayudar (principalmente) a las madres a maximizar el potencial de sus hijos son más baratos que cualquier programa de guardería o escuela inicial.

Estos programas también vienen al encuentro de una racionalidad política que entiende a la autoayuda y al "gobierno de sí" como los principales remedios para la desigualdad. En su estudio sobre la globalización de la filosofía económica neoliberal, Daniel Mato busca localizar los mecanismos que contribuirían a la hegemonía de esa racionalidad política. Sugiere que la transformación de ciertas ideas en "sentido común" en gran parte del mundo occidental no se explica por la validez superior de sus "verdades", ni por la imposición unilateral de órganos como el Banco Mundial o el FMI. Destaca, al contrario, la importancia de una retaguardia de redes transnacionales –instituciones e individuos– articuladas tanto para sensibilizar a los medios de comunicación (formando la opinión pública) como para involucrar académicos y otros

---

[15]   Dagmar Estermann Meyer, "A politização contemporânea da maternidade: construindo um argumento", *Gênero,* Rio de Janeiro, 2005, vol. 6, n°1, pp. 81-104.

intelectuales en determinadas líneas de investigación.[16] Su intención es demostrar cómo la producción de ideas políticamente significativas pasa a través de actores concretos participando en "complejos trasnacionales en acción".[17] Pensar la producción académica en estos términos, a partir de la práctica de ciertos actores, es una forma de dar concreción a los procesos de globalización, destacando las articulaciones global-local.

Proponemos, junto con de Luccisano y Wall, mirar más de cerca la moralidad materna que acompaña ciertas políticas de cuidado infantil. Inspirados en Mato, queremos reconstruir la trayectoria de las ideas fundadoras del Primera Infancia Mejor que circulan globalmente y que, actualmente, parecen estar ganando espacio en contraposición con otras perspectivas. Usamos el ejemplo del PIM sin la intención de criticar una iniciativa, que, si fuese apenas un elemento de una política amplia de educación infantil, podría tener claros beneficios. Recurrimos a este ejemplo para demostrar los complejos mecanismos nacionales e internacionales que genera la complementación entre conocimiento y política. En particular, el ejemplo del Primera Infancia Mejor pone en relieve la sorprendente falta

---

[16]   En su artículo, Mato profundiza el análisis de tres instituciones: el Institute of Economic Affairs (IEA), el Atlas Economic Research Foundation, y la Sociedad Mont Pelerin. Las tres cuentan con apoyo de Anthony Fisher, un filántropo preocupado por las "tendencias estatizadoras de la época". Véase, Daniel Mato, "Cultura, comunicación y transformaciones sociales en tiempos de globalización", en Daniel Mato y Alejandro Grimson (comp.), *Cultura y transformacionales sociales en tiempos de globalización: Perspectivas latinoamericanas*, Buenos Aires, Clacso, 2007, pp. 13-86.

[17]   Investigadores especializados en el estudio de la ciencia formulan una perspectiva semejante al subrayar las alianzas políticas y coaliciones de fuerzas que anteceden la aceptación generalizada de una idea o innovación tecnológica. Véase Bruno Latour, *Ciencia em ação: como seguir cientistas e engenheiro sociedade afora*, Sao Paulo, Editora UNESP, 1998 (1ª edición, 1989).

de tránsito de ideas, referencias y especialistas entre dos comunidades de discusión, ambas organizadas en torno a un mismo objetivo: políticas de intervención estatal para el pleno desarrollo de los niños en los primeros años de vida. Del lado de las propuestas alternativas, se encuentran especialistas de las ciencias médicas y económicas, con importante apoyo de las organizaciones internacionales; del lado de las guarderías y centros de educación inicial, se alinean los psicólogos, educadores y cientistas sociales –investigadores universitarios– con larga experiencia en la reflexión sobre políticas y prácticas de enseñanza en la primera infancia. Se trata de una disputa no sólo en torno a las autoridades, sino también sobre los saberes y los abordajes epistemológicos con profundas implicaciones para la ciencia y la práctica.

Al interior de esa reflexión, toma lugar la noción de "comunidades epistémicas" caracterizada por tener "como principal fuente de poder cierta autoridad técnico-científica que ampara modelos de políticas".[18] Visto desde esa perspectiva, asociar un bies epistemológico a un determinado proyecto político no constituye una acusación, ya que no carga una connotación de estar "contaminando" la objetividad científica. Por el contrario, reconocer que la ciencia fabrica la realidad, mucho más de lo que la retrata, nos abre una puerta a la comprensión de la profundidad de las disputas científicas y de los motivos por los cuales muy frecuentemente resulta difícil encontrar puntos de conciliación.[19]

---

[18]   Fluvia Rosemberg, ob. cit., p. 30.
[19]   Isabelle Stengers y Olivier Ralet, "Drugs: Ethical choice or moral consensus", en Isabelle Stengers, *Theory out of bounds: Power and Invention, Situating science,* Minneapolis, University of Minnesota Press, 1997, pp. 215-232.

De lo local a lo global y de vuelta: siguiendo las articulaciones

De Canadá al Banco Mundial:
Early Childhood Development

Mi curiosidad por las redes académicas y políticas que dan base al programa Primera Infancia Mejor fue atizada cuando por casualidad, a finales de 2008, vi en televisión una entrevista con un consultor internacional que había venido a participar de la VI Semana Estatal del Bebé, actividad coordinada por el Primer Infancia Mejor.[20] Se trataba del médico canadiense Fraser Mustard, impulsor de *Early Years Centers* (Centros para los Primeros Años) en Ontario (Canadá) y en otras partes del mundo. Durante la entrevista, después de reiterar la importancia del cariño materno para garantizar el desarrollo normal del cerebro del bebé, ese especialista afirmó: si Brasil es un país de gran analfabetismo y pésimo desempeño escolar, no es culpa de las escuelas, no es culpa de los profesores. El problema es que los niños no recibieron cuidados adecuados durante los primeros tres años de vida. Terminó su intervención con un llamado emocionado: "¡Brasileños, por favor, aprendan a cuidar a sus bebés!".

Cuando llegó a Porto Alegre, el doctor Mustard ya era un intelectual mundialmente respetado en el área de la educación infantil. Sus teorías habían sido sistematizadas en el documento que elaboró, junto con Margaret McCain, *The Early Years Study*. En la introducción de ese texto los autores explicitan su objetivo: usar las contribuciones recientes de la neurociencia para demostrar la importancia de cuidados adecuados en los primeros tres años de vida.

---

[20]   TVCOM, Porto Alegre, 26 de noviembre, 2008, exposición en inglés, traducida por la emisora.

Conforme esa línea de razonamiento, conocida por la sigla ECD (*Early Childhood Development*), existen "períodos críticos" en el desarrollo cerebral, momentos en que las "ventanas" del aprendizaje se abren y que si no fueran bien aprovechadas perjudicarían irremediablemente el desarrollo del niño: "Los efectos de las primeras experiencias de vida, especialmente las de los primeros tres años, en la arquitectura (*wiring and sculpture*) de los millones de neuronas del cerebro son para toda la vida".[21]

El informe se incorporó al clima norteamericano de interés creciente en el uso político de justificaciones basadas en las neurociencias. La propia Hillary Clinton, en su rol de primera dama, abrazó la causa de la educación infantil, haciendo un uso –superficial, según ciertos observadores– de investigaciones en neurociencias para convencer a sus constituyentes de la urgencia de esta causa. Por lo tanto, no hay nada sorprendente en que un año después de ser lanzado, el informe Mustard-McCain fuera distribuido y aclamado en la Conferencia del Banco Mundial convocada para discutir "*From Early Child Development to Human Development*". Sin embargo, el uso estratégico de argumentos científicos para inyectar vigor a las políticas de educación infantil –elemento relativamente descuidado en muchos planes nacionales– no desembocó en consensos sobre el contenido de esas políticas. En el informe no existen orientaciones pedagógicas precisas, sino exhortaciones generales, como contar cuentos y jugar con los bebés. Los propios autores afirmaban que las evidencias

---

[21]   J. Fraser Mustard, "Experienced-based Brain Development: Scientific Underpinnings of the Importance of Early Child Development in a Global World", in Mary Eming Young (ed.), *Early Child Development: From Measurement to Action? A Priority for Growth and Equity*, Washington, World Bank, 2007; y Margaret N. McCain and Fraser Mustard, *Early Years Study: Final Report*, Toronto, Publications Ontario, 1999, p. 7.

parecían, antes que nada, "una celebración de lo que la 'buena' maternidad genera hace siglos".[22]

En 2002, los mismos autores publicaron una evaluación de los resultados del programa de *Early Child Development* implementado en el estado canadiense donde actuaban: Ontario. En su cándido veredicto, reconocen que el proyecto pionero *no* alcanzó sus objetivos, debido principalmente a la falta del apoyo apropiado por parte del gobierno de Ontario. Al destacar tres problemas fundamentales, llaman la atención sobre la importancia de otros elementos (más allá de la 'buena' maternidad) para lograr una política educativa eficaz para la primera infancia:[23]

1) los centros de desarrollo infantil abiertos durante ese período debían tener un carácter universalista (estar orientados a usuarios de todos los sectores de la población); por el contrario, estaban orientados a las "familias necesitadas".

2) los nuevos centros debían incluir guarderías de calidad; por el contrario, se conformaban con ofrecer información y consejos.

3) los centros debían estar integrados en un plan estratégico para todo el sistema escolar; al contrario, el gobierno mantuvo los centros como servicios independientes de la estructura educativa existente.

La ironía es que esa autocrítica parece haber interesado muy poco al público lector. La popularidad del informe original continuó creciendo –endosada por órganos

---

[22]   Ver John Bruer, *The Myth of the First Three Years: a New Understanding of Early Brain Development and Lifelong Learning*, New York, Free Press, 1999.

[23]   Wall también ofrece indicadores para sugerir que durante los primeros años de vigencia del programa canadiense, la situación de los niños y sus familias no mejoró. Véase Glenda Wall, "Is your Child`s Brain Potential Maximized?", *Mothering in an Age of New Brain Research. A Woman's Studies Journal*, Atlantis, 2004, vol. 28, n° 2, pp. 241-250.

internacionales (OCDE, UNICEF, UNESCO) y por los gobiernos en países anglosajones como Reino Unido, Estados Unidos, Canadá– sin incorporar los matices de la evaluación. Los programas de educación infantil inspirados en el *Early Child Development* que se difundieron por el mundo continuaron siendo antes que nada, consejos orientados a las familias pobres, en proyectos puntuales divorciados del sistema educativo.

Del Early Child Development al desarrollo nacional: argumentos económicos se suman a las evidencias de la neurociencia

En un volumen colectivo, publicado por el Banco Mundial en 2007, el desarrollo de los niños en los primeros años de vida es presentado como determinante no sólo para el individuo, sino para el destino de las naciones.[24] En el capítulo de su autoría, Mustard combina términos tomados de la economía y de las neurociencias para subrayar la urgencia de la situación. Repite incansablemente que las capacidades cognitivas y socio-emocionales son establecidas durante los primeros años de vida y cita economistas para insistir en la idea de que no es posible aplazar las inversiones hasta que los niños entren en la escuela "un momento en que tal vez sea demasiado tarde para intervenir".[25] Mustard, así como muchos de los coautores de ese volumen, insiste tanto en la cuestión del cerebro (el "cerebro sano", el "desarrollo cerebral", etc.), que el órgano corporal parece servir como sustituto del propio individuo. Y, así, la ciencia del cerebro (neurociencias) sirve como principal sustento de legitimidad para las políticas de educación infantil propuestas en el texto.

---

[24]   Mary Eming Young, *Early Child Development,* ob. cit.
[25]   Heckman *apud* J. Fraser Mustard, "Experienced-based Brain Development", ob. cit., p. 61.

Irónicamente, a pesar del frecuente llamado a las "evidencias científicas", el volumen parece ignorar por completo las controversias que constan en los debates contemporáneos sobre la relevancia de la neurociencia para la educación infantil. Especialistas en desarrollo infantil cuestionan el resurgimiento de teorías (sobre los "tres primeros años", "ventanas de la oportunidad") "discutida[s] y abandonada[s] hace algunas décadas".[26] Un reciente manifiesto, firmado por más de setenta especialistas internacionalmente reconocidos en desarrollo infantil, afirma que, en la actualidad, la investigación en neurociencias, a pesar de ser "prometedora", "todavía no posibilita conclusiones que podrían servir para orientar políticas públicas o a los padres y madres en el trato de sus hijos".[27] El manifiesto alerta al público en relación con el peligro del uso oportunista de investigaciones "para racionalizar políticas preconcebidas y nociones populares". En otro editorial reciente de la revista *Science* se recomienda semejante cautela:

> Un ejemplo [de la mala comprensión de la investigación en neurociencias] es el énfasis dado a la noción (popular, pero sin evidencia científica) de un período crítico. [...] La creencia en un período crítico para el aprendizaje, biológicamente definido, movilizó gobiernos, legisladores y media en todo el mundo para crear una legislación y financiar programas para la primera infancia. La literatura educacional está ahora llena de libros y artículos propagandeando prácticas y currículos basados en el cerebro. Consultores especialistas del

26 María Clotilde Rossetti-Ferreira, Fabiola Ramon y Ana Paula Silva Soares, "Políticas e atendimento à criança", ob. cit., p. 75.
27 "Santiago Declaration", 2007 (disponible http://www.santiagodeclaration. org Consulta: abril de 2011). El manifiesto está firmado por investigadores, incluyendo entre otros, educadores, psicólogos especializados en ciencias cognitivas y médicos especializados en neurociencias de las universidades más prestigiosas de Estados Unidos (Harvard, Stanford, University of California, University of Chicago, John Hopkins University) y de otros países de Europa y América del Sur.

cerebro continúan visitando sistemas escolares y el mercado de juguetes [para estimular el cerebro] está en crecimiento. Los mensajes sobre [...] los períodos críticos ejercen un atractivo emocional, pero carecen de sustancia científica. Desafortunadamente, ese entusiasmo hizo que no diéramos la atención adecuada a investigaciones que [nos podrían mostrar] cómo aprenden los niños.[28]

Haciendo abstracción de las controversias, el documento del Banco Mundial forja la hegemonía de un frente discursivo repleto de verdades científicas y hechos aparentemente obvios. El reiterado énfasis en el "estímulo" desplaza el saber competente de los educadores hacia los profesionales de las ciencias médicas, prestándose a interpretaciones que no tratan de un "plus" educativo, sino de un combate a situaciones de patología individual, vistas como causa fundamental de problemas sociales. Promoviendo "soluciones simples" y fácilmente aceptadas (gestos de cariño, etc.), los autores pretenden lograr objetivos cada vez más ambiciosos: reducir la pobreza, combatir la desigualdad (en términos de alfabetización, de salud y de distribución de los ingresos), reducir la violencia, contribuir a la estabilidad social, mejorar la calidad de vida, promover oportunidades en las economías modernas y garantizar la sustentabilidad de biosfera para la población futura.[29]

El ímpetu de esa línea de pensamiento fue reforzado por su adopción por parte de un premio Nobel en economía, James Heckman. El laureado investigador visitó Brasil en diversas oportunidades para participar en seminarios académicos, inspiró una investigación en la prestigiosa

---

[28]   Kathryn Hirsh-Pasek e John T. Bruer, "The Brain/Education Barrier", *Science*, 2007, vol. 317, p. 129.

[29]   J. Fraser Mustard, "Experienced-based Brain Development", ob. cit., p. 60.

institución de investigación Fundación Getúlio Vargas[30] y en 2006 participó personalmente de la Semana del Bebé en Porto Alegre.[31] El abordaje dado por ese economista al tema puede ser observado en un reciente *working paper* que elaboró en coautoría con el economista brasileño Flavio Cunha, "The economics and psychology of inequality and human development". En este documento, los autores se valen de complicadas fórmulas matemáticas para llegar a conclusiones cuantificables sobre los beneficios de inversiones financieras en el *Early Child Development.* A partir de esos cálculos, afirman, por ejemplo, que el retorno de las inversiones en la primera infancia es 10% por encima de los rendimientos de la bolsa de valores después de la Segunda Guerra Mundial (uno de sus mejores momentos).[32] También ofrecen parámetros para jerarquizar prioridades y así maximizar la relación costo-beneficio en la educación: la inversión en los primeros años de la infancia rinde muchas veces más que en la adolescencia, la inversión en niños con altas habilidades da un retorno mucho mayor que la inversión en aquellos con pocas habilidades.

Después de una sofisticada discusión metodológica, Cunha y Heckman mencionan casi *en passant* que sus datos son tomados de un único estudio longitudinal realizado en los Estados Unidos (el "NLSY", o sea, *National Longitudinal Survey*), tomando solamente sujetos de sexo masculino y

---

[30] Fundación Getúlio Vargas, "Educación de la Primera Infancia", 2005 (disponible http://www.fgv.br/cps/simulador/infantil/index.htm Consulta: agosto de 2011).

[31] Carin Klein, *Biopolíticas de inclusão social,* ob. cit.

[32] Flavio Cunha y James J. Heckman, *The Economics and Psychology of Inequality and Human Development,* National Bureau of Economic Research, Working Paper 14695, 2009, p. 19. (disponible http://www.nber.org/papers/w14695 Consulta: abril de 2011). El artículo citado fue presentado originalmente por Heckman en un espacio organizado en homenaje a Marshall por la Asociación Europea de Economía, Milán, 29 de agosto de 2008.

blancos. Trabajan con un bies epistemológico validado por una vertiente de las ciencias económicas para la cual el desarrollo humano es el mismo en todas partes, y por lo tanto, la especificidad del banco de datos no les impide tejer conclusiones que generalizan a cualquier país del mundo y cualquier época de la historia. Como veremos, el énfasis en la familia y en los cuidados maternos parecería estar igualmente cargado con las connotaciones de una verdad natural y atemporal, en que las variadas circunstancias nacionales serían de poca relevancia.

La atención e influencia de la madre al servicio del "capital más valioso"

Al pasar de datos econométricos a recomendaciones programáticas sobre la vida familiar, Cunha y Heckman se inspiran en el pensamiento de Alfred Marshall, un economista que murió en 1924: "El más valioso de todo el capital, es el capital invertido en los seres humanos. De ese capital, la parte más valiosa es el resultado de la atención y la influencia de la madre".[33] Reconociendo que Marshall vivía y comentaba una realidad histórica bien diferente que la de ellos, Cunha y Heckman colocan una pregunta –"¿Será que ese 'programa victoriano de Marshall' tiene relevancia en nuestros días?"–. Su respuesta es enfática: "La evidencia indica que sí... Los ambientes e inversiones proporcionados por los padres afectan la carrera (*outcome*) de sus hijos. Hay costos sustanciales para el liberalismo desenfrenado de una generación si las preferencias y el bienestar de la próxima generación son ignorados".[34]

---

[33] Alfred Marshall citado en Flavio Cunha y James Heckman, *The Economics and Psychology of Inequality*, ob. cit., p. 4.
[34] Alfred Marshall citado en Flavio Cunha y James Heckman, *The Economics and Psychology of Inequality*, ob. cit., p. 47.

Cabe notar que los autores no sacan sus conclusiones sobre la importancia de los padres de los datos que ellos produjeron (sus estadísticas captan más fácilmente inversiones en educación institucional en la primera infancia) sino de fuentes secundarias. Entonces, debemos preguntar: ¿cuáles son las evidencias de que el comportamiento de las madres (o de los padres) es el factor decisivo en el desarrollo de los niños? ¿Cuáles son los datos que permiten sacar conclusiones económicas ("costos sustanciales") a partir del comportamiento moral de los padres ("liberalismo desenfrenado")? Ya que la investigación de Cunha y Heckman no trata directamente de tales detalles, los autores acuden a la literatura de las ciencias sociales para justificar su razonamiento. Citan en particular a Patrick Moynihan, sociólogo y senador norteamericano, cuya principal investigación empírica fue desarrollada en la década de 1960 y cuyos análisis fueron objeto de críticas por toda una generación de cientistas sociales. Al describir a la familia negra como una "maraña de patologías", localizando en ella la principal causa del atraso de las personas negras en Estados Unidos, Moynihan (según sus críticos) cedió a un razonamiento reduccionista y racista que no sólo ignoraba los elementos dinámicos de la organización familiar de los grupos investigados, sino que también hacía abstracción de la violencia estructural que condicionaba sus circunstancias de vida.[35]

En suma, las conclusiones planteadas por Cunha y Heckman sobre la sociología de la familia son más que controvertidas; son contestadas por buena parte de los cientistas sociales especializados en el estudio de la organización familiar en los últimos 30 años. La combinación cuestionable de elementos sofisticados de un área

---

[35]   Judith Stacey, *In the Name of the Family: Rethinking Family Values in the Postmodern Age,* Boston, Beacon Press, 1996.

académica con ideas anticuadas de otra puede ser un efecto
colateral de muchos emprendimientos multidisciplinarios.
Pero, particularmente cuando las conclusiones pretenden
instruir políticas de intervención, debemos estar atentos
a la posibilidad de deslices en que "evidencias" altamente
controvertidas son presentadas como si hubiesen recibido
el aval consensual de la ciencia de punta.

Cabe ahora considerar los vectores particulares a través de los cuales esa reflexión multidisciplinar del *Early
Child Development* gana legitimidad en Brasil. En 2009, la
Academia Brasilera de Ciencias –una sociedad honoraria
que congrega a "los más eminentes científicos" y que actúa
como consultora del gobierno cuando es requerida– convo-
có un Grupo de Trabajo para discutir la Educación Infantil.
El documento que salió de esta reunión fue firmado por
siete personas –todos hombres– incluyendo Flavio Cunha,
coautor de Heckman. Se trataba de tres especialistas de las
ciencias médicas (neurociencias) y un integrante de cada
una de las siguientes disciplinas: matemática aplicada,
economía, ciencia política y psicología. El Grupo de Trabajo
virtualmente ignoró la vasta producción académica sobre
educación en la primera infancia que existe en los departamentos de educación, psicología y ciencias sociales de las
universidades brasileñas. Prefirió, al contrario, colocar el
acento "en la evidencia científica y las orientaciones oficiales de los países más avanzados", por ejemplo, los estudios
producidos por norteamericanos sobre neurobiología del
aprendizaje, complementados por estudios económicos.[36]

En el "Sumario de las conclusiones y recomendaciones" del Grupo de Trabajo, los argumentos costo-beneficio

---

[36]   Academia Brasileira de Ciências, *Sumário das conclusões e recomen-
       dações do Grupo de trabalho sobre Educação Infantil, 2009,* (disponible
       http://todospelaeducacaoitajai.ning.com/forum/topics/sumario-das-
       conclusoes-eConsulta: abril de 2011), p. 1

reciben un lugar destacado: la inversión en niños de 3 a 4 años de edad muestra 17% de rendimiento, mientras que, en otras edades (cuando la intervención es para remediar y no para prevenir), el retorno sería nulo o negativo. Se explicita una asociación entre pobreza y bajas habilidades intelectuales: conjugada a otras políticas (de planificación familiar, por ejemplo), el *Early Child Development* sería una estrategia fundamental para "estimular *el desarrollo cognitivo que es precario en buena parte de las familias brasileñas, principalmente aquellas provenientes de familias de baja condición socioeconómica*" [énfasis de la autora].[37] En otras palabras, por una cadena lógica, supuestamente legitimada por la neurociencia "moderna", que pasa de la falta de estímulo en los primeros años de vida a las bajas habilidades *cognitivas*, ese documento (así como otros de la línea *Early Child Development*) parece endosar una visión en que la desigualdad social y económica es fruto de las limitaciones intelectuales de los pobres.

En una entrevista publicada para divulgar el trabajo del Grupo de Trabajo en el sitio oficial de la Academia Brasileña de Ciencias, encontramos –una vez más– la idea de que el bienestar fundamental de los niños depende de que las madres coloquen en segundo plano sus propios deseos: "Las madres están interesadas en colocar al niño en una guardería, pero el niño no está interesado en quedarse en la guardería, quiere quedarse con la madre. Y desde el punto de vista emocional y afectivo es más interesante que se quede con la madre que en la guardería. Pero la madre a veces tiene que trabajar o tiene sus razones..."[38] En la publicación, esa cita se encaja dentro de una serie de

37   Academia Brasileira de Ciências, *Sumário das conclusões*, ob. cit., p. 2.
38   Academia Brasileira de Ciências, "O que fazer com toda essa informação acumulada?", Rio de Janeiro, 28 de maio de 2009, Reunião Magna, (disponible en http://www.abc.org.br/article.php3?id_article=264 Consulta: abril de 2011).

observaciones sobre la necesidad de inversiones de peso buscando guarderías de calidad y una buena formación para profesionales de la primera infancia. Pero, intercalados a esas observaciones, encontramos también elogios a programas que aprovechan, como Primera Infancia Mejor-Rio Grande do Sul, "la atención médica, que ya hace el trabajo de ir a las casas y tratar con las familias". Bastaría agregar un "componente pedagógico y educacional" a la formación del equipo médico.[39] Podríamos decir que existe cierta distancia entre inyectar "inversiones de peso" en la capacitación de educadores profesionales y agregar "un componente pedagógico" a la formación de monitores de salud para que den "un apoyo a la familia".

Ese tránsito –de un consenso sobre la necesidad de una intervención educativa en la primera infancia para un programa basado en estereotipos muy controvertidos sobre las causas de flagelos sociales como la violencia y la pobreza y el lugar determinante de la madre en el futuro de su hijo– tiene claras consecuencias para la política social. Si para ciertos observadores es menester invertir en la expansión de una red pública de guarderías de calidad, para otros, la preocupación en relación con las guarderías es secundaria y hasta perjudicial. Para ellos, la solución no son las guarderías y sí la mejora del "ambiente familiar" a partir de la educación de las madres.

Esa distinción –sumamente importante– pasa desapercibida en la mayoría de los debates. Véase un artículo periodístico sobre la visita en 2005 de James Heckman a Brasil que hace un zigzag entre las dos políticas.[40] El artí-

---

[39]   Academia Brasileira de Ciências, "O que fazer com toda essa informação acumulada?", ob. cit.

[40]   Heckman *citado em* Erika Klingl, "Exclusão social até na creche", *Correio Braziliense*, Brasília, 17 noviembre de 2005 (disponible http://www. direitos.org.br/index.php?option=com_content&task=view&id=522&It emid=2 Consulta: abril de 2011). Otro ejemplo de entusiasmo de perio-

culo destaca una investigación realizada por la Fundación Getúlio Vargas que enfatiza la importancia de las guarderías: *"Los niños que fueron a guarderías* tienen mejor desempeño en el mercado de trabajo, menos chances de entrar en la criminalidad y hasta dejan de figuran en las estadísticas de embarazo adolescente".[41] Se refiere reiteradamente a la injusticia de falta de cupos en las guarderías públicas, resaltando que la guardería continúa siendo un privilegio de las clases medias urbanas. Pero cuando cita a James Heckman, inspirador del estudio, el artículo escapa de ciertos puntos de consenso –como que la educación precoz influye en la desigualdad de resultados escolares, consolidando la diferencia entre ricos y pobres–hacia un pronunciamiento del economista que se despega completamente de las conclusiones del informe Fundación Getúlio Vargas: "El principal factor de la pobreza, y tengo seguridad de que eso debe ser todavía más verdadero para el caso de Brasil, son las *diferencias en los ambientes familiares* y la influencia de éstas en el desempeño educativo" [énfasis de la autora].[42]

Se pregunta: ¿por qué el ambiente familiar sería particularmente importante en Brasil? ¿El presupuesto sería que los padres y las madres brasileños tratan mal o son indiferentes a sus bebés? (Desde las obras clásicas del historiador Gilberto Freire, observaciones sobre "el niño rey" de las familias brasileñas desmienten esa hipótesis.) ¿O será que Brasil, siendo un país "pobre", no tendría el dinero necesario para invertir en otra forma de educación? (Véanse las estadísticas que revelan que la inversión

---

dista puede ser encontrado en Antônio Gois, "Menor é melhor: Melhor prevenir que remediar", *Folha de São Paulo*, São Paulo, 27 jan. 2004. (disponible http://www1.folha.uol.com.br/folha/sinapse/ult1063u726. shtml Consulta: abril de 2011).

[41]   Fundación Getúlio Vargas, "Educación de la Primera Infancia", ob. cit., p. 2.

[42]   Heckman citado en Erika Klingl, "Exclusão social até na creche", ob. cit.

europea en la primera infancia es cuatro veces mayor que en Brasil.) Así, de la misma forma que existe una jerarquía de clases para educación infantil en Brasil (guarderías para la clase alta, educación a domicilio para los pobres), existiría una diferencia lógica en políticas de educación infantil para los países más y menos desarrollados... Para los primeros, inversiones de peso para asegurar guarderías y centros de educación inicial de calidad. Para los segundos, con la orientación entusiasta de organizaciones internacionales (UNESCO, UNICEF, Banco Mundial), programas "no-formales", "alternativos" y "no-institucionales" con alta inestabilidad y parcos recursos públicos, usando equipamientos y materiales disponibles "en la comunidad", programas que estimulan la permanencia del niño junto a la madre como modelo ideal de cuidado.

En todo caso, el desliz de Heckman parece pasar desapercibido al periodista que a continuación sigue afirmando que más allá de proporcionar un futuro mejor para los niños, las guarderías también permiten a las madres garantizar un espacio en la carrera laboral. Esa curiosa oscilación entre alternativas políticas muy diferentes recuerda la "polivalencia táctica" descripta por Foucault en su análisis de la creciente "visibilidad" de la homosexualidad que se dio a lo largo del siglo XX.[43] "Salir del armario" podría ser vivido por alguien como una emancipación de la moralidad conservadora; pero, al mismo tiempo, la visibilidad de la categoría "homosexual" abría el camino para una mayor vigilancia del comportamiento –sea por parte de médicos y psiquiatras o por militantes gays–. En otras palabras, una misma categoría podía tener efectos contradictorios, casi opuestos, dependiendo del contexto y de quien estaba accionando la categoría. Me parece que la gran importancia

---

[43]   Michel Foucault, *A história da sexualidade*, vol. 1, Rio de Janeiro, Graal, 1977.

atribuida a la "educación infantil" presenta un caso semejante de polivalencia táctica. Si por un lado puede llevar
a políticas para la ampliación del número y la mejoría de
la calidad de las guarderías y de los centros de educación
inicial, permitiendo que las mujeres asuman un papel más
activo en sus comunidades o en el mercado de trabajo, por
otro, puede llevar a políticas que, en nombre del bienestar
infantil, piden la "vuelta" de las mujeres al hogar.

La dimensión moral de estos argumentos se revela
justamente cuando los entusiastas extrapolan los límites
de las "evidencias", atribuyendo poderes a la educación
infantil y prometiendo resultados que están lejos de haber
sido comprobados. Estas extrapolaciones se extienden más
allá de la moralidad materna, hacia la esfera actualmente
muy discutida de la criminalidad y de la seguridad pública.

Cerrando el círculo: punto de partida, punto de llegada

Mustard y Young insisten en que, mientras que los modelos convencionales de salud pública evalúan el bienestar
de los niños en términos negativos (de déficit, patología,
mortalidad), el abordaje de *Early Child Development* enfoca
los aspectos positivos del desarrollo. Es una afirmación
curiosa considerando el espacio dedicado, a lo largo de sus
artículos, a la persistente correlación entre un *Early Child
Development* inadecuado y enfermedades, analfabetismo,
pobreza y violencia. Terminamos nuestra discusión con
un último episodio que involucra al secretario de salud de
Río Grande del Sur y su propuesta de combatir la violencia
social con programas tales como el PIM.[44]

---

[44]   J. Fraser Mustard, "Experienced-based Brain Development", ob. cit.

En 2007, el mismo secretario de salud que inauguró el PIM –en ese momento como estudiante de maestría de genética en medicina/genética– divulgó en los periódicos, junto con sus profesores orientadores, la intención de investigar las raíces de la "mente criminal" a través de exámenes de resonancia magnética en los cerebros de "adolescentes homicidas" encarcelados en instituciones estatales. Trabajaban con la hipótesis de que, entre los miembros de esa población, se habían producido daños cerebrales irreversibles por motivos fisiológicos y sociales. Insistiendo en que esos daños ocurren principalmente durante el período crucial de los primeros tres años de vida, esperaban –como resultado de la investigación– contribuir a las políticas educativas que combaten la violencia social, tratando a los malhechores en potencial "mientras que todavía sean jóvenes".[45]

En las justificaciones del programa Primera Infancia Mejor frecuentemente observamos una asociación entre población objetivo (pobres) y violencia. Afirmar que la educación precoz, tal como se anuncia en el programa de Río Grande del Sur, es eficaz "especialmente en la prevención de la violencia"[46] implica una serie de presupuestos controvertidos: 1) que la violencia ocurre principalmente por causa de patologías psicológicas de los agresores (postura criticada por quienes enfatizan causas sociales y económicas), 2) que esa patología es el resultado de experiencias en los primeros años de vida (postura criticada por los que subrayan la importancia de la educación continua a lo largo de la vida), 3) que la forma más eficaz de garantizar una buena educación infantil es mejorar el amor y los cuidados maternos (postura criticada

---

[45] "First Steps: Catch them Young" fue el título de un documental hecho por la *British Broadcasting Company* (BBC) sobre el programa Primera Infancia Mejor y sus beneficios.

[46] Secretaría de Salud "Noticias", 24 de noviembre de 2008 (disponible, http://www.saude.rs.gov.br/wsa/portal/index.jsp?menu=noticias&cod=34216 Consulta: abril de 2011).

por educadores y feministas que apuestan a las guarderías y
centros de educación inicial de calidad). Quienes rebaten ese
razonamiento afirman que hay justificación suficiente para
realizar inversiones de peso en educación infantil sin recurrir
a la hipótesis simplista sobre violencia; que la educación
infantil es parte de un sistema educativo que exige políticas
vigorosas en todas las etapas;[47] y que el cariño es elemento
fundamental en la red de cuidadores que deben incluir la
opción para todos de guarderías de calidad con educadores
especializados en primera infancia.

Las divergencias entre esas dos líneas analíticas se extienden más allá de la retórica, al diagnóstico de "problemas
sociales" y a la definición de políticas para solucionarlos.
Por ejemplo, en el caso de los jóvenes infractores, muchos
cientistas sociales pondrían el énfasis en el contexto que
generó en el individuo el comportamiento delictivo. Por
lo tanto, buscarían medidas para cambiar ese contexto (a
través de intervenciones educativas o terapéuticas con el
propio individuo), apuntando a la necesidad de prevenir
nuevas transgresiones a través de políticas públicas de
empleo, educación, etc. Cuando por otro lado, la transgresión es asociada al propio sujeto –por causa de daños
cerebrales, por ejemplo– parece no haber otra solución
que la contención permanente del transgresor –sea por
encarcelamiento o por medicalización–.

Las investigaciones médicas sobre violencia generalmente incluyen la consideración de "factores ambientales".
Sin embargo, esas consideraciones vienen entrelazadas con
perspectivas teóricas –en este caso, sobre los "períodos cru-
ciales" de aprendizaje– que traen embutidas conclusiones

---

[47]   En el ranking de Desarrollo Educativo, Brasil ocupa el 88° lugar entre
los 128 países examinados. Se estima que en el cuarto grado, 60% de
los estudiantes todavía no logran leer textos básicos. Véase UNESCO,
Desarrollo Educativo, 2009.

que minimizan la relevancia de esos mismos factores para el "tratamiento" del problema. Y, como nos recuerdan observadores críticos (incluso algunos del área de neurociencias), tal perspectiva llega peligrosamente cerca de visiones eugenistas del siglo XIX, desplazando apenas levemente el determinismo, de los genes para el vientre o el pecho de la madre. Además carga connotaciones estigmatizantes: por causa de carencias materiales y afectivas en los primeros años de vida, poblaciones enteras permanecen irremediablemente subdesarrolladas desde el punto de vista cerebral.[48] En fin, como intenté demostrar a lo largo del artículo, las "verdades científicas" del debate no pueden ser entendidas sino llevando en consideración las premisas morales y las opciones políticas sobre las cuales son construidas.[49]

No es de admirarse que, durante las discusiones que siguieron a la primera publicidad dada al proyecto de investigación sobre "adolescentes homicidas", era posible identificar los mismos dos bloques que descubrimos en el inicio de este trabajo: por un lado, psicólogos y cientistas sociales y, por otro, médicos e investigadores de las áreas biológicas. Y, como en el caso de la educación infantil, aparecieran profundas diferencias entre los dos lados del debate, no solamente disciplinares, sino fundamentalmente políticas. La oposición era una ilustración viva de la idea, persistentemente reiterada por investigadores contemporáneos, de que la ciencia no se separa de la política.[50] Nuestras opciones teóricas y metodológicas son simultáneamente opciones políticas que revelan y refuerzan una visión particular de la sociedad.[51]

---

[48]   Ver John Bruer, ob. cit.

[49]   Isabelle Stengers y Olivier Ralet "Drugs: Ethical choice", ob. cit.

[50]   Bruno Latour, ob.cit.; y Sheila Jasanoff (org.), *States of Knowledge: the Co-production of Science and Social Order,* New York, Routledge, 2004.

[51]   Claudia Fonseca, "Que ética? Que ciência? Que sociedade?", Soraya Fleischer e Patrice Schuch (comp.), *Ética e regulamentação na pesquisa antropológica,* Brasília/UnB, Letras Livres, 2010. pp. 39-70.

TERCERA PARTE

BIENESTAR Y CUIDADOS: POLÍTICAS DE INFANCIA, COMUNIDADES Y FAMILIA

LA LABOR DE LA COMISIÓN NACIONAL DE AYUDA ESCOLAR (1938-1943): "ENCARAR LA ACCIÓN EN SU VERDADERO CONCEPTO DE IMPERATIVO SOCIAL"

María José Billorou

Este trabajo examina el surgimiento y la consolidación de políticas nacionales de protección y de asistencia de los alumnos, a partir de 1938, con la creación de la Comisión Nacional de Ayuda Escolar compuesta por el Ministro de Justicia e Instrucción Pública, el presidente del Consejo Nacional de Educación y el presidente del Departamento Nacional de Higiene. La sanción de la Ley de Protección a los niños en edad escolar (ley 12.558) estableció como prioridad la asistencia médico-escolar, "especialmente en las provincias del Norte y territorios nacionales".

El impacto de estas políticas en el territorio nacional de La Pampa, particularmente de sus instrumentos primordiales, los comedores, las escuelas-hogares y la atención médica, permite develar el protagonismo de los distintos agentes estatales, las relaciones suscitadas entre las diferentes jurisdicciones –nacional, provincial y municipal– así como el papel de la comunidad en la ejecución concreta de políticas públicas. Las memorias de la Comisión, los informes del Consejo Nacional de Educación, las Memorias de los gobernadores, los periódicos territorianos muestran un entramado de actores y prácticas que constituyen las nuevas políticas en pos de los escolares indigentes.

La preocupación por la salud de los escolares

El sistema educativo argentino incorporó desde sus orígenes conocimientos y prácticas provenientes del campo de la salud. En efecto, la Ley 1420 preveía en su articulado que la instrucción debía estar acorde a los principios de la higiene.[1] La socialización política, propósito central del sistema, implicó la adquisición de determinadas conductas, entre ellas la fidelidad a la patria, la moralidad en las costumbres y la virtud ciudadana, que podían concretarse a través de la fortaleza física, el coraje, la destreza y la cultura del trabajo. Por lo tanto, la escuela incorporó la enseñanza de la higiene, de la educación física y del trabajo manual con el objetivo de lograr los ideales propuestos.[2]

La estructura que surgió de la implementación de la Ley 1420 posibilitó que el discurso médico higienista impactara en la escuela, en especial a partir de la elaboración de los programas y de los textos escolares, los cuales transmitieron una representación del cuerpo y de los saberes acerca de él. De esta manera, las instituciones educativas y el colectivo médico generaron un estrecho vínculo que les permitió desarrollar su función específica. La estructura educativa utilizó el andamiaje teórico del higienismo para divulgar a través de la enseñanza hábitos, rutinas y conductas orientadas al cuidado de la salud y el cuerpo.[3] Al mismo tiempo, los médicos higienistas intentaron mo-

---

[1]   María Silvia Di Liscia, "Médicos y maestros. Higiene, eugenesia y educación en Argentina, 1880-1940", en Graciela Nélida Salto y María Silvia Di Liscia (ed.), *Medicina y educación en la Argentina: imágenes y prácticas (1880-1940)*, Buenos Aires, EdulPam, 2004, p. 39.

[2]   Lucía Lionetti, *La misión política de la escuela pública: educar al ciudadano de la república (1870-1916)*, Buenos Aires, Miño y Dávila, 2007.

[3]   El higienismo elaboró un discurso médico-científico que legitimó prácticas modernizadoras a la vez que disciplinarias del cuerpo social. Véase Diego Armus, "El descubrimiento de la enfermedad como problema social", en Mirta Lobato (dir.), *El progreso, la modernización y sus límites*

nopolizar la mayor cantidad de instituciones estatales posibles, entre las cuales privilegiaron las escolares, para transmitir su credo científico. El saber higienista buscó, más que enseñar conocimientos anatómico-fisiológicos sobre el cuerpo, imponer prácticas reguladoras sobre las conductas tanto individuales como sociales.

Esta vigorosa relación entre educación e higiene impulsó, a finales del siglo XIX, la creación de agencias específicas. En 1888 se estableció de forma definitiva el Cuerpo Médico Escolar. Sin embargo, durante los años subsiguientes, entre 1899 y 1902, el personal del Cuerpo Médico Escolar, constituido por un director y nueve médicos, resultó insuficiente para atender la salud de los escolares porteños, que eran más de 500.000; recién en 1915, cada uno de los veinte consejos escolares de la ciudad contó con un médico escolar.[4] Su presencia buscaba tanto garantizar la vigilancia de las normas higiénicas institucionales como el control de la salud de docentes y alumnos. Esta última función los invistió de un poder notable dentro de la vida escolar: la certificación de buena salud era indispensable para ingresar y permanecer en los diferentes niveles del sistema, tanto para los alumnos como para los docentes.[5]

La creación del cuerpo de Visitadoras de Higiene Escolar en 1929 amplió el personal disponible con la integración de personal auxiliar dedicado fundamentalmente a las funciones de asistencia educativa y social. Las visitadoras actuaban como eficaces intermediarias entre médicos y familias. A través de su acción, buscaban lograr un contacto permanente y continuo con aquellos

---

(1880-1916). *Nueva historia argentina.* Tomo 5, Buenos Aires, Editorial Sudamericana, 2000.

[4] María Silvia Di Liscia, "Médicos y maestros. Higiene, eugenesia y educación en Argentina, 1880-1940", ob. cit., pp. 41-42.

[5] Lucía Lionetti, *La misión política de la escuela pública: educar al ciudadano de la república (1870-1916),* ob. cit.

niños cuyo crecimiento se encontraba más alejado de la
supervisión y el control médico.

El desarrollo institucional y profesional consolidó
una especificidad en los conocimientos médicos, la higiene escolar, que se ocupaba "de todos los factores" que
influían "sobre la salud o el desarrollo físico y psíquico
del niño escolar". De esta manera, no sólo se preocupaba
"del crecimiento y alimentación así como combate las
enfermedades propias de este período de la vida", sino
que incorporaba como parte constitutiva de su saberes
y acciones el "desarrollo psíquico e higiene mental del
niño".[6] Por lo tanto, la higiene del escolar, tendía no sólo
a la "salud corporal" y a la "espiritual" sino también indicaba "las medidas preventivas de las enfermedades" que
amenazaban a la población escolar y determinaba "los
medios apropiados para asegurar el desarrollo del cuerpo y
el descanso de la inteligencia".[7] La realización en noviembre de 1937 del Primer Congreso de Higiene Escolar en la
ciudad de La Plata organizado por la Dirección General
de Escuelas de la provincia de Buenos Aires demostraba
tanto la afirmación de una nueva especialidad dentro de la
medicina que convocaba a facultativos escolares argentinos y extranjeros, como la importancia que adquiría en la
estructura del sistema. El temario contenía los principales
aspectos de preocupación para las autoridades educativas:
en primer lugar los medios más adecuados para combatir la
tuberculosis desde la escuela; en segundo, la alimentación
deficiente de los escolares, los comedores escolares, las
colonias de vacaciones; como tercer punto la enseñanza
de los niños anormales en edad escolar; en cuarto lugar el

---

[6]   Antonio Casanave, *Higiene*, Buenos Aires, Editorial Luis Lasserre, 1950,
     p. 285.
[7]   Germinal Rodríguez, *Compendio de demofilaxis*, Buenos Aires, López
     & Etchegoyen, editores, 1955, p. 211.

seguro escolar obligatorio para los maestros de escuela, y finalmente la mejor forma de prestar asistencia médica y odontológica los alumnos de la campaña.[8]

Las autoridades educativas nacionales otorgaron, dentro del entramado de relaciones entre salud y educación, una función muy clara al personal docente, el "primer encargado de hacer cumplir los preceptos higiénicos". Varios quehaceres se incorporaron a la tarea educativa como inherentes a ella: acciones concretas sobre el espacio como "velar para que se mantengan las condiciones higiénicas en la escuela, vigilar la aireación del aula", la intervención directa sobre los alumnos al "alejar a los niños sospechosos de enfermedades contagiosas", además de pautas para un mejor desarrollo de la labor pedagógica tales como "evitar el cansancio mental de los niños, mediante la intercalación de recreos oportunos durante las horas de clase, hacer cumplir los preceptos de aseo personal".[9]

Así, en las primeras décadas del siglo XX, las funciones sanitarias desarrolladas por los docentes se extendieron: a la prevención tradicionalmente realizada a partir de la educación y difusión de principios higiénicos se sumaron nuevas actividades en torno a la inspección y al relevamiento higiénico. Los maestros y las maestras efectuaron distintas tareas acordes a este objetivo: la inspección de la salud de los escolares en función de la detección de enfermedades, la desinfección de las aulas, la distribución de remedios y la vacunación. En el inicio de la década de 1930, las educadoras, mayoritariamente a cargo de los grados iniciales, elevaban la nómina tanto de niños no

8   *El Monitor de la Educación Común. Órgano del Consejo Nacional de Educación,* año LVI, n° 776, agosto de 1937.
9   Antonio Casanave, *Higiene,* Buenos Aires, Editorial Luis Lasserre, 1950, p. 285.

vacunados como de aquellos que requerían de ropa, como parte de su tarea docente.[10]

Las autoridades nacionales responsables del sistema de salud incentivaron e impulsaron estas acciones. El Presidente del Departamento Nacional de Higiene solicitaba regularmente al Presidente del Consejo Nacional de Educación la participación de "los directores y maestros en la colaboración de la obra sanitaria" realizada por el Departamento, especialmente en el interior del país. En abril de 1937, su objetivo se centraba en la incorporación de maestros de las escuelas de provincias y territorios[11] en la lucha contra el paludismo y la anquilostomiasis, ya que su contacto directo con la población infantil permitía condiciones inmejorables para la distribución metódica de la medicación correspondiente bajo la supervisión médica.[12]

En septiembre de 1939, se reiteraba el pedido ya que se habían realizado "insistentes gestiones" ante el "personal docente a su cargo sin que haya podido obtener la colaboración solicitada", en particular en la atención del paludismo. El Consejo Nacional de Educación resolvió, con la emisión de la Circular n° 38 de la Inspección General de Territorios del 28 de septiembre de 1939, movilizar la estructura burocrática educativa a través de la figura del Inspector quien "tomará las medidas necesarias a los efectos" de que el personal directivo y docente "preste en todos los casos la colaboración que requiera el departamento Nacional

---

[10]   Archivo Escolar, Notas elevadas por la maestra Desideria Ibarra al Director de la Escuela n° 59, Alfredo Suárez Verdier. Colonia Santa María, Territorio Nacional de la Pampa, 14 de abril de 1932.

[11]   Para la lucha antipalúdica se solicitaba la colaboración del personal docente de Jujuy, Salta y Tucumán, en el caso de la anquilostomiasis se requería la asistencia de los educadores de Corrientes, Misiones y Chaco.

[12]   *El Monitor de la Educación Común. Órgano del Consejo Nacional de Educación*, año LVI, n° 772, abril de 1937.

de Higiene".[13] Esta decisión no sólo demostraba el peso y
la autoridad efectiva del Inspector dentro de la jerarquía
profesional docente sino también la importancia obtenida
por la red de agentes estatales dentro de su jurisdicción
directa, los directores y los maestros. El Estado nacional
contaba exclusivamente con ellos para llevar adelante las
políticas sociales en gestación.

Los maestros habían incorporado claramente los principios del discurso médico que reconocieron las dimensiones sociales de ciertas enfermedades y la necesidad de
unir atención médica con asistencia social; así, se definió
el programa de acción de diversas agencias estatales y de
numerosas organizaciones privadas, todas ellas de algún
modo involucradas en la lucha contra la tuberculosis, el
paludismo, las enfermedades venéreas o la protección de la
infancia.[14] De esta manera, la adhesión a este nuevo ideario
de la "medicina social" amplió el ámbito profesional educativo, a través de la gestación de nuevas políticas sociales,
funciones sanitarias y asistenciales que no entraron en
contradicción sino que reforzaron el mandato fundacional,
eje de la tarea pedagógica, de "educar al soberano". Este
propósito de socialización política concebía al ciudadano
capacitado para moverse en todos los aspectos de la vida
social; por lo tanto, se creía que la fidelidad a la patria, la

---

[13] Circular n° 19, Inspección Seccional Séptima, Santa Rosa, Territorio
Nacional de la Pampa, 10 de noviembre de 1939; Archivo Escolar Escuela
n° 59 del Territorio Nacional de La Pampa, Colonia Santa María.

[14] Diego Armus y Susana Belmartino, "Enfermedades, médicos y cultura
higiénica", en Alejandro Cattaruzza (dir.), *Crisis económica, avance del
estado e incertidumbre política (1930-1943)*, Nueva Historia Argentina,
tomo 7, Buenos Aires, Sudamericana, 2001, p. 324; Susana Belmartino,
"La emergencia del estado social en la Argentina: construcción de nuevas
relaciones Estado/sociedad en salud", en Adriana Álvarez, Irene Molinari
y Daniel Reynoso (eds.), *Historias de enfermedades, salud y medicina
en la Argentina del siglo XIX-XX*, Mar del Plata, Universidad Nacional
de Mar del Plata, 2004, p. 272.

moralidad en las costumbres y la virtud ciudadana podían concretarse a través de la fortaleza física, el coraje, la
destreza y la cultura del trabajo. La escuela incorporó la
enseñanza de la higiene, de la educación física y del trabajo
manual con el objetivo de lograr los ideales propuestos.[15]

La complejidad de las ocupaciones destinadas a los
maestros no sólo desnudaba las necesidades del sistema
educativo sino la escasez de centros de salud, de médicos y
de otros técnicos sanitarios. En la primera década del siglo
XX, no había más de uno o dos médicos por jurisdicción,
ya que muchos profesionales preferían las posibilidades
económicas o de perfeccionamiento brindadas en las urbes
del litoral argentino. Hacia 1940, los médicos residentes en
los territorios nacionales eran sólo 409, mientras que las
camas disponibles para sus habitantes sumaban 1494. Estas
cifras indicaban una debilidad institucional muy marcada
en estas áreas del interior argentino.[16]

A pesar de la creación el 6 de septiembre de 1929 del
Servicio Médico Escolar de Provincias y Territorios,[17] el
Consejo no pudo llevar adelante la puesta en práctica de
la estructura requerida. El ambicioso proyecto no contaba
con los recursos imprescindibles para su ejecución; en
consecuencia, los cargos de los médicos escolares locales
tendrían "provisionalmente carácter honorario hasta su
inclusión en el presupuesto a razón de $200 m/n mensuales

---

[15]   Lucía Lionetti, *La misión política de la escuela pública*, ob. cit.
[16]   Ernesto Bohoslavsky y María Silvia Di Liscia, "La profilaxis del viento.
       Instituciones represivas y sanitarias en la Patagonia. Argentina, 1880-
       1940", *Asclepio. Revista de Historia de la Medicina y de la Ciencia*, 2008,
       vol. LX, n° 2, julio-diciembre de 2008, p. 197.
[17]   Archivo Escolar Escuela n° 59 del Territorio Nacional de La Pampa,
       Colonia Santa María, Expediente 16493-P-1929, Circular n° 20, Inspec-
       ción Seccional de Escuelas, Seccional Séptima, Santa Rosa, Territorio
       Nacional de la Pampa, 20 de septiembre de 1929.

en concepto de indemnización y viático".[18] A esto se sumó el conocimiento seguro que existían poblaciones donde no era "posible obtener la radicación de facultativos". En esos casos, se recurría a maestras de la escuela de la localidad que se hubieran diplomado como Visitadoras de Higiene.[19] La búsqueda de una alternativa, en los orígenes de la nueva estructura, indicaba su fragilidad de origen, agravada en tanto las maestras visitadoras también constituían una *rara avis*.

El 2 de mayo de 1934, el Consejo Nacional de Educación modificó los servicios médicos escolares; su reorganización reflejaba las limitaciones y las dificultades permanentes que atravesaban la creación de un sistema asistencial para atender la salud de los escolares argentinos.[20] Cuatro años después, las autoridades educativas señalaban que "los servicios médicos que dependen del Consejo Nacional en provincias y territorios" eran "absolutamente nulos", ya que habían sido "confiados a profesionales que lo prestan *ad honorem*" y por lo tanto la reglamentación a la que debían ajustarse era "letra muerta". Este diagnóstico justificaba la necesidad del mejoramiento de los servicios médico-escolares en las escuelas de provincias y territorios. La Inspección Médica Escolar aumentaba su personal a partir de la institución de nuevas figuras: médicos inspectores seccionales, médicos de zona, dentistas viajeros y visita-

---

[18]   La media de los salarios industriales en el mismo año era de $130 m/n. Véase, Mario Rapoport, *Historia económica, política y social de la Argentina (1880-2000)*, Buenos Aires, Macchi, 2000, p. 273.

[19]   Archivo Escolar Escuela n° 59 del Territorio Nacional de La Pampa, colonia Santa María, Circular n° 20, Inspección Seccional de Escuelas, Seccional Séptima, Santa Rosa, Territorio Nacional de la Pampa, 20 de septiembre de 1929.

[20]   Archivo Escolar Escuela n° 59 del Territorio Nacional de La Pampa, colonia Santa María, Expediente -8364-I-1934, Circular n° 13, Inspección Seccional de Escuelas, Seccional Séptima, Santa Rosa, Territorio Nacional de la Pampa, 19 de junio de 1934.

doras escolares. Sin embargo, la "posibilidad de contar con los recursos que hicieran factible su regular e inmediato funcionamiento" requería de la inclusión de la partida correspondiente en el presupuesto del organismo estatal o de la asignación de fondos a la recién sancionada ley de "Protección a los niños en edad escolar. Instituciones complementarias de la educación común" (n° 12558).[21] A pesar de las limitaciones de personal, de presupuesto y de legislación, desde su creación el Cuerpo Médico Escolar, convertido en Inspección Médica Escolar, sostuvo una serie de iniciativas en la ciudad de Buenos Aires para plasmar el principio de "si se quiere dar instrucción al niño, es preciso antes cuidar su salud".[22]

La acción social del Consejo Nacional de Educación

Las primeras instituciones creadas fueron las *escuelas al aire libre*. Bajo el estímulo de notorios higienistas como Emilio Coni, Genaro Sisto y Augusto Bunge, su implementación efectiva y generalizada se debió a la acción del Dr. José María Ramos Mejía en el Consejo Nacional de Educación.[23] Las escuelas desarrollaban sus actividades de septiembre a mayo, en espacios verdes de la ciudad; las dos primeras funcionaron en 1912 en el Parque Lezama y en el

---

[21]   Expediente 26114-P-1938. "Asistencia médica de la población infantil del interior", *El Monitor de la Educación Común. Órgano del Consejo Nacional de Educación,* año LVIII, n° 791, noviembre de 1938, pp. 96-97.

[22]   "El hogar escuela Alberto R. Maggi", *El Monitor de la Educación Común. Órgano del Consejo Nacional de Educación*, año LIX, n° 805, enero de 1940, p. 96.

[23]   Este médico activo defensor de las ideas eugénesicas que consideraban tanto la herencia como el ambiente y la nacionalidad, elementos claves de la salud de la población, se convirtió en el gestor de las nuevas instituciones. Lucía Lionetti, *La misión política de la escuela pública...,* ob. cit., p. 277.

Parque Avellaneda y recibieron, según los años, entre 700 y 1.000 niños. Hacia 1936, seis escuelas funcionaban en la ciudad a las que concurrían 2500 alumnos y el Consejo Nacional de Educación proyectaba la creación de otras dos que atendieran a 500 niños.[24] Sus prácticas apuntaban al fortalecimiento del cuerpo, al contacto intenso con el aire y el sol, al desarrollo de hábitos cotidianos de disciplina, higiene personal, conducta y a una alimentación adecuada. La educación formal no era prioritaria, en tanto se la concebía como imposible hasta que no se lograra la recuperación fisiológica del niño.[25]

Una segunda serie de actividades se orientó a mejorar la alimentación de los escolares y abarcó desde la entrega de alimentos hasta la organización de comidas.[26] En pocos años, las autoridades educativas, estimuladas por la acción de estudios nutricionales elaborados por el Cuerpo Médico Escolar fundaron instituciones más complejas para asistir esta situación; consecuentemente, en el año 1926 se presentó el proyecto de creación de cantinas escolares, las primeras seis fueron inauguradas en 1928 donde

---

[24]   Arturo Gonzales, *Acción Social Del Consejo Nacional de Educación*, Buenos Aires, Asociación de Ex Alumnos Manuel Augusto Montes de Oca, 1936, p. 17.

[25]   Diego Armus, *La ciudad impura. Salud, tuberculosis y cultura en Buenos Aires, 1870-1950*, Edhasa, Buenos Aires, 2007, pp. 97-98.

[26]   En 1906, en la Ciudad de Buenos Aires, la escuela 14 del distrito escolar n° 1 estableció la "copa de leche" a instancias de su directora, la Srta. Albertina Pons y el Dr. Genaro Sisto. Así, comenzó la distribución de un vaso de leche por día a los alumnos. Al mismo tiempo, con el mismo objetivo surgió la "miga de pan" que entregaba un panecillo junto al vaso de leche. El fin de suministrar comidas adicionales, a veces un desayuno, otras veces una refección ligera en la mañana, lo constituía la prevención de la desnutrición. María José Billorou, "El surgimiento de los comedores escolares en La Pampa en crisis", *Quinto Sol. Revista de Historia Regional*, año 12, n° 12, Santa Rosa, Universidad Nacional de La Pampa, Instituto de Estudios Socio-Históricos, 2008.

se asistía a 1800 niños.[27] En ellas se les proporcionaban algunos alimentos, como una copa de leche, un plato de sopa o un panecillo.[28] El número de cantinas escolares creció para dar respuestas a las necesidades detectadas; hacia 1930 sumaban 46 y concurrían a ellas 13.800 niños.[29] Conjuntamente, en la Ciudad de Buenos Aires, "la copa de leche" y la "miga de pan" se habían generalizado; así, las recibían "230.000 niños o sea la totalidad de los concurrentes a las escuelas" estatales.[30]

A pesar de la supresión de las cantinas escolares en diciembre de 1930 con el argumento "del enorme gasto que su mantenimiento exigía",[31] dos años después el Consejo Nacional de Educación creó y financió, para atender las necesidades de las escuelas porteñas más urgidas,[32] 10 comedores que brindaban un almuerzo de 3 platos a 150 niños en ambos turnos de lunes a sábado. La sanción de la ley 11.597 del 2 de agosto de 1932 consolidó su funcionamiento y permitió ampliar su número: en 1938 funcionaron 34.[33]

---

[27]   Cada una brindaba alimentos complementarios a 300 niños.

[28]   Antonio Casanave, *Higiene*, ob. cit., p. 288

[29]   En octubre de 1930, sólo se habían inaugurado 39, cada una atendía a 300 niños en dos turnos. Expediente 45341, sesión n° 53, 3 de octubre de 1930 en *El Monitor de la Educación Común. Órgano del Consejo Nacional de Educación*, año L, n° 693 a 696, septiembre a diciembre de 1930, p. 62.

[30]   Enrique Olivieri, "Alimentación de los escolares en Buenos Aires", *Boletín de la Oficina Sanitaria Panamericana*, año 10, n° 7, julio de 1931, p. 852.

[31]   José Antonio De Vita, *Las cooperadoras escolares y la enseñanza primaria*, La Razón Buenos Aires, 1934, p. 160.

[32]   Los primeros comedores funcionaron en los barrios más pobres; dos en los barrios de Liniers, Mataderos y Villa Lugano, dos en Chacarita, dos en Nueva Pompeya y en Barrios de la Quema de Basuras, uno en Villa del Parque, uno en Villa Urquiza, uno en el Bañado de Flores y el restante en la Boca y en Barracas.

[33]   Mediante esta ley se estableció el mecanismo de financiamiento de los comedores escolares: la institución de un gravamen sobre "las fracciones centesimales de los dividendos de las carreras que no terminen en cero". El dinero debía ser depositado por el Jockey Club al orden del Consejo

La supervisión y dirección de la red de instituciones alimentarias recayó en la Inspección Médica Escolar, que desde estas instituciones comenzó un programa más amplio de protección a la salud infantil. Los médicos escolares de distrito visitaban los comedores periódicamente, vacunaban y realizaban exámenes médicos a todos los concurrentes que incluían observación de peso, examen visual y odontológico. A los escolares enfermos se los derivaba a los consultorios seccionales y de especialidades que funcionaban en la Inspección Médica Escolar. Estos datos junto con aquellos provenientes de su ámbito familiar y social se registraban en una ficha individual. Las Visitadoras de Higiene Escolar de Distrito, encargadas de la dirección de los Comedores, desarrollaban numerosas actividades. En primer lugar, aquellas relacionadas con el funcionamiento cotidiano de la institución. En segundo lugar, auxiliaban y colaboraban con los médicos tanto dentro como fuera del comedor a través de la realización de las visitas domiciliarias de las familias de los niños asistentes para conocer su situación. Estas mujeres actuaron como eficaces intermediarias entre médicos y familias. A través de su acción, se lograría el contacto con aquellos niños cuyo crecimiento se encontraba en riesgo y requería un seguimiento continuo en pos de su cuidado higiénico-científico. Finalmente, llevaban adelante tareas de educación sanitaria que abarcaban tanto la organización de recreos educativos como clases de urbanidad y buenas maneras y de higiene para los alumnos concurrentes, para sus padres y para los vecinos de la zona.

En 1937, el municipio de la ciudad y la provincia de Buenos Aires organizaron una red de comedores a su cargo.

Nacional de Educación. "El problema de la alimentación del escolar" en *El Monitor de la Educación Común. Órgano del Consejo Nacional de Educación*, año LVIII, n° 791, noviembre de 1938, p. 5.

220

En la ciudad se implementaron los primeros comedores escolares municipales mientras en la provincia de Buenos Aires, a través del Consejo General de Educación, se resolvió fundar un comedor escolar en cada ciudad cabecera de distrito.[34] Paulatinamente, las nuevas instituciones de alimentación escolar se difundían fuera de la Ciudad de Buenos Aires.

Un tercer grupo de medidas se centró en la organización de colonias de vacaciones. El establecimiento de "colonias de mar, llanura y montaña" siguiendo ejemplos europeos como "medio irremplazable de defensa contra los males" que enfrentaba la población escolar se desarrolló desde 1935 con la instalación de las 3 primeras.[35] Un año después se contaba con 6 colonias de vacaciones que funcionaban en locales propios construidos por el Consejo Nacional de Educación en la provincia de Buenos Aires, Mar del Plata, Baradero, Tandil, San Antonio de Areco y en la provincia de Córdoba en Alta Gracia y Huerta Grande.[36] Sus actividades se desplegaban bajo la dirección del Cuerpo Médico Escolar y concurrían niñas y niños de 8 a 12 años, una gran parte de los escolares asistentes a los comedores escolares. En las vacaciones de 1936-1937 asistieron 6240 y las autoridades educativas proyectaban la asistencia, para el período 1937-1938 de 11.120 niños de las escuelas de la Capital y las provincias.[37]

[34] Sergio Britos *et al.*, *Programas alimentarios en Argentina*, Buenos Aires, Centro de Estudios sobre nutrición infantil, 2003, p. 15.
[35] "La obra social del Consejo Nacional de Educación", *El Monitor de la Educación Común. Órgano del Consejo Nacional de Educación*, año LVIII, n° 791, noviembre de 1938, p. 70.
[36] Arturo Gonzales, Acción Social Del Consejo Nacional de Educación, ob. cit., pp. 19-20.
[37] "Resumen de la obra realizada por Consejo Nacional de Educación, 19 de noviembre de 1933-1 de noviembre de 1937", *El Monitor de la Educación Común. Órgano del Consejo Nacional de Educación,* año LVII, n° 779, noviembre de 1937, pp. 11-12.

Por último, el Cuerpo Médico Escolar buscó "la educación sanitaria de la población" mediante la creación de la Clínica de Nutrición en 1927 como un consultorio dentro de sus servicios. Dirigida por la Dra. Perlina Winocur, su función se orientaba a "difundir entre maestros, padres y alumnos, los principios de una dietética racional y científica". Las Visitadoras ubicadas en cada distrito escolar derivaban a aquellos niños "hipo nutridos" acompañados por el padre o por la madre a la Clínica de Nutrición; luego del examen médico se indicaba el tratamiento adecuado.[38] La obligación de concurrir semanalmente a la institución aseguraba tanto la continuidad del régimen como el seguimiento del peso del escolar. Una vez alcanzados los objetivos propuestos se lo consideraba "graduado", aunque el vínculo con la institución no cesaba, pues debía asistir una vez por mes para comprobar su estabilidad en la magnitud alcanzada.[39]

Sin embargo, la extensión de la obra del Consejo Nacional de Educación más allá de las escuelas de la Ciudad de Buenos Aires requería no sólo de mayores recursos, materiales y humanos, sino de la puesta en práctica de un entramado institucional que incluyera a la totalidad de los escolares del país.

La organización de la Comisión Nacional de Ayuda Escolar: "No se puede hacer una división teórica entre asistencia y educación"[40]

En pocos años, la salud de los escolares se convirtió, gracias a la acción de diferentes organizaciones, en una

---

[38]   Los niños cuyo déficit pondoestatural fuera del 10% de acuerdo a las tablas elaboradas por la Clínica recibían dicha clasificación.

[39]   "Resumen de la obra realizada por Consejo Nacional de Educación, 19 de noviembre de 1933...", ob. cit., p. 19.

[40]   "El hogar escuela Alberto R. Maggi", *El Monitor de la Educación Común. Órgano del Consejo Nacional de Educación*, año LIX, n° 805, enero de

INFANCIAS: POLÍTICAS Y SABERES EN ARGENTINA Y BRASIL

preocupación social que reclamó la intervención estatal. Así, el Estado nacional incorporó el tema en su agenda e intentó articular políticas nacionales y centralizadas de protección a los alumnos indigentes. En este proceso no estuvo ausente la creciente aceptación de la intervención estatal como factor fundamental en el escenario económico y social resultante de la crisis económica de 1930. La regulación estatal de la economía y luego de la promoción social se concretó en un entramado institucional que amalgamó experiencias anteriores a la luz de un nuevo contexto internacional y nacional que convirtió al saber técnico en la piedra basal para la elaboración y la implementación de políticas públicas.[41]

La primera de las medidas ejecutadas desde el Estado, en 1933, fue la constitución de la Junta Nacional de Ayuda al Niño, instituida por La ley 11.838 que autorizaba al Poder Ejecutivo a otorgar un millón de pesos para "socorrer al niño en edad escolar con alimentos y vestidos".[42] La acción de la Junta se centró, desde el año 1935, en la distribución de equipos de vestimenta para niños y niñas de diferentes jurisdicciones. En efecto, ese año se repartieron 24.370 conjuntos. La población escolar de acuerdo a los datos de la Dirección de Personal y Estadística alcanzaba 1.699.814 de alumnos en todo el país, por lo tanto, sólo un 1,4% recibió la ayuda brindada por las autoridades nacionales. A pesar del exiguo número de beneficiarios, la cifra de vestuarios repartidos disminuyó considerablemente con el correr

---

1940, p. 95.

[41] Ana Virginia Persello "Representación política y burocracia estatal: las juntas reguladoras de la producción, 1930-1943" en historiapolitica. com. Disponible en http://historiapolitica.com/digitales/digitales-moira-cristia/ (Consulta:: 23 de marzo de 2011).

[42] Artículo 3º, Ley 11.838. La Junta estaba formada por un delegado del Ministerio de Guerra, del Ministerio de Agricultura, del Banco de la Nación, del Consejo Nacional de Educación, de la Junta de Ayuda Social y por el presidente del Departamento Nacional de Higiene.

de los años; al año siguiente sólo se asignaron 2970, cifra que se triplicó hasta alcanzar 9914 vestuarios durante el año 1937. La asistencia recibida por las provincias y los territorios fue desigual: se privilegió a los territorios y a las provincias del norte, más allá de la cantidad de alumnos que tuviera cada jurisdicción.[43] Esta desigualdad regional se reforzó con la creación de la Comisión Nacional de Ayuda al Niño, ocupada de resolver el problema de la asistencia escolar "en condiciones fisiológicas y de higiene adecuadas" acuciante en algunas regiones del país. La gira del presidente de la Nación Agustín P. Justo por el noroeste develó la situación de una gran parte de los escolares argentinos. En este contexto, se estableció como "deber del gobierno" la instauración de una presencia estatal mayor a través de acciones concretas con el objetivo de "subsanar con urgencia y en salvaguardia de la salud de la raza" esta situación mediante el "arbitrio de recursos suficientes". Por lo tanto se destinó 1.000.000 de pesos para la provisión de alimentos y de ropa para los escolares de las provincias de Córdoba, Tucumán, San Luis, La Rioja, Catamarca, Salta, Jujuy y Santiago del Estero.[44]

La incipiente política estatal de ayuda escolar devino en la necesidad de coordinar la acción de diferentes reparticiones estatales involucradas: el Ministerio de Justicia e Instrucción Pública, el Consejo Nacional de Educación, el Patronato Nacional de Menores, el Departamento Nacional de Higiene y los gobiernos provinciales. De esta manera, una

---

[43] "Resumen de la obra realizada por Consejo Nacional de Educación. 19 de noviembre de 1933-1 de noviembre de 1937", El *Monitor de la Educación Común. Órgano del Consejo Nacional de Educación*, año LVII, n° 779, noviembre de 1937, p. 31.

[44] Decreto 10531-1762 del Poder Ejecutivo Nacional, 10 de mayo de 1937. "Nuevas leyes y decretos nacionales", *El Monitor de la Educación Común. Órgano del Consejo Nacional de Educación*, año LVI, n° 774, junio de 1937, p. 160.

nueva política pública en pos del cuidado de la salud física y moral de la niñez en edad escolar, fundamentalmente en las provincias y en los territorios nacionales, se cristalizó en 1938 a través de dos nuevas herramientas. En primer lugar, se creó la Comisión Nacional de Ayuda Escolar presidida por el subsecretario de Justicia e Instrucción Pública;[45] en segundo lugar, se inició en mayo el trámite legislativo para la sanción, el 14 de octubre de 1938, de la ley de "Protección a los niños en edad escolar. Instituciones complementarias de la educación común" (Ley 12.558).

La legislación dispuso la constitución de una nueva Comisión de Ayuda Escolar, responsable tanto de "la administración de los fondos" como de "la organización de los servicios de asistencia social". Debido a la "naturaleza e intensidad de las tareas" cometidas y la "conveniencia de no recargar excesivamente a los funcionarios", no sólo se amplió sino que varió la conformación de la Comisión, más allá del cambio de denominación. Los nuevos integrantes fueron autoridades de agencias estatales que tenían "relación con los fines específicos de la ley" para facilitar su efectivo cumplimiento.[46] La inclusión de los responsables

---

[45]   Señor Carlos Broudeur e integrada por el presidente del Patronato Nacional de Menores, Doctor Carlos de Arenaza, el vicepresidente Doctor Sylla Monsegur, un miembro vocal del Consejo Nacional de Educación Próspero Alemandri y el subinspector general de Enseñanza Secundaria, Profesor Manuel S. Alier.

[46]   La nueva Comisión Nacional de Ayuda Escolar (Ley 12.588) estuvo presidida por el Ministro o el subsecretario de Justicia e Instrucción Pública debido a que el Ministro de Justicia, Dr. Jorge E. Coll, designó mediante la resolución del 11 de abril de 1939 al Subsecretario, Señor Carlos Broudeur, como presidente. Sus vocales fueron el presidente del Departamento Nacional de Higiene, Dr. Juan Spangenberg, el presidente del Consejo Nacional de Educación, Dr. Pedro M. Ledesma en tanto fue designado tesorero, el vicepresidente del Consejo Nacional de Educación, Doctor Sylla Monsegur y vocal adjunto, el presidente del Patronato Nacional de Menores Doctor Carlos de Arenaza. Decreto 28027 del 4 de abril de 1939. Ministerio de Justicia e Instrucción Pública, Memoria de

del área de salud nacional, ausentes en las Comisiones anteriores, manifestaba la importancia de las políticas sanitarias dentro de las líneas estatales de protección a la infancia escolarizada.

Tradicionalmente, las políticas públicas hacia la infancia estuvieron divididas en dos áreas, las dirigidas a los niños "normales" y las orientadas a los "menores". La Comisión montó un importante engranaje mediante el cual el Estado instauraba una nueva perspectiva que ensamblaba la existencia de estos dos ámbitos escindidos. Al mismo tiempo, amplió su injerencia en el ámbito de la familia y garantizó el control de la salud y de la moral de los niños en el seno de sus familias.[47]

Dos instituciones recibieron especial atención como medios esenciales para atender los requerimientos de la población escolar: los comedores escolares y las escuelas hogares. La acción más rápidamente llevada a la práctica fue la consolidación de los comedores escolares: para los inicios de 1939, se establecieron 635 comedores escolares cuyo desenvolvimiento coincidía en la mayoría de los casos con el ciclo escolar.[48] Esta rapidez ejecutiva se debió a que una gran parte de ellos ya funcionaba bajo la dirección de sociedades cooperadoras u otras asociaciones similares. A partir de esta lógica de administración y funcionamiento, en 1941 se subvencionaron 1435 cooperadoras que brindaban servicios alimentarios mientras que los establecimientos directamente dependientes de la Comisión eran 1324.[49]

---

la Comisión Nacional de Ayuda Escolar, Ley 12.558, año 1939, Talleres Gráficos de Guillermo Kraft.

[47] Isabella Cosse, "La infancia en los años treinta", *Todo es Historia*, año XXXVIII, n° 457, agosto de 2005, pp. 48-57.

[48] Ministerio de Justicia e Instrucción Pública, *Memoria de la Comisión Nacional de Ayuda Escolar. Ley 12.558*, Buenos Aires, Talleres Gráficos de Guillermo Kraft, 1939, p. 35.

[49] Ministerio de Justicia e Instrucción Pública, *Memoria de la Comisión Nacional de Ayuda Escolar. Ley 12.558, año 1941*. Buenos Aires, Talleres

Por lo tanto, el Estado fortaleció instituciones ya existentes, las sociedades cooperadoras, a través del otorgamiento de subsidios y de ayuda directa, y éstas se convirtieron en organismos directos responsables del funcionamiento de los comedores escolares.

En los territorios nacionales la situación presentó algunas particularidades: había una mayor cantidad de instituciones, 95, dependientes directamente del Estado.[50] En gran medida, esta intervención directa del Estado en el sostenimiento de los comedores se debió a la existencia de una gran cantidad de escuelas rurales en los territorios, a la ausencia de grandes centros urbanos y a la existencia de regiones con poca densidad de población, factores que generaron inconvenientes para la organización de instituciones locales que sostuvieran los servicios alimenticios.

En el caso del Territorio Nacional de La Pampa, la brecha entre ambas instituciones disminuyó.[51] La sociedad pampeana, con poblados consolidados, gestores de los primeros servicios de alimentación infantil junto a un conjunto de escuelas y de docentes a lo largo de toda la región, se convirtió en responsable y garante del funcionamiento de las políticas públicas de alimentación de los escolares. El protagonismo que alcanzaron las sociedades cooperadoras pampeanas también queda demostrado por la cantidad de escolares que concurrían a los comedores sostenidos por ellas. En 1941, 3384 niños recibían ayuda alimentaria mediante su acción, mientras que 4214 alumnos asistían a las instituciones dependientes directamente de la Comisión Nacional.[52]

Gráficos de la Penitenciaría Nacional, 1942, p. 33.
[50]   *Ibid.*, p. 32.
[51]   *Ibid.*, p. 24.
[52]   *Ibid.*

El artículo 2º de la Ley 12.558 estableció como prioridad de la Comisión la atención médico-escolar de acuerdo a distintos instrumentos: en domicilio, en consultorio, en los locales de las escuelas, la difusión de disposiciones sobre la prevención, el cuidado y la profilaxis de enfermedades, especialmente las regionales, y la distribución gratuita de medicamentos.[53] Como ya hemos señalado, paralelamente a la aprobación de la legislación en noviembre de 1938, el Consejo Nacional de Educación resolvió la instauración de un servicio de asistencia médica e higiénica en las escuelas de provincias y territorios que implicó la reorganización de los servicios médico-escolares. Aunque la Comisión Nacional de Ayuda Escolar se concibió como un organismo centralizador de políticas asistenciales, en la práctica no pudo imponer su jurisdicción sobre un organismo estatal con una autoridad legitimada a partir de la gestación de la estructura educativa nacional.[54]

Sobre la base de la organización creada por el Consejo en 1938 (médico inspector seccional para cada provincia o territorio, médicos de zona, dentistas y visitadoras) tres años después, el 24 de abril de 1941, la Comisión reglamentó los servicios médicos y odontológicos en proporción a la población escolar y de acuerdo a las posibilidades económicas de la Comisión.[55] Las inspecciones médicas se localizaron en las capitales de los territorios nacionales: Chaco, Misiones, La Pampa, Río Negro, Formosa, Neuquén,

---

[53]   Susana Novick, *Política y población. Tomo 1. Argentina 1870-1989*, Buenos Aires, Centro Editor de América Latina, 1992, p. 107.

[54]   Sobre el papel del Consejo Nacional de Educación ver Lucía Lionetti, *La misión política de la escuela pública: educar al ciudadano de la república (1870-1916), ob.cit.* y Roberto Marengo, "Estructuración y consolidación del poder normalizador: el Consejo Nacional de Educación", en Adriana Puiggros, (dir.), *Sociedad civil y estado en los orígenes del sistema educativo argentino*, Buenos Aires, Editorial Galerna, 1991.

[55]   Ministerio de Justicia e Instrucción Pública, *Memoria de la Comisión Nacional de Ayuda Escolar. Ley 12.558, año 1941*, ob. cit., p. 65.

Chubut, Santa Cruz, Los Andes y en las de las provincias:
Buenos Aires, Catamarca, Córdoba, Corrientes, Entre Ríos,
Jujuy, La Rioja, Mendoza, Salta, San Juan, San Luis, Santa
Fe, Santiago del Estero y Tucumán. La nueva organización
comenzó a actuar un año después. La importancia que
adquirió la función sanitaria en las políticas públicas de
protección a la infancia escolarizada se tradujo desde 1941
en la formación de una Junta Médica Asesora dentro de
la Comisión.[56]

La dilación en la efectiva implementación de los servicios, el número reducido de agentes (21 médicos inspectores, 85 médicos de zona, 68 dentistas y 189 visitadoras)
así como la existencia de una gran proporción de personal
ad honorem (141 médicos –casi duplicaban el monto del
personal a sueldo– y 15 dentistas) indicaban la escasez de
recursos con que contaba el organismo.[57] La escala salarial
establecida para los agentes estatales también denotaba
la tensión entre la perentoria urgencia en la atención de
la salud de los escolares "sin recurrir a grandes gastos". El
salario para inspector médico seccional se fijó "$300 m/n
mensuales", para médicos de zona se dispuso "$250 m/n
mensuales", para los dentistas se determinó "$200 m/n men-
suales" y finalmente, para las visitadoras, se estipuló "$180
m/n mensuales".[58] Las posibilidades de acción concretas
de la estructura gubernamental recibían una constante
presión, por lo tanto, la restricción presupuestaria permitió

---

[56] Presidida por el presidente del Departamento Nacional de Higiene, e
integrada por el Dr. Enrique M. Olivieri, director de la Inspección Médica
del Consejo Nacional de Educación y el Dr. Florencio H. Bazán, jefe de
la Sección Escolar del Departamento Nacional de Higiene, Ministerio
de Justicia e Instrucción Pública, *Memoria de la Comisión Nacional de
Ayuda Escolar; Ley 12.558, año 1941*, ob. cit., s/p.

[57] Ministerio de Justicia e Instrucción Pública, *Memoria de la Comisión
Nacional de Ayuda Escolar; Ley 12.558, año 1941*, ob. cit., p. 76

[58] *Noticias gráficas*, viernes 19 de febrero de 1943.

la incorporación de profesionales médicos como agentes estatales en proporciones reducidas.

Con todo, las dificultades mayores radicaron en la creación de las Escuelas Hogares, instituciones claramente enunciadas en la ley, ya que constituyeron el "aspecto indudablemente interesante de esta obra social pero decididamente el más difícil de realizar y el más costoso de mantener".[59] Se destinó la séptima parte del presupuesto disponible para su realización, 1.105.000 pesos moneda nacional, pero hacia 1941 funcionaban sólo dos instituciones. La primera, la escuela Hogar San Roque en la provincia de Córdoba, fue posible gracias la donación del edificio por un particular, Victor Maggi. La segunda, la Escuela Hogar de Lago Posadas, era una escuela que con anterioridad había tenido el carácter de internado. Recién en 1941 se inició la construcción de cinco establecimientos: dos en el territorio nacional de La Pampa (General Acha y Telén), una en el territorio de los Andes (San Antonio de los Cobres), una en la provincia de Catamarca (Icaño), la última en la provincia de Buenos Aires (General Viamonte) y se finalizó una institución similar en El Bolsón, territorio de Río Negro cuya inauguración se planeaba para 1942. La creación de cinco nuevas escuelas hogares a instalarse en diferentes puntos del país se encontraba en estudio en la Comisión.[60]

En palabras de las autoridades, no había sido "posible encarar" en forma más amplia "uno de los puntos

---

[59]   Aunque se destinó la séptima parte del total disponible para su realización, 1.105.000 pesos moneda nacional, sólo se fundaron dos instituciones. La primera, la escuela Hogar San Roque, fue posible gracias a la donación de un particular, Víctor Maggi; la segunda, la Escuela Hogar de Lago Posadas, era una escuela que con anterioridad tenía el carácter de internado.

[60]   Los destinos en estudio eran Villa Castelli, provincia de La Rioja, San Luis del Palmar, provincia de Corrientes, Tinco, provincia de Santiago del Estero, Río Grande, territorio de Tierra del Fuego y Tres Lagos, territorio de Chubut.

principales" que requería un "vasto plan de construcciones" debido a la escasez de fondos presupuestados para el organismo. La partida anual disponible no alcanzaba entonces ni para la edificación de los establecimientos educativos ni para brindar una complejidad de servicios "alfabetización, alimentación y asistencia médica y dental".[61]

Sin embargo, no sólo dificultades económicas explicaban la lentitud de la instalación de estos tipos de establecimientos educativos. El ministro de Justicia e Instrucción Pública Dr. Jorge E. Coll en el discurso de apertura de la Escuela Hogar San Roque el 23 de enero de 1940 exhibió las críticas recibidas a las políticas estatales de protección a los escolares. El momento de iniciación de "la primera escuela internado que conforme a la Ley 12.558 tendrá a su cargo el Consejo Nacional de Educación" permitió explicar las bases ideológicas de la "cuestión trascendente: ¿corresponde al Estado crear y sostener este tipo de escuela internado?" Las "criticas y objeciones" a las líneas de acción realizadas por las autoridades educativas sostenían que el niño "debe vivir en su hogar y no corresponde al Estado proveer a su alimentación eximiendo a los padres de su responsabilidad" por lo tanto el Estado no debía "sustraer al niño del hogar paterno".

Estas posiciones defendían la tradicional división, como ya hemos sostenido, de políticas públicas hacia la infancia en dos áreas; por lo tanto, los niños que vivían con sus familias bajo su responsabilidad legal no debían ser objeto de la intervención estatal. El ministro las acusaba de ignorantes e indiferentes de "la indigencia de la infancia en nuestro dilatado territorio", de no querer "suficientemente a su patria" e incriminaba especialmente

---

[61]   Ministerio de Justicia e Instrucción Pública, *Memoria presentada al Honorable Congreso de la Nación Reparticiones, Comisiones Nacionales, Universidades Nacionales, año 1941*, vol. 2, ob. cit., p. 19.

a la Iglesia Católica, quien al "dedicarse únicamente a la educación de niños de familias pudientes" olvidaba "el más elevado de los preceptos religiosos, la caridad en Cristo". En su alocución explicaba la trascendencia de las escuelas internados tanto para la niñez rural que no concurría a la escuela por "la distancia y la pobreza" como para la urbana que no asistía por "abandono, indolencia, falta de comprensión de lo que significa el mejoramiento en la condición humana por parte de las personas mayores que conviven con ellos en la ignorancia o el vicio". La máxima autoridad educativa afirmaba que, ante "el panorama de la infancia escolar", asistencia y educación no eran "dos cuestiones ajenas una a la otra".[62]

Algunas conclusiones sobre las políticas de protección a los escolares

En la implementación de políticas de asistencia a los escolares confluyeron dinámicas internacionales y nacionales. En 1938 la creación de la Comisión Nacional de Ayuda Escolar respondió a la nueva concepción de salud positiva y medicina social y recogió una serie de experiencias llevadas adelante especialmente en la Ciudad de Buenos Aires, con un cierto grado de éxito. El Estado buscó generar políticas públicas sostenidas en una visión más sistémica y global de los problemas sanitarios de la población argentina que lo constituyeran en un actor dinámico en pos de su satisfacción.[63] La nueva repartición intentó el establecimiento de una política centralizada de asistencia escolar que generara

---

[62] "El hogar escuela Alberto R. Maggi", *El Monitor de la Educación Común. Órgano del Consejo Nacional de Educación,* año LIX, n° 805, enero de 1940, pp. 93-96.

[63] Susana Belmartino, *La atención médica argentina en el siglo XX. Instituciones y procesos,* Buenos Aires, Siglo XXI Editores, 2005.

una nueva relación entre el Estado nacional, los estados provinciales y los municipios en la Argentina.

Las políticas sociales forjadas por la Comisión Nacional de Ayuda Escolar respondían a necesidades concretas. Desde los orígenes, para llevar adelante su función se convirtió en indispensable la colaboración activa de diferentes instituciones y agentes fuera de su control directo: el Departamento Nacional de Higiene, la Dirección de Maternidad e Infancia, los médicos escolares y de policía, inspectores, directores y maestros y las organizaciones de la sociedad civil.

Los logros y las dificultades del quehacer de la Comisión Nacional de Ayuda Escolar radicaron en la capacidad de organizar una estructura capaz de sostener las complejas acciones proyectadas: los comedores, los servicios médicos-odontológicos y las escuelas-hogares. El presupuesto disponible limitó la cantidad de los agentes; los pocos ingresantes desarrollaban una amplia gama de actividades.

El Estado nacional creó un frágil entramado institucional que depositó, en gran medida, en los maestros su ejecución, con lo que su especificidad se limitó. De esta manera, los docentes se convirtieron en eficaces agentes de la acción estatal como parte del ejercicio de su profesión A partir de los años treinta, aunque "educar al soberano" siguió siendo el aspecto central de la labor docente a ésta se le sumaron, a través de la gestación de las nuevas políticas sociales, funciones sanitarias y asistenciales que, sin entrar en contradicción con las educativas, ampliaron el ámbito de acción profesional, y que resultaban de la adhesión al nuevo ideario de la "medicina social".

La institucionalización de los comedores escolares gracias al otorgamiento de subsidios y a la ayuda a los organismos directamente responsables de su funcionamiento –las cooperadoras– manifestaba el apoyo decidido de las asociaciones civiles que los habían gestado. La atención médica de los alumnos quedó circunscrita a aquellas escuelas en las que pudieron contar con el servicio de profesionales médicos; se evidenció la necesidad de una estructura sanitaria propia para llevar adelante una tarea sistemática y permanente. La creación de las Escuelas Hogares demandaba un esfuerzo de ingeniería social que no sólo iba más allá de los alcances presupuestarios del organismo sino que exhibía con claridad la reformulación y la modernización ideológica de las políticas hacia la infancia.

Más allá de la escasez de recursos humanos y monetarios y de la fragilidad de los nuevos servicios que requirieron de la participación activa de las comunidades para su sostenimiento, la Comisión Nacional de Ayuda Escolar llevó adelante acciones de ayuda social directa a las familias y promovió la intervención del Estado en ámbitos considerados exclusivos de la sociedad civil que transformaron tanto las políticas públicas de asistencia a la niñez como la concepción de la labor educativa. Los alumnos que vivían en el seno de sus familias, tradicionalmente concebidos seguros, cobijados y fuera de los peligros que acechaban a la niñez abandonada, comenzaron a ser considerados destinatarios de la asistencia y de la protección estatal. De esta manera, los tradicionales mecanismos que aseguraban la existencia de una niñez sana y moral se debilitaron; las familias debían ser controladas y supervisadas en pos del bienestar infantil. Una nueva imagen se abría paso: la niñez como única privilegiada.

Vínculos intergeneracionales, familia, escuela y autoridad. Tandil, segunda mitad del siglo XX

Paola Gallo

Introducción

Si la idea general de este capítulo es presentar los resultados arrojados por el trabajo de investigación llevado adelante como parte de mi tesis doctoral, quizás debería aclararse que esta idea funciona en parte como excusa para mostrar, fundamentalmente, cómo llegamos a esos resultados y los interrogantes a los que dio lugar esa primera indagación. En aquel momento, la investigación tenía por objetivo analizar los vínculos de la autoridad intraescolar y sus transformaciones en un período histórico acotado al proceso iniciado con la llegada del peronismo al poder y el fin del autodenominado Proceso de Reorganización Nacional.[1] Como parte de esa tarea, intentamos reconstruir diacrónicamente las dinámicas cotidianas tejidas en torno a la autoridad –y los sentidos y supuestos que la sustentaban– en dos comunidades escolares de Tandil, ciu-

---

[1] *De cómo se construye la autoridad. Representaciones, prácticas y discursos en escuelas primarias de Tandil (1946-1983)*, Tesis de Doctorado, Instituto de Estudios Históricos y Sociales/ Facultad de Ciencias Humanas/ Universidad Nacional del Centro de la Provincia de Buenos Aires, 2008. La realización de la tesis contó con el apoyo de una beca de la Fundación Antorchas y con una beca para culminación de doctorado del CONICET. Parcialmente reelaborada, la tesis fue convertida en libro. Paola Gallo, *Respeto y autoridad en el espacio escolar. Mutaciones y supervivencias de sus valores constitutivos*, Buenos Aires, Libros de la Araucaria, 2011.

dad intermedia de la provincia de Buenos Aires. Para ello, recurrimos al análisis de fuentes documentales halladas en una de las comunidades estudiadas y de fuentes orales, mediante entrevistas realizadas a exdocentes y exalumnos de ambas comunidades.[2]

De manera complementaria al estudio de la dimensión "micro", indagamos sobre la dimensión político-institucional (analizando la legislación y la normativa oficial del sistema educativo), con el fin de considerar su posible impacto en la cotidianeidad escolar y, con ello, en las dinámicas que asumían los vínculos intraescolares de autoridad. A partir de esta indagación fue posible vislumbrar la emergencia, hacia los años sesenta del pasado siglo, de un proceso de *debilitamiento* de los sentidos y de las prácticas que tradicionalmente habían ordenado las relaciones de autoridad entre adultos y niños en el ámbito escolar. A su vez, ese proceso de debilitamiento parecería explicarse

---

[2] La utilización de ambos tipos de fuentes –orales y documentales– nos permitió realizar un interesante ejercicio de triangulación entre registros contemporáneos a los hechos asentados en las fuentes documentales y las reconstrucciones experienciales realizadas por los propios actores. Como sabemos, todo relato sobre el pasado es siempre una reconstrucción *expost*, mediada y distorsionada por los efectos de la memoria y por los intereses del presente. La memoria nunca es un depositario pasivo de hechos, sino un activo proceso de creación, de elaboración de significados. Por lo tanto, aquello que se revela en los relatos de nuestros entrevistados contiene siempre el sesgo de esa memoria parcial. Entonces, salvar esas distancias, esos desfasajes, entre el recuerdo y lo que se recuerda, entre lo que de presente tiene ese pasado –y lo que de pasado tiene ese presente–, implica reconocer que las fuentes orales no bastan por sí mismas. Los relatos siempre deben ser puestos a prueba, contrastados con otras fuentes y otros documentos. Ver Alessandro Portelli, "Lo que hace diferente a la historia oral", en Dora Schwarstein, *La historia oral*, CEAL, Buenos Aires, 1991 y Carlo Ginzburg, *El juez y el historiador. Consideraciones al margen del proceso Sofri*, Anaya Mario Muchnik, España, 1991, p. 17. En las páginas siguientes, y a medida que vayamos presentando los hallazgos del análisis, reseñaremos brevemente el trabajo realizado sobre las fuentes.

por dinámicas de cambios socio-demográficos y por mutaciones en los sistemas de vínculos intergeneracionales en el seno familiar. Esto es, a mutaciones en el orden de las dinámicas sociales y culturales.

Lo que intentaremos en este artículo será mostrar los "caminos" por los cuales llegamos a esas conclusiones, concentrándonos en el análisis realizado sobre las fuentes documentales pertenecientes a una de las comunidades estudiadas y sobre los relatos de los entrevistados. Para ilustrar el análisis y el entrecruzamiento de las fuentes realizado ordenaremos la exposición en función de tres interrogantes primarios: cómo y por qué cambiaron las relaciones de autoridad en la escuela y qué es lo que cambió en esas relaciones. Para ello, nos centraremos en el estudio de una de esas instituciones, la *Escuela*, como nuestro "caso testigo".[3]

---

[3]   Como ya dijimos, la investigación abordó el análisis de las dinámicas en los vínculos de autoridad escolar en dos instituciones de la ciudad: una escuela y un colegio. En cuanto a la primera, se trata de una escuela primaria pública, de carácter mixto, ubicada en el perímetro urbano de la ciudad y que ha recibido, tradicionalmente, un alumnado perteneciente a estratos medios-bajos y bajos de la comunidad. En cuanto a la segunda institución analizada, se trata de una de las más tradicionales de Tandil. Ubicado en el centro mismo de la ciudad, el *Colegio*, fundado en 1908 por los Hermanos de la Sagrada Familia (Congregación nacida en Francia en 1824) fue el primer colegio católico, privado, de la ciudad, al que acudían sólo alumnos varones. A diferencia de la *Escuela*, su alumnado provenía de sectores medios y medios-altos (hijos de profesionales, de comerciantes y de propietarios rurales). El trabajo con ambas instituciones buscó establecer una medida de "control" a partir de la comparación entre la dinámica de ambas instituciones. Si bien se trata de dos instituciones escolares primarias, ambas pueden distinguirse en cuanto al carácter que asumen (pública y mixta una; confesional y sólo de varones la otra); en cuanto al origen socieconómico del alumnado que reciben y también en cuanto al hecho de que, mientras que la *Escuela* –al menos para el período por nosotros analizados– contó sólo con docentes mujeres, en el *Colegio* eran los hermanos (o los curas, puesto que suelen aparecer de forma indistinta en los relatos) quienes llevaban adelante la tarea docente. El *Colegio* no recibió maestras hasta los primeros años de la

Sobre la autoridad

Hannah Arendt señala que la autoridad, que siempre demanda obediencia, excluye el uso de la fuerza como medio para obtenerla (la fuerza se usa cuando la autoridad fracasa). Tampoco debería confundirse, para Arendt, la autoridad con la persuasión, puesto que ésta presupone la igualdad y opera a través de un proceso de argumentación. Tanto el uso de la fuerza, entonces, como el orden igualitario que implica la argumentación se distinguen de la autoridad porque ésta es, según la autora, antes que nada y más que nada, una relación que se caracteriza por la asimetría. Esto es, la autoridad no deriva de la fuerza ni de una razón común, sino de una desigualdad en la relación, cuya pertinencia y legitimidad es reconocida por aquéllos que participan de esa relación.[4]

En principio, entonces, la autoridad se caracteriza por relaciones asimétricas. Luego, esa asimetría implica, necesariamente, que aquéllos que la ejercen dirijan a quienes la consienten un requerimiento de legitimidad: es necesario, para que exista autoridad, que aquéllos que reivindican el mandato de obediencia sean reconocidos por quienes van a obedecer. En términos weberianos, es la voluntad de obediencia lo que legitima la autoridad. Ese mínimo de

década de 1960 (cuestión que retomaremos brevemente al finalizar este trabajo). Estas diferencias se volvieron relevantes para nuestra investigación, puesto que nos permitieron medir y evaluar el alcance de nuestros hallazgos. A lo largo de este trabajo haremos referencia a la "escuela" para dar cuenta de los aspectos generalizables de nuestro análisis, y particularizaremos, la *Escuela* y el *Colegio*, cuando el análisis así lo requiera.

4   Hannah Arendt, "¿Qué es la autoridad?", en Hannah Arendt, *Entre el pasado y el futuro. Ocho ejercicios de sobre la reflexión política*, Península, Barcelona, 1996, pp. 147 y 146-225.

voluntad supone el reconocimiento y el consentimiento al mandato reclamado.[5]

Analíticamente, las aproximaciones señaladas nos resultaron (y resultan) potencialmente reveladoras para acercarnos al estudio de unas relaciones que, como las de maestros y alumnos, padres e hijos, se han concebido tradicionalmente como caracterizadas por una asimetría de poder. En este sentido, nos permitieron plantear el interrogante acerca de los efectos que podrían tener sobre las formas de autoridad parental y escolar tradicionalmente instituidas cambios en dirección a formas menos asimétricas de relación entre adultos y niños. Es, entonces, a partir de esta concepción relacional y problemática de la construcción de la autoridad que buscamos aproximarnos al estudio de las transformaciones en los vínculos intergeneracionales y sus efectos sobre los sistemas de autoridad escolar y parental.

"Cuándo y por qué". Sentidos en torno al cambio en las relaciones de autoridad en la escuela

Una particularidad de los relatos[6] más alejados en el tiempo (es decir, los de aquéllos que habían asistido a la

---

[5]   Max Weber, *Economía y Sociedad*, Buenos Aires, Fondo de Cultura Económica, 1983.

[6]   En cuanto al trabajo con las fuentes orales, la búsqueda de los informantes estuvo orientada, para el caso de los exalumnos, por un criterio 'generacional': por un lado quienes habían sido alumnos entre mediados de 1940 y 1960 y, por el otro, quienes habían sido alumnos entre mediados de 1960 y 1980. Esto con el objetivo de poder comparar diacrónicamente los relatos, de manera tal que esa comparación nos permitiera reconstruir rupturas y continuidades en las relaciones de autoridad y en los sentidos y las representaciones sobre las que éstas se fundaban. En el caso de los exdocentes, el interés recayó principalmente sobre aquéllos que habían tenido una mayor permanencia en la institución.

escuela ya sea en calidad de alumnos o de docentes entre
mediados de 1940 y mediados de 1960) fue la manera en
que las referencias a la autoridad –su presencia, sus formas
de ejercicio, etc.– en la escuela surgían espontáneamente,
esto es, sin que nosotros preguntáramos por ella. Aun más,
estas referencias a la autoridad iban siempre acompañadas
de un "antes" y un "después", a través del cual las narrativas
intentaban expresar un punto de inflexión, de "ruptura", en
el sistema de relaciones que ordenaba cotidianamente la
escuela. Ese punto de inflexión conducía a un complejo
proceso de mutación cultural que, cristalizado hacia 1960,
habría impactado en los vínculos intergeneracionales, afectando tanto las bases de la autoridad familiar como escolar.

En el caso de la *Escuela*, del que nos ocuparemos particularmente aquí, las referencias que hablaban del "antes"
aparecían siempre vinculadas a una relación, establecida
por los mismos entrevistados, entre barrio y *Escuela*. Según
los relatos, hubo una época en que la *Escuela* era "otra
cosa", era "mejor", y esas cualidades de la *Escuela* aparecen
estrechamente vinculadas al "barrio":

Consideramos, en este caso, la posibilidad de entrever, mediante el
relato de sus experiencias, las mutaciones en las dinámicas relacionales
propias de la institución. Se realizaron un total de cuarenta entrevistas.
Cabe destacar que, aunque elaboramos una guía de preguntas, no se
trató de entrevistas estructuradas, puesto que aun existiendo un plan
previo, éste fue flexible, dependiendo de la situación de entrevista y
de lo que iba relatando el informante. Realizadas las primeras treinta
nos encontramos con que existía un punto de 'saturación' bastante
importante. Esto es, ciertas pautas de respuestas subjetivas aparecían
con un alto grado de regularidad para los períodos analizados. Aun así,
buscamos realizar otras diez entrevistas más, con el fin de asegurarnos
que habíamos alcanzado efectivamente ese punto de saturación. Cuando
vimos que esas pautas de respuestas seguían repitiéndose, decidimos
finalizar la etapa de las entrevistas. Sobre los métodos cualitativos de
investigación y la entrevista y sus tipos como instrumentos ver Steven
Taylor y Robert Bodgan, *Introducción a los métodos cualitativos de Investigación*, Paidós, Barcelona, 1994, p. 101 y Ronald Fraser, "La historia
social como historia desde abajo", *Ayer*, n° 12, Marcial Pons, 1993, p. 89.

E.: ¿Y qué pasaba cuando te encontrabas con la maestra fuera de la Escuela?, que sé yo, en la calle, en el centro.
Norma: Y, algunas eran vecinas.
E.: Ah, claro, entonces era común que te las encontraras...
Norma: Era el mismo barrio...
E.: ¿Y cómo es eso?
Norma: Era el barrio que iba a la Escuela.
E.: Ah, está bien.
Norma: Con maestra y todo.[7]

Es también esa continuidad entre escuela y barrio la que delimita, en las narrativas, un pasado en el que "había más disciplina", en el que se "respetaba a las maestras", o como nos decía un entrevistado, "había más autoridad".

Si es esa continuidad la que delimita el "antes de que todo cambiara", es en la llegada de "gente nueva" al barrio donde los relatos ubican la ruptura temporal, el "después":

Cora: De manera que eran traviesos, pero eran chicos buenos... después tuvimos... un barrio acá que existe...
E.: Sí...?
Cora: Bueno, vinieron alumnos de Las T.
E.: Ahá.
Cora: Vinieron alumnos de Villa C..., vinieron también de allá, del Barrio O. Venían de acá, después, ya para allá era otro elemento.[8]

Aunque no perdemos de vista que toda reconstrucción memorística del pasado supone una cierta elaboración idílica del mismo, el hecho de que las referencias a la llegada de nuevos "elementos" a la *Escuela* –y aun al barrio– además de reiterarse en las entrevistas se superpusiera a

---

[7]   Entrevista realizada el 7 de septiembre de 2003. Norma fue alumna de la *Escuela* entre los años 1958 y 1964.
[8]   Cora hace referencia aquí a un barrio de la ciudad, ubicado en la zona periférica de la misma. Cora fue docente de la *Escuela* entre 1951 y 1968. Entrevista realizada el 16 de julio de 2003.

lo revelado por las fuentes documentales[9] y que, más significativamente aun, esa llegada simbolizara para nuestros
entrevistados el punto de ruptura, nos llevó a detenernos
en ellas, intentando descifrar los procesos más generales
y complejos que subyacían a esos relatos.

Para ello, acudimos al análisis de la matrícula escolar
intentando ver si los sentidos manifestados desde las narrativas se expresaban en los cambios experimentados por
la primera. Y, si esto era así, cómo se habían dejado sentir
esos cambios en el sistema de relaciones de la *Escuela*.
Con este fin, el trabajo se concentró en el estudio de las
variaciones en la condición socioeconómica y en la distribución espacial de la población que recibió la *Escuela*,
entre mediados de 1940 y mediados de 1980.[10]

De esta manera, fue posible ordenar las transformaciones en la matrícula escolar en una suerte de secuencia

---

[9]   Los archivos de la *Escuela* revelaron información imprescindible para
        reconstruir las relaciones entre los actores de la institución y nos apor-
        taron indicios respecto de los cambios en los niveles de conflicto y
        tensión en esos vínculos. También nos permitieron reconstruir di-
        mensiones como la composición de la población escolar, la ocupación
        de los progenitores y la distribución demográfica de dicha población.
        A partir del trabajo con estas fuentes, los relatos de los entrevistados
        alcanzaron una mayor inteligibilidad, puesto que, al contextualizarlos,
        nos ayudaron a comprenderlos. Del cúmulo de fuentes encontradas,
        se trabajó, fundamentalmente, sobre los Registros de Inspección y los
        Registros de Matrícula, a los que se agregaron los Informes del Gabinete
        de Psicología y los Cuadernos de Comunicación y de Faltas por ser
        estas series documentales las que gozaban de mayor continuidad y
        sistematicidad. Del total de los Registros de Matrícula que conforman
        el archivo se trabajó sobre la información contenida en nueve de ellos.
        Esto es, la periodicidad de la muestra es de cinco años entre Registro y
        Registro, quedando así una muestra conformada por los Registros de
        los años 1946, 1950, 1955, 1960, 1965, 1970, 1975, 1980 y 1985. Del total
        de la muestra fue posible reconstruir algo más del 94% de los datos.

[10]   Para poder dar cuenta de estas variaciones se acudió a la información
        contenida en los Registros de Matrícula de la escuela. En ellos, se trabajó
        sobre dos tipos de datos particulares: aquéllos que figuran en la fuente
        como "Domicilio del alumno" y como "Ocupación del padre o tutor".

temporal a partir de la incidencia que sobre ella tuvo el proceso de urbanización que experimentó la ciudad de Tandil hacia 1960, proceso estimulado por el desarrollo y la expansión de la producción industrial.[11] Intentaremos brevemente ilustrar los efectos de ese proceso.

La *Escuela*

Fundada en 1884 como escuela elemental mixta (y convertida en 1891 en infantil mixta), para el período en que nosotros iniciamos nuestro análisis, la *Escuela* se encontraba localizada en el límite del área urbana central. Hacia el año 1946 la *Escuela* recibía una población que

---

[11]   Por razones de espacio, no desarrollaremos aquí el tema; sin embargo, y para ejemplificar dicho proceso, baste decir que, si hacia 1947 la ciudad contaba con una población de 32.309 habitantes, en 1960 experimenta un crecimiento del 41% (45.703 habitantes). Hacia 1970, y con un crecimiento intercensal del 44%, la población de Tandil asciende a 66.876 habitantes. En el decenio que va de 1960 a 1970, y contrariamente a lo sucedido en el período anterior, el crecimiento de la población se debió, fundamentalmente, al aporte inmigratorio (63% sobre un 36% del crecimiento vegetativo). Los estudios realizados coinciden en señalar que la mayoría de los nuevos pobladores provenían del mismo partido, de los partidos cercanos, comparativamente más pequeños y de carácter básicamente agropecuario, y también de pueblos vecinos, seguidos luego por una migración que proviene del Gran Buenos Aires. En cuanto al carácter de la población que se asienta en la ciudad, si bien algunos estudios señalan que la misma se trataría de una población no demasiado calificada que se sumaría, fundamentalmente, a los estratos socio-ocupacionales bajos, otros han señalado el crecimiento y la expansión de los sectores medios, mediante la llegada de técnicos y personas ocupadas en los puestos administrativos de las nuevas industrias. Ver, entre otros, Guillermo Velázquez, *Población y empleo en el Partido de Tandil (1914-1985)*, Tandil, UNCPBA, 1983; Nancy Pastor, *Migraciones internas hacia ciudades intermedias. El caso de Tandil (provincia de Buenos Aires) entre 1945 y 1980*, Tandil, IEHS-FCH-UNCPBA, 1994; Velázquez, G.; Guillermo Velázquez, Diana Lan y Graciela Nogar, *Tandil a fin del mileno. Una perspectiva geográfica*, Tandil, CIG-FCH-UNCPBA, 1998.

en su gran mayoría provenía del radio más próximo a la misma. Esto es, casi la totalidad de su matrícula se encontraba compuesta por alumnos de las cuadras cercanas y del área que rodea directamente la misma (del "barrio", en palabras de los entrevistados). Y aunque no tenemos datos sobre cómo se fue dando la dinámica del asentamiento poblacional dentro de la ciudad, podemos dilucidar, a partir de los relatos, que la *Escuela* se encontraba en una zona escasamente poblada. Junto con una marcada concentración de la matrícula en el área más cercana a la *Escuela,* también se puede ver un alto grado de homogeneidad en cuanto a la condición socioeconómica de los alumnos que recibe. Lo que queda ejemplificado por el predominio de la ocupación "jornalero" como ocupación señalada por los progenitores en los registros,[12] dato que se podría relacionar con el área de influencia de la *Escuela*, en el sentido de que se encontraba, aún en esa época, en el límite con el área rural de la ciudad.

Este característica de densificación de la población escolar en áreas directamente allegadas a la *Escuela* y de gran homogeneidad en cuanto al estrato socioeconómico de la mismos (estrato bajo, medio y medio-bajo) se expresa también en los relatos de los entrevistados. Algunos de ellos recordaban, como algo extraordinario, haber tenido compañeros –pocos, de hecho solían mencionarlos con nombre y apellido– que provenían de una situación social y económica diferente. La diferencia por ellos marcada era la de que eran "más ricos". Esa homogeneidad espacial y económica se expresa también en una suerte de inscripción de quienes nos hablan en un sistema de relaciones basado

---

[12]   Alrededor del 55% del total de ocupaciones registradas, seguidas luego por ocupaciones como empleados (fundamentalmente públicos) y aquellas otras que podríamos señalar como oficios (carpinteros, zapateros, modistas, etc.).

en la proximidad y en la confianza, que incluía, no pocas veces, ayudas mutuas. Es que alumnos, padres y maestros se conocían, pues todos eran del "barrio":

> Hugo: Y la vecina que era antes, doña C., que era maestra de La Escuela, entonces me llevaba ella.
> E.: ¿Ella te llevaba a la escuela?
> Hugo: Claro. Ella me llevaba.
> E.: ¿Y después te traía?
> Hugo: Iba y venía con ella.
> E.: ¿Y tu mamá no te llevaba?
> Hugo: No...no... tenía el hotel, todo el día...
> E.: Ahá... por eso entonces...
> Hugo: Me pasaba a buscar la maestra, iba con la maestra. Doña C. pasaba, me pegaba el grito en el zaguán y salía...[13]

Dados los sentidos que atribuyen los entrevistados al habitar cotidiano del barrio, no es de extrañar, entonces, la manera en que la llegada de nuevos habitantes es percibida, desde el ahora, como una alteración en esas relaciones primarias que los contenían.

Esa característica de densidad espacial y homogeneidad económico-social empieza a desvanecerse hacia 1960. Entre 1946 y 1960, la matrícula experimentó un grado de fragmentación –en el sentido de una pérdida de densidad espacial– bastante importante. Si bien es cierto que, a lo largo de todo el período analizado, la *Escuela* recibe un alumnado que proviene, predominantemente, de su área de influencia más próxima, también lo es que –como veremos más adelante– esta área de influencia se va expandiendo a medida que nuevas áreas se van poblando. Además, la *Escuela* recibe también, al menos para 1960, un alumnado que llega de otras áreas, muchas de ellas bastante alejadas

---

[13]   Hugo asistió a la *Escuela* entre los años 1952 y 1958. La mamá de Hugo era dueña de un hotel modesto, de ocho camas (según su relato), que recibía a los viajantes que llegaban a la ciudad. Entrevista realizada el 4 de agosto de 2003.

de la misma. En su mayoría, estos nuevos alumnos provienen de zonas habitadas por familias vinculadas sobre todo al trabajo del ferrocarril y a la industria. Pero además, para esta época, la *Escuela* empieza a contar con un caudal de alumnado proveniente de barrios periféricos de la ciudad. Hacia 1965 esta fragmentación se hace más evidente, e inclusive se puede ver cómo la *Escuela* pierde matrícula dentro de lo que había sido su área tradicional. Además, se puede distinguir también otro proceso: el de la aparición de una nueva ocupación señalada por los padres, como lo es la de empleado metalúrgico. Aun más, en el lapso de cinco años, esta última ocupación experimenta un salto cuantitativo pasando del 5,90% en el año 1960, al 13,10% en 1965.

Cada uno de estos procesos señalados –fragmentación espacial y diversificación socio-ocupacional– se intensifica durante los años 1970, aun cuando, a lo largo de esta década, la *Escuela* recupera población que proviene de su área más cercana. En cuanto a la variación en la condición socio-ocupacional del alumnado que recibe, puede verse que, hacia mediados de los años 1970, la ocupación "empleados metalúrgicos" experimenta una baja que se volverá progresiva, hasta casi desaparecer hacia el final del período analizado.

Ahora, lo que nos interesa señalar aquí es cómo la matrícula va mostrando los cambios en la estructura económica de la ciudad. Mientras que hacia el inicio de nuestro análisis –esto es, hacia 1946– la matrícula presentaba un amplio predominio de una ocupación típicamente rural –como la de jornaleros–, hacia los años 1960 irrumpe en la misma una ocupación típicamente urbana como lo es la de empleado metalúrgico. La evolución que experimentan los dos tipos de ocupaciones durante el período puede resultar ejemplificadora de lo que estamos diciendo: mientras una ocupación tradicional, como la de jornalero, va desapareciendo progresivamente, hasta volverse casi nula durante la década de 1980, la de obrero metalúrgico pareciera seguir el ciclo de expansión, consolidación y auge de la industria –hacia 1960– para empezar a declinar como ocupación señalada por los padres entre 1970 y 1980.[14]

Ahora bien: ¿cómo afectaron estos procesos la matrícula de *La Escuela*? O mejor aun: ¿cómo se hicieron sentir estos procesos en la percepción de la comunidad cercana –y específicamente en los mismos sujetos que actuaban dentro de ella– con respecto a *La Escuela*?

Intentamos responder estas preguntas analizando el ciclo de crecimiento y desgranamiento que experimenta la matrícula total de la *Escuela*. Hacia 1960 ésta experimenta un pico de crecimiento, manteniéndose (aun con leves variaciones) estable hasta mediados de la década de 1970, cuando empieza a declinar.[15] A la hora de analizar la

---

[14]   Nos parece importante también señalar el pico de crecimiento que experimenta durante el período otra ocupación, la de "quehaceres domésticos". Dentro del total de la matrícula, especialmente en lo que se refiere a nuestro universo –es decir, el de las ocupaciones declaradas por los padres–, la evolución ocupacional de las madres va mostrando un lento pero progresivo crecimiento –la ocupación señalada como "servicio doméstico" va de un 3,04 % en 1946 a un 28,30 % al final del período en estudio– reflejando, creemos, el proceso de desestructuración salarial que, durante las últimas décadas del pasado siglo, afectó a la sociedad argentina. Véase Alieto Aldo Guadagni, Miguel A. Cuervo y Dante Sica, *En busca de la escuela perdida. Educación, crecimiento y exclusión social en la Argentina del siglo XX*, Buenos Aires, Siglo XXI, 2002. Debe señalarse que en los Registros de Matrícula, el ítem que debían completar los padres con su ocupación mantiene como título "Ocupación del Padre o Tutor", por lo tanto, podemos inferir que no era una opción declarar la ocupación del padre o de la madre. La presencia del trabajo femenino en la matrícula estaría dada más bien por los efectos de las transformaciones estructurales que por la propia decisión de los sujetos.

[15]   Por ejemplo, si en 1946 el total de alumnos registrados como ingresantes era de 383, en el año 1960 ese total asciende a 633. Entre 1965 y 1975, el total de alumnos ingresantes varía entre 585 para el primer año y 622 para el segundo respectivamente. Hacia 1980 el total de alumnos

procedencia de ese alumnado, se puede ver que durante el período que nos ocupa, la matrícula muestra un amplio predominio de alumnos que provienen del mismo Tandil.[16] Sin embargo, conviene analizar más detenidamente los movimientos específicos de esta matrícula, puesto que la cantidad de alumnos de la propia ciudad que recibe la *Escuela* experimenta un descenso hacia 1960, para luego retomar su crecimiento, llegando, hacia el final del período analizado, a alcanzar el 75% del total de la matrícula. Pareciera, así, que la matrícula escolar acusa recibo del proceso migratorio que experimenta la ciudad. Los alumnos que llegan a la *Escuela* provenientes de los partidos limítrofes aumentan hacia 1950 (alrededor del 46% del total de la matrícula, y luego de un descenso significativo, vuelven a aumentar, experimentando poca variación hasta que descienden hacia mediados de 1980). Mientras tanto, la *Escuela* recibe, en la década de 1960, un número bastante importante de alumnos llegados del conurbano bonaerense (entre un 11% y un 12% de la matrícula total), universo poblacional que luego desciende hasta desaparecer al finalizar el período analizado.

Ahora, a la vez que la matrícula aumenta hacia 1960, paralelamente se encuentra afectada por otro movimiento, como es el crecimiento de los alumnos que son retirados de la *Escuela* durante el período escolar. Si hacia 1946 solo un 9,66% del total de los alumnos inscriptos dejaba la *Escuela*, hacia 1960 ese porcentaje alcanza el 16,75%, mientras que en 1975 asciende al 19,45%, llegando a un pico máximo del 24,20% en 1985. Por lo tanto, podemos decir que, el mismo momento en que la *Escuela* aumenta su matrícula

---

desciende a 529, llegando a su punto mínimo en 1985, con un total de 427 alumnos ingresantes.

[16]   Salvo en los años 1950 y 1960, en el resto de los períodos analizados, los alumnos de la ciudad que asisten a la *Escuela* constituyen más de 50% de la matrícula.

es también aquél en que pierde su alumnado. Entre las causas más señaladas por los Registros durante el período se encuentra la de "cambio de escuela", variable que empieza a incrementarse hacia los años sesenta, aumentando hasta llegar a un pico máximo entre 1975 y 1980, y a partir de entonces experimenta un abrupto descenso. Puede considerarse, para explicarnos este movimiento, el hecho de que escuelas nuevas fueron creadas en el período en áreas y zonas de la ciudad de donde provenían alumnos de la *Escuela*, cooptando parte de ese alumnado. Sin embargo, y sin dejar de tener en cuenta éstas y otra razones, es importante también dar cuenta de cómo, quizás, en la decisión de los padres de retirar a sus hijos de la *Escuela* no sólo hayan contado razones como la comodidad, la distancia o el trabajo, sino también razones menos cuantificables, como aquéllas que obedecen a percepciones de que algo estaba cambiando, de que algo se estaba transformando –en el "barrio", y por lo tanto también en la *Escuela*– y de que ese "algo" tenía que ver con la llegada de "otros", de nueva gente, que parecían alterar sentidos y órdenes habituales, tradicionales.[17]

Durante 1960, entonces, el sistema de relaciones de la *Escuela* parece haberse alterado, al experimentar los efectos de las transformaciones provocadas en la estructura económico-social de la ciudad, producto de la industrialización,

---

[17] Los mismos actores de la *Escuela* no parecen haber sido ajenos a estas sensaciones; por ejemplo, en un informe de inspección del año 1977, el Inspector y la Directora exponían posibles razones del preocupante alejamiento de los alumnos de la Escuela: "se analizan las causales de esta pérdida: establecimiento de La Escuela n° 42, próxima al radio de influencia de La Escuela, retracción de los padres de niños vecinos a enviar a sus hijos por la asistencia a La Escuela de alumnos del Centro Complementario y alumnos del Instituto [...] dado que es una escuela donde existen problemas de conducta, se decide trabajar más ampliamente en el tema". Archivo de la Escuela, Registro de Inspección 1977-1981, folio 11 a 18.

la inmigración y la urbanización. En los relatos, esas transformaciones y esos procesos (más profundos, amplios y
generales) alcanzan una condensación en los "nuevos
elementos". Y en la medida en que esa nueva presencia es
expresada y sentida en términos de descomposición, de
disolución de los vínculos interpersonales (en el barrio y,
complementariamente, en la *Escuela*), esos sentidos culpa-
bilizan, tomando como sinécdoque de una transformación
mayor que los amedrentaba a los "nuevos", a los "recién
llegados al barrio".[18] En otras palabras, las migraciones y
la llegada de nuevos habitantes al barrio es la "forma" que
asume el cambio, experimentado –desde el presente– en
términos de una fragilización de los vínculos primarios,
entre ellos, los de autoridad.[19] Queda ahora por ver cuál
fue el contenido que asumió ese cambio, esto es, de qué
manera se alteraron los vínculos de autoridad en la escuela.

"Cómo... o de cuando las distancias se acortan". Cambios en los vínculos intergeneracionales y en las relaciones de autoridad en la escuela

Para poder dar cuenta de la dirección que asumía el
cambio en los vínculos de autoridad, el análisis se centró

---

[18]   Norbert Elias, "La civilización de los padres", en Norbert Elias, *La civilización de los padres y otros ensayos,* Grupo Editorial Norma, Bogotá,
1998, pp. 407-450.

[19]   Como ya planteamos, no nos ocupamos aquí del *Colegio*; sin embargo, nos parece importante señalar el punto de encuentro entre las
experiencias y los sentidos que refieren a un cambio en las formas que
asumían tradicionalmente las relaciones de autoridad, aunque señalen
esos sentidos "causas" distintas. En el caso del *Colegio*, la llegada de
maestras, mujeres, a una institución predominantemente masculina
(ocurrida hacia fines de los años sesenta) opera en la reconstrucción
memorística de manera metonímica, condensando en esa irrupción, al
igual que los relatos de la *Escuela*, transformaciones subyacentes más
amplias, complejas y generales.

en los relatos de aquellos que habían realizado su escuela primaria entre mediados de los años cuarenta y mediados de los años sesenta. Nos interesaba aquí reconstruir tanto las formas que asumían esas relaciones de autoridad en la escuela, como los sentidos que nos hablaban de la "crisis" de esas formas. Luego, se sumaron a las narrativas anteriores las de aquéllos que pasaron por la escuela primaria entre mediados de la década de 1960 y mediados de la década de 1980, con el objetivo de poder analizar, en la contrastación entre períodos, las expresiones de esa "crisis" en el ámbito escolar.

Muy sintéticamente, podemos decir que aquello que en los relatos aparece expresado como "crisis" o "ruptura"[20] debería ser, más bien, entendido en términos de una transformación en los criterios y en los sentidos que ordenaban los vínculos de autoridad. Transformación manifiesta en una moderación de las distancias jerárquicas sobre las que tradicionalmente se habían asentado las relaciones entre adultos y niños, tanto en el ámbito escolar como familiar. Para ilustrar esto que estamos planteando puede ser interesante ocuparnos, brevemente, de la manera en que los relatos más alejados en el tiempo se referían a la autoridad (adulta, tanto familiar como escolar) asociándola, invariablemente, al respeto y la disciplina:

E.: ¿Y los hacían formar antes de entrar?

---

[20]   Idea que por otra parte se encuentra en gran parte de la bibliografía ocupada en el tema. Ver, entre otros, Mariano Narodoswski, "El fin(al) de otra ilusión", en Carlos Altamirano (ed.), *La Argentina en el siglo XX*, Ariel – UNQ, Buenos Aires, 1999; Silvia Duschatzky y Cristina Corea, *Chicos en banda. Los caminos de la subjetividad en el declive de las instituciones*, Paidós, Buenos Aires, 2002; Gabriel Kessler, *La experiencia escolar fragmentada. Estudiantes y docentes en la escuela media en Buenos Aires*, Buenos Aires, IPPE-UNESCO, 2002; y Cristina Corea e Ignacio Lewkowicz, *Pedagogía del aburrido. Escuelas destituidas, familias perplejas*, Buenos Aires, Paidós, 2004.

Norma: ¡Ah!, sí, una disciplina bárbara. Primero, en el patio, todos formaditos, todos derechitos y formaditos, tomando distancia. Se cantaba... ¿qué era?... *Aurora*... y, ahí estaba la directora, o la vice, y todas las maestras, después, cada grado se iba... pero no había problemas de disciplina, nada, ¿eh?

E.: ¿Cómo no había problemas de disciplina? ¿A qué te referís...?

Norma: A que los chicos no eran maleducados, ¿viste?, respeto al maestro, cuando entraban te parabas, entraba la maestra y te parabas, ahí, como un soldado... y para abrir la boca, ¿viste?... silencio total, era un orden, viste, así... mucho respeto se le tenía (a la maestra).

E.: ¿Y en tu casa cómo era la relación con tus padres?

Laura: Y, era mucho respeto viste, no es como ahora que los chicos dialogan más con los papás y juegan... no, nosotros... qué sé yo... ya era, mi papá infundía mucho respeto en la mesa y comer como se debía y no levantar el tono y cuando hablaban los grandes, los chicos callarse, en la mesa grande, en la de casa nosotros éramos seis hermanos y mi papá y mi mamá.[21]

Si coincidimos con Sennet[22] en que el respeto se traduce en comportamientos expresivos que vehiculizan el reconocimiento del otro, y sí, tal y como plantean Dubet y Martuccelli,[23] la disciplina señala el diferencial de poder que toda relación de autoridad supone, podemos entonces argumentar que el reconocimiento de la autoridad se expresa en actos que lo hacen realidad, que lo ejecutan. Así, mantenerse de pie, en orden y en silencio delante de la maestra o no levantar el tono y permanecer en silencio mientras los padres hablan pueden estar señalando las

---

[21]   Laura asistió a la *Escuela* entre los años 1949 y 1955. Entrevista realizada el 12 de junio de 2003.

[22]   Richard Sennet, *El respeto. Sobre la dignidad del hombre en un mundo de desigualdad*, Barcelona, Anagrama, 2003.

[23]   François Dubet y Danilo Martuccelli, *En la escuela. Sociología de la experiencia escolar*, Buenos Aires, Losada, 1998, p. 36.

maneras a través de las cuales cotidianamente se representaba la obediencia. En este sentido, podríamos permitirnos suponer que, subyaciendo a las expresiones "respeto" y "disciplina" se encontrarían sentidos que implicarían un reconocimiento de la autoridad en tanto relación basada en la jerarquía y en la autoridad del adulto, tanto padre como maestra.

Interesantemente, ese reconocimiento de la autoridad (entendida en tanto asimetría) iba más allá de la manera en que ésta era ejercida. Por ejemplo, junto a esas expresiones, nos encontramos con otras que, actuando mediante una serie de taxonomías por las que se calificaban recíprocamente docentes y alumnos, nos permitieron reconstruir las formas de autoridad presentes en la comunidad escolar.[24] Al analizar esas "taxonomías" encontramos que en la escuela convivían formas de ejercicio de la autoridad que incluían el castigo físico –como los coscorrones, los punterazos, tirar de los pelos o de las orejas– junto a otras formas de lograr la obediencia que, recurriendo al uso de sanciones como el reto, pasar al frente o "quedarse de florero", suponen el recurso a una idea de responsabilidad o de vergüenza respecto de lo que se considera un comportamiento inadecuado o una transgresión. Ideas que, en suma, se refieren a una norma abstracta, considerada como válida por todos. Esas formas de ejercicio de la autoridad también se encontraban presentes en el seno familiar y, en esa continuidad, parecerían haber funcionado como sustento legitimante de la autoridad escolar:

---

[24] No nos detendremos aquí en el análisis detallado de estas taxonomías y las formas de autoridad que ellas expresaban. Para ello remitimos a Paola Gallo, "'De cuando las maestras eran bravas'. Un apunte sobre la violencia en las escuelas", en Daniel Míguez (comp.), *Violencias y conflictos en las escuelas argentinas,* Buenos Aires, Paidós, 2008, pp. 247-267.

E: ¿Y le costaba a la maestra organizarlos ni bien entraban al salón?

Osvaldo: No, por lo general no... no, en ese sentido... es una de las cosas que uno fue notando cambios después, con la juventud... con los pibes nuevos... este... respetábamos más... era más disciplina, pero... tal vez un poco era la misma... había más rigor en la casa, si bien siempre se dijo la escuela es el segundo hogar, las... las maestras, la segunda madre y se la tomaba... como así eh... este... y en la casa cuidado con que vinieran notas de la maestra porque... el boletín... el boletín era esperado por los padres y ... y se armaba en la casa [...]. Incluso había maestras que castigaban... el puntero estaba... a la orden del día... de vez en cuando un punterazo... este...

E: ¿Y los punterazos por qué se daban?

Osvaldo: ¡Ah!... porque te hacías el sordo, no... cosas así, cierto... no... no cumplir o tomarle el pelo a la maestra directamente... o sea... eh... la falta de respeto al mayor antes... no hacerle caso a un mayor era una falta de respeto, entonces eso ya podía ser un motivo de atención y ¡pah! con el puntero... [...] pero era... muy distinta la educación en nuestra época... eh... tan así que... en la casa, caían visitas y los chicos a jugar afuera... los grandes hablan entre ellos y nada de meterse a jorobar o en la misma mesa... nadie se levantaba de la mesa hasta que no terminara el padre de almorzar [...] incluso en la escuela... o sea, era... bien "compaginada" la educación en ese sentido.[25]

En suma, los relatos parecen mostrar el predominio de una concepción de la autoridad fundada en el reconocimiento de la posición de quien la detenta (en otros términos, en el reconocimiento de la asimetría del poder entre adultos y niños). Es más, quizás arriesgando demasiado, podríamos decir que es justamente este reconocimiento de una autoridad basada en la jerarquía de posiciones lo que permitía que en la escuela convivieran maneras

---

[25] Osvaldo inició su escuela primaria en el año 1951. Entrevista realizada el 14 de octubre de 2003.

tradicionales de su ejercicio –como los castigos físicos– con otras específicamente modernas, como las penitencias o el reto, esto es, formas de lograr la obediencia que apelan al cumplimiento de una norma reconocida y aceptada por todos.[26]

Luego, una continuidad entre autoridad parental y escolar que parece haber actuado como una fuente de legitimidad de la autoridad de los maestros. Sosteniéndonos en las narrativas, entonces, podríamos argumentar que en la escuela la autoridad tradicional de los adultos sobre los niños (presente en las relaciones entre padres e hijos, pero también en las relaciones entre alumnos y maestros), y la autoridad propiamente escolar –institucional– funcionaban, si cabe el término, de manera complementaria. Es esa dinámica la que parece subyacer en el "antes" de los relatos. Mientras que el "después" en las relaciones de autoridad pareciera remitir a una erosión y a un quiebre en esa dinámica, afectando las bases sobre las cuales ésta se sustentaba. Esto es, los cambios en las relaciones de autoridad en la escuela son asociados, en las narrativas, a la transformación –o más exactamente aun, a la "desaparición"– de aquellas prácticas a través de las cuáles cotidianamente se expresaban, y ordenaban, los vínculos jerárquicos entre alumnos y docentes. En este sentido, una particularidad de los relatos de aquellos que asistieron a la escuela entre mediados de los años sesenta y principios de los años ochenta es la casi ausencia de expresiones como

---

[26] Con maneras "tradicionales" del ejercicio de la autoridad buscamos hacer referencia a aquellas formas que apelan al castigo físico ya mencionadas y que, aunque puede ser consideradas de forma negativa, no provocan el rechazo ni la impugnación de la misma autoridad, puesto que se conciben como formas "acostumbradas" de relación entre adultos y niños (por ejemplo, aquellas expresiones como "en esa época se acostumbraba" o "antes era así" muestran cómo era concebido ese ejercicio de la autoridad).

"respeto" y "disciplina", al menos si comparamos con la manera en que estas expresiones articulaban la reconstrucción de la experiencia escolar en los relatos anteriores:

> E.: ¿Y cómo era la relación con las maestras?
> Francisco: Yo...yo recuerdo la... maestra que... que eran complicadas...
> E.: ¿Y por qué eran complicadas?
> Francisco: Y... no que... que te ponían...eh... en el comportamiento y decíamos... "el año que viene nos toca tal", digamos que no era... no era ésta la dominamos.[27]

Si somos consecuentes con lo que hemos venido sosteniendo hasta ahora, la ausencia de respeto y de disciplina deberían ser entendidas en tanto relajamiento de las distancias que tradicionalmente habían ordenado las relaciones entre alumnos y maestros. Y, consecuentemente, debilitamiento –o "crisis"– de aquellos sentidos sobre las cuales éstas se habían fundado. En este mismo sentido, resulta interesante señalar la presencia del tuteo como manera de dirigirse hacia los alumnos por parte de los docentes, expresando relaciones más relajadas y menos asimétricas.

Ahora bien, teniendo en cuenta que estamos trabajando con reconstrucciones *ex-post*, nos podríamos preguntar si la manera en que se inscriben esas relaciones en las memorias más cercanas en el tiempo nos está hablando de un contraste normativo o de constitución moral de los actores de una y otra generación. Porque de ser así, entonces estas narrativas nos estarían expresando un cambio en las relaciones de autoridad, tal y como son experimentadas por los mismos actores. Lo que sigue, tal vez nos ayude a dar un poco más fuerza a nuestro argumento, puesto que lo que también sugieren las narrativas más cercanas en el tiempo es que, a medida que las relaciones entre generaciones se

---

[27]   Francisco asistió a la *Escuela* entre 1979 y 1985. Entrevista realizada el 10 de noviembre de 2004.

vuelven menos asimétricas, se transforman los umbrales de sensibilidad respecto de las maneras que debe asumir el trato entre generaciones. Particularmente, el lugar que le cabe en ese trato al castigo físico expresado, por ejemplo, en una desaparición de lo que hemos denominado formas tradicionales de ejercicio de la autoridad en la escuela (de hecho, las menciones a los castigos físicos se encuentran totalmente ausente en estos relatos).

Esto que venimos señalando puede verse también en los archivos de la *Escuela*.[28] Algo que resulta revelador en el análisis de estos Registros es el hecho de que hacia fines de 1960 empiezan a aparecer en sus páginas de manera recurrente menciones a las dificultades de los alumnos para adaptarse a "las normas disciplinarias mínimas",[29] mostrando en esa reiteración la dificultad para obtener la obediencia dentro de la escuela mediante el recurso a lo que hemos llamado formas modernas del ejercicio de la autoridad. También es posible distinguir en los Registros otro proceso de "quiebre", que afecta en este caso a la con-tinuidad entre familia y *Escuela* en cuanto a la manera de ejercer la autoridad sobre los niños. En los cuadernos de los años setenta y ochenta aparecen referencias a la presencia de padres que van a la *Escuela* a quejarse por el maltrato de las maestras hacia sus hijos.[30] Debemos aclarar

---

[28]   Trabajamos aquí con los Registros de Inspección y los cuadernos de Comunicación y Registros de Faltas del período.

[29]   Los registros abundan en detalle acerca de esto y las maestras se quejan porque "los alumnos no hacen la fila", "se escapan de la escuela", "faltan el respeto reiteradamente a la maestra", "contestan a la maestra y le hacen burla", "no se quiere[n] quedar en el aula y se retira[n] del salón sin permiso", "[se niegan] a obedecer", "[siguen] molestando a pesar de llamarle[s] reiteradamente la atención". Cuaderno de Comunicaciones y Registro de Faltas, Acta n° 11, 6 de abril de 1978.

[30]   Esos maltratos incluían: "trato violento hacia el alumno por zamarrearlo y sentarlo en el banco", "abuso de autoridad y "trato injusto hacia el alumno". "La maestra E. F. acusa al alumno de romper material de trabajo

que estas acusaciones de "maltrato" no eran frecuentes, lo
cual coincide con lo que plantean los relatos, respecto de
la desaparición del castigo físico como forma de ejercicio
de autoridad en la escuela. Luego, y quizás por lo que aca-
bamos de exponer, si bien la presencia de los padres por
este tipo de denuncias no era muy común, el hecho de que
empiecen a sucederse, cuando no las hemos encontrado
en los cuadernos de períodos anteriores (y aun teniendo
en cuenta que muchas veces pudieron no haber quedado
registradas), es por sí mismo un dato relevante. Más aun
si comparamos el tipo de "maltrato" que denuncian como
violento y de abuso de la autoridad con aquéllos que nos
contaban nuestros entrevistados en sus relatos y con la
reacción de sus padres ante los mismos. Vemos, entonces,
que desde la familia empieza a ser impugnado aquello
que antes era aceptado como "acostumbrado" y "natural"
en el trato entre niños (hijos/alumnos) y adultos (padres/
maestros). A su vez, esa impugnación perece descansar en
una nueva "sensibilidad" respecto de los modos de vinculación deseables entre unos y otros. En el mismo sentido,
muchos de los relatos, como el de Laura (que vimos más
arriba), daban cuenta de esos cambios en las relaciones
entre padres e hijos cuando expresaban que "antes había
más respeto, no se dialogaba tanto con los hijos", mostrando que "ahora" las relaciones entre padres e hijos se han
vuelto menos distante y más igualitarias.

En síntesis, el análisis de las fuentes orales y escritas nos
permitió abordar un complejo proceso en el que parecerían
confluir varios elementos: la desaparición de formas tradicionales de ejercicio de autoridad en la escuela –pero también en la familia– que incluían el castigo físico y, junto con
ello, el debilitamiento de una concepción institucionalizada

---

y lo obliga a recomponerlo", por ejemplo. Cuaderno de Comunicaciones
y Registro de Faltas, Acta n° 8, 24 de mayo de 1981.

de la autoridad en la escuela. La presencia de una tensión entre modelos de autoridad, producida por la irrupción de nuevos sentidos respecto de la forma que deben asumir las relaciones entre adultos y niños (tanto en el seno familiar como escolar) y, acompañando estos nuevos sentidos, las mutaciones en las barreras de sensibilidad respecto de la manera que debe asumir el trato entre generaciones. A su vez, a medida que los modos en que se había ejercido tradicionalmente la autoridad en la escuela se debilitaban, parecían emerger otros basados en las relaciones interpersonales entre alumnos y maestros. En otros términos, lo que nuestra indagación parece sugerir es que los cambios en los sentidos y en las prácticas que tradicionalmente habían ordenado los vínculos intrafamiliares de autoridad, cristalizados hacia los años sesenta, habrían afectado también los sistemas de autoridad escolar. Las mutaciones en los vínculos intergeneracionales, tendientes a una mayor democratización y un mayor igualitarismo en las relaciones entre adultos y niños, implicarían nuevas formas de simetría que parecerían alterar justamente aquello que se supone es la base de la autoridad adulta. Alterada esa asimetría en el vínculo de autoridad, tanto parental como escolar (sostenido tradicionalmente sobre el primero), la construcción de la autoridad parece transformarse en un proceso dirimido situacionalmente a partir de un vínculo interpersonal (esto es, ya no institucionalmente preestablecido) que lo vuelve, por lo tanto, lábil y cambiante.[31]

---

[31] Daniel Míguez, "Lo privado y lo público durante la modernidad radicalizada. Las relaciones de autoridad y sus dilemas en las organizaciones socializadoras argentinas", *Espacios en Blanco. Revista de Educación*, NEES-FCH-UNCPBA, 2000, n° 10, pp. 49-67, y Emilio Tenti Fanfani, "Viejas y nuevas formas de autoridad docente", *Revista Todavía*, n° 7 (disponible www.revistatodavia.com.ar Consulta: agosto de 2011).

Conclusiones y nuevos interrogantes

Está claro que no somos nosotros los primeros en plantear la lógica igualitarista que acarrea consigo la modernidad y sus efectos sobre la autoridad.[32] Al respecto, nos interesa rescatar aquí la concepción de Elias, quien sostiene que, como consecuencia del proceso civilizador, las relaciones entre padres e hijos experimentan una transición de formas más autoritarias a otras más igualitarias, expresando una reducción de la autoridad parental, lo que se hace visible en el relajamiento de las barreras de respeto, y un aumento de la sensibilidad al uso de la violencia –física– en el trato con los niños.[33] Claro está que estas transformaciones no se dan sólo en el trato familiar de padres e hijos. Se trata, básicamente, de un cambio en las relaciones entre adultos y niños –dentro de las cuales también se encuentran las de maestros y alumnos– que tienden, según Elias, a una mayor democratización y una disminución en las desigualdades en el vínculo establecido tradicionalmente entre unos y otros.

Interesantemente, Elias señala que éste no es un proceso acabado –de hecho el proceso civilizatorio no lo es– y mucho menos un proceso exento de conflictos y tensiones. Primero, porque la introducción de la moderación en el vínculo parental (o, más ampliamente, en el vínculo intergeneracional) supone un cambio fundamental en sus formas más tradicionales, al instituirse en una relación que es básicamente asimétrica, una relativización de esa

---

[32]   La relación entre modernidad y autoridad tradicional ha sido planteada, entre otros, por Hannah Arendt, "La crisis en la educación", en Hannah Arendt, ob. cit., pp. 269-301, y Margaret Mead, *Cultura y Compromiso, estudio sobre la ruptura generacional*, Buenos Aires, Granica, 1971.

[33]   Norbert Elias, "Ensayo teórico sobre las relaciones entre establecidos y marginados", en Norbert Elias, *La civilización de los padres y otros ensayos*, ob. cit.

asimetría. Y luego, porque, como señala el autor, esta transición puede generar desfasajes, puesto que no siempre la mutación en la trama de relaciones sociales (en este caso, relaciones entre adultos y niños) se da de manera armónica con los cambios en las pautas normativas y de comportamiento de los sujetos.[34]

Tampoco somos los primeros en señalar, para el caso de nuestro país, la idea de una profunda mutación cultural en los años sesenta. Desde el ámbito de los estudios de familia y de género, la investigación actual ha coincidido en destacar un proceso de reformulación de las relaciones intrafamiliares en dirección hacia una mayor igualdad y hacia una mayor democratización en los vínculos (entre géneros y entre generaciones).[35] Estos cambios habrían actuado (tal como lo sugiere el trabajo de Wainerman sobre familias de clase media y baja del conurbano bonaerense) en pos de la conformación de un nuevo tipo de autoridad parental, sustentado en el diálogo, el consenso y la persuasión. También en el ámbito escolar parecería experimentarse durante esta década una reformulación, al menos en los sentidos, de las relaciones entre adultos y niños. Sandra Carli ha señalado la emergencia, entre los años cincuenta y sesenta, de un "nuevo imaginario" sobre la infancia, a partir de la divulgación de ciertas corrientes

---

[34] En este sentido, y como señala Míguez, esto resulta sumamente útil para analizar las posibles discontinuidades entre los cambios en las dinámicas vinculares en la familia y la ralentización de estas transformaciones en la institución escolar. Daniel Míguez, "Tensiones civilizatorias en las dinámicas cotidianas de la conflictividad escolar", en Kaplan, C. y Orce, V. (coords.), *Poder, prácticas sociales y proceso civilizador. Los usos de Norbert Elias*, Noveduc, Buenos Aires, 2009.

[35] Ver Susana Torrado, *Historia de la familia en la Argentina moderna (1870-2000)*, Buenos Aires, Ediciones de La Flor, 2003; Catalina Wainerman, *La vida cotidiana en las nuevas familias. ¿Una revolución estancada?*, Buenos Aires, Lumiere, 2005; Isabella Cosse, *Pareja, sexualidad y familia en los años sesenta*, Buenos Aires, Siglo XXI, 2010, pp. 161-193.

de la psicología y la psiquiatría, la pediatría y la psicología infantil, que puso en cuestión la autoridad adulta, tanto en el seno familiar como escolar.[36]

Ahora bien, un elemento que desearíamos rescatar es la vinculación que establecen estos trabajos entre el surgimiento de nuevos sentidos y prácticas en torno a las relaciones entre adultos y niños y la difusión de las denominadas culturas "psi", y su circunscripción al análisis de la experiencia de las clases medias urbanas. En este sentido, tanto a partir de nuestra propia indagación como a partir de lo que muestran los trabajos citados, se nos abren los siguientes interrogantes: el primero de ellos se relaciona con la potencialidad explicativa de la emergencia de nuevos saberes y discursos para dar cuenta de los cambios en las dinámicas intergeneracionales en entornos sociales diferentes a los tradicionalmente analizados (por ejemplo, interrogarnos sobre la manera –o a través de qué medios– estos nuevos saberes y discursos llegaban, si es que llegaban, a una ciudad intermedia de la provincia de Buenos Aires). Al respecto (e introducimos aquí al segundo interrogante) y a partir de los resultados que intentamos exponer aquí, a la hora de analizar y explicar las dinámicas de las relaciones entre adultos y niños (entre padres e hijos, pero también entre maestros y alumnos) y sus transformaciones, entran en juego nuevos parámetros como, por ejemplo, los cambios demográficos. En este sentido, dilucidar la manera en que estos procesos de urbanización y de migración afectaron los mecanismos tradicionales de ordenamiento social al poner en contacto, por ejemplo, distintos sistemas de normas y

---

[36]   Sandra Carli, "Infancia, psicoanálisis y crisis de generaciones. Una exploración de las nuevas formas del debate en educación (1955-1983)", en Adriana Puiggrós (dir.), *Historia de la educación en la Argentina, Tomo VIII. Dictaduras y utopías en la historia reciente de la educación argentina (1955-1983)*, Editorial Galerna, Buenos Aires, 2003, pp. 221-288.

valores suma nuevos interrogantes y posibilidades para el análisis, justamente, de los vínculos posibles entre estos cambios demográficos, la ruptura de lazos tradicionales y las transformaciones en las relaciones intraescolares e intrafamiliares de autoridad.[37] Por último, cabría también interrogarse por los cambios ocurridos en los vínculos de autoridad intergeneracional más allá de los sectores medios, particularmente, en los sectores populares. Sobre estas cuestiones nos encontramos trabajando actualmente.

---

[37] Paola Gallo, ob. cit., p.119. Tampoco deberíamos obviar aquí el peso de las mismas mutaciones en las tramas sociales, en tanto y en cuanto puede pensarse también que los cambios en los sentidos y las prácticas de los sujetos son el resultado, como señala Elias, de transformaciones en los sistemas de interdependencias o en los sistemas de vínculos, producto a su vez de un movimiento dialéctico entre cambios sociales intencionados y no intencionados. Norbert Elias, *El proceso de civilización. Investigaciones sociogenéticas y psicogenéticas*, Buenos Aires, Fondo de Cultura Económica, 1993.

Niños, ciudadanos y compañeritos: un recorrido por los distintos criterios para el trabajo de inclusión social de niños y adolescentes de sectores vulnerables

María Florencia Gentile

Introducción

La descentralización estatal y la multiplicación de los efectores de las políticas sociales para niños y jóvenes que se produjo en la Argentina a partir de los años noventa generó como contracara una multiplicación de criterios y condiciones para el logro de la *inclusión social* propuesta. Multiplicación de criterios que implica, a su vez, una diversidad de concepciones acerca de la propia población a asistir (el propio concepto de *niño*). En relación con ello, cada institución/organización destinada a niños y jóvenes "en situación de vulnerabilidad social" con objetivos de "inclusión social" y/o de "restitución de derechos" establece formas de comportamiento y prácticas esperadas como legítimas para la permanencia en el programa, que a veces son hasta contrapuestas entre sí. Los niños y los jóvenes, al circular entre un espacio y otro como una forma más de obtener recursos, deben adecuar su conducta alternativamente a estos distintos roles propuestos.[1] Pero a su vez, deben articular estos criterios con las lógicas que organizan su sociabilidad cotidiana en lo que ellos identi-

---

[1] Circulación motivada por una lógica de acción relacionada con las llamadas *lógica de la provisión,* Gabriel Kessler, *Sociología del delito amateur*, Buenos Aires, Paidós, 2004; o con la *lógica del cazador,* Denis Merklen, *Pobres ciudadanos*, Buenos Aires, Editorial Gorla, 2005.

fican como el espacio social y simbólico de *la calle,* lo que implica a su vez negociaciones, tensiones y conflictos de a veces difícil resolución.

Es por ello que en este trabajo nos proponemos dar cuenta de los sentidos, las prácticas y las disputas alrededor de la construcción social de las categorías de *niñez* y de *inclusión social* que se están llevando a cabo en la Argentina contemporánea, en particular en la zona metropolitana de Buenos Aires. Para dar cuenta de la manera en que esto es puesto en práctica por los distintos actores y de algunos de los efectos que produce, presentamos los resultados parciales del trabajo etnográfico desarrollado en dos espacios: una institución gubernamental y una organización política efectora también de algunos recursos estatales, ambas pioneras del trabajo con niños y adolescentes desde una *perspectiva de derechos.* A través del análisis de las interacciones cotidianas y de los principios que organizan la comprensión y la acción (es decir, las experiencias) en tales instituciones, nos proponemos dar cuenta de las distintas prácticas que se desarrollan actualmente alrededor del objetivo de *inclusión social de la niñez,* así como de las tensiones implícitas que conllevan el riesgo paradójico de derivar en la exclusión del programa de inclusión.

Los resultados aquí presentados son parte de la investigación doctoral en curso, en la cual nos preguntamos por las modalidades que adquiere la articulación entre las propuestas institucionales de *inclusión social* de grupos de niños y jóvenes en situación de vulnerabilidad social y las lógicas de apropiación de aquéllos a quienes están destinadas; así como sus efectos.[2] Para responder este

---

[2] Estos interrogantes a su vez dialogan con las discusiones colectivas entabladas en el marco del proyecto PIP/CONICET "La participación de las y los adolescentes en los programas de inclusión social: los procesos de ampliación de ciudadanía y las identidades de género", UNSAM, dirigido Valeria Llobet.

interrogante realizamos etnografías múltiples situadas en tres territorios: una institución gubernamental, una organización de la sociedad civil y el trabajo etnográfico en un barrio vulnerable del conurbano bonaerense.[3] Al retomar una perspectiva de análisis relacional,[4] no proponemos interrogarnos exclusivamente sobre las intervenciones institucionales; tampoco nos preguntamos de manera única por las prácticas de sociabilidad de los niños y los jóvenes de sectores populares. El interés que guía nuestro trabajo se orienta a analizar las maneras en que los actores sociales, en sus prácticas cotidianas, imbrican, entrecruzan, articulan, producen, interactúan y hacen entrar en tensión y conflicto los elementos organizadores de los distintos marcos de acción y comprensión que estructuran sus experiencias.[5] La perspectiva teórico-metodológica adoptada prioriza las interacciones cotidianas como espacio social privilegiado

---

[3]   El trabajo de campo supuso tres etapas: una primera en el centro de día gubernamental entre 2004-2006 (algunos de los resultados integraron la Tesis de Master en Sociología, EHESS) al que volvimos en 2007 y 2008, el trabajo en el barrio durante 2007 y una última etapa de 2008 a 2010.

[4]   Retomamos los principios analíticos desarrollados por la sociología de la pobreza de Simmel. Ver George Simmel, *Les pauvres*, Paris, PUF, 2005.

[5]   En el uso del concepto de "marco de comprensión y acción" nos inspiramos en los desarrollos realizados por Erving Goffman a propósito de lo que él llama "marcos de la experiencia". Según el autor, "toda definición de la situación es construida según principios de organización que estructuran los acontecimientos –al menos aquéllos que tienen un carácter social– y nuestro propio compromiso subjetivo en relación con ellos. El término *marco (frame)* designa tales elementos de base". Erving Goffman, *Les cadres de l'expérience*, Paris, Les éditions de Minuit, 1991, p. 19 (traducción propia). Nos interesa retomar dos ideas fundamentales implícitas en tal concepto: 1) la diversidad de los marcos significativos socialmente disponibles para comprender y entablar las interacciones cotidianas, que subraya el carácter acordado y no inmanente del sentido de las prácticas; 2) la inestabilidad/vulnerabilidad de los marcos, cuya existencia está permanentemente sujeta al trabajo de sostenimiento o de reconfiguración que los actores sociales realizan en esas interacciones cotidianas, en las que se relacionan en función de las posiciones específicas que ocupan en el espacio social.

para el análisis,[6] así como nuestro interés por la comprensión de las perspectivas de los propios actores (trabajadores de las instituciones, niños y jóvenes) alrededor de los sentidos, las prácticas y las disputas respecto a la construcción social de las categorías de *niñez* y de *inclusión social.*[7]

Políticas sociales para la infancia: multiplicación de efectores y criterios de aplicación

Las investigaciones realizadas en las últimas décadas en los barrios vulnerables de la zona metropolitana de Buenos Aires han señalado la multiplicación de actores sociales que se convirtieron a partir de los años noventa en efectores de políticas sociales, a raíz de las reformas estatales de inspiración neoliberal (en particular, la descentralización estatal y la focalización de políticas sociales).[8] Frente al incremento agudo de la pobreza y a la desigualdad producto del cierre de puestos de trabajo, desembarcaron en los barrios más afectados los *programas* de los distintos niveles del Estado (nacional, provincial, municipal) que comenzaron a acercar de manera caótica y fragmentaria algunos (pocos) recursos y servicios para sus habitantes. Estos recursos fueron gestionados en el ámbito barrial, a través de instituciones estatales

---

[6]   Nuevamente remitimos a la obra de Goffman, *Les cadres,* ob. cit., y a la
        prioridad otorgada a las relaciones cara a cara, atendiendo a su vez a las
        propiedades estructurales de tales prácticas cotidianas que dan forma a
        las estructuras sociales más generales y también a sus modificaciones,
        como señala Anthony Giddens, *La constitución de la sociedad,* Buenos
        Aires, Amorrortu, 1995.

[7]   Subrayamos que nuestro interés reside en analizar las construcciones
        que sobre tales categorías realizan los propios actores sociales, y no
        proponerlas como categorías teóricas explicativas (por ejemplo, adop-
        tando una definición teórica sobre la idea de exclusión social).

[8]   Veáse, por ejemplo, Javier Auyero, "The Hypershantytown. Ethnographic
        Portraits of Neo-liberal Violence(s)", *Ethnography,* vol. 1, n° 1, pp. 93-116.

como la salita hospitalaria o la escuela, pero también a través de organizaciones de la sociedad civil como la parroquia de la Iglesia, los comedores y las organizaciones barriales que comenzaban a reorganizarse y los punteros de los partidos políticos (generalmente, del Partido Justicialista).

Las políticas sociales para niños y jóvenes no fueron en este sentido una excepción, proliferando programas sociales que, con criterios de focalización, se propusieron atender distintos recortes de las poblaciones consideradas *en riesgo*: *niños de la calle, jóvenes en conflicto con la ley, problemas de adicciones, madres adolescentes*, etc. A lo anterior se suman las vicisitudes propias de los cambios institucionales en las políticas destinadas a niños y jóvenes, que aportan sus propios elementos a esta multiplicación de efectores: las transformaciones recientes de las concepciones implicadas en las políticas que tuvieron vigencia durante todo el siglo XX (basadas en la Ley 10.903 conocida como Ley Agote o del Patronato)[9] frente a la aprobación en 2005 de una nueva ley (Ley 26.061) para *niños y adolescentes*, que instituye oficialmente el *Paradigma de la Protección Integral* y la noción de *sujeto de derechos*[10] promovidos

---

[9]   Esta Ley, vigente entre 1919 y 2005, establecía el tratamiento de los niños y los jóvenes *abandonados o en situación de riesgo material o moral* a través de su consideración bajo el estatus legal de *menores* sobre los que el Estado ejercía una tutela. La noción de *menor* implicaba concebir a aquellas personas como sin poseer las capacidades suficientes para ejercer por sí mismas los derechos y las obligaciones de una persona *mayor*, y por lo tanto debían estar siempre bajo la tutela de un *adulto responsable*. Si éste no existía (por las *situaciones irregulares* derivadas de la ausencia de familia o incluso de una situación familiar de pobreza), se proponía el encierro en institutos de menores que garantizara tal *tutela*.

[10]   Al ser considerados *sujetos de derechos*, se supone que las personas menores de 18 años cuentan con la misma capacidad que los adultos para ejercerlos por sí mismos. Ver al respecto Mary Beloff, "De los delitos y de la infancia", *Nueva Sociedad*, nº 129, Caracas, 1994; Emilio García Mendez, "Niño abandonado niño delincuente", *Nueva Sociedad*, nº 112, Caracas, 1991.

por la Convención Internacional sobre los Derechos del Niño (CIDN)[11] como base para el desarrollo de políticas públicas. Si bien esta perspectiva de derechos se impone progresivamente a nivel mundial, su incorporación en la Argentina durante la década de 1990 en el contexto de hegemonía de la concepción neoliberal de implementación de políticas públicas llevó a que la propuesta de *protección integral* de los nuevos enfoques sea buscada a través de la implementación de múltiples *programas sociales* y/o dispositivos focalizados sobre aquellas poblaciones infantiles y juveniles consideradas con un mayor nivel de vulnerabilidad y riesgo social.[12] A su vez, la nueva Ley de Protección Integral (2005) convoca a la participación en la ejecución de las políticas para la infancia a organizaciones de la sociedad civil, como una manera de comprometer a la sociedad en su conjunto en el cuidado y la protección de sus niños y sus jóvenes.

Fue así como en los territorios estudiados encontramos que la convivencia de este entramado de programas estatales financiados y/o ejecutados por instituciones

---

[11] La Convención Internacional de los Derechos del Niño (1989), tal como explica Valeria Llobet, es un marco legal y filosófico para las políticas públicas de la infancia que "promueve la ampliación de ciudadanía sobre la base de dos grandes estrategias: por un lado, la separación de las problemáticas de índole penal de las de origen social; por otro, el cuestionamiento a las instituciones totales, los institutos de menores y el consecuente desarrollo de estrategias alternativas de tratamiento, basadas en la pedagogía social y en la desmanicomialización y la antipsiquiatría", Valeria Llobet, *¿Fábricas de niños? Las instituciones en la era de los derechos de la infancia*, Buenos Aires, Centro de Publicaciones Educativas y Material Didáctico, 2009, pp. 12-13.

[12] Ver Mara Costa y Rafael Gagliano, "Las infancias de la minoridad. Una mirada histórica desde las políticas públicas", en Silvia Duschatzky (comp.), *Tutelados y Asistidos. Programas sociales, políticas públicas y subjetividad*, Buenos Aires, Paidós, 2000, pp. 69-119, o Graciela Cardarelli y Mónica Rosenfeld, "Con las mejores intenciones. Acerca de la relación entre el Estado pedagógico y los agentes sociales", en Silvia Duschatzky (comp.), ob. cit., pp. 23-67.

municipales, provinciales, nacionales, con organizaciones no gubernamentales genera como contracara una multiplicación de criterios y condiciones para el logro de la *inclusión social de la niñez* que se proponen. Por un lado, cada programa va a recortar de distinta manera lo que definirá como población *en riesgo*. Por otro lado, y en relación con ello, en cada institución se van a poner en práctica los distintos sentidos que los agentes institucionales adjudican a su trabajo y a su *misión* (la *inclusión* buscada), en relación con los principios que estructuran el marco de comprensión y acción propio de cada institución. Tales criterios orientan al mismo tiempo tanto las prácticas de los agentes institucionales, como el sentido del objetivo propuesto y la población a asistir, constituyendo a su vez principios de inteligibilidad para interpretar las interacciones cotidianas que, como tales, son apropiados, negociados y disputados por los propios niños y jóvenes. Estos criterios significativos van a establecer, a su vez, formas de comportamiento esperadas como legítimas al interior de las instituciones, y por lo tanto los participantes deberán aprender a manejarlos y a desempeñar los roles propuestos, como condición implícita para la realización efectiva de la asistencia social.

Los principios que organizan las experiencias en los programas para la inclusión social de la niñez

A continuación nos proponemos presentar brevemente algunos de los principios de organización que estructuran las experiencias en las instituciones que nos dedicamos a estudiar. Nos interesan particularmente las significaciones, las prácticas y las disputas alrededor de las categorías de *niño* y de *inclusión social* que se construyen en cada una. Para ello, prestaremos especial atención a dos ejes que nos permiten ejemplificar las distintas concepciones y los tratamientos: el juego y el trabajo.

El primer lugar donde realizamos trabajo de campo se trata de un centro de día dependiente del gobierno de la Ciudad de Buenos Aires para niños, niñas y adolescentes en situación de calle.[13] La mirada etnográfica que adoptamos nos permitió comprender cómo en ese momento las experiencias en esa institución estatal estaban articuladas alrededor de la retórica de la *ciudadanía*, comprendiendo a los asistentes como niños en tanto *sujetos de derecho*; y definiendo las condiciones sociales en la que se encuentran como una situación de *derechos vulnerados*, por lo que su misión es la *restitución de esos derechos*.

Si bien esta retórica, como vimos, es propia de la CIDN, lo particular de este centro de día es la traducción práctica y operativa que toman estas nociones en las interacciones cotidianas. Tal como hemos desarrollado con detalle en otros trabajos,[14] la *restitución de derechos* toma allí forma práctica como "restitución de la infancia", considerada en sí misma como un *derecho vulnerado* por las situaciones vividas por los participantes del programa. Así, la definición práctica realizada de la exclusión social se presenta como exclusión de la posibilidad de ejercer "el derecho a ser un niño". Se opera un pasaje práctico desde la idea de los *derechos del niño*, en la que la niñez es un estatus dado, a la del "derecho a ser niño", como algo a alcanzar, a través

---

[13]   El objetivo del programa es la "atención, contención, diagnóstico, acompañamiento y derivación" de los niños, las niñas y los adolescentes en situación de calle en la Ciudad de Buenos Aires. Abrió sus puertas a mediados de 1992 inspirado en las definiciones de la CIDN y trabaja bajo la forma de concurrencia directa y voluntaria al centro de día. El trabajo de campo fue realizado en su mayor parte entre el 2004 y el 2006, aunque en 2007 y 2008 regresamos allí para reforzar el material.

[14]   Cf. María Florencia Gentile, "La restitución de la niñez como forma de inclusión social", en *Revista de Ciencias Sociales de la Universidad de Costa Rica*, San José, 2011, en prensa.

del tratamiento que brinda la institución. Y un concepto de niño en tanto ciudadano, es decir, con los mismos derechos que el resto de los niños.

Por ende, las propuestas desarrolladas allí se dirigen a "infantilizarlos", en el sentido de otorgarles un tratamiento social que los iguale al resto de los niños y al hacerlo, restituya aquello de lo que han sido excluidos. Si desde la concepción hegemónica de infancia (acorde con las experiencias de las clases medias), la actividad por excelencia asociada al estatus infantil es la del juego, desde el centro de día, además de las tareas de asistencia y seguimiento de la historia de cada uno de los niños y los jóvenes, cobran una centralidad fundamental las actividades lúdicas y recreativas. Quienes allí concurren pasan el tiempo jugando al fútbol, al metegol o a diversos juegos de mesa que dispone la institución, y todos los días se brindan múltiples talleres recreativos y expresivos: de dibujo, de cerámica, de música, de escritura, de circo, de murga. La idea que aparece es que a través de estas actividades, se les brinda la oportunidad de ser los niños que sus vidas (y otros adultos) les impidieron ser.

Por otro lado, se descarta explícitamente la idea de ofrecer talleres de capacitación laboral u oficios (que otras instituciones ofrecen a adolescentes) ya que se pone el énfasis en el tratamiento igualitario con los niños de otros sectores sociales, resaltando que tienen tanto derecho a no trabajar y abocarse a las actividades lúdicas o educativas (y no laborales) como "cualquier niño". Esto queda ilustrado en el siguiente extracto de entrevista con uno de los *coordinadores*:

> es cierto que a mí no me gusta que un chico de 14 años haga un curso de un oficio "para pobres". Yo prefiero que ese chico aprenda a andar en zancos y que sea un excelente músico. Que se encuentre cantando frente a cincuenta personas y sienta que fue uno de los mejores momentos de su vida. Y

no que haga un curso para aprender a hacer trapos de piso con papel de diario. Ahí es mi opinión. [...] Ahora, también, hubo un chico que fue al taller de actuación que hicimos y ganó plata como actor. Otro chico hizo artesanías y recorrió el país con eso. En esos dos casos tenés una relación con lo laboral... Inclusive, desde lo laboral como a mí me interesa, porque cada uno pudo poner cosas de ellos en el laburo. No es que le enseñamos a hacer con papel de diario dos trapos de piso para vender por ahí. O panadería para ser un *fucking* gastronómico. No es eso. ¿Por qué no pensar en que terminen el secundario para entrar a la Universidad? Enseguida se piensa: "Son pobres, que aprendan un oficio". ¿Y a tu nene, que tiene 16 años y es un vago que mira todo el día la tele e Internet... ¿qué oficio le estás enseñando? "Ah, no, bueno, a él, no..." .

Aquí aparece la idea del *derecho a ser niño* (y a no realizar actividades "de adultos" como trabajar) y, al mismo tiempo, la concepción de igualdad ciudadana de tratar a estos chicos de la misma manera que se trata a los niños de las clases medias de nuestra sociedad (con las mismas aspiraciones y los mismos proyectos).

El lugar que ocupan las actividades lúdicas y recreativas es, por cierto, identificado por los niños y los jóvenes participantes, cuando señalan esta dimensión, como uno de los usos privilegiados que realizan de la propuesta institucional.[15] Como relata uno de los chicos que entrevistamos (Robi, 16 años) cuando nos cuenta la manera en que habló de la institución con sus amigos:

---

[15]   Un mayor desarrollo respecto de los distintos usos que los propios niños y jóvenes realizan del centro de día se encuentra en María Florencia Gentile, "En el CAINA te habla la boca. La interacción cotidiana en un centro de atención para niños y adolescentes en situación de calle, desde la experiencia de los chicos que la frecuentan", en Mariana Chaves *et al.* (coords.), *Estudios en Juventudes en Argentina I*, La Plata, RENIJA/EdULP, 2009, pp. 227-267.

E.: Y vos, cuando les dijiste a los pibes lo del centro de día, ¿cómo les explicaste?
R.: Nada, les dije que podíamos jugar a la pelota, que había una cancha... metegol gratis.

Sin embargo, el poder "jugar" tal como la institución propone, lejos de constituir la expresión de la "naturaleza infantil", supone ejercer un rol que implica hacer uso de determinados recursos y habilidades materiales y simbólicas que se diferencian y a veces se oponen a aquellas adquiridas en los espacios de socialización de estos niños y estos jóvenes. Las tensiones y los conflictos aparecen, por ejemplo, cuando para ejercer el rol propuesto se pide dejar de lado el uso de la violencia y la fuerza física como modalidad de relación (elemento central de la organización de la experiencia en el espacio social y simbólico de *la calle*).[16] Ello conlleva la búsqueda por parte del programa de un cambio actitudinal y de conducta en los participantes como forma de lograr la inclusión social buscada. Los niños y los jóvenes que allí participan realizan un trabajo de adecuación de su conducta para intentar ejercer el "rol de niño", pero los recursos y las capacidades materiales y simbólicas necesarios para ello no son poseídos por todos los participantes en igual medida, y el programa los presupone pero no los garantiza. De esta manera, la categoría de *niño* pasa de constituir una simple definición de la población destinataria del centro de día, a convertirse en una contrapartida moral exigida para ser merecedor de la asistencia.

---

[16] Para un mayor desarrollo de este tipo de conflictos, ver María Florencia Gentile, "En el CAINA...", *ob.cit.* También María Florencia Gentile, *La experiencia de la vida en la calle en los niños y jóvenes de una institución de asistencia en Buenos Aires*, Tesis de Master en Sociología, CEMS, École des Hautes Études en Sciences Sociales de Paris (EHESS-Paris), Inédita, 2006.

El otro espacio institucional donde realizamos nuestro trabajo de campo es una organización no gubernamental que también trabaja con niños y jóvenes *en situación de pobreza* y *en situación de calle*, pero desde un enfoque que se concibe como *político*. Se trata de una Fundación situada en la zona sur del conurbano bonaerense, a su vez fundadora e integrante de un movimiento social y político que nuclea organizaciones sociales que trabajan con niños y jóvenes de sectores populares, e integra a su vez una central de trabajadores. Nacida durante los años setenta, esta organización se fue constituyendo a fines de los ochenta y a lo largo de los noventa como un referente en el tratamiento de niños y jóvenes en situación de calle desde una perspectiva que se oponía al tratamiento estatal por entonces hegemónico, identificado con el dispositivo policía-juzgados-institutos. Actualmente la Fundación está conformada por un conjunto de programas dirigidos a niños y jóvenes: un centro de día, dos Hogares, emprendimientos productivos (panadería, imprenta) y una escuela de formación para educadores.

A través del trabajo etnográfico que realizamos,[17] pudimos comprender cómo el marco de comprensión y acción que organiza las experiencias cotidianas en esta Fundación se estructura alrededor de una retórica del *proyecto político anticapitalista*: se entiende que las dificultades que atraviesan los niños y los jóvenes que atiende la organización son consecuencia directa de las condiciones del funcionamiento económico y político del sistema capitalista en la actualidad, que excluye a sus familias por considerarlas mano de obra excedente. Más específicamente, se hace referencia a que la expulsión sostenida de las personas del mercado de trabajo formal desde mediados de los setenta produjo la desestructuración del mundo obrero y sus lazos

---

[17]   El trabajo de campo se realizó entre 2008 y 2010.

de solidaridad, condición necesaria para la generación de una conciencia de clase y por ende de la elaboración de un proyecto político que tenga a la clase obrera como sujeto de la transformación. *Detrás de cada chico en la calle, hay un padre que se quedó sin trabajo* es la consigna a través de la cual sintetizan su comprensión de las causas de la exclusión actual de los niños y los jóvenes. Y por lo tanto, de lo que se trata es de transformar el sistema político y económico, para volver a hacer posible ese mundo obrero entendido como condición necesaria de la transformación política.

Es por ello que desde este marco de comprensión y acción, los niños y los jóvenes son comprendidos como *niños en tanto sujetos políticos* o *sujetos de transformación*, dando una lectura y un contenido particular a la idea de *sujetos de derechos* de la CIDN. En las palabras de un educador: "[los chicos que participan de la Fundación] no son 'beneficiarios' de nuestro proyecto; son 'compañeritos' si querés, porque son más chicos".

Pero la condición para que ello suceda es incluirlos en la experiencia de una "infancia obrera", y ella será por lo tanto una de las misiones que se proponga la organización. Nuevamente, la experiencia puertas adentro de la organización se va a contraponer con las características de la sociabilidad en los otros ámbitos sociales de los cuales los niños y los jóvenes participan.

Estos criterios significativos se ponen de manifiesto, por ejemplo, en la articulación de esta Fundación con otras organizaciones sociales en un movimiento social y político, y en la inscripción como parte en una Central de Trabajadores. Organizan también prácticas políticas cotidianas en la institución, como la realización de asambleas semanales para la resolución de los problemas y los conflictos cotidianos, la participación de los chicos y las chicas en marchas y manifestaciones, la realización de charlas y debates sobre la historia de las resistencias populares, etc.

Tal como hicimos en el caso anterior, es interesante detenerse brevemente en los ejes del trabajo y el juego, para ejemplificar este marco de comprensión y acción. A diferencia de lo que ocurre en el centro de día gubernamental, en esta organización el concepto del *trabajo* aparece como la actividad central, identificada como lo propio que define la experiencia de una clase obrera. El trabajo es comprendido como el mecanismo de integración social por excelencia, y en este caso será a su vez identificado con la adquisición de un compromiso con el *proyecto colectivo*. Es por ello que se plantea que todos los participantes de la organización (niños, jóvenes, adultos) tengan una tarea, un rol de acuerdo a su edad, a su capacidad y a su compromiso, como queda explicitado en esta extracción de la entrevista con un educador que dirige uno de los emprendimientos productivos:

> Educador: El eje pedagógico que hemos decidido hace muchos años es el del trabajo [...].
> Entr.: ¿Y cómo se trabaja este eje?
> Educador: El tema del trabajo... se trabaja a la vieja usanza, cuando mi viejo me contaba que tenía 12 o 13 años, iba al taller mecánico del barrio a cebar mate, y no sabes cómo un día el tipo es mecánico, porque nunca dijo 'hoy vamos a desarmar un carburador'...
> Entr.: Al estilo del aprendiz...
> Educador: La figura del aprendiz, totalmente, es decir, creemos profundamente en que uno deviene trabajador en convivencia con un trabajador [...].Devenís trabajador en contacto con un trabajador, una cosa bellísima que se perdió cuando en nuestro país se perdió el trabajo. Esto que tiene que ver con que el trabajador que comparte su conocimiento, lo que va haciendo entre otras cosas es la concepción de clase, pertenecemos a la clase trabajadora y no a otra, eso es una definición muy clara. [...] La pedagogía que utilizamos [...] es que el trabajo que se empieza se termina y además se hace bien. Además estamos orgullosos de hacerlo y no nos da lo mismo. [...] El concepto de trabajo tiene que ver... en

la Fundación los pibes trabajan barriendo el parque desde muy chiquitos y el de 4 añitos llevará la palita: el concepto de trabajo es el mismo.

Es por ello que, más allá de la realización de las actividades de asistencia y recreativas, se presta especial énfasis a las prácticas cotidianas de la participación, según las edades, tanto en las tareas de reproducción de la institución (mantenimiento y limpieza), como (a partir de los 14 o 15) en actividades productivas en las que pueden percibir algunos ingresos (panadería, imprenta). Inculcar el *compromiso con el trabajo* como valor, como principal ordenador de la vida cotidiana, constituye entonces un tratamiento para lograr una inclusión social específica en una clase social, la clase trabajadora. La idea aquí tampoco es la de realizar una simple capacitación laboral, sino que se proponen la restitución de los valores que estructuraron históricamente el mundo obrero y, por ende, la inclusión a la "infancia obrera" o "popular" como condición necesaria para la realización de los niños como *sujetos políticos*.

Los niños y los jóvenes que participan de esta organización incorporan estos criterios para otorgar sentido a sus acciones dentro de la Fundación, y es así como los utilizan para realizar una presentación valorizada de sí, e incluso resaltan este tipo de actividades como actividades recreativas o lúdicas: El Pato (13 años) reconoce que a pesar de tener más edad que el límite propuesto para el centro de día (12 años) sigue asistiendo porque *hacer mantenimiento* es lo que más le gusta y le entretiene, *especialmente todo lo de carpintería* (como arreglar las puertas y lijar las mesas), diferenciándose de sus otros compañeros que, teniendo la misma edad, no siguen concurriendo porque *quieren venir nada más para boludear*. En nuestra estadía veíamos también cómo un grupo de chicas de 10 años pedía todos los días limpiar las escaleras y barrer el patio, sosteniendo que *es divertido* y además *en mi casa no lo hago porque es chiquita y no hay escaleras.*

Sin embargo, la realización de estas tareas es motivo también de conflictos, y los educadores nos contaban que muchas veces tuvieron planteos de las madres que dejan allí a sus hijos, que en gran proporción trabajan como empleadas domésticas e interpretan esas tareas como desvalorizadas (en contraste con aspiraciones de ascenso social para sus hijos); o de los padres que, por ejemplo, no quieren que sus hijos varones cambien los pañales de los más chicos (en contraste con su concepción de género). Tanto los planteos de los padres como los conflictos con los niños o los jóvenes que no se adapten a estas formas de participación propuestas serán entendidos desde el marco de sentido de esta organización como actitudes *individualistas* y *descomprometidas con el colectivo,* y en algunas oportunidades pueden llegar a ser objeto de sanciones, por ejemplo ser sometidas a discusión en una asamblea.

Así es como, en las distintas instituciones estudiadas, hemos visto la manera en que los comportamientos esperados, producto de los criterios que organizan los marcos de comprensión y acción de cada institución, se convierten en *contrapartidas implícitamente exigidas* para la realización de la *inclusión social.* De esta manera, la realización de tal *inclusión social* se intenta llevar a cabo muchas veces bajo la forma de una "transformación actitudinal" o "moral", un cambio de conductas y actitudes acordes a los principios de organización de la experiencia de cada institución.[18]

Esta "transformación" o "conversión" presenta distintos grados de dificultad para los niños y los jóvenes que

---

[18] Esta idea presenta relación con la noción de "conversión moral", señalada por Isabelle Coutant como objetivo de las instituciones que trabajan con jóvenes de sectores populares en los suburbios de París, Francia. Véase Isabelle Coutant, *Délit de jeunesse. La justice face aux quartiers,* Paris, La Découverte, 2005.

asisten a estos programas, ya que mayormente los criterios significativos por los que se rigen esos comportamientos esperados, así como las propias concepciones de infancia e inclusión social, son diferentes y hasta opuestos a los principios organizadores de su sociabilidad cotidiana (en sus barrios, en sus familias, en *la calle,* en la relación con otras instituciones). Sin embargo, los trabajadores de las instituciones suelen naturalizar los supuestos de su propia intervención, es decir, sus propias categorías y sus propios criterios, y por lo tanto no percibir cómo éstos operan como condición (de límite y de posibilidad) en la relación con los niños y los jóvenes que las integran.

El correlato de esta operación de naturalización de los propios supuestos de la intervención es que aquellas conductas de los niños y los jóvenes que no se adecuan a lo prescrito por cada programa son percibidas por los agentes de la institución como una *imposibilidad individual,* un incumplimiento personal con la contrapartida implícita exigida para recibir la asistencia. Y entonces, aquéllos que no logren adecuar sus conductas a lo esperado corren el riesgo de quedar excluidos, aun estando en las mismas condiciones objetivas que otros y ser entonces destinatarios potenciales de los programas.

Palabras finales. Los efectos no buscados de los programas: circulación, fragmentación de la experiencia y responsabilización individual de la exclusión

El análisis de los distintos criterios organizadores de los marcos de comprensión y acción que se ponen en juego en las interacciones cotidianas entre agentes institucionales y niños y jóvenes de sectores populares, y por otro lado, de la manera en que se producen las articulaciones de estos criterios más allá de las intenciones de los actores sociales implicados permite plantear una serie de conclusiones provisorias que constituyen material para el debate y la discusión.

En primer lugar, nos lleva a reflexionar sobre los conflictos cotidianos y las consecuencias no esperadas de las intervenciones institucionales sobre esta población. Los niños y los jóvenes de sectores populares circulan entre las distintas organizaciones e instituciones, como una forma más de obtención de recursos (económicos, de entretenimiento, relacionales, etc.) junto con la realización de actividades legales e ilegales. La conjunción de esta práctica de circulación y la multiplicación de los criterios que aplican las instituciones para la realización de la inclusión social buscada llevan a que esos niños y esos jóvenes deban *adecuar su conducta* no sólo a las condiciones de una institución, sino que lo hagan alternativamente a los distintos roles que las distintas organizaciones establecen como condición para el acceso. Ya que para permanecer en un programa o en una institución, los niños y los jóvenes tienen que aprender a poner en práctica los sentidos y los comportamientos que cada institución sostiene como legítimos. Se suma a ello que los programas sociales suelen proponer intervenciones puntuales en la vida de estos niños y estos jóvenes, con horarios y días limitados y parciales, fuera de los cuales los niños y los jóvenes deben continuar manejándose con los criterios y los sentidos que organizan su sociabilidad en otros espacios sociales. El resultado es una *fragmentación de la experiencia* en la que por ejemplo se ponen en juego, a veces en un mismo día, distintas identidades sociales y hasta opuestos criterios válidos para relacionarse con los otros.

Respecto de los programas, nos interesa poner en evidencia la naturalización de los supuestos de la propia intervención presente en las instituciones dirigidas a niños y jóvenes. Tal naturalización opera en el sentido de no percibir cómo estos criterios y estas categorías funcionan como condición (de límite y de posibilidad) en la relación con las poblaciones consideradas *objetivo*. De esta manera, nuestro trabajo permite mostrar cómo se produce así un deslizamiento de lo social a lo individual, que puede llevar a considerar a las conductas que no se adecuan a lo prescrito por cada programa como una imposibilidad individual (por ejemplo, *chicos violentos* o *descomprometidos*). Como señalamos, la *inclusión social* llega a plantearse así en términos de transformación actitudinal o "conversión" moral, y aquéllos que no logren adecuar sus conductas a lo esperado corren el riesgo de quedar excluidos, aun estando en las mismas condiciones objetivas que otros y ser entonces destinatarios potenciales de los programas.

Los derivados de este deslizamiento nos permiten vislumbrar dos riesgos importantes. El análisis de la primera institución nos lleva a advertir, de manera más general, la pregunta de si al histórico tratamiento estatal de *judicialización* de estas problemáticas sociales le sucede en la actualidad un tratamiento que tienda a la *psicopatologización* de la pobreza, comprendiendo la exclusión (al menos de las instituciones) como consecuencia de imposibilidades actitudinales individuales.[19] En la otra organización estudiada, si bien los comportamientos de los participantes (los niños y/o sus familias) son considerados como un indicador del desclasamiento y de la desestructuración del mundo popular, se presenta el riesgo de cierta responsabilización individual al ser interpretados como la expresión del grado

---

19   Desde el ámbito de la psicología, Llobet también señala como una tendencia de las políticas sociales para la infancia la *psicologización* de los problemas sociales. Valeria Llobet, "Las políticas sociales para la infancia, la psicología y el problema del reconocimiento", *Revista Investigaciones en Psicología*, vol. 14, n° 2, 2009.

de compromiso (o no) con la propuesta política de la organización. Y de allí la posibilidad de ser sancionados.

En tanto análisis sociológico, pues, este trabajo también
se propone, como parte del debate público sobre políticas
sociales para la infancia y la juventud, mostrar los riesgos
y los efectos de las explicaciones individualistas (moralis-
tas, psicopatologicistas o culturalistas) que subrayan los
comportamientos de los individuos como generadores/
responsables de su propia condición y de su propio destino
social. Nos parece necesario entonces poner en el centro
del debate las profundas transformaciones sociales opera-
das en las últimas décadas (sobre todo, en el mercado de
trabajo y en el Estado), entre cuyos efectos debe destacarse
la redefinición de ciertas lógicas de acción y de principios
de significación de una parte de los sectores populares.
Estas lógicas y estos principios organizativos no pueden
ser pensados únicamente desde una perspectiva negativa,
como ausencia, carencia o "crisis", sino que constituyen espacios de significación enraizados en las transformaciones
sociales estructurales, y por lo tanto las políticas sociales
que trabajen con esta población no deberían estar supe-
ditadas a la existencia o no de tales criterios.[20]

Al ser las nuevas generaciones las que aparecen pú-
blicamente como las portadoras de estas significaciones,
es sobre ellas que se suelen proponer las intervenciones
institucionales como una forma de tratamiento social de
lo que aparece como experiencias sociales conflictivas.
Sin embargo, entender estos conflictos a través de cierta
responsabilización individual puede llevar a invisibilizar
que la adopción de los criterios institucionales propuestos
y el abandono de otros criterios de comprensión y acción
requieren de la existencia de soportes materiales estables

---

[20]   El desarrollo de la política de "Asignación Universal por Hijo para Protección Social" es un paso importante en este sentido.

en el tiempo. Soportes institucionales, económicos y relacionales que permitan y garanticen un cambio social y
material que haga posible nuevos procesos de socialización
y una nueva experiencia de vida de ésta y de las futuras
generaciones de niños y jóvenes.

El cuidado infantil, la vida familiar y las formas en que se territorializan las intervenciones sociales: un estudio en barrios populares del Gran Buenos Aires

Laura Santillán

Introducción

En este capítulo nos dedicaremos al reconocimiento de algunas dimensiones que encierra el campo de intervenciones contemporáneas sobre la infancia y la vida familiar. En particular nos centraremos, a través del análisis antropológico, en los rasgos que asumen –y las discusiones conceptuales que habilitan– los procesos y las mediaciones sociales (estatales, de la sociedad civil y domésticas) que están involucradas en un conjunto de iniciativas que tienen lugar en barrios del Gran Buenos Aires y que están dirigidas a aquellos chicos pertenecientes a poblaciones económicamente más desfavorecidas.

En las últimas décadas, el contexto social presenta rasgos muy distintos de los que experimentaron las generaciones que nos antecedieron. Las aceleradas transformaciones políticas y económicas y la ruptura de las protecciones colectivas que, aun con sus contradicciones, venían teniendo lugar a lo largo del siglo XX configuraron un escenario para la niñez saturado por los efectos negativos que produjeron las políticas neoliberales adoptadas a nivel nacional desde la década de 1970 y durante los años noventa. Este conjunto de procesos habilitaron a la vez la emergencia de diversos dispositivos de intervención que tienen por objeto la infancia y que con continuidades y rupturas aún siguen vigentes.

El campo de las intervenciones sobre la niñez y la familia no sólo se acrecentó a partir de los programas y de los dispositivos provenientes de las agencias gubernamentales y las organizaciones sociales. Somos testigos de cómo en el mundo académico emergieron estudios que tienen a los niños y sus familias por objeto y se ampliaron cuantitativamente los estudios que sitúan a los niños como protagonistas de las investigaciones.

Dentro de las ciencias sociales se han producido importantes aportes sobre los procesos que están involucrados en el desarrollo y el cuidado infantil.[1] Esto no quita que en una parte significativa de la bibliografía que circula aún hoy persistan importantes naturalizaciones que sólo toman algunos aspectos de la atención y la crianza de la infancia. Usualmente el cuidado de las generaciones jóvenes se expresa a través de sentidos pretendidamente universales y toma clasificaciones dominantes (por ejemplo, sobre lo que significaría una "buena crianza") en donde las prácticas puestas en juego aparecen como si estuvieran naturalmente consensuadas entre los distintos conjuntos sociales, por fuera de la ligazón con el poder y la disputa. Consideramos que uno de los efectos de estas permanencias es sobreimprimir el "cuidado infantil" y la vida familiar dentro de un orden "moral"/normativo por sobre una dimensión social y política.

Este no es el caso de un conjunto de estudios cuya contribución ha sido justamente incorporar a los análisis sobre la niñez y la vida familiar la dimensión del poder y la política, aunque al hacerlo sólo tomaron en cuenta los aspectos más estructurales de los fenómenos. Por el contrario,

---

[1] Bajo el término *cuidado* incluimos un conjunto vasto de acciones socialmente designadas –por nuestros entrevistados y más allá de ellos– para aludir a las formas de *atención, formación, crianza y protección* para con las generaciones jóvenes.

este trabajo pretende avanzar en el reconocimiento de las modalidades cotidianas a través de las cuales se configuran los sentidos políticos de la niñez, la educación y el cuidado. A la vez advertir los modos a través de los cuales los procesos y las prácticas relativas al cuidado y la atención de la niñez entrelazan, en sus concreciones cotidianas y territorializadas, distintas dimensiones de la vida social y producen efectos no necesariamente previstos respecto a sus formulaciones originarias.

La intención, entonces, es documentar las maneras a través de las cuales las intervenciones sociales dirigidas a un número importante de niños y familias se producen por intermedio de las acciones territorializadas del Estado y de las organizaciones de la sociedad civil, y en ese mismo proceso son apropiadas por los sujetos en la cotidianeidad de los barrios.

Esto implica atender cómo, en los contextos de las últimas décadas caracterizados por la profundización de la desigualdad y los cambios en las relaciones entre el Estado y la sociedad civil, las orientaciones que adquieren ciertas políticas y programas dirigidas a la infancia, quedan asumidas en el territorio local, por un lado, en referencia a las mediaciones que realizan los distintos sujetos que participan en las acciones; por otro, esto no puede pensarse fuera de las tramas sociales y de las políticas que atraviesan a los barrios. Nos referimos a las trayectorias y las tradiciones que incluso preexisten en muchos casos a los procesos que se van concretando. A nuestro parecer, estas cuestiones complejizan y redefinen las formas de entender aquellas intervenciones sociales, así como las formas de regulación y disputa de sentidos que tienen lugar en los escenarios de vida próximos de los chicos.

Centrándonos en el análisis de los sentidos *políticos* y *cotidianos* del *cuidado* y de la *atención* de la infancia, tendremos en cuenta los registros de tipo etnográfico producidos en el marco de nuestro trabajo de campo en la Zona Norte del Gran Buenos Aires.[2] Desde su inicio, la antropología –y dentro de ella la etnografía– se propuso la descripción y la reconstrucción analítica de los escenarios y los grupos sociales situados en contextos determinados. En la etnografía, que no implica una mera técnica ni método, la estadía prolongada en el terreno es insoslayable (el denominado trabajo de campo) y su valor reside en "documentar lo no documentado": es decir plantearse recuperar los conocimientos y las prácticas que no suelen quedar registradas en las esferas "oficiales" ni en las sistematizaciones dominantes.[3] Para esta indagación elegimos como nivel de análisis el espacio de la vida cotidiana, entendemos que esta dimensión es altamente sugestiva para captar los contenidos históricos y específicos de los procesos sociales más generales.

El contexto y las formas en que se territorializan las intervenciones sobre la niñez

En nuestra región, las iniciativas dirigidas a la infancia no pueden desvincularse de las orientaciones más generales que asumen las políticas. En la década de 1990, en nuestro país, se produjo una multiplicación de agentes y programas especializados para la niñez, cuyo rasgo fue la mixtura en el tipo y en la procedencia de las intervenciones (del Estado, de la sociedad civil, del sector privado, de los organismos internacionales) y el hecho de que tuvieron lugar en simultáneo; se implementaban las medidas económicas más

---

[2]   Se trata de dos etapas del trabajo de campo, la primera llevada adelante entre los años 2001 y 2006 y la segunda que comienza en el año 2008 y continúa hasta la actualidad.

[3]   Elsie Rockwell, *La experiencia etnográfica. Historia y cultura en procesos educativos,* Buenos Aires, Paidós, 2009.

regresivas, que minaban a esa misma población sobre la que se intervenía.[4]

Recordemos además que dentro del campo de las intervenciones del Estado, los años noventa son momentos en los cuales se cristalizan la focalización, el subsidio a la demanda y la tercerización de las políticas sociales. Es decir, el período se caracteriza por la tendencia, por parte del Estado, a delegar la gestión de los programas sociales a actores y organizaciones no gubernamentales. Se trata más que nada de una implementación –de las políticas– cuya organización se *territorializa:* esto significa que el barrio se asume como foco central de gestión.

Es interesante aclarar que este proceso de territorialización no se restringe ni se produce solamente por el accionar del Estado. Sino que, y tal como también demostraron otros estudios, tiene mucho que ver con las iniciativas que gestaron los propios sectores subalternos y organizaciones de la sociedad civil –en vinculación con las acciones del Estado– las que reconfiguraron los barrios como espacios privilegiados para las gestiones de los programas sociales.[5]

El escenario social de los barrios de la conurbación bonaerense da muestras manifiestas de este sentido territorializado –que continúa– de las políticas y las intervenciones

---

[4]   Para ampliar en los rasgos que adquieren las políticas y propuestas de intervención sobre la infancia en la década de 1990 se puede consultar Sandra Carli, *La cuestión de la infancia. Entre la escuela, la calle y el Shopping,* Buenos Aires, Paidós, 2006.

[5]   Al respecto ver los trabajos de Maristella Svampa, *Desde Abajo. Política. La transformación de las identidades sociales,* Buenos Aires, Biblos, 2000; Marcela Woods, "Modalidades de intervención de la iglesia católica en conflictos sociales territoriales en torno al trabajo y la tierra. La diócesis de Quilmes", *Papeles de Trabajo,* Rosario, n° 11, 2003, pp. 109-131; Virginia Manzano: "Etnografía de la gestión colectiva de las políticas estatales en organizaciones de desocupados de La Matanza-Gran Buenos Aires", *RUNA,* n° 28, 2007, pp. 77-92.

sociales. Veamos cómo tuvieron lugar estos procesos en los territorios en los cuales trabajamos.

Nuestra indagación la realizamos en barrios que se encuentran en la Zona Norte del Gran Buenos Aires, en los distritos de Tigre y de San Fernando. Específicamente, el trabajo de campo lo llevamos adelante en un conjunto de *asentamientos* ubicados en las márgenes inferiores del Río Reconquista.[6] En esta sección del conurbano los procesos ligados con las políticas de orientación neoliberal profundizaron la polarización social que es histórica en la zona. Hoy por hoy, mientras las llamadas *nuevas urbanizaciones* de los *countries* y los barrios cerrados, que se expandieron con notoriedad en los años noventa, gozan de beneficios y recursos, en los asentamientos muchas de las calles son aún de tierra, sin desagüe cloacal ni servicios adecuados ligados con el alumbrado y la limpieza.

En estos barrios, entre las instituciones tradicionales, se destaca el lugar de la escuela pública y los dispensarios de salud. En los últimos años creció asimismo el número de edificaciones vinculadas con la práctica religiosa (capillas de la Iglesia Católica y templos evangélicos). Pero también fueron creciendo los locales y los galpones en donde desarrollan actividades diversas organizaciones y movimientos sociales (principalmente "de desocupados") que expresan las diferentes mediaciones que permean a éstos y otros barrios de las periferias metropolitanas.

---

[6]   Bajo el nombre de *asentamientos* designamos al fenómeno propio de las grandes urbes de ocupación "no legal" de tierras públicas y/o privadas, ya sea a través de la organización previa o como producto de una forma más espontánea, cuya modalidad de planificación (la mayoría de las veces desde la acción colectiva de los propios pobladores) se basa en el amanzanamiento y en las dimensiones de los lotes encuadradas en la normativa vigente en nuestro país. Cristina Cravino, "Los asentamientos del Gran Buenos Aires. Reivindicaciones y contradicciones", en AA. VV., *Antropología Social y Política. Hegemonía y Poder: el mundo en movimiento*, Buenos Aires, Eudeba, 1999, pp. 261-284.

Una percepción atenta, entonces, a las dinámicas co-tidianas de los barrios nos habilita al reconocimiento de un conjunto amplio de sujetos colectivos que interceden y actúan en relación con la infancia y la vida de las familias. ¿De qué instituciones e iniciativas en concreto estamos hablando? ¿Qué características presentan? Nos referimos, por un lado, a las acciones que llevan adelante espacios dedicados específicamente a la "atención al niño". A nadie que transite por estos barrios puede pasársele por alto las construcciones, muchas veces improvisadas, que albergan en su interior distintas acciones dirigidas a los chicos, en general en los sectores más internos de los asentamientos y a cargo de voluntarios y educadores comunitarios, tales como son los centros de apoyo escolar, centros culturales, jardines comunitarios, centros de integración y para el desarrollo de la niñez.

Siguiendo con esta enumeración de instituciones, se trata también de la presencia de un conjunto de organi-zaciones sociales que no están específicamente dirigidas a la infancia, pero que sin embargo, en una fracción de su jornada de trabajo, llevan adelante iniciativas para los chicos. Cooperativas, bachilleratos populares, grupos au-togestionados de mujeres, son ejemplos elocuentes de experiencias que concretan formas no siempre visibilizadas de intervención sobre la infancia.

Por cierto, además de estos espacios, la atención a los chicos y las familias se configura a partir de la intermedia-ción de otros actores, quizás más intersticiales, tales como son los técnicos y los operadores de los programas estatales, voluntarios (de la Iglesia Católica y de otros credos), refe-rentes barriales de la distribución de planes del gobierno, militantes sociales que de manera más o menos explícita llevan adelante acciones ligadas con la niñez. Ahora, una vez reconocidos estos actores e instituciones, nos inte-rrogamos sobre algunos rasgos comunes (o marcatorios de ciertas tendencias) que los atraviesan. Ya que, sin pretender homogenizar estas experiencias, es posible hallar algunos elementos comunes que nos permiten aludir al menos a dos o tres aspectos que darían cuenta de ciertas particularidades que asumen las formas de intervención que se llevan adelante en los barrios.

Para comenzar, algo que se destaca en las iniciativas es que las acciones que se llevan adelante se sustentan –al menos la mayoría de ellas– en relaciones tramadas en la proximidad. Esto supone además que las intervenciones a las que aludimos se concretan a través de prácticas e interacciones no siempre formalizadas, y que no necesariamente alcanzan su total visibilidad. En los escenarios próximos y de referencia de los chicos, las consultas sobre "la mejor escuela para los hijos", la inclusión y la permanencia de los niños en programas específicos de atención, el asesoramiento a las familias para la obtención de los subsidios estatales, tienen lugar en los intercambios y los encuentros que se establecen "cara a cara". Es decir, suceden en el marco de interacciones que la mayoría de las veces exceden a los espacios planificados por las burocracias estatales, tales cómo son las oficinas y las secretarías dependientes de los ministerios gubernamentales. Este hecho es relevante de mencionar, ya que como veremos más adelante, producirá efectos de sentidos particulares en las experiencias que los sujetos tienen de las intervenciones.[7]

Por otro lado, consideramos que esta trama, constituida en los escenarios de vida próximos a los chicos, lejos de restringirse al presente más bien es la resultante de una

---

[7] En este análisis sobre las políticas sociales en tanto instrumentos centrales en la organización de las sociedades contemporáneas y en relación con la incidencia que ejercen sobre y a través de la agencia y la subjetividad como formas siempre reactualizadas de "tecnologías del poder" recuperamos los estudios de Cris Shore y Susan Wright, *Anthropology of Policy. Critical Perspectives on Governance en Power*, London, Routledge, 1997.

historia que se sedimenta en el tiempo. En muchos estudios es usual que las formas territorializadas de intervención social se identifiquen con los sucesos que experimentamos en nuestro país en el año 2001.[8] Si bien los procesos de conflictividad y de protesta social de diciembre de 2001 fueron altamente significativos para la emergencia de formas de acción colectiva y de la actuación estatal en los barrios, hay una historia de las iniciativas que muchas veces se soslaya.

En la zona que tomamos como referencia, como en otros barrios de la conurbación, por ejemplo, la organización de comedores, ollas populares, guarderías maternales, centros de apoyo escolar y atención a la niñez –entre otros– fueron sin dudas algunas de las formas de responder a los procesos de pronunciada conflictividad social que se vivían en el transcurso de los años ochenta e inicios de los noventa.[9] En muchas de estas experiencias dirigidas a la infancia, resalta el protagonismo que tuvieron –al menos en algunas de las decisiones– los propios pobladores de los barrios. Es importante señalar de todas formas que en la generalidad de los casos no fueron medidas e iniciativas concretadas de manera aislada de otros problemas acu-

---

[8]   Nos referimos al agravamiento progresivo de las medidas económicas y políticas en nuestro país hacia fines del siglo XX y que producen las movilizaciones y los estallidos populares de los días 19 y 20 de diciembre del año 2001 en donde tiene lugar la destitución del entonces presidente Fernando De la Rúa.

[9]   La coyuntura de estas iniciativas es el período de hiperinflación a fines de los años ochenta en nuestro país. Como señalaron otros estudios, la hiperinflación dará lugar no sólo a formas organizadas de acción colectiva y revuelta (como fueron los saqueos a supermercados), sino a la emergencia de un conjunto de instituciones e iniciativas barriales, muchas de ellas dirigida a la infancia. María Rosa Neufeld *et al.,* "Sociabilidad y micropolítica en un barrio bajo planes", en Luciano Andrenacci (comp.), *Cuestión social y política social en el Gran Buenos Aires*, Documentos de Trabajo del Instituto del Conurbano, San Miguel, Universidad Nacional de General Sarmiento, 2002, pp. 61-83.

ciantes para los sectores subalternos. Ni tampoco que los
pobladores concretaron las acciones por fuera de la articulación con otros sectores de la sociedad y del Estado. Como
expusimos en la introducción, un aspecto que muchas se
soslaya en los estudios sobre infancia y desigualdad es el
modo a través del cual las acciones relativas al cuidado de
la niñez se entrelazan con otras dimensiones de la vida
social; ya que no pueden pensarse por fuera de estrategias
de reproducción y producción social más amplias de las
poblaciones afectadas.

Un fenómeno propicio para tomar como analizador
de esta historia sedimentada de las iniciativas territoriales
sobre la infancia y de las imbricaciones entre distintas
dimensiones sociales es la conformación de los *asentamientos*, que en el Gran Buenos Aires se producen en forma
visible desde la década de 1980. Distintos estudios abonaron
importantes conocimientos para comprender los modos de
actuación que implicaron estas nuevas formas de hábitat.
Por cierto, las tomas de tierras, así como ponen de manifiesto la desarticulación que muchos hombres y mujeres
ya experimentaban como clase proletaria tras el último
gobierno de facto en nuestro país, también son elocuentes
para reconocer la capacidad de estos mismos sujetos de
llevar adelante formas de acción colectiva. Las tomas no sólo
incluyeron modalidades de resistencia frente a la represión
de las fuerzas de seguridad, sino también distintos niveles
de participación de los pobladores, estrategias asociativas
para la obtención de servicios e instancias colectivas para
la reivindicación de la tierra.[10]

Entre las acciones que formaron parte de los procesos
de organización de los asentamientos, muchas de ellas
tuvieron a los niños como objeto de intervención. Nos
referimos a un conjunto de gestiones que centradas en la

---

[10]   Ver Cristina Cravino, "Los asentamientos del Gran Buenos Aires...", *ob.cit.*

niñez no pueden desvincularse del papel que desempeñaron distintos actores dentro y fuera del Estado. Si bien en nuestra zona de estudio, ubicada en el Norte del Gran Buenos Aires, es insoslayable la presencia de la Iglesia Católica, también se trató de la actuación de la militancia estudiantil y el voluntariado social. En buena medida, aludimos a la participación de actores sociales que reingresan a los barrios con el retorno de la democracia.[11]

Las articulaciones entre los pobladores y los voluntarios y/o los referentes de las distintas organizaciones ancladas en los barrios contribuyeron, sin lugar a dudas, en la expansión de muchas de las iniciativas que aún conocemos dirigidas a la infancia. Según hemos podido reconstruir, dos procesos se conjugarán en la consolidación de los centros y las asociaciones territoriales dirigidas a la niñez, al menos en la experiencia que estamos reconstruyendo aquí. Por un lado resulta crucial la decisión que llevaron adelante las experiencias de basar su organización a través del trabajo en red.[12] Pero también, como anticipamos, en la expansión de las acciones incidirá la articulación que los pobladores y las organizaciones de base estrechan con las políticas del Estado.

---

[11] Se puede ampliar el conocimiento de estos procesos en Laura Santillán, "La 'educación' y la 'escolarización' infantil en tramas de intervención local: una etnografía en los contornos de la escuela", *Revista Mexicana de Investigación Educativa*, México, 2007, n° 34, pp. 895- 919 y Laura Santillán, "Prácticas cotidianas e intersecciones entre la Iglesia Católica y grupos familiares en asentamientos populares del Gran Buenos Aires", *Cadernos de Campo*, Sao Paulo, 2009, vol. 17, pp. 111-132.

[12] En la experiencia de Zona Norte, la coyuntura de creciente ajuste y focalización del gasto público a fines de los años ochenta y durante los años noventa lleva a los centros de apoyo escolar y a los jardines maternales a nuclearse en redes, sobre todo con el fin de hacer frente a la crisis y para la obtención de recursos. En ese sentido fue muy importante también la articulación que concretaron con otras redes ubicadas en otros puntos del Gran Buenos Aires (como el partido de La Matanza y Moreno).

Por cuanto, en tercer lugar, las posibilidades para el desarrollo y el crecimiento de muchas de las asociaciones civiles, propuestas para atender distintas necesidades ligadas con la niñez, se vinculan, entre otros, con los subsidios que las iniciativas comienzan a recibir tempranamente desde distintas agencias del Estado.[13] Tener en cuenta esto es muy importante ya que es frecuente que la expansión de las organizaciones no gubernamentales durante los años ochenta y los años noventa se haya explicado y aún se explique aludiendo precisamente a la "retirada" del Estado.[14]

Podemos decir que no sólo las organizaciones de base territorial, o al menos muchas de ellas, logran su sostenimiento en relación con las articulaciones que establecen con el Estado, sino que este proceso implicó y aún implica la redefinición continua de las formas de trabajar y de gestionar subsidios. Como detallaron otros estudios, para los años anteriores al 2001, se trató de una tendencia hacia el "gerenciamiento" y la "profesionalización" de la organizaciones no gubernamentales que debe comprenderse dentro de un movimiento más amplio que incluyó un realineamiento tanto en relación con las políticas del Estado, así como con los organismos de financiamiento

---

[13]   Entre ellas se destaca el aporte que logran, por ejemplo, en los albores de los años noventa, las guarderías maternales, los jardines comunitarios y los centros de apoyo escolar del Consejo de la Familia y Desarrollo Humano de la provincia de Buenos Aires y más adelante del Fondo Participativo de Inversión Social (FOPAR).

[14]   Para un análisis en profundidad e historizado sobre cómo los programas estatales introdujeron en las organizaciones de desocupados en nuestro país todo un lenguaje y unas prácticas que a la vez que influyeron en las actividades cotidianas de dichas organizaciones, habilitaron la posibilidad de apropiación de saberes y el control colectivo de los dispositivos del funcionamiento estatal, ver Virginia Manzano, "Etnografía de la gestión colectiva...", *ob.cit.*

internacionales, basándose esta reorientación en la "ra-
cionalización" y la "eficiencia" para la asignación de los
recursos.[15]

Este conjunto de procesos no fue de ningún modo ino-
cuo para las organizaciones de base territorial que tienen
a los niños y a las familias como objeto de intervención.
Como señalamos en otros trabajos, la progresiva profesionalización de las iniciativas dirigidas a la infancia, sobre
todo en la década de 1990 derivó no sólo en la convergencia en un mismo campo de agrupaciones de muy diverso
origen y filiación (entre ellas organizaciones populares,
asociaciones de base, fundaciones ligadas con la caridad
tradicional) sino en la tendencia a su homogenización
ubicando a todas las experiencias como "no estatales" y
"sin fines de lucro".[16]

La crisis del año 2001 abrió sin dudas otro capítulo
en este recorrido que estamos reconstruyendo sobre las
intervenciones territoriales relativas a la infancia. Los procesos de conflictividad social y los estallidos populares no
sólo produjeron la revitalización de formas organizativas a
través de la modalidad asamblearia, sino la expansión de
la actuación de movimientos sociales (sobre todo aquéllos
ligados con la problemática de la desocupación) y la militancia estudiantil. En el marco de sus acciones políticas
y reivindicativas, estos espacios promueven un conjunto
de iniciativas dirigidas a los chicos y también a los grupos
familiares. Aun cuando muchas de estas actividades se

---

[15] Para ampliar, ver Estela Grassi, *Políticas y problemas sociales en la
sociedad neoliberal: la otra década infame (I)*, Buenos Aires, Espacio,
2003.

[16] Desarrollamos estos puntos con mayor profundidad en Laura Santillán
y Marcela Woods, "Iglesia y cuestión social: la intervención de la Iglesia
Católica en la construcción de demandas de educación, tierra y vivienda
en el Gran Buenos Aires", *Revista de Antropologia,* Sao Paulo, 2005, pp.
281-314.

definan en contraposición y como autonomistas respecto al Estado, una cualidad de las propuestas que llevan adelante las organizaciones para la infancia es la inclusión de planes y programas compensatorios estatales.[17]

Una vez reconocidos algunos rasgos de las iniciativas territoriales sobre la infancia, profundizaremos en la experiencia y los efectos de sentidos que producen las continuas mediaciones que atraviesan las intervenciones en los contextos inmediatos de la vida de los chicos.

Intervenciones sobre la infancia y la vida familiar: regulaciones cotidianas, sentidos en puja y apropiaciones

Como fuimos describiendo hasta aquí, en los barrios populares de la conurbación bonaerense, las iniciativas dirigidas a la infancia y las familias de los chicos se producen –al menos en una parte importante de ellas– en el marco de las acciones territorializadas del Estado y la sociedad civil. Según entendemos, reconocer este movimiento tiene algunas implicancias teóricas y metodológicas muy importantes.

Una de estas implicancias tiene que ver con las concepciones a través de las cuales vamos a comprender las implementaciones de las políticas y las propuestas sociales que tienen a la niñez y la vida familiar como objeto de intervención. En algunos estudios sociológicos es usual, por ejemplo, que las orientaciones de las intervenciones (ya sea del Estado o la sociedad civil) se analicen tomando en cuenta solamente sus formulaciones originarias. Esto

---

[17]   En la actualidad, en los barrios en los cuales estamos investigando se trata por ejemplo de la implementación del Plan Argentina Trabaja que se basa en la organización del trabajo cooperativo.

es, o bien se analizan las iniciativas estatales, pero sin incorporar las múltiples mediaciones que las atraviesan; o bien, se describen las intervenciones de las organizaciones de la sociedad civil, asumiendo muchas veces *per se* el sentido emancipatorio y el carácter positivo que las mismas pronuncian.

Sin embargo, las propuestas de intervención no se implementan mecánicamente en las jurisdicciones y los territorios locales. Como adelantamos en la introducción, consideramos que no sólo hay una trama de prácticas, valores y normas, ligada con tradiciones sociales y políticas propias de los barrios –y que muchas veces preexisten a los momentos de "bajada" de los Programas y las acciones–, sino que los sujetos que median en las propuestas no asumen pasivamente sus lineamientos.

Para dar cuenta de este carácter, que insistimos es eminentemente relacional y dinámico de las intervenciones territoriales sobre la infancia, podemos tomar como analizadores las experiencias más orgánicas de los barrios en los cuales investigamos (como los centros de apoyo escolar, los centros culturales, los jardines comunitarios), así como también las iniciativas más puntuales ligadas a diversos programas sociales (vinculadas con la alimentación, la salud, la inclusión escolar, entre otros).

Respecto al primer conjunto de experiencias, algo que se destaca de las organizaciones comunitarias que conocimos es el interés sistemático que tienen en ofrecer una propuesta flexible (en los tiempos y espacios de trabajo) y atenta a las necesidades de los chicos. Este interés incluye la preocupación por lograr la *participación* de la *comunidad* y en función de ello es común que se revean de continuo las formas de convocatoria e interpelación hacia las familias. De algún modo las organizaciones con base en el territorio hacen suyas, de manera creativa y con muchas dificultades, las recomendaciones de algunos programas sociales, de lograr una deferencia con los *modos de vida populares* y el involucramiento de los protagonistas a través de modalidades de *participación social.*

Tal como lo constatamos, los momentos de entrada y salida de los centros de atención a la infancia, implican un gran movimiento de chicos y chicas. Pero también de los adultos que los tienen a su cargo. El acercamiento de los tutores a los centros comunitarios, en cualquier momento del día, deriva en una serie de intercambios e interacciones, la mayoría de las veces, vinculados con el cuidado infantil y también con otras preocupaciones de la vida familiar. En la mayoría de los centros comunitarios, además, muchos de los intercambios con las familias tienen lugar a través de actividades que se planifican especialmente (como la organización de grupos de reflexión, jornadas especiales, reuniones periódicas).

Entonces, en el marco de las interacciones más espontáneas o en relación con las actividades planificadas, los maestros y los responsables de los espacios comunitarios se tornan interlocutores muy significativos para resolver y/o discutir problemáticas que abarcan preocupaciones diversificadas de la vida familiar (tales como la falta de trabajo, problemas en la vivienda, la alimentación, el desarrollo de los chicos).[18]

Según pudimos registrar, las interacciones que los tutores estrechan con los responsables y los voluntarios de los espacios comunitarios incluyen momentos de consulta e instancias de agradecimiento, aunque no están

---

[18] En la coyuntura de crisis económica del año 2001, por ejemplo, los centros comunitarios pensados para la infancia, junto con la escuela y otras instituciones barriales, fueron también espacios en los cuales varios grupos de familias recurrieron ante la urgencia de suplir algunas necesidades inmediatas, tales como la cobertura de útiles, calzado, vestimenta y también alguna ración de comida ofreciendo cualquier tipo de colaboración a cambio.

ausentes algunos altercados y situaciones de conflicto que
hasta pueden derivar por parte de algunos adultos en la
decisión de apartar a los hijos de las instituciones y los
programas que los tienen por objeto. En buena medida,
estos altercados tienen como punto de partida el malestar
que algunos padres exponen por la incursión, entendida
como desmedida, de algunos coordinadores y voluntarios
de los centros en la dimensión privada de la familiar.[19]

Sucede que, aunque no siempre, muchos de los sentidos relativos al *cuidado* y la *educación* que forjan los
responsables de las iniciativas –y que siguen en su generalidad los lineamientos provenientes de la Convención
Internacional sobre los Derechos del Niño– entran en conflicto con ciertas consideraciones de los hogares (entre
ellas respecto a la participación de los hijos en el trabajo
doméstico, las actividades de cuentapropismo y el pedido
de dinero en la calle). Como consecuencia de ello se abre
un encadenamiento de desencuentros que las más de las
veces genera en los mediadores sentimientos que viven
como paradójicos: de frustración por la dificultad en con-
catenar el interés que se proponen de respetar los valores
"de la cultura de origen" de los chicos y a la vez cumplir

---

[19]   Un conjunto de estudios han avanzado respecto a los aportes que
tempranamente ofreció la antropología sobre los intercambios y sistemas de prestaciones, incorporando: la noción de "deuda", Edmund
Leach, *Sistemas políticos de la Alta Birmania*, Barcelona, Anagrama,
1976 (1ª edición, 1954); la atención a las configuraciones más amplias
de dominación, interdependencia, poder, Lygia Sigaud, "Armadilhas
da honra e do perdão: usos sociais do direito na mata pernambucana",
Mana, vol. 10, núm. 1, 2004, pp. 131-163, y de transacción presentes en
las relaciones de reciprocidad, Eduardo Menéndez, "Uso y desuso de
conceptos: ¿dónde quedaron los olvidos?, *Alteridades*, México, vol. 9,
núm. 17, 1999, pp. 147-164.

con los enunciados que se difunden desde el paradigma de los Derechos del niño.[20]

Hay que tener en cuenta, además, que las intervenciones cotidianas que tienen lugar en los centros con base territorial dirigidos a la infancia no se circunscriben necesariamente a los miembros más formalizados de las instituciones (tales como son los maestros, los especialistas y los representantes legales). Como dejamos entrever en el apartado anterior, un conjunto de actores, que las más de las veces ocupan espacios intersticiales en las instituciones, median y vehiculizan varias de las resoluciones o de los pedidos de ayuda de las familias. Nos referimos a la circulación permanente de referentes, mediadores de las políticas, voluntarios y otros trabajadores sociales en las organizaciones y la vida barrial en general. En la realidad de los barrios en donde investigamos, en esta suerte de intermediación en las problemáticas que presentan las familias, sobresale con fuerza la presencia de voluntarias o exvoluntarias de la Iglesia Católica, por ejemplo.

Insistimos entonces en la importancia de atender las tradiciones y los repertorios (dinámicos) que se sedimentan (también con importantes transformaciones) a través del tiempo en los barrios, cuestión que ya anticipamos en el apartado anterior. En los asentamientos ubicados en las márgenes inferiores del Río Reconquista, por ejemplo, el desarrollo de los centros comunitarios dedicados a la atención a la infancia –al menos buena parte de ellos– no puede

---

[20] Para un conocimiento con mayor profundidad de las tensiones, elementos conflictivos y apropiaciones que supone el proceso de implementación del *régimen internacional de los derechos del niño* se puede consultar Agustín Barna, "La construcción de la niñez entre lo local, lo global y la política. Presentación de una propuesta de investigación etnográfica sobre procesos de institucionalización de los derechos del niño en contextos de desigualdad social", *VIII Reunión de antropólogos del Mercosur*, Buenos Aires, 2009.

desvincularse, como dijimos, de las rutinas, las prácticas y las iniciativas forjadas en la organización de los asentamientos y en el marco de la actuación de la Iglesia Católica. Para el caso de esta institución tradicional en nuestro país, se trata de una intervención basada en formas renovadas de actuación. Por cierto, la difusión en América Latina de la perspectiva tercermundista y la *opción por los pobres* en los años sesenta produjo en las décadas subsiguientes la implementación de propuestas de evangelización a través de innovaciones, una de ellas fue la postulación de la *animación comunitaria.*[21]

Ahora bien, estas iniciativas ligadas con el tercermundismo y la interpelación a una nueva forma de participación de los sectores populares fueron apropiadas y traducidas de las formas más heterogéneas por parte de los cuadros de base de la Iglesia Católica. De hecho, y como consecuencia de ello, en esta zona del conurbano bonaerense, las acciones territoriales vinculadas con la atención a la infancia (tales como la inclusión de los chicos en los centros comunitarios de ayuda escolar, las guarderías maternales y en programas especiales de integración escolar) deben comprenderse en estrecha relación con una batería diversificada de operaciones tales como son, en los barrios en donde trabajamos, las *visitas* a los domicilios particulares

---

[21] Más allá de este ejemplo restringido a la Iglesia Católica, cabe mencionar que la propuesta de la *participación social* atraviesa desde las últimas décadas distintos escenarios y ámbitos sociales: programas estatales, proyectos de asociaciones de la sociedad civil y hasta perspectivas académicas (como la investigación acción). Los organismos internacionales (CEPAL, ONU) se han encargado de presentar a la *participación social* como una actividad "necesaria" en América Latina para lograr determinados objetivos en campos sociales específicos y estratégicos como es el de la salud, la educación y la economía. Eduardo Menéndez y Hugo Spinelli, *Participación social ¿Para qué?*, Buenos Aires, Lugar editorial, 2006.

de las familias, así como las *mateadas*[22] que las referentes
de la Iglesia Católica llevaron adelante más orgánicamente
durante los años ochenta y noventa pero que aún perviven
en los asentamientos populares.

En las *visitas*, por ejemplo, se articulan y se concretan efectivamente muchas de las resoluciones de las
problemáticas que exponen las familias. En simultáneo,
estas rutinas son, según pudimos registrar, engranajes
claves en donde se materializan prácticas ligadas con la
orientación moral y la modelación de conductas. En el
acompañamiento que hicimos a las voluntarias en los
hogares pudimos relevar, de hecho, cómo los momentos
de intercambio y ayuda son instancias ineludibles en las
cuales las referentes de la Iglesia transmiten una serie de
recomendaciones a las mujeres que habitan las zonas
más pauperizadas de los asentamientos. Más que nada
se trata de la difusión sistemática de una serie de pautas y
consejos relativos al descanso, al esparcimiento familiar, a
la alimentación de los niños que entre otras cuestiones se
destacan, además, por la estrecha cercanía que presentan
con respecto a valoraciones forjadas tempranamente en
nuestro país, entre otros sectores y corporaciones sociales,
por las elites.

Es claro que en las experiencias territoriales de atención a la infancia, al renovar en forma continua el plantel
de sus miembros y las vinculaciones interinstitucionales,
penetran a lo largo del tiempo otros discursos. Entre ellos
cabe mencionar la incorporación de la perspectiva de la
Educación popular y también, como vimos, la relativa a

---

[22]   En referencia a las reuniones que a través de la conformación de Comunidades Eclesiales de Base se realizaban en los domicilios particulares
de los pobladores de los asentamientos ubicados en las márgenes
inferiores del Río Reconquista, entre los años ochenta y noventa, para
la lectura de la Biblia y la discusión de los problemas del barrio y en las
cuales circulaba la típica infusión del mate propia de nuestro país.

la Convención sobre los Derechos del Niño. Por cierto, estos discursos se articulan casi irremediablemente con las formas de trabajo que vienen llevando adelante en estas experiencias. Desde allí que muchas veces, en un entramado complejo que no implica mera superposición, las definiciones del niño como "sujeto de derechos" conlleven interpretaciones divergentes y heterogéneas entre quienes integran las iniciativas.

Cerrando el análisis que compartimos hasta aquí, por fuera de los centros dirigidos a la infancia, y pasando de lleno al espacio barrial, también se configuran sentidos que en determinadas situaciones incluyen continuidades y acuerdos entre los distintos sujetos involucrados y también altercados y disputas de sentidos.

Al respecto, las iniciativas más puntuales dirigidas a los chicos (vinculadas con los programas sociales vigentes, con acciones específicas provenientes de las instituciones barriales o con ciertos referentes) incluyen, en mayor o menor medida, también regulaciones cotidianas, que se juegan, al menos en algunos de sus términos, con novedades. Decimos esto porque en la cotidianeidad de muchos hombres y mujeres que habitan las barriadas populares, las definiciones relativas al cuidado de los niños y las "obligaciones parentales" suceden, en tal caso, en un escenario de progresiva desestimación de los padres como "responsables" de los hijos. Ello porque un discurso que se generaliza por parte de ciertos educadores y referentes comunitarios es la advertencia de la progresiva "desresponsabilización" de las familias de los chicos sobre todo cuando son las instituciones barriales quienes "se ocupan" de actividades que se visualizan como propias del "ámbito doméstico" (como dar de comer, vestir, también realizar controles médicos, de peso y de talla).

En este marco de situación, los momentos de la distribución y la organización de los recursos de las políticas y los programas del Estado, por ejemplo, son instancias en las cuales algunos referentes barriales, técnicos y voluntarios construyen una batería de valoraciones sobre los grados de "merecimiento" de los beneficiarios respecto a la ayuda recibida, aun cuando se trate de un programa que en algunos barrios se instrumente bajo la forma de universal.[23] Por cierto, y según pudimos reconstruir en el trabajo de campo, se trata en general de valoraciones fuertemente ancladas en concepciones socialmente difundidas acerca de la "buena vida" y "moral" familiar.[24] Una particularidad del momento, es que como buena parte de las intervenciones sobre la niñez y la vida familiar se juegan a través de las interacciones cotidianas, la ingeniería relativa a las "evaluaciones" y "estimaciones" del merecimiento de los beneficios de los subsidios se vio favorecida y perfeccionada en el marco del "conocimiento local" y la proximidad que se configuran en los territorios.

Con esto queremos decir que las estimaciones sobre el merecimiento de los beneficios, que se centran principalmente en "los modos de vida" y los "comportamientos" de los tutores de los chicos, exceden claramente los momentos de la "entrega" y la "distribución", para incluir situaciones barriales que si se destacan por algo es por su inherente informalidad. Nos referimos a eventos propios de la vida barrial y ligados a la reproducción cotidiana de las familias, como son aquéllos vinculados con el esparcimiento (fiestas por aniversarios y casamientos que se realizan en los barrios), el trabajo y la contraprestación de los planes

---

[23] Este es el caso del Programa Más Vida de la provincia de Buenos Aires, que aun cuando se trate de una política focalizada, en determinados sectores de la jurisdicción lo perciben todos los sujetos que cumplen con los requisitos estipulados.

[24] Estas valoraciones se ponen de manifiesto a través de consideraciones sobre cómo deben desarrollarse, por ejemplo, los momentos de descanso, el trabajo, la disciplina, el cuidado de los niños y la higiene del hogar.

por desocupación, la religiosidad (la asistencia al oficio de las misas, las reuniones pastorales), las transacciones comerciales, el cumplimiento de la escolaridad y la salud de los hijos (asistencia a los actos escolares, a los dispensarios de salud que ubican en el mismo barrio, la realización de controles de rutina) que configuradas en la cotidianeidad quedan veladas, en la mayoría de los casos, como formas de control y miramiento.

Reflexiones finales

En este trabajo uno de nuestros objetivos fue contribuir al conocimiento de algunas aristas que implican los procesos de intervención sobre la infancia y la vida familiar en los contextos contemporáneos de desigualdad social. Junto a ello también nos interesó reflexionar desde qué perspectivas y formas de abordaje analizar ciertas iniciativas que, en los contextos en los cuales trabajamos, sobresalen por su mixtura y por las múltiples mediaciones y la producción de diferenciaciones que suponen.

Como intentamos reconstruir desde el registro etnográfico, en los escenarios en los cuales investigamos, las intervenciones sociales sobre la infancia y las familias de los chicos se concretan, en la mayoría de las iniciativas, en términos territorializados y en base a prácticas que se traman en la cotidianeidad de los barrios. Al respecto constatamos cómo, al menos en algunos de sus sentidos, las modalidades que asumen las intervenciones sobre la infancia y la vida familiar mucho tienen que ver con las formas en que el "cuidado infantil" es objetivado en tanto hecho social y político, no sólo en las dimensiones más estructurales (de la política) sino en el plano de las interacciones cotidianas. La descripción realizada puso de relieve, de hecho, un conjunto de acciones y relaciones sociales en las cuales aparecen en escena sujetos, muchas veces "anónimos", pero no por eso menos relevantes en los procesos de producción social de la educación y el cuidado infantil.

Históricamente, la atención y el cuidado de la infancia (sobre todo para las clases populares) incluyeron un amplio espectro de sujetos colectivos (ligados también con la actuación del Estado, la filantropía y la caridad). Sin embargo, consideramos que las formas de intervención actual no son una mera continuidad lineal, aunque sí contengan muchos de los sentidos configurados a lo largo de esta historia de las intervenciones infantiles en nuestra región. Entendemos que las intervenciones sociales sobre la infancia que reconocimos se destacan por un conjunto de cuestiones que en buena medida incluyen nuevas condiciones para la construcción y la disputa de sentidos sobre el cuidado infantil, tanto para quienes median en las políticas y en los programas sociales, como para quienes son objeto de las acciones. Nos referimos a condiciones que se configuran en el marco de las distintas matrices (ideológicas, discursivas) que se ponen en juego en las experiencias, pero que, además, las hacen posible sujetos concretos, situados en escenarios cotidianos permeados por relaciones de poder y continuas transformaciones.

Para cerrar, consideramos que el registro realizado permite dar cuenta de estas complejidades y nos alerta ante cualquier tentación de proclamar apriorísticamente el carácter "emancipador" o "coercitivo" de las intervenciones y propuestas dirigidas a la infancia y la vida familiar. Más bien se trató de documentar los matices y las apropiaciones que incluyen las iniciativas y cómo, en definitiva, constituyen, aún tramadas en la cotidianeidad de los barrios, engranajes clave de los procesos más amplios de reproducción social.

CUARTA PARTE

EL CAMPO DE LA "MINORIDAD": ENTRE DISPOSITIVOS PENALES Y ASISTENCIALES

Asilo de huérfanas, refugio para niñas solas. Prácticas del sector privado en el centro y sur bonaerenses a fines del siglo XIX[1]

Yolanda de Paz Trueba

En la Argentina de fines del siglo XIX y primeras décadas del XX, el peligro social vinculado a la pobreza, los vagabundos y las miles de personas que poblaban a diario las calles de la ciudad capital y otras que iban creciendo de la mano de la expansión económica y la diversificación social derivada del arribo de inmigrantes puso sobre el tapete un conjunto de problemáticas. Preocupaciones que, sin ser nuevas, adquirieron otras dimensiones y estimularon el desarrollo de una serie de discursos sobre la cuestión y la puesta en práctica de una batería de medidas que intentaron, con mayor o menor éxito, resolver las situaciones que aparecían como amenazadoras para el orden político y social que se intentaba establecer.

La llamada "cuestión social", expresión que comenzó a circular a fines del siglo XIX, daba cuenta de lo que Mirta Lobato define como los "disfuncionamientos" producidos por las transformaciones socioeconómicas del país y abarcaba una amplia gama de preocupaciones que iban desde la vivienda, el hacinamiento, la salubridad, hasta la exclusión o la inclusión de los pobres. Estos problemas adquirían especial importancia en la época en la cual muchos actores

---

[1] Este trabajo es parte de una investigación mayor que se pregunta por estas cuestiones en un espacio de estudio que abarca otras localidades del sur de la provincia y forma parte de mi trabajo posdoctoral.

sociales creían que estaban en juego la gobernabilidad y la construcción del modelo político.[2]

Los niños abandonados, los chicos que día a día transitaban las calles, los mismos que se creía podían devenir en los delincuentes del futuro, ocuparon también un lugar preponderante en la agenda de gobernantes, intelectuales y profesionales de las nuevas disciplinas como la antropología, la psiquiatría, la sociología y la criminología entre otras, que adquirieron protagonismo en el período abordado por este trabajo.[3]

En tal sentido, dada la inexistencia a fines del siglo XIX de organismos del Estado específicos que atendieran las necesidades crecientes de este sector de la población fuera de la ciudad de Buenos Aires –cuya problemática ha sido

---

[2]   Mirta Lobato (ed.), *Política, Médicos y Enfermedades. Lecturas de historia de la salud en la Argentina,* Buenos Aires, Biblos-Universidad Nacional de Mar del Plata, 1996. Dicha cuestión social ha sido trabajada por múltiples autores entre los que podemos mencionar a Eduardo Zimmermann, *Los Liberales reformistas. La cuestión social en la Argentina, 1890-1916,* Buenos Aires, Sudamericana, 1995 y Juan Suriano (comp.), *La cuestión social en Argentina, 1870-1943,* Buenos Aires, La Colmena, 2000. Entre los trabajos más recientes ver Eugenia Scarzanella, *Ni gringos ni indios. Inmigración, criminalidad y racismo en la Argentina. 1890-1940,* Bernal, UNQUI, 2003; Daniel Lvovich y Juan Suriano (eds.), *Las políticas sociales en perspectiva histórica. Argentina, 1870-1952,* Buenos Aires, Prometeo, 2005 y María Silvia Di Liscia y Ernesto Bohoslavsky (eds.), *Instituciones y formas de control social en América Latina, 1840-1940. Una revisión,* Buenos Aires, Prometeo, 2005, entre otros.

[3]   Sin embargo, ésta era una preocupación de larga data que puede remontarse a la época colonial. Tal como lo señala José Luis Moreno, la creación en 1779 de la Casa de Niños Expósitos tuvo el objetivo de dar un principio de solución a la gran cantidad de niños abandonados en la vía pública de Buenos Aires, además de los huérfanos. Ver José Luis Moreno (comp.), *La política social antes de la política social. (Caridad, beneficencia y política en Buenos Aires, siglos XVII a XIX),* Buenos Aires, Trama-Prometeo, 2000 y del mismo autor *Éramos tan pobres... De la caridad colonial a la Fundación Eva Perón,* Buenos Aires, Sudamericana, 2009.

estudiada por diversos historiadores-,[4] pretendo dar cuenta de los medios, los recursos y las formas institucionales para atender estos problemas en Azul, una pequeña localidad del centro de la provincia de Buenos Aires que a fines del siglo XIX y principios del XX se encontraba en pleno proceso de expansión y crecimiento. Especialmente, me ocuparé de las instituciones de lo que se ha denominado el sector privado que atendieron las demandas de intervención sobre la problemática de la infancia. Me interesa comprender su incidencia en el espacio público así como los usos que socialmente se daban a esos recursos. Prestaré especial atención a las niñas, colectivo social menos estudiado que los niños de sexo masculino y sobre las que recaía el mandato de ser madres de los hijos de la República. Con esa idea, analizaré los discursos de la prensa local (especialmente el periódico *El Imparcial*), las actas de sesiones del Municipio, la correspondencia municipal con distintas instituciones y los libros de actas de dos instituciones: la Comisión Damas de Caridad (que desde 1896 administraba el Asilo del Sagrado Corazón de Jesús destinado a niñas huérfanas y/o abandonadas) y la Sociedad Protectora de Niños Pobres.

---

[4] Al respecto, véase Donna Guy, "Niñas en la cárcel. La Casa Correccional de mujeres como instituto de socorro infantil", en Fernanda Gil Lozano, Valeria Silvina Pita y María Gabriela Ini (dirs.), *Historia de las mujeres en la Argentina*, Buenos Aires, Taurus, 2000, Tomo II, pp. 25-45; Julio César Ríos y Ana María Talak, "La niñez en los espacios urbanos", en Fernando Devoto y Marta Madero (dirs.), *Historia de la Vida Privada en la Argentina*, Buenos Aires, Taurus, 2000, Tomo 2, pp. 139-161; María Marta Aversa, "Infancia abandonada y delincuente. De la tutela al patronato público (1910-1931)", en Daniel Lvovich y Juan Suriano (eds.), *Las políticas sociales en perspectiva histórica..., op. cit.*, pp. 89-108 y Carolina Zapiola, "Niños en las calles: imágenes literarias y representaciones oficiales en la Argentina del Centenario", en Sandra Gayol y Marta Madero (eds.), *Formas de Historia Cultural*, Buenos Aires, UNGS- Prometeo, 2007, pp. 305-332, entre otros. Sobre el espacio de la provincia de Buenos Aires ver Leandro Stagno, *Una infancia aparte. La minoridad en la provincia de Buenos Aires (1930-1943)*, Buenos Aires, Libros Libres, 2010.

Los niños de la calle: entre el peligro social y la necesidad de contención

En las últimas décadas del siglo XIX, Azul transitaba por un rápido desarrollo. Para ese entonces, muchas fuentes aludían a la vitalidad asociativa y comercial que se fortalecía al ritmo del crecimiento del pueblo. Tal como señalaba la Guía Anuario de Forns Artigas de 1892: "El Azul es uno de los pocos pueblos de la provincia cuyo crecimiento no ha sufrido intermitencias. Debemos esto a sus poderosas fuerzas vitales fundadas en la bondad de sus tierras, en la subdivisión de las mismas y en los hábitos de labor de sus pobladores".[5] Refiriéndose a la actividad económica local, agregaba más adelante que

> La industria y el comercio tienen también sus buenos representantes. Dos molinos antiguos puestos últimamente a la altura de los nuevos establecimientos de esa clase, fábrica de cerveza, de jabón, grasa, aceites y curtido, cinco grandes fábricas de queso [...] fundiciones, herrerías, fábricas de carruajes, talleres de construcción de toda clase, y un mismo número de industrias de menor importancia relativa.

La enumeración continuaba y hacía referencia a un número importante de comercios mayoristas y minoristas además de las sucursales del Banco de la Nación Argentina, del Banco de la Provincia así como del Banco Comercial. A eso se sumaban las menciones del edifico de la Municipalidad, la Escuela Normal y demás escuelas, las "sólidas" construcciones particulares y los carruajes de alquiler que surcaban las calles pavimentadas. La descripción daba la imagen de un pueblo pujante del centro bonaerense que en agosto de 1894 acababa de ser declarado ciudad.[6]

---

[5] Forns Artigas, *Guía Anuario 1892*, citado en Diario *El Tiempo*, Edición Aniversario, Azul, 1983.

[6] *El Imparcial,* 2 de agosto de 1894.

Los vecinos, por su parte, orgullosos del Azul en progreso, no dejaban de mostrarse perplejos ante la otra cara de la moneda que era la muestra patente y latente del *no progreso*: la pobreza, la mendicidad, la vagancia. Los menores recibieron en tal sentido un interés destacable que se incrementó con el paso de los años.[7] Así, en los años finales del siglo XIX, la prensa local reflejó la inquietud compartida por un amplio espectro de la población ante los niños que deambulaban por el pueblo. En mayo de 1894, por ejemplo, el periódico local *El Imparcial* manifestaba que la moralidad se veía afectada por la presencia de menores en las calles y también en los prostíbulos del pueblo e instaba a la policía a tomar medidas.[8] Días después insistía señalando que "Sería muy prudente y altamente moral que la policía se ocupara de perseguir a los menores y vagos que en crecido número pululan por nuestros cafetines, academias y casas de tolerancia que existen en el Azul".[9]

Unos años después, a la vuelta del nuevo siglo, el mismo órgano de prensa seguía poniendo sobre las espaldas de la policía la responsabilidad de la inacción frente a la necesidad de revertir la presencia de los menores en lugares donde su misma edad no lo permitía. Remarcaba que allí donde no era suficiente la autoridad del padre de familia, se hacía necesaria una mayor rigurosidad de las autoridades. Todo lo cual redundaba en una necesidad de atender a la moral pública, a la que éstas debían prestar

---

[7]   El concepto de menor refería a una amplia categoría que incluía a abandonados, delincuentes, huérfanos, trabajadores callejeros, entre otros. El concepto de niño aludía más bien a aquellos que a diferencia de los anteriores tenían la contención de la familia y la escuela. Este trabajo refiere a ambos sectores, pero hace hincapié en las niñas, aquellas que careciendo de la contención de la familia, encontraron en instituciones privadas locales un marco de refugio.

[8]   *El Imparcial*, 20 de mayo de 1894.

[9]   *El Imparcial*, "Menores y Vagos", 10 de junio de 1894. Ver también "Menores vagos", 5 de julio de 1894 y 9 de agosto de 1894.

un cuidado especial o "por lo menos igual al que se presta a los que habitan en la vecindad de un foco cualquiera de infección".[10] La enfermedad moral y la social aparecían así fuertemente asociadas en el discurso de la prensa local.

Para ese entonces, estaba vigente el Código Civil (1869) basado en el proyecto de Vélez Sarsfield que consagró la continuidad del régimen jurídico del menor de la época colonial[11]. y que recién se modificó con la sanción de la Ley de Patronato de Menores en 1919.[12] Sin embargo, las décadas comprendidas entre finales del siglo XIX y principios del XX –el período abordado en este artículo– estuvieron marcadas por una serie de nuevas discusiones y de nuevas acciones en torno a la reforma de la relación entre el Estado y las familias. Tal como plantea Carla Villalta, existe una mutación de los discursos a comienzos de siglo XX cuando comenzó a enfatizarse no sólo el derecho de los padres sobre los niños sino sobre todo sus obligaciones.[13] En este marco, es notoria la incidencia que estos discursos adquirieron

---

[10]   *El Imparcial*, "Los menores de edad. Necesidad de moralizar sus hábitos", 1 de noviembre de 1901.

[11]   Esto se hace notable particularmente en relación con instituciones ampliamente legisladas por las Partidas de Alfonso el Sabio, como eran la tutela, la curatela y la colocación de menores. Ver María Isabel Seoane, "Instituciones Protectoras del menor en el derecho Argentino pre codificado (1800-1870)", *Revista Historia del Derecho*, Buenos Aires, 1977, n° 15, pp. 175-209.

[12]   María Carolina Zapiola, "La Ley de patronato de 1919: una reestructuración parcial de los vínculos entre estado y minoridad", *Jornadas Historia de la Infancia en Argentina, 1880-1960*, UNGS-Universidad de San Andrés, noviembre de 2008 y de la misma autora "La Ley de Patronato de Menores de 1919. ¿Una bisagra histórica?", en Lucía Lionetti y Daniel Miguez (comps.), *Las Infancias en la Historia Argentina. Intersecciones entre Prácticas, Discursos e Instituciones (1890-1960)*, Rosario, Prohistoria, 2010, pp. 117-132.

[13]   Carla Villalta, "La conformación de una matriz interpretativa. La definición jurídica del abandono y la pérdida de la patria potestad", en Lucía Lionetti y Daniel Miguez (comps.), *Las Infancias en la Historia Argentina*, Rosario, Prohistoria, 2010, pp. 71-93.

en la prensa local que insistían en que cuando la familia
no podía hacerse cargo de controlar a sus miembros más
pequeños, era al Estado y a sus representantes a quienes
se reclamaba una intervención.

A la pobreza, a la vagancia y sobre todo a los menores
asociados a estas problemáticas que generaban malestar
en buena parte de la sociedad de Azul se sumaron los
desvelos por los niños que estando en edad de asistir a la
escuela no lo hacían debido a la indigencia de sus familias.
Todas estas preocupaciones se vieron acompañadas de
medidas concretas que emanaban de la iniciativa privada
destinada a dar respuesta a problemáticas públicas en un
momento en que el Estado en sus diversos niveles aún
no estaba preparado para tomar estas funciones en sus
manos. Además, predominaba la idea de que la caridad
y la asistencia social le correspondían a la sociedad civil,
en el marco de un Estado liberal en el que los gobiernos
eludieron admitir que la ayuda a los pobres era un derecho
antes que un "regalo de los ricos".[14]

Así, en 1898 se fundó en Azul la Sociedad Protectora
de Niños Pobres por iniciativa del concejal Baigorria secun-
dado por su esposa y algunas maestras de la localidad. La
Sociedad estaba destinada a brindarles ropa y calzado a los
niños para que acudieran a las escuelas públicas del partido y, de ese modo, contribuir a evitar la deserción escolar.
Muchas de las mujeres que integraban la institución eran
maestras o directoras de establecimientos educativos, lo que

---

[14]   Rachel Fuchs, "Beneficencia y bienestar", en David Kertzer y Mario Bar-
      bagli (comps.), *La vida familiar desde la Revolución Francesa hasta la pri-
      mera guerra mundial (1789-1913)*, Barcelona, Paidós, 2003, pp. 243-296.
      Lejos de tratarse de un medio apolítico de intervención privada, como
      sostiene Donzelot, la filantropía representó para el Estado del siglo XIX
      una forma de dar respuesta a las demandas sociales, "deliberadamente
      despolitizante" que ocupa una "posición neurálgica equidistante de la
      iniciativa privada y del Estado". Véase Jacques Donzelot, *La policía de
      las familias,* Valencia, Pre-textos, 1979, p. 58.

hacía que el sistema de ayuda funcionara aceitadamente. Como ejemplo se puede mencionar a Ana Campot, secretaria de la comisión provisoria y miembro de comisiones posteriores, que era maestra de la Escuela Elemental de Niñas y a Filomena Cajavaville, Directora de la Escuela N° 1.[15] Según el Libro de Actas de la Sociedad, el mecanismo de ayuda suponía la centralización de información brindada por los directores de las escuelas de la comunidad que identificaban a los chicos necesitados. De modo que la falta de estos elementos a causa de la indigencia de las familias no impidiera la asistencia a los establecimientos públicos de educación.

Es decir, los niños asistidos por la Protectora tenían familia pero su condición de pobreza determinaba, según los padres afirmaban y la prensa reproducía, la imposibilidad de enviarlos vestidos "decentemente" a los establecimientos escolares. A esto se sumaba que los chicos debían ocupar su tiempo realizando "changas" para contribuir al sostenimiento familiar. En el caso de los varones, muchas veces estaban vinculadas al trabajo agrícola a que los padres estaban sujetos; para las niñas en cambio, el universo del hogar era con mayor frecuencia el espacio de su labor cotidiana, cuidando de sus hermanos más pequeños cuando la madre debía salir a ganar el sustento, o ayudando a ésta con tareas diversas cuando su trabajo no excedía los límites del hogar, por ejemplo planchando o lavando "para afuera". Tal como *El Imparcial* expresaba:

---

[15]   Datos aportados por la Memoria del Consejo Escolar de Azul del año 1890, Archivo Municipal de Azul (en adelante AMA), 1890. En 1894, el periódico *El Imparcial* informaba que Selfira Giordano, miembro de la Sociedad, era a su vez maestra de la Escuela Elemental n° 2 y en 1896 se tiene noticia por el mismo medio que Querubina Gil Navarro era directora del mismo establecimiento, siendo ella miembro destacado de varias comisiones y en las diversas actividades que organizaba la institución. *El Imparcial*, "Escuela Elemental n° 2", 28 de junio de 1894 y "La Escuela n° 2. Su dirección", 19 de junio de 1896.

Es evidente que la Ley de Enseñanza Obligatoria no puede ser factible en la parte que con los niños realmente pobres se relaciona: ¿quién los viste? ¿Quién los calza? ¿Cómo esos niños pueden presentarse en la escuela, cubiertos de harapos? La moral no lo permite, aunque la ley exija la educación obligatoria.[16]

En este contexto fue muy bienvenida la iniciativa del concejal y de las damas antes comentada. Años atrás, en 1896, un grupo de damas católicas del pueblo, pertenecientes a la Sociedad benéfica local Sagrado Corazón de Jesús constituida en 1886 por iniciativa del cura párroco local, habían fundado un Asilo para niñas huérfanas. Se creó así un espacio para la atención de las necesidades de este sector específico de la población. Integraban esta comisión entre otras las señoras Marcelina B. de Dhers, Marta de Cornille, Catalina de Ball, Carmen Aztiria, Justina de Leyría, Estanislada de Berdiñas, Carolina de Filippa, María de Frers, Manuela de Cuitiño, Rosa de Maschio, María G. de Enciso. Muchas de estas señoras eran parte de la elite local, si como tal se entiende a aquellos sectores que formaban parte de *los notables* del pueblo, los que por su posición económica, social o cultural ocupaban puestos prominentes tanto políticos como de la administración en general. Por ejemplo, apellidos como Aztiria, Ball, Frers, Berdiñas o Dhers, sólo por mencionar algunos, pertenecían a hombres que fueron en reiteradas ocasiones concejales, consejeros escolares, alcaldes, defensores de menores, entre otros.[17]

---

[16]   *El Imparcial*, "Por los niños Pobres. Una noble iniciativa", 16 de noviembre de 1898. Cabe aclarar que la educación de la Provincia de Buenos Aires, espacio analizado por este trabajo, estaba regulada por la Ley Provincial de 1875 que establecía que ésta debía ser Común y Obligatoria. La Ley 1420, por su parte, planteaba que además debía ser laica y regía para Buenos Aires y para Territorios Nacionales.

[17]   Un caso que merece destacarse es el de Carolina de Filippa, esposa de Ulrico Filippa, uno de los médicos más destacados del periodo quien

La actividad significó para las damas un largo camino de lucha para las damas que conformaban la Comisión, tanto para conseguir los fondos necesarios para mantener y hacer crecer su obra, así como para administrar día a día los recursos que tanto la población como el municipio aportaban.[18] La institución recibía en algunos casos a niñas que habían quedado huérfanas de padre y de madre, como aquella pequeña de doce años para la que la señora Marta de Cornille, miembro de la comisión, solicitó con éxito un espacio en el Asilo.[19] En otras oportunidades, frente al fallecimiento de uno de los progenitores, especialmente de la madre, y ante la imposibilidad de asumir la responsabilidad por parte del padre o del familiar que quedaba a cargo, el Asilo representaba una alternativa para brindar techo, comida y educación. Así, a fines de 1898 las damas aceptaron "una huerfanita de madre de cinco años" a quien el padre pedía poner en el Asilo, comprometiéndose a darle "la cama con todo lo necesario". En la misma fecha, recibieron otra niña de siete años, en iguales condiciones.[20] También Emma y Dolores Capurro habían sido colocadas

---

se desempeñó como médico municipal y de policía, con actuación destacada en el Hospital Municipal. Conocido personaje del pueblo, era además miembro de la Logia masónica local, al igual que los diversos miembros de la familia Dhers, lo que merece destacarse ya que en Azul, a diferencia de Tandil, la pertenencia masónica no excluía la colaboración con las asociaciones católicas. AMA, Libros de Sesiones Municipales y Correspondencia analizados entre 1880 y 1910.

[18]   Referencias amplias al respecto en Yolanda de Paz Trueba, *Vida pública y asuntos privados. La presencia de las mujeres en las comunidades del centro y sudeste bonaerense. Fines del siglo XIX y principios del XX*, Tesis doctoral, UNCPBA, inédito, 2010 y *Mujeres y esfera pública: la campaña bonaerense entre 1880 y 1910*, Rosario, Prohistoria Ediciones, 2010.

[19]   Archivo Sagrado Corazón de Jesús de Azul (en adelante ASCJA), Actas, 17 de febrero de 1898. También la señora María de Suárez encontró eco positivo a su petición para colocar en el Asilo a una niña que siendo huérfana de padre y madre estaba a su cargo. ASCJA, Actas, 13 de marzo de 1898.

[20]   ASCJA, Actas, 11 de noviembre de 1898.

en el Asilo por su padre, pero a fines de 1899 era la tía de las niñas, Antonia Capurro, quien se comprometió a abonar lo adeudado por éste.[21] Situaciones como ésta, en la que el padre dejaba a las hijas en el Asilo pero tras un tiempo no podía hacerse cargo económicamente de su manutención, se reiteraban aunque no todas parecieron correr con la suerte de las niñas Capurro. También era el progenitor quien había colocado a las huérfanas de madre Carmen e Isabel Siciliana a quienes las damas decidieron entregarlas tras un tiempo de estadía en el Asilo porque éste no pagaba debidamente la cuota necesaria para su permanencia en el lugar.[22]

De modo que en Azul, la Protectora y el Asilo eran las dos instituciones que se ocupaban de la infancia y sus problemáticas hacia comienzos del siglo XX. Para ese entonces, se habían potenciado los discursos sobre la importancia de la infancia para el futuro de la nación y sobre los peligros que conllevaba su desprotección para la sociedad. De hecho, *El Imparcial* insistía en la necesidad de incrementar las acciones y resaltaba las insuficiencias que todavía existían en materia de atención a la niñez desvalida.[23] Cabe notar una situación cuanto menos particular: en términos generales el periódico refería a los varones que asistían a los prostíbulos o deambulaban por las calles del pueblo y mucho menos a las niñas, pero en términos concretos las mayores apuestas institucionales estuvieron dirigidas a ellas con la creación del Asilo de Huérfanas. Es decir, si bien

---

[21]   ASCJA, Actas, 5 de noviembre de 1899. Sobre casos similares ver ASCJA, Actas, 20 de noviembre de 1899; 21 de enero de 1900 entre otros. En este último caso, el pedido del padre no fue tomado en cuenta porque las niñas eran menores de dos años, lo que contradecía el reglamento interno de la institución.

[22]   ASCJA, Actas, 6 de septiembre de 1897.

[23]   *El Imparcial*, "Protección a la infancia", 13 de junio de 1905.

en los discursos se insistía sobre los varones, se priorizó la contención y la formación de las niñas.

Es posible pensar la existencia de diferentes estrategias –y preocupaciones– en relación a niñas y niños. En el caso de los varones, futura mano de obra, la prioridad parecería haber sido su disciplinamiento moral mediante reiterados llamados a la policía y autoridades del pueblo. En el caso de las niñas, se las debía proteger, contener y educar. De hecho, este Asilo no estaba destinado a niñas que habían cometido algún delito sino a aquellas que se encontraban en una situación de gran vulnerabilidad por la debilidad de la contención familiar de la que, unas más, otras menos, todas carecían. El Asilo habría sido, desde las opiniones dominantes entre aquellos sectores encargados de levantar tal estructura y llevar adelante su administración, ese espacio de contención y formación que la familia no podía brindar a las niñas. Como decían las damas en 1896 en una carta dirigida al Intendente Municipal solicitando colaboración económica para el sostenimiento del establecimiento, en él "no sólo se tiende a remediar sus necesidades materiales sino también a inculcarles el amor a la virtud y al trabajo para que mañana sean mujeres útiles a sí mismas y a la sociedad".[24] Sin embargo, ninguna de estas acciones estaba exenta de una finalidad de control.

El Asilo: refugio de huérfanas y recurso familiar

Hasta aquí se ha hecho referencia al discurso social, a las preocupaciones de ciertos sectores del pueblo en torno a la niñez desprotegida, así como a las acciones emprendidas en aras de tomar medidas concretas al respecto. Cabe preguntarse ahora sobre el modo en que se relacionaban

---

[24]   AMA, Correspondencia, 2 de julio de 1896.

esos esfuerzos caritativos y los actores sociales a quienes se dirigían. Vale decir, en qué medida los sectores más vulnerables del pueblo hacían uso de los recursos que la caridad privada ponía a su disposición.

Como ya se ha planteado, al observar los esfuerzos de las socias, la colaboración privada y la respuesta del poder local –que siempre apoyó a las damas ante su requerimiento–, las niñas aparecen en el centro de una preocupación que se expresaba más en las obras que en los discursos de la prensa. Claro que hay que ser cautos con las visiones emanadas de los periódicos. Antes que imaginar grupos de niñas deambulando por las calles del pueblo tal como se relataba en relación con los varones, se hace necesario pensar cuál era su problemática. En estas localidades en crecimiento, los niños estaban sujetos a la familia como unidad de parentesco pero también de trabajo. Los niños de sexo masculino podían cumplir funciones laborales más visibles por ejemplo en el comercio o, como el caso del menor Miguel de Luca, como cochero y concurrir por ello con frecuencia a ámbitos públicos.[25] Esto ponía a los niños a la vista de quienes en la sociedad local pretendían "moralizar las costumbres". Algo muy diferente sucedía con las niñas, quienes desarrollaban labores no menos importantes, pero sí menos visibles, ligadas a lo doméstico.

---

[25]   En febrero de 1886, el Juez de Paz de Azul, informaba al Defensor de Menores del partido que ponía "a disposición de Ud. al menor Miguel de Luca por frecuentar las casas de tolerancia, fiambrerías, bailes y casas de negocio sin embargo de ser despedido por sus dueños." Las autoridades intervenían desde que la autoridad paterna no era suficiente para enmendar esta *conducta desviada,* pero también porque las personas decentes de la localidad podían verse en peligro a causa del comportamiento de Miguel, quien era "cochero de plaza con perjuicio de la vida de los que por desgracia lo ocupan pues su corta edad e instintos malvados hacen olvidar los deberes que tiene para con los pasajeros [...] y que la justicia está en el deber de velar por el vecindario." AMA, Correspondencia de la Defensoría de Menores, 10 de febrero de 1886.

Así, el Asilo venía a resolver el problema que para muchos miembros de esta comunidad representaban las niñas, sobre las que pesaba una mayor necesidad de protección pero que tenían menores posibilidades de recibir cierta educación a excepción de la que podía brindarle alguna familia del pueblo en cuya casa eran "colocadas" para realizar trabajos domésticos.

El Asilo era un espacio de enseñanza, de contención y de control social que podía mejorar las perspectivas futuras de las niñas cuando nadie podía hacerse cargo de ellas. Existían diversas maneras para ingresar a la institución. Dichas formas permiten observar la realidad vivida –la cotidianeidad– tanto de las niñas asiladas como de quienes decidían recurrir a la institución cuando, probablemente, otras posibilidades de solución se habían agotado.[26] En algunos casos las niñas eran huérfanas de madre y de padre y existían redes de información interpersonales que trasladaban la problemática al Asilo. Así, por ejemplo, las Actas de Sesiones dan cuenta de situaciones en las que –como sucedió en junio de 1897– la presidenta de la Asociación comentaba al resto de las socias que había recibido un aviso –mediante el cual "la enteraban"– de que en casa de la familia Guzmán se encontraba una huérfana de padre y de madre y era el deseo de tal familia entregarla al Asilo, petición que fue aceptada.[27]

Era común que determinadas familias como los Guzmán, cuyo parentesco con esta huérfana no se menciona,

[26]   Cabe señalar que en estas páginas se hace hincapié en situaciones sus-
       citadas entre los particulares y las Damas a cuyo cargo estaba el Asilo
       y no a los casos en que debía intervenir el Defensor de Menores, a lo
       que se refiere en Yolanda de Paz Trueba, "Asilos para huérfanas en el
       centro y sur bonaerenses. Algunas pistas para repensar la construcción
       de la gobernabilidad a fines del siglo XIX y principios del XX", en Lucía
       Lionetti y Daniel Míguez (comps.), *Las Infancias en la Historia Argentina*,
       Rosario, Prohistoria, 2010, pp. 53-69.
[27]   ASCJA, Actas, 3 de junio de 1897.

o miembros de la localidad en forma individual acercaran
su pedido a la sociedad. En cambio, no era igualmente
frecuente que las asiladas fueran huérfanas de padre y de
madre. En tal sentido, dado que el Asilo recogía tanto a
niñas huérfanas como a otras que no lo eran, muchas eran
enviadas por su madre o su padre –u otro miembro de la
familia– que las depositaban al cuidado de las monjas del
Asilo. Tal fue el caso, entre muchos otros, de Elvira, hija de
Teófila Delfino, quien en agosto de 1897, "propone se le
tome su hija [...] en el Asilo pagando por pensión mensual
cinco pesos". Como la cuota mensual establecida para las
pensionistas era de doce pesos mensuales, esta madre
se ofrecía a compensar la parte de dinero que no podía
ofrecer con trabajos en dicho establecimiento cuando le
fuera posible. Se decidió aceptar a la pequeña "hasta tanto
esta señora se halle en condiciones más favorables para
sostener a su hija".[28] Las razones económicas en este caso
eran excluyentes para explicar la decisión tomada por la
madre que de antemano se pactaba como transitoria para
ambas partes.

No en todos los casos existía este acuerdo que compen-
saba la reducción del monto pagado. Así se desprende de
varias "cesiones" de niñas. Entre ellas, por ejemplo, estaba
la de una señora que en febrero de 1898 pedía entregar a
su sobrina, huérfana de padre y que según ella nadie la
reclamaría y que ofrecía garantizar la veracidad de esa
situación mediante un papel firmado. De este modo, la tía
entregaba a la niña garantizando que era ella la responsable de la pequeña y nadie la reclamaría al Asilo, dado
que las damas trataban de evitar conflictos de ese tipo
con las familias. El compromiso contemplaba, además,
que la tía pagaría la mensualidad, el vestido y el calzado
de la pequeña mientras estuviera en el establecimiento.

---

[28]   ASCJA, Actas, 2 de agosto de 1897.

Evidentemente aquí no era lo económico lo que llevaba a esta mujer a tomar esta decisión, sino otras razones que no son aludidas y tampoco parecen importar a las damas al momento de decidir recibir a la niña en el Asilo.[29]

Si para los parientes (familiares directos o no) era indistinto exponer las causas del abandono, no sucedía lo mismo con las madres. Para ellas parecía ser perentorio explicarlas. Con frecuencia aludían a la enfermedad. Así, en julio de 1898, una madre que dejó en el Asilo a una hija suya de ocho años de edad explicaba que tomaba tal decisión a causa de encontrarse enferma y no poder atenderla adecuadamente.[30] También la soledad o la necesidad de trabajar podían definir la decisión de recurrir al Asilo. Lo mismo aducían los padres al quedar viudos. Así ocurrió con Domingo Romeo, viudo y con cuatro hijos, quien solicitó la entrega de éstos al Asilo, siéndole aceptado sólo el ingreso a la institución de las dos niñas, ya que el reglamento interno era explícito al no permitir varones.[31] Como se observa, los motivos aludidos y las circunstancias que rodeaban la entrega de niñas al Asilo de Huérfanas eran varios pero redundaban siempre en la imposibilidad de cuidarlas adecuadamente fuera por causa de enfermedad, viudez, falta de recursos económicos, etc.

Claro que la entrega, si bien voluntaria, no parece haber sido definitiva. Los padres o los parientes, pero sobre todo las madres, solían reclamar a sus hijas después de un tiempo. El reglamento de la Sociedad era claro al respecto y planteaba que las niñas debían permanecer en el Asilo hasta la mayoría de edad que se completaba a los 14 años. Sin embargo, lo cierto es que las mismas Actas que a veces

---

29   ASCJA, Actas, 17 de febrero de 1898.
30   ASCJA, Actas, 3 de julio de 1898. Ver también Actas, 22 de marzo de 1902.
31   ASCJA, Actas, 20 de noviembre de 1899.

muestran damas reacias a entregar ciertas internas, en otras oportunidades sólo informaban sobre la salida de las mismas. Esto refiere a las circunstancias particulares que rodeaban el caso de cada niña, y que se desconocen, y a la existencia de un movimiento de entradas y salidas de pequeñas que excedía ampliamente lo que ese mismo reglamento exigía.[32]

Para las damas, por su parte, era no sólo importante recoger niñas que se encontraban en situación de orfandad o de abandono, y sustraerlas así de un destino "peligroso", sino también brindarles la educación que consideraban necesaria. Ésta suponía en términos generales el desempeño de tareas domésticas, además de nociones básicas de matemática, lectura, escritura, etc. De tal modo, coser, planchar, lavar y cocinar se contaban entre las experiencias necesarias por las que debían transitar las niñas en sus días en el Asilo, para lo cual era imprescindible una estadía mínima que garantizara el éxito en tales aprendizajes. Para las damas era importante que el Asilo no fuera usado por los habitantes del pueblo que requerían sus servicios como un lugar de paso, sino como un espacio de formación. La educación incluía además de la transmisión de nociones básicas de carácter práctico, la formación moral de las internas. Sin embargo, de la lectura de las fuentes utilizadas para este trabajo se desprende que, si bien en algunos casos las señoras eran reticentes a entregar niñas a madres que las reclamaban (especialmente si no se tenía plena confianza acerca de su vida en lo que a la moralidad

---

[32] A modo de ejemplo: en el año 1899, se registraron ocho solicitudes de ingreso aceptadas, y cuatro egresos, en 1902, seis contra cinco egresos y en 1903 cinco ingresos aceptados contra tres niñas que salieron del Asilo. Por otro lado cabe señalar que fue a partir de 1899 cuando se hizo más evidente un mayor movimiento tal como ha quedado registrado en las Actas, tanto de peticiones aceptadas o rechazadas como de niñas que eran pedidas por la familia, generalmente la madre, para ser retiradas.

se refería), la norma general parece haber sido acceder a
los pedidos aunque la formación de las niñas no se hubiera
completado. En definitiva, todo indica que en Azul la posición de las señoras no fue tan dura como la asumida por las
Damas de Beneficencia de la Capital quienes, como plantea
Carla Villalta, avalaban la pérdida de la patria potestad de
los progenitores tras el abandono, creyéndose llamadas
a "salvar definitivamente" a los menores de padres que
no cumplían los requisitos morales para enfrentar estas
obligaciones, desconociendo las circunstancias que habían
ocasionado tal abandono.[33]

En este contexto, es importante preguntarse sobre los
usos que la comunidad estudiada hacía del Asilo para responder a sus propias necesidades así como a las preocupaciones que la cuestión de la niñez desamparada despertaba.
Evidentemente, lejos de entender el abandono como un
acto de desamor o de estrategia carente de sensibilidad,
se debe pensar en un uso estratégico no desprovisto de
sentimientos. Así queda de manifiesto en los retornos y los
reclamos realizados por diferentes familiares y allegados
para que las mismas niñas, que antes habían abandonado,
volvieran con ellos. Lo mismo se desprende del análisis
del momento preciso en el que se materializaba la entrega
al Asilo.[34] Allí aparecían padres, madres o parientes en
busca de darles a estas niñas una contención que sabían
necesaria pero que eran conscientes de que no podían
brindarles en las circunstancias particulares que atravesaban. Cuando en 1902 las damas de la comisión aceptaron

---

[33]   Carla Villalta, "La conformación de una matriz interpretativa", *op. cit.*
[34]   Sobre estas cuestiones se han referido para el caso de Rosario, Gabriela
        Dalla Corte y Paola Piacenza en "Cartas marcadas: mujeres, identidad
        e inmigración en la Argentina, 1880-1920", *Revista Signos Históricos*,
        Universidad Autónoma de México, n° 13, 2005, pp. 69-93 y *A las puertas
        del Hogar. Madres, niños y damas de caridad en el Hogar del Huérfano
        de Rosario (1870-1920)*, Rosario, Prohistoria Ediciones, 2006.

recibir en el Asilo a una niña de nueve años en carácter de huérfana, reconocían que en realidad tenía madre, pero era necesario hacer esta excepción por encontrarse esta última gravemente enferma.[35] La idea de *estrategia* aparece así claramente puesta en juego pero despojada de una valoración negativa.

Conclusión

A fines del siglo XIX, la cuestión de la minoridad había alcanzado puntos álgidos en los desvelos de gobernantes, intelectuales y diversos sectores sociales que con frecuencia fueron transmitidos por la prensa y otros medios. Muchos de estos discursos se referían a Buenos Aires en función del peligro que suponía esta problemática para el orden social y político que se pretendía construir y consolidar. Esta alarma no dejó de estar presente en pueblos del interior de la provincia, como la localidad de Azul en la que se ha centrado este trabajo que pretendió analizar sus particularidades.

En Azul, la prensa mostraba una realidad que parecía contradecir ampliamente la idea de progreso por la que bregaban los sectores notables de la localidad y que diversos hechos reales ponían de manifiesto. Por un lado, la presencia de menores de edad en las calles o en los prostíbulos fue ampliamente repudiada y se llamó a las autoridades locales a hacerse cargo de éstos en aras de proteger la moralidad pública. Por otro lado, también se despliegan algunas formas alternativas de atención a las cuestiones que esa niñez desvalida, a mitad de camino entre el peligro y la peligrosidad, ponían de manifiesto. Estas acciones fueron puestas en marcha por sectores

---

[35]   ASCJA, Actas, 22 de marzo de 1902, *op. cit.*

privados de la localidad que desarrollaron tareas con una fuerte impronta política. Estaban atendiendo cuestiones candentes para el orden social que se pretendía consolidar y que parecía estar en peligro constantemente.

Lo paradójico es que mientras esas medidas desarrolladas involucraron tanto a niños como a niñas, no fue así el caso de la Sociedad Protectora de Niños Pobres. Esta institución, que buscaba asistir a las familias más vulnerables del pueblo para que enviaran los hijos a la escuela, apostaba mayormente a la atención, contención y educación de las niñas. Es decir, aquéllas mucho menos visibles en esos mismos discursos locales, las que no parecían frecuentar ni las calles del pueblo ni los cafetines o las academias, como señalaba *El Imparcial*.

Ahora bien, más allá de prestar atención a las respuestas dadas a estos problemas, el artículo ha puesto la lupa sobre los usos que los actores sociales del espacio estudiado hacían de esas posibilidades. Lo ha hecho con el fin de problematizar la actitud de las familias frente a las situaciones que los ponían ante la necesidad de desprenderse de sus hijas. Tal como señaló Norbert Elias, hay que tener en cuenta que las miradas y las interpelaciones al pasado desde la actualidad pueden hacernos caer en el error de pensar en las sociedades pretéritas como excesivamente duras o carentes de sensibilidad a la hora desentrañar las relaciones paterno filiales. Así, sostiene que "lo que a nosotros se nos presenta como crueldad y como algo inhumano en la relación de padres e hijos, no excluye el amor y el afecto de los unos por los otros".[36] Éste pareció ser el caso de aquéllos y aquéllas que recurrieron al Asilo cuando sus circunstancias particulares se les mostraban adversas y difícilmente modificables en el

---

[36]   Norbert Elias, *La civilización de los padres y otros ensayos*, Bogotá, Norma editorial, 1998, p. 420.

corto plazo. Además, lejos de ver en el requerimiento de los servicios del Asilo un fenómeno de carácter masivo, en las páginas que anteceden se ha buscado señalar más bien la singularidad de las coyunturas personales que llevaban a los actores sociales a tomar la decisión de acudir por ayuda a las Damas de Caridad, probablemente cuando la cadena de solidaridades familiares o relacionales dejaban de surtir efecto.

Los Tribunales de Menores en la Argentina. Antecedentes internacionales e iniciativas nacionales (1933-1943)[1]

Leandro Stagno

Introducción

En materia de la cuestión social de la infancia y la juventud, es posible afirmar que los años comprendidos entre 1930 y 1943 adoptaron una entidad propia, más allá del carácter *infame* adjudicado a los elencos dirigentes y de las interpretaciones que han pensado al período como un *prolegómeno del peronismo*, cuestionadas recientemente por la historiografía local.[2] Precisamente, fue entonces

---

[1]   El presente trabajo forma parte de mi investigación de doctorado "Delito y vida cotidiana en jóvenes varones provenientes de los sectores populares urbanos (La Plata, 1930-1943). Ideas punitivas y prácticas de sociabilidad". Se trata de un resultado parcial de las actividades asociadas a una Beca Doctoral del CONICET, dirigida por la Dra. Silvia Finocchio y co-dirigida por la Dra. Isabella Cosse, con sede en el Instituto de Investigaciones en Humanidades y Ciencias Sociales (IdIHCS, Facultad de Humanidades y Ciencias de la Educación, Universidad Nacional de La Plata). Quiero agradecer a Mercedes García Ferrari los valiosos comentarios a la versión del trabajo que presenté en las Jornadas *Estado, familia e infancia en Argentina y Latinoamérica: problemas y perspectivas de análisis (fines del siglo XIX-principios del siglo XXI)* y especialmente a Isabella Cosse, Valeria Llobet, Carla Villalta y María Carolina Zapiola por la invitación a participar de dichas Jornadas, llevadas a cabo en Buenos Aires entre el 18 y el 20 de agosto de 2010.

[2]   Andrés Bisso, *Sociabilidad, política y movilización. Cuatro recorridos bonaerenses, 1932-1943*, Buenos Aires, Buenos Libros – CeDInCi Editores, 2009; Alejandro Cattaruzza, "Introducción", en *Crisis económica, avance del estado e incertidumbre política (1930-1943)*, Buenos Aires, Sudamericana, 2001, pp. 11-15; Oscar Terán, "Ideas e intelectuales en

cuando la preocupación de las elites por la integración normativa de los sectores populares se corporizó en una pronunciada centralización de las acciones estatales de tutela y protección. Dichas acciones, sostenidas en una estructura organizacional profesionalizada mediante la creciente participación de los expertos en la esfera pública, intentaron intervenir sobre las condiciones morales y materiales supuestamente en función del fortalecimiento del binomio madre-hijo.[3]

En relación con las políticas públicas para la infancia, ciertas iniciativas propuestas en los años treinta ponen de manifiesto la singularidad de este período y la relevancia de su estudio en función de entender la construcción histórica de la infancia y la juventud.[4] En este contexto, debe comprenderse la concreción de dos prerrogativas gestadas en el ámbito judicial desde inicios del siglo XX que jugaron un papel central en las políticas del sector: por un lado, la creación del Patronato Nacional de Menores en 1931, institución oficial dedicada a centralizar y controlar las políticas estatales referidas a los menores abandonados y delincuentes;[5] por otro lado, la consolidación de un

la Argentina, 1880-1980", en Oscar Terán (coord.), *Ideas en el siglo. Intelectuales y cultura en el siglo XX latinoamericano*, Buenos Aires, Siglo XXI, 2004, pp. 13-97.

3   Carolina Biernat y Karina Ramacciotti, "La tutela estatal de la madre y el niño en la Argentina: estructuras administrativas, legislación y cuadros técnicos (1936-1955)", *História, Ciências, Saúde – Manguinhos*, Rio de Janeiro, vol. 15, n° 2, 2008, pp. 331-351; Mirta Lobato, "El Estado en los años treinta y el avance desigual de los derechos y la ciudadanía", *Estudios Sociales*, Santa Fe, año VII, n° 12, 1997, pp. 41-58.

4   Isabella Cosse, "La infancia en los años treinta", *Todo es Historia*, Buenos Aires, vol. 37, n° 457, 2005, pp. 48-57; Isabella Cosse, *Estigmas de nacimiento. Peronismo y orden familiar, 1946-1955*, Buenos Aires, Fondo de Cultura Económica, 2006.

5   Paola Giménez, "Estado, cuestión social e infancia: El Patronato Nacional de Menores (1931-1944)", *Segundas Jornadas Nacionales de Historia Social*, La Falda, 13, 14 y 15 de mayo de 2009.

ideario punitivo que intentaba sustituir el castigo tradicional para los niños y los jóvenes por medidas asociadas a
su educación, cuya apropiación implicó una redefinición
de los procedimientos destinados al tratamiento y a la
prevención de las actividades delictivas.[6]
    La recomendación de sustituir prácticas represivas
por acciones vinculadas con la educación en materia de
delincuencia juvenil era consecuente con las ideas punitivas
previstas para los adultos, que proclamaban una moderación de las penas, el respeto por la integridad física del
penado, el principio de igualdad ante la ley y la privación
de la libertad como pena de referencia. Este deber ser de
la agenda penitenciaria y criminológica convivió en la
primera mitad del siglo XX con prácticas punitivas que la
contrariaban; recién en la década de 1930 pudo genera-
lizarse, tras un marcado impulso dado por los gobiernos
conservadores de Justo y Ortiz a estas iniciativas.[7]
    Los años treinta se caracterizaron no solamente por
dichos intentos de *civilizar el castigo estatal*, sino por un
creciente interés por el tratamiento del delito y la justicia
que alcanzó a un público amplio y tuvo su correlato en la
prensa periódica, los radioteatros, el cine y la literatura
policial. La espectacularización de una serie de secuestros
llevados a cabo por bandas delictivas reinstaló en la agenda

---

[6]   Leandro Stagno, "La constitución de un cuerpo legal específico para
       menores. Imaginarios punitivos sobre niños y jóvenes y políticas de
       minoridad (1919-1937)", *Jornada Historia de la infancia en Argentina,
       1880-1960. Enfoques, problemas y perspectivas*, Universidad Nacional
       de General Sarmiento – Universidad de San Andrés, Los Polvorines, 18
       de noviembre de 2008.
[7]   Lila Caimari, "Castigar civilizadamente. Rasgos de una modernización
       punitiva en la Argentina (1827–1930)", Gabriel Kessler y Sandra Gayol
       (comps.), *Violencias, delitos y justicias en la Argentina*, Buenos Aires,
       Manantial – Universidad Nacional de General Sarmiento, 2002, pp. 141-
       167; Lila Caimari, *Apenas un delincuente. Crimen, castigo y cultura en
       la Argentina, 1880-1955*, Buenos Aires, Siglo XXI, 2004.

de discusión de la opinión pública y de la derecha naciona-
lista el tema del castigo y la culpabilidad. Éste constituyó un
motivo rearticulador de otros temas de discusión política
que cuestionaban el proyecto modernizador de principios
del siglo XX y daban lugar a la crítica católica por las *escuelas
sin dios* y la recepción de los *malos* inmigrantes.[8]

Así, una ley *de educación, no de castigo* –tal como
se había presentado la Ley de Patronato de Menores de
1919– procuraba consolidar nuevas sensibilidades sobre
la infancia y la juventud y redefinir la culpabilidad de los
menores de edad. La introducción de elementos científicos y técnicos en la justicia de menores coadyuvó a la
consolidación de estas ideas, en tanto fueron insumos
para clasificar y categorizar las situaciones asociadas al
peligro material o moral, entendido como la causa de las
conductas delictivas de los menores.

Desde mediados de la década de 1920, los expertos del
ámbito judicial comenzaron a señalar la presencia de un
hiato entre este ideal demandado y las prácticas llevadas
a cabo en materia de la justicia de menores. En particular,
coincidían en señalar la demora en la constitución de los
tribunales de menores previstos por la Ley de Patronato.
Esta limitación ocupó un lugar destacado en las sesiones
de la Primera Conferencia sobre Infancia Abandonada y
Delincuente, convocada en 1933 por el Patronato Nacional
de Menores. Los debates allí suscitados fundamentaron la
posterior sanción de la Ley 4664 que, en la provincia de
Buenos Aires, dio lugar a la creación del primer Tribunal
de Menores del país y, de esa forma, logró concretar una

---

[8]   Lila Caimari, "'Sucesos de cinematográficos aspectos'. Secuestro y espec-
táculo en el Buenos Aires de los años treinta", en Lila Caimari (comp.), *La
ley de los profanos. Delito, justicia y cultura en Buenos Aires (1870-1940)*,
Buenos Aires, Fondo de Cultura Económica, 2007, pp. 209-250.

de las prerrogativas auspiciadas para los menores desde los primeros años del siglo XX.

Este capítulo estudia la creación de los Tribunales de Menores a partir del análisis de los antecedentes internacionales y de las iniciativas locales que intentaban avanzar sobre las limitaciones de la Ley de Patronato. Asimismo, refiere a los primeros años de actuación del Tribunal de Menores del Departamento Judicial de la Capital, en términos de los procedimientos judiciales previstos, la experticia exigida a los agentes judiciales y el énfasis puesto en el basamento moral de las actividades delictivas. En este sentido, el análisis gira en torno a la definición de políticas públicas referidas a un sector de la población infantil y juvenil, a la formación de campos especializados de intervención en materia de niños y jóvenes y a la creación de particulares instituciones del ámbito judicial.

Las fuentes primarias que sustentan el análisis incluyen escritos de los expertos del ámbito judicial del período en cuestión, publicados en libros, tesis doctorales, comunicaciones a congresos y revistas especializadas; se trata de textos que permiten conocer ideas referidas a los jóvenes de los sectores populares urbanos y a aquéllos involucrados en delitos.[9] En línea con la historia intelectual, más allá de reconstruir tradiciones intelectuales o sistemas de pensamiento, el objetivo de estudiar estas fuentes se vincula con la propuesta de encontrar zonas de contacto

---

[9]   He estudiado el nivel de la práctica en un trabajo de reciente publicación, allí reconstruí los datos aportados por los expedientes del Tribunal de Menores del Departamento Judicial Capital resultantes del proceso llevado a cabo a jóvenes acusados de delinquir, entre los años 1937 y 1942. Leandro Stagno, "Infancia, juventud y delincuencia a través de una práctica judicial. Las primeras actuaciones del Tribunal de Menores nº 1 (Buenos Aires, 1937– 1942)", en Lucía Lionetti y Daniel Míguez (comp.), *Las infancias en la Historia Argentina. Intersección entre prácticas, discursos e instituciones (1890-1960)*, Rosario, Prohistoria, 2010, pp. 133-152.

entre las ideas sobre delincuencia y sociabilidad juveniles y concretas prácticas que construyeron el pasado de una sociedad. En suma, buscar la intersección entre una historia intelectual y una historia social de la cultura, en tanto indagación interesada por la cultura que produce una idea y por aquélla que las consume o las traduce.[10]

Balances sobre la Ley de Patronato de Menores de 1919

En 1933, Jorge Eduardo Coll, entonces presidente del Patronato Nacional de Menores, organizó la Primera Conferencia sobre Infancia Abandonada y Delincuente, donde confluyeron diferentes intelectuales que, desde la sanción de la Ley 10.903 de Patronato de Menores, se ocupaban de la cuestión social de la infancia y la juventud.[11] El recinto contó con delegados de todas las provincias y los territorios nacionales, representantes de la Cámara de Diputados y de Senadores de la Nación, miembros de instituciones privadas y públicas vinculadas con la tutela de menores, así como académicos de distintas universidades del país. Luis Agote fue nombrado presidente de

---

[10]   Lila Caimari, "Infinito particular: lo cultural como archivo", *Prismas. Revista de Historia Intelectual,* Buenos Aires, n° 11, 2007, pp. 213-218.

[11]   Jorge Eduardo Coll tuvo una destacada participación en materia de definición de políticas para la infancia y la juventud. En 1910 obtuvo un doctorado en jurisprudencia en la Universidad de Buenos, con una tesis titulada *Asistencia social, base para su organización.* En dicha institución fue profesor titular de derecho procesal y de legislación y procedimientos penales, cesanteado de ambas cátedras durante el primer peronismo. En 1931 fue nombrado presidente del Patronato Nacional de Menores, cargo que ocupó hasta 1938, cuando fue nombrado Ministro de Justicia e Instrucción Pública durante el gobierno de Ortiz. Fue Coll el principal referente de las reformas que constituyeron a la Colonia Hogar Ricardo Gutiérrez como una institución tutelar reconocida a nivel nacional e internacional.

la primera sesión, hecho que confirmaba la vigencia de su autoridad en la materia, corroborada asimismo en las diferentes intervenciones de los congresales y en las posteriores crónicas sobre el evento.[12] Sin embargo, la presencia de Agote no fue impedimento para la presentación de diversos diagnósticos referidos a las limitaciones que por entonces observaba la ley de su autoría. La constitución de Tribunales de Menores en todo el país era una de las promesas no cumplidas por dicha ley.

José María Paz Anchorena, delegado por el Patronato de la Infancia y por el Consejo Nacional de Educación, fue el relator del tema *Tribunales para Menores y especialización de los tribunales ordinarios en los departamentos judiciales de las provincias.* Valiéndose de su trayectoria en el derecho penal, legitimada incluso por su designación como Director de Institutos Penales, denunciaba un atraso en materia de tribunales para menores, habida cuenta de las iniciativas que en Estados Unidos habían logrado constituirlos en 1899.[13]

Esta posición era compartida por Ramón Porcel de Peralta, entonces representante de la Cámara de Apelaciones en lo Criminal de la Capital Federal, para quien la Ley 10.903 había sido una "fórmula de transacción entre las leyes anacrónicas" que regían en la década de 1910. Aunque destacaba el "tesonero esfuerzo del Dr. Agote" y "la bien ponderada tarea organizadora del Dr. Jorge Coll", concluía que dicha ley resultaba insuficiente para dar respuesta a las problemáticas contemporáneas. Porcel de Peralta ponía el acento en irregularidades concernientes al proceso judicial

---

[12]   A. Cabrera Domínguez, "Antecedentes de la primera Conferencia sobre Infancia Abandonada y Delincuente", *Infancia y Juventud*, Buenos Aires, n° 25, 1942, pp. 3-9.

[13]   Patronato Nacional de Menores, *Primera Conferencia sobre Infancia Abandonada y Delincuente*, Buenos Aires, Colonia Hogar Ricardo Gutiérrez, 1934, p. 53. Me referiré a dichas iniciativas en el siguiente apartado.

que, por falta de un Tribunal especializado e instituciones tutelares adecuadas, se oponían a los acuerdos vinculados con la necesidad de separar a los menores de los espacios donde los adultos esperaban la emisión de la sentencia.

El propio Jorge Eduardo Coll señalaba: "nada más triste que ver las filas de varones o niñas en marcha silenciosa con sus uniformes de huérfanos y desvalidos, bajo la vigilancia fría, indiferente o cruel de celadores y directores que ignoran quién es cada uno de ellos, tratados sin el afecto y la alegría que reclama la individualidad de un ser".[14] Para enfrentar esta situación, proponía imitar las experiencias pioneras de Inglaterra y Estados Unidos respecto a la definición de una ley nacional *de fondo* complementada con las respectivas leyes de las provincias, los territorios nacionales y la Capital Federal. Allí residía el fundamento principal de un anteproyecto que presentó para su discusión ante la Conferencia, que perseguía brindar estatuto legal al Patronato Nacional de Menores y hacer posible la creación de tribunales especiales.

La mentada ley de fondo proyectada por Coll no pudo ser concretada en el corto plazo. El ámbito judicial presentaba su ausencia como una *imperiosa necesidad* que debía ser atendida, en vistas a la disparidad de situaciones que se presentaban en las diferentes provincias y la persistencia de ideas punitivas contrarias a las que se proponían como adecuadas para el tratamiento de los menores. Por cierto, dichas situaciones ponían de manifiesto variaciones en la recepción de la Ley 10.903 y particulares apropiaciones que los expertos hacían de la norma. Así, la sustitución del castigo por la educación no formó parte de todos los espacios judiciales de la época:

---

[14] Patronato Nacional de Menores, *Primera Conferencia sobre Infancia Abandonada y Delincuente,* ob. cit., p. 44.

Nuestras provincias mantienen un deplorable y doloroso estancamiento. Si el niño descarriado o el que ha incurrido en delito concurre a la policía donde se le somete a procedimiento de careo y de temor, si se le sitúa en medio de hombres veteranos en la participación del mal; si luego se establece sobre sus actos la potestad de los jueces ordinarios y se le aplica la sanción jurídica que corresponde a los adultos, lejos pondremos las probabilidades de redimir de sus actos al niño que sucumbe a las imposiciones del medio ambiente o a determinantes de cualquier índole. Al epilogar su desdichada educación en otra desventura mayor, cual es la de depositarlo en la cárcel, rodeándolo de profesionales delincuentes, nadie será parte de impedir la total depravación de un alma maleable, en contacto íntimo con pésimos modelos.[15]

A comienzos de la década de 1940, las limitaciones mencionadas de la Ley 10.903 eran un secreto a viva voz. La memoria correspondiente a las actuaciones del Patronato Nacional de Menores en 1942, escrita por Carlos de Arenaza en tanto su presidente, dejaba constancia del funcionamiento deficiente de las instituciones de menores. En ella aducía a problemas presupuestarios y a la ausencia de un personal especializado, situaciones que impedían concretar las prácticas previstas desde las ideas punitivas vinculadas con el tratamiento de los menores delincuentes o abandonados.[16]

A pesar de las dificultades puestas de manifiesto para concretar las medidas recomendadas en la Primera Conferencia sobre Infancia Abandonada y Delincuente, sus conclusiones marcaron un rumbo preciso para las posteriores políticas de minoridad.

---

[15] AA. VV. "Imperiosa necesidad de fomentar la organización del Patronato de Menores", *Infancia y Juventud*, Buenos Aires, n° 1, 1936, p. 47.

[16] Carlos de Arenaza, "El Patronato Nacional de Menores. Consideraciones generales", *Infancia y juventud*, Buenos Aires, n° 26-27, 1943, pp. 15-20.

Tribunal de Menores. Antecedentes internacionales

Aun cuando los expertos vinculados al ámbito judicial habían señalado la importancia de constituir Tribunales de Menores a cargo de jueces únicos y especializados, la sanción de la Ley 10.903 de 1919 no supuso la constitución de un fuero especial para menores. En oposición a estas recomendaciones, la ley confirió facultades especiales a los Tribunales de Apelación en lo Criminal y Correccional de la Nación, la Capital y los Territorios Nacionales para poder designar a uno o más jueces que entendieran exclusivamente en aquellos casos que involucraban a menores de edad. La citada intervención de José María Paz Anchorena ante la Conferencia de 1933 señalaba a esta situación como un atraso y definía a Estados Unidos como un modelo a imitar para revertirla.

El establecimiento de las cortes juveniles en las principales ciudades estadounidenses formó parte de un proceso de reforma social impulsado desde los últimos años del siglo XIX. La primera de ellas fue creada en Chicago (Illinois) en 1899 y, diez años después, veintidós Estados habían reproducido esta iniciativa, en el marco del denominado *movimiento de las cortes juveniles*. Este movimiento defendía la tutela estatal para los niños y los jóvenes que se encontraban en circunstancias sociales adversas. Sostenía la necesidad de contar con lugares especiales para las audiencias públicas que involucraban a los menores de edad, separados de aquéllos donde comparecían los adultos, proporcionándoles el acompañamiento y la asistencia de los delegados de la corte. Desde iniciativas individuales, clubes y organizaciones nacionales, un grupo de mujeres jugó un rol destacado en la consolidación del movimiento de las cortes juveniles; sus intervenciones se fundamentaban tanto en sus observaciones de las ciudades más pobres de Estados Unidos desde la óptica de las ciencias sociales, como en la difusión de principios de corte tradicional, vinculados a garantizar las condiciones para el desarrollo de la maternidad como prevención de las conductas delictivas de la población más joven. Más allá de las disidencias al interior del movimiento, sus representantes abogaban por un sistema judicial que tratase a los niños como niños, no como criminales.[17]

Estos tribunales especiales fueron creados a la luz de las proclamas que instaban a brindar ayuda y guía a los considerados *niños problemas*, en un afán de protección que los excluía de la culpabilidad por un delito y que fijaba el resguardo de su identidad mediante la prohibición de difundir en la prensa las actuaciones constitutivas del proceso judicial. De la misma forma, se declaraba que los menores de doce años no debían ser enviados a la cárcel ni confinados en una delegación policial. Revestido de objetivos de prevención, el cuidado dispensado no sólo alcanzaba a los niños *delincuentes*, sino también a los *predelincuentes*; así, el tribunal intervenía en situaciones que estimaba proclives a trasgresiones a la ley aun cuando no se hubiese incurrido en tales. En esta arbitrariedad, se judicializaba a niños y jóvenes vinculados con acciones *antisociales,* tales como embriaguez, concurrencia a bailes y al cine sin la compañía de un adulto, peleas, mendicidad, tránsito por la ciudad durante la noche, todas ellas cercanas a la sociabilidad de las familias inmigrantes y migrantes de los sectores bajos urbanos. Como resultado, el tribunal podía dictaminar la internación, en vistas de alejarlos de un ambiente *vicioso* o, en algunos casos, de padres *inmorales*.[18]

---

[17] Elizabeth Clapp, *Mothers of all Children. Women Reformers and the Rise of Juveniles Courts in Progressive Era America,* Pennsylvania, The Pennsylvania State University Press, 1998.

[18] Anthony Platt, *Los "salvadores del niño," o la invención de la delincuencia,* México, Siglo XXI, 2001.

Esta iniciativa estadounidense referida a los menores fue proclamada en el contexto argentino como un modelo a seguir. Telma Reca fue una de sus principales difusoras; de hecho, su carrera profesional comenzó cuando en 1932 publicó su tesis de doctorado en medicina que versó sobre la delincuencia infantil en Estados Unidos y en la Argentina.[19] Caracterizaba allí a la Corte Juvenil de Chicago como la primera tentativa de modificar el tratamiento judicial de los menores, fundamentada en la oposición generaliza-da respecto del confinamiento de niños y jóvenes en las cárceles junto a los adultos y, en particular, en una nueva sensibilidad hacia la infancia y la juventud que procuraba por parte de la justicia una actitud de tutela y protección. Según Reca, dicha Corte inauguraba una "nueva era jurídica en materia de menores", estructurada sobre la supresión de la condena a prisión para niños y jóvenes, la especialización del tribunal y la implementación de la libertad vigilada. La consolidación de estos principios rectores completaba una serie de medidas relacionadas con el estudio de las condiciones sociales de las mujeres y los niños, la regula-ción del trabajo femenino e infantil y la implementación del sistema de *probation.*

Reca destacaba el valor conferido al estudio de la in-fancia y de la familia en el procedimiento judicial llevado a cabo por las cortes juveniles, a la luz de las nuevas con-cepciones que señalaban "la influencia delictógena de los hogares deshechos o incompletos".[20] En este sentido, los orígenes de la psiquiatría infantil en Estados Unidos estu-vieron ligados a la acción de los integrantes del movimiento de las cortes juveniles que buscaban estudiar el origen, la

---

[19]   Telma Reca, *Delincuencia infantil en los Estados Unidos y en la Argentina,* Buenos Aires, Talleres Gráficos de la Penitenciaría Nacional, 1932.

[20]   Telma Reca, *Delincuencia infantil en los Estados Unidos y en la Argentina,* ob. cit., p. 149.

prevención y el tratamiento de la delincuencia infanto-
juvenil. Estas primeras indagaciones hacían centro en los
factores ligados al desarrollo de la inteligencia en los primeros años de vida –asociados al funcionamiento cerebral
y al cociente intelectual- y en factores sociales, delineando
un paradigma que en la década de 1920 fue difundido por
las *Child Guidance Clinics*.[21] En este contexto de ideas, las
familias formadas por los inmigrantes llegados a Estados
Unidos constituían la preocupación central de médicos y
juristas dedicados a la delincuencia infantil:

> Parece haber varios factores que contribuyen a la delincuen-
> cia infantil en estos casos: el repentino trasplante a lugares
> donde imperan normas de vida social y familiar absolu-
> tamente diferentes, a las que no se adaptan los padres, ni
> pueden, en consecuencia, inculcar sabiamente a los hijos;
> la pobreza y la miseria, con todas las condiciones que se
> agregan; el frecuente paso brusco de distritos rurales –donde
> vivían los extranjeros en su país– a ciudades populosas; la
> disparidad entre los puntos de vista, las ambiciones y las
> perspectivas de la generación nueva, que se cría en el medio
> americano, y de los padres, que socava los vínculos familiares
> y hace perder a la familia control sobre los niños.[22]

Estas dinámicas familiares que, según los expertos
estadounidenses caracterizaban a los inmigrantes, eran
presentadas en la tesis de Telma Reca como el punto de
partida para la comparación con el caso argentino, habida
cuenta de las corrientes inmigratorias que desde fines del
siglo XIX habían modificado la estructura poblacional del
país.[23] En este punto, dejaba constancia de su preocupación

---

[21]   John Schowalter, "A History of Child and Adolescent Psychiatry in the
       United States", *Psychiatric Times*, vol. XX, n° 9, 2003.
[22]   Telma Reca, *Delincuencia infantil en los Estados Unidos y en la Argentina*,
       ob. cit., p. 62.
[23]   Al respecto, Ezequiel Gallo y Roberto Cortés Conde señalan que du-
       rante los primeros años del siglo XX arribaron al Río de la Plata más
       de un millón de extranjeros, cifra que representaba alrededor del 30%

por los estudios científicos de dichas dinámicas que, de regreso a la Argentina, la llevó a impulsar un consultorio de Higiene Mental en el Hospital de Clínicas de la Universidad de Buenos Aires.[24]

Otro médico fue el responsable de difundir en el ámbito local las experiencias institucionales y los cuerpos legales referidos a los menores abandonados y delincuentes en Inglaterra. En 1929, Carlos de Arenaza publicó las crónicas de sus viajes emprendidos por Europa con el objetivo de dar a conocer las experiencias extranjeras que, en su parecer, debían fundamentar las intervenciones estatales en materia de la protección y la reeducación de menores en la Argentina.[25] En ellas, presentaba a Inglaterra como una nación moderna que había enfrentado con éxito los problemas que, respecto a la infancia, conllevaban los procesos de industrialización y el crecimiento de las ciudades.

---

de la población de la Argentina. Advierten que fue esta población el elemento básico que explica el incremento demográfico constado entre los censos de 1895 y el de 1914, según los cuales el país pasó de 3.954.911 habitantes a 7.885.237. Ezequiel Gallo y Roberto Cortés Conde, *La República Conservadora*, Buenos Aires, Hyspamérica, 1986. Para comprender de qué manera estos cambios incidieron en las formas cotidianas de vivir en la metrópoli, véase Lila Caimari, *La ciudad y el crimen. Delito y vida cotidiana en Buenos Aires, 1880-1940*, Buenos Aires, Sudamericana, 2009.

[24] En la década de 1940, la trayectoria profesional de Telma Reca estuvo dedicada centralmente a la psiquiatría infantil, articulando intervenciones psicopedagógicas y clínicas. Desde ellas promovió la creación de clases escolares *diferenciales*, destinadas a niños con déficits intelectuales, sensoriales o del lenguaje; así como también difundió el modelo de las clínicas de orientación infantil estadounidenses, ligado a la acción conjunta entre psicología, psiquiatría y asistencia social.

[25] Carlos de Arenaza, *Menores abandonados y delincuentes. Legislación e instituciones en Europa y América*, Tomo I, Buenos Aires, La Facultad, 1929. Doctorado en medicina en la Universidad de Buenos Aires con su tesis *Intoxicación por el alcohol desnaturalizado*, Carlos de Arenaza ocupó un lugar destacado en el campo de la medicina legal. Desde allí se dedicó a diferentes actividades asociadas a la justicia de menores, en el ámbito del Patronato Nacional de Menores, la Asociación Tutelar de Menores y la Escuela de Servicio Social del Museo Social Argentino.

Este logro había sido posible por una paulatina moderación en las penas, en tanto la rigidez en las condenas no había conseguido disminuir los índices de la delincuencia infantil. Quienes impulsaban esta modificación aludían a dos sentencias para expresar los problemas observados por el sistema jurídico inglés: la pena de muerte dictada en 1833 a un niño de nueve años que había robado dos peniques y la deportación de otros dos por haber robado un par de botas.

La Cámara de los Comunes impulsó una serie de medidas vinculadas con el tratamiento de los niños y los jóvenes acusados de delinquir que, en las palabras de De Arenaza, prepararon el terreno para la promulgación en 1908 de la *Children Act.* Se trataba de un código que legislaba sobre la internación de los menores y la vigilancia de las instituciones donde eran destinados, la tenencia de sus padres o sus tutores y el trato que debían conferirles, la prohibición de la venta de tabaco y alcohol a los menores de 16 años y la organización prevista para las escuelas industriales, los reformatorios y las casas detención provisoria.

El mencionado código dio lugar a la creación de la *Juvenil's Court,* tribunal que entendía en las acusaciones contra niños y jóvenes. Su acción incluía tanto los juicios por faltas y delitos cometidos por los menores de 16 años de edad, como aquéllos referidos a la asistencia en casos de mendicidad, abandono o descuidos por parte de los padres o los tutores. Se esperaba que sus audiencias fuesen privadas, es decir, que el menor compareciese únicamente ante los miembros de la corte y sus empleados, y que las actuaciones se guardasen en secreto. Al igual que las cortes juveniles de Estados Unidos, quedaba terminantemente prohibido dar difusión a la prensa del nombre, la fotografía y otros datos que pudiesen revelar la identidad del menor juzgado. Si la corte encontraba al menor culpable, podía dejarlo a disposición de un delegado (*Probation Officer*).

La *Children Act* de Inglaterra y la Corte de Chicago de Estados Unidos fueron los antecedentes más destacados puestos en juego para la sanción de las leyes de minoridad en la Argentina. Aun reconociendo las apropiaciones particulares que estas ideas pudiesen haber tenido, puede afirmarse que las iniciativas argentinas demostraban una clara adhesión a sus principios estructurantes, principalmente a la defensa de una tutela estatal que facultaba a los jueces a intervenir en las situaciones de *peligro moral o material*. Tal fue el caso de dos proyectos que Justo Rocha presentó ante la Cámara de Senadores de la provincia de Buenos Aires en 1936, tributarios del anteproyecto de ley ideado por Jorge Eduardo Coll en 1933. Entre sus fundamentos, Rocha sostenía la urgencia de una obra tendiente a la readaptación de los niños "descalificados desde la primera hora" como consecuencia de "los malos hábitos". En su parecer, esta empresa exigía una nueva política social asociada a métodos "preventivos, educativos y preservativos", aduciendo que "la política social clásica no prevenía, curaba; no impedía, castigaba".[26]

Tribunal de Menores. Iniciativas nacionales

Para la provincia de Buenos Aires, el gobernador Manuel Fresco (1936-1940) implementó un plan de asistencia social que incluyó entre uno de sus objetivos la denominada *infancia desvalida*. En oportunidad de presentar a los legisladores las líneas generales del plan asistencial, caracterizó a los menores como un problema

---

[26]   Proyecto de ley presentado por Justo Rocha ante la Honorable Cámara de Senadores de la provincia de Buenos Aires el 14 de julio de 1936, citado en AA. VV., "Ley 4547 Orgánica de la Dirección General de Protección a la Infancia", *Boletín de la Dirección General de Protección a la Infancia*, Buenos Aires, año 1, n° 1, 1941, pp. 33-55.

social. Integrantes de "ambientes perniciosos para su moral", abandonados o acusados o víctimas de un delito, los percibía en tanto "elementos inútiles" para el país y objetos de acciones tendientes a su "depuración".[27] En tanto establecía que dichas acciones debían evitar el castigo y garantizar su *reforma*, en 1936 se creó el Reformatorio de Menores Abandonados y Delincuentes de La Plata, sobre la base de la Penitenciaría y Cárcel de Menores de esa ciudad y, al año siguiente, el Reformatorio de San Pedro. Con el mismo propósito se ampliaron las instalaciones del Patronato de Abasto y del Instituto Agustín Gambier. Se esperaba que estas instituciones estuvieran organizadas de acuerdo con un sistema de colonias agrícolas e industriales, a instancias de los acuerdos alcanzados en la Conferencia de 1933.[28]

Fresco se mostraba afín a las nuevas concepciones sobre la penalización de los niños y los jóvenes, admitiendo que su gobierno adhería al *concepto moderno* de la legislación para menores abandonados y delincuentes que sustituía represión por reforma y amparo. "Descartado, pues, el viejo concepto de castigo para la niñez –decía ante los legisladores– queda sólo, frente a su realidad, proveer a su reeducación y amparo."[29] Sin duda, esta percepción fue favorable al tratamiento de los citados proyectos de Justo Rocha. El propio Manuel Fresco se dirigió a la legislatura provincial para impulsarlos, dado que los consideraba como un medio para "plantar el primer jalón efectivo en defensa

---

[27]   Manuel Fresco, *Mensaje del Gobernador de la Provincia de Buenos Aires, Dr. Manuel Fresco, a la Honorable Legislatura*, 5 de mayo de 1936, pp. 28-29.

[28]   Manuel Fresco, *Mensaje del Gobernador de la Provincia de Buenos Aires, Dr. Manuel Fresco*, a la Honorable Legislatura, 11 de mayo de 1937.

[29]   Manuel Fresco, "Mensaje del Poder Ejecutivo. Cámara de Diputados, sesión del 28 de abril de 1937", *Boletín de la Dirección General de Protección a la Infancia*, Buenos Aires, año I, n° 2, 1941, p. 23.

de la salud mental, moral y física de la raza" y como "obra de verdadero nacionalismo".[30]

En 1937, la iniciativa de Rocha dio lugar a la sanción de la Ley 4547, por medio de la cual se creó la Dirección General de Protección a la Infancia. Una de sus principales atribuciones fue coordinar la acción desarrollada por instituciones privadas y públicas respecto de la asistencia a menores, principalmente, la definición de lineamientos relacionados con la educación de los internos y la protección de sus egresados. Pocos meses después, en la provincia de Buenos Aires se sancionó la Ley 4664, a partir de la cual se hizo posible la creación de los Tribunales de Menores, la instauración de un fuero especial y el nombramiento de un juez de menores especialmente dedicado a las causas que incluían a niños y jóvenes. Tras esta iniciativa, Santa Fe, Mendoza y San Juan sancionaron leyes homólogas a la de Buenos Aires y crearon tribunales de menores, respectivamente, en 1939, 1940 y 1947.[31]

Aunque Buenos Aires promulgó su creación en 1937, el Tribunal de Menores del Departamento Judicial Capital comenzó a funcionar recién en 1939, en vistas a que se había demorado la designación de sus miembros titulares y la habilitación de los institutos necesarios.[32] Con sede en

---

[30]   Manuel Fresco, "Mensaje del Poder Ejecutivo de la Provincia de Buenos Aires, dirigido a la Honorable Legislatura, sesión del 22 de abril de 1937", *Infancia y Juventud*, Buenos Aires, n° 5, 1937, pp. 93-97.

[31]   Elisa Maristany de Cianis, "Los tribunales de menores en su evolución doctrinaria y en la práctica de nuestra legislación", *Anales de la Facultad de Ciencias Jurídicas y Sociales*, Buenos Aires, n° 24, 1965, pp. 273-297.

[32]   Por entonces existían seis departamentos judiciales: Capital, Norte, Centro, Sud, Costa Sud y Sud Oeste, que funcionaban respectivamente en La Plata, San Nicolás, Mercedes, Dolores, Bahía Blanca y Azul. Juan Carlos Corbetta y María Cristina Helguera, *La evolución del mapa judicial en la Provincia de Buenos Aires (1821-1984)*, Departamento Histórico Judicial, Suprema Corte de Justicia de la Provincia de Buenos Aires, La Plata, 1984 (citado en Carlos Sorá, "Nuevo fuero para viejos problemas: los primeros pasos del Tribunal de Menores a través de un caso", en

La Plata, estuvo a cargo del juez Luis Morzone, el secretario Raúl Granoni y el asesor de menores Jacinto Calvo.[33] En sus escritos, estos expertos defendían la tutela estatal en casos de peligro moral o material y proponían leyes contrarias a la represión de los menores.

La tesis doctoral de Jacinto Calvo versó sobre la asistencia de menores en la Argentina. Presentada ante la Facultad de Ciencias Jurídicas y Sociales de la Universidad Nacional de La Plata poco tiempo después de creado el mencionado Tribunal, su línea argumentativa ponía acento en la necesidad de conocer las dinámicas familiares de los menores, desde donde explicaba la etiología de la delincuencia infantil y juvenil. Según sus argumentos, los delitos cometidos por los menores de 18 años obedecían "al aflojamiento de los resortes de la autoridad paternal", resultante de una serie de factores, entre los que señalaba "la vagancia, los vicios y las debilidades de los padres y no pocas veces el descuido en que éstos incurren, olvidando sus deberes y haciéndose pasibles de una sanción".[34] Las familias de los sectores populares ocupaban un lugar destacado en su tesis, en tanto consideraba la carencia de medios económicos y materiales como un factor de peligro moral. Si los niños de estas familias eran "arrebatados prematuramente de la vida del hogar" para colaborar con el sostenimiento económico, pronto se incluirían en el circuito del trabajo en la vía pública y de una sociabilidad contraria al orden legal.

José Luis Moreno (comp.), *La política social antes de la política social. Caridad, beneficencia y política en Buenos Aires, siglos XVII a XX*, Buenos Aires, Prometeo, 2000, pp. 287-319).

[33] Ernesto Domenech y María Liliana Guido, *El paradigma del patronato. De la salvación a la victimización del niño*, La Plata, EDULP, 2003; Carlos Sorá, "Nuevo fuero para viejos problemas", ob. cit.

[34] Jacinto Calvo, *Aspectos básicos de la asistencia de menores*, Tesis de doctorado, Facultad de Ciencias Jurídicas y Sociales, Universidad Nacional de La Plata, inédito, 1941, p. 7 y 13.

Luis Morzone también se mostraba favorable a una intervención estatal sobre la vida familiar. En la primera memoria del Tribunal, inscribía la Ley 4664 en la que caracterizaba como "nueva política social del Estado", cuya finalidad era "apuntalar a la familia [y] salvar sus hijos, forjando incesantemente la grandeza moral y física de los futuros ciudadanos".[35] Destacaba los perjuicios de los hogares "mal constituidos" por el concubinato, las condiciones socio-económicas adversas y el "desbande iniciado generalmente por el padre que, libre de ataduras, levanta el vuelo en procura de días mejores y más cómodos dejando a su mujer y a sus hijos librados a la suerte del destino". Las madres que buscaban trabajo también representaban para él un peligro, tanto como las que volvían a estrechar una nueva "unión clandestina", esta última situación ejemplificada en una situación concreta –que predecía el destino de los menores juzgados–: "nos encontramos muchas veces, por tal causa, que en un mismo proceso depongan hermanos que llevan tres o más apellidos distintos".[36]

Posteriormente, Morzone se preguntaba si era posible hablar de una "crisis de la infancia" o de una "crisis de la familia", en relación con un incremento en los índices de delincuencia infantil y juvenil que, de acuerdo con sus postulados, marcaban los datos estadísticos. Intentaba demostrar que la segunda opción era la más acertada para comprender las trayectorias de vida de muchos jóvenes. Desde estos presupuestos, cuestionaba tanto las prácticas severas y despóticas de algunos padres, como aquéllas que demostraban un total desinterés por la crianza de los hijos.[37]

---

[35]   Luis Morzone, "Memoria del Tribunal de Menores de La Plata", *Infancia y Juventud*, Buenos Aires, n° 14, 1940, pp. 59-76.

[36]   Luis Morzone, "Memoria del Tribunal de Menores de La Plata", ob. cit., p. 64.

[37]   Luis Morzone, "¿Crisis de la infancia o crisis de la familia?", *Boletín del Instituto Internacional Americano de Protección a la Infancia*, Monte-

Para contrarrestar esta situación, proponía la creación de cursos de higiene del niño y de pedagogía familiar que, en particular, hacían centro en las familias adjetivadas como desordenadas, desorganizadas y moralmente disueltas. El énfasis estaba puesto en la figura materna, en tanto destacaba la "necesidad imperiosa e impostergable de difundir la escuela para las madres", institución donde se las prepararía para la maternidad, como una forma más de prevenir un aumento de la que definía como constitución anormal de la infancia.

Las conclusiones de Calvo y Morzone referidas, en especial, a la incidencia de las dinámicas familiares en las conductas delictivas, eran compartidas por otros expertos de la época. Órganos oficiales de difusión, tales como el *Boletín de la Dirección General de Protección a la Infancia,* la revista *Infancia y Juventud* y el *Boletín del Instituto Internacional Americano de Protección a la Infancia,* publicaban ensayos, memorias y estadísticas producto de la observación y la clasificación de los menores internados en institutos tutelares del país. En general, estos escritos explicaban la etiología del delito desde situaciones *ambientales* que ponían en juego la constitución moral de los sujetos, donde la evaluación del núcleo familiar ocupaba el centro de atención.

Tribunal de Menores del Departamento Judicial de la Capital

La Ley 4664 definía que los Tribunales de Menores debían estar constituidos por agentes judiciales especializados. El artículo primero demandaba un juez letrado, abogado y especialista en materia de menores; el segundo artículo determinaba que los tribunales debían contar con un secretario, un médico especializado en psicopedagogía,

---

video, tomo XIV, n° 1, 1940, pp. 12-32.

un relator, tres auxiliares, un visitador y una visitadora ambiental y un ayudante.

Esta demanda de especialización había sido propuesta por Carlos de Arenaza en la década de 1920, desde postulados que señalaban la importancia de incorporar a los médicos en la esfera judicial.[38] En la década siguiente, en momentos previos a la constitución de los tribunales de menores, el jurista Julio Alfonsín alentaba a la formación científica del juez. Nuevos saberes se debían sumar a los consagrados por las ciencias jurídicas del momento, en relación con los factores asociados a la etiología del delito en niños y jóvenes que, en las palabras de Alfonsín, "ha[bían] sido repetidos una y mil veces: la calle, el hogar desarticulado o inmoral, la miseria, el vagabundaje".[39] El estudio integral de estas causas debía nutrirse de los aportes de la antropología criminal, la psicología, la psiquiatría y la medicina general. En particular, proponía la actuación de un juez de menores especializado en la "psicología del niño y el adolescente", en tanto el delito que trataba era un "accidente circunstancial de un momento especialísimo de ese período [...] del niño –normal o no– en que se hace hombre".[40]

El proceso judicial llevado a cabo por el Tribunal de Menores condensó estas exigencias de saber experto, en relación con los saberes asociados a las pericias como a la especialización de los distintos agentes judiciales. El mismo comenzaba con las indagaciones que los agentes policiales hacían sobre el menor, su familia y las características del hecho investigado. Una vez hecha la denuncia,

---

[38]   Carlos de Arenaza, *Menores delincuentes. Clasificación y estudio médico-psicológico*, Buenos Aires, Imprenta A. Ceppi, 1922.

[39]   Julio Alfonsín, *La infancia delincuente y la formación científica del juez de menores*, Buenos Aires, 1937, p. 7.

[40]   Julio Alfonsín, *La infancia delincuente y la formación científica del juez de menores*, ob. cit., p. 14.

el comisario daba intervención al juez de menores y comenzaba a recabar datos acerca de la identidad del menor
y del hecho por el que se lo detenía. Para esto, solicitaba
la partida de nacimiento al Registro Civil, ordenaba la
toma de huellas dactilares y daba inicio a la instrucción,
es decir, la confección de un informe pormenorizado que
incluía la descripción del lugar donde había acontecido
el hecho investigado y la indagatoria a los testigos. Un
actuario auxiliar conducía al menor ante el juez, a quien
entregaba estos informes que constituían las primeras
fojas del expediente.

De acuerdo con lo previsto por el artículo 23 de la
Ley 4664, el juez decretaba el secreto de las actuaciones y
prohibía la publicidad del hecho y de cualquier dato que
pudiese aportar información sobre la identidad del menor,
en forma similar a las disposiciones de las Cortes Juveniles
de Inglaterra y de Estados Unidos. Aunque el mencionado
artículo refería puntualmente a las multas que deberían
labrarse a los directores o a los propietarios de periódicos
que publicasen estos datos, algunos casos fueron divulgados
e, incluso, las notas periodísticas incluyeron la fotografía
de los menores involucrados en el proceso judicial y la
dirección de sus viviendas.[41] Estas situaciones pueden
ser leídas a la luz de un proceso más amplio relativo a los
usos de las técnicas de identificación de las personas y al
desarrollo de capacidades estatales para registrar y acu-
mular la información resultante.

Entre finales del siglo XIX y principios del XX se transitaba un camino por el cual el ingreso de los datos personales en un archivo estatal había dejado de ser una fuente

---

[41] Véanse al respecto: "Diversos destinos siguió el dinero que robó un
menor", El Día, 12 de enero de 1939; "De cuatro balazos fue muerto
por su hijo", El Día, 13 de enero de 1939; "Un adolescente peleó con el
compañero de su progenitora y le causó heridas mortales", El Día, 9 de
enero de 1940.

de estigmatización y vulneración al honor de las personas. Este cambio emplazaba a la identificación estatal de los ciudadanos como una vía para el ejercicio de los derechos laborales, sociales y políticos, materializado en la legitimidad alcanzada por la cédula de identidad de la Policía de Buenos Aires y aquélla emitida por la Policía de la Capital Federal (implementadas, respectivamente, en 1900 y 1905), tanto como en la libreta de enrolamiento habilitante para ejercer el derecho al sufragio consagrado por la reforma de la ley electoral de 1912.[42] A fines de la década de 1930, la identificación de los menores de edad por parte de las instituciones judiciales era concebida como eje fundamental del tratamiento previsto; en el mismo sentido, el resguardo de sus identidades se vinculaba con las formas de comprender los delitos cometidos por ellos. La prohibición de dar publicidad a los hechos delictivos atendidos por el Tribunal de Menores, ya sea a través de sus fotografías o sus nombres, se vinculaba con un acuerdo generalizado entre los expertos que eximía de responsabilidad a niños y jóvenes por la transgresión a la ley; tal como lo evidencian las expresiones de Julio Alfonsín, Telma Reca y Julio Calvo, los expertos acordaban en caracterizarla como un *accidente circunstancial* asociado a la *pérdida del control familiar sobre los niños* y al *aflojamiento de los resortes de la autoridad paternal.*

La audiencia designada para tomar declaración indagatoria al menor debía hacerse en presencia del asesor de menores y de quien ejerciera la patria potestad. Si el juez diagnosticaba abandono material o moral o peligro moral, el menor era internado en una de las instituciones dependientes de la Dirección General de Protección a la

---

[42]   Mercedes García Ferrari, "'Una marca peor que el fuego.' Los cocheros de la ciudad de Buenos Aires y la resistencia al retrato de identificación", en Lila Caimari (comp.), *La ley de los profanos,* ob. cit., pp. 99-133.

Infancia y se dictaba la suspensión de la patria potestad. De lo contrario, se lo dejaba al cuidado de su padre a través de una libertad vigilada. Este primer diagnóstico debía ser corroborado por otros informes solicitados por el juez de menores que, por cierto, no diferían de aquéllos solicitados para el procedimiento policial y judicial llevado para los adultos. Éste era el caso de la *ficha de antecedentes* confeccionada por el Registro Nacional de Reincidencia y Estadística Criminal y Carcelaria del Ministerio de Justicia e Instrucción Pública, adjuntada en todos los expedientes del Tribunal de Menores del Departamento Capital en sus primeros años de actuación. Junto con la planilla titulada *información*, a cargo de la Dirección General de Protección a la Infancia, aportaba datos del menor y su familia, entre los que incluía raza y religión de los padres, señas particulares visibles y antecedentes de delitos. El carácter distintivo del procedimiento previsto para los menores estaba dado por la tarea llevada a cabo por la visitadora ambiental, una de las innovaciones consagradas por la Ley 4664 que, sin embargo, observaba continuidades con la figura de los delegados prevista por la Ley de Patronato de 1919.[43]

La intervención de las visitadoras suponía una mediación entre las familias y el Estado. En el marco de la creciente especialización de la asistencia social que se hizo visible desde mediados de la década de 1920, comenzó a demandarse una formación específica y un título habilitante para el desempeño en dichas acciones. De hecho, en 1925 se creó un Curso de Visitadoras de Higiene Social, con sede en el Instituto de Higiene de la Facultad de Medicina de la

---

[43]   Ernesto Nelson "Instrucciones para los delegados de los Tribunales de Menores", Cámara Nacional de Apelaciones en lo Criminal y Correccional de la Capital, *Los Tribunales de Menores en la República Argentina. Su organización en la Capital Federal por la Cámara de Apelaciones en lo Criminal y Correccional, de acuerdo con la Ley 10.903 de Patronato de Menores*, Buenos Aires, Rosso y Cía. Editores, 1922, pp. 103-119.

Universidad de Buenos Aires. Años más tarde, esta experiencia dio lugar a la creación de la Escuela de Visitadoras
de Higiene Social en la misma unidad académica. Por su
parte, el Museo Social Argentino inauguró en 1930 los cursos de una Escuela de Servicio Social para la formación de
asistentes sociales, reconocida cinco años después por el
Ministerio de Justicia e Instrucción Pública de la Nación.
Tres experiencias más se sumaron a estas instituciones:
la Escuela Politécnica fundada en 1934 por la Asociación
Argentina de Biotipología, Eugenesia y Medicina Social,
la Escuela de Visitadoras de Higiene Social fundada en
1937 en el marco de la Facultad de Ciencias Médicas de la
Universidad Nacional de La Plata y, en 1940, la Escuela de
Asistencia Social del Instituto de Cultura Religiosa Superior
de Buenos Aires dependiente del Arzobispado de Buenos
Aires.[44]

El informe ambiental confeccionado por la visitadora
a solicitud del Tribunal de Menores del Departamento
Judicial de la Capital adoptaba la forma de una carta dirigida al juez. Para su redacción, entrevistaba a los padres,
los vecinos de la familia, los maestros y las personas con
las cuales se compartía el lugar de trabajo. El informe daba
cuenta de las condiciones materiales de la vivienda, los
ingresos económicos, el estado civil y la moralidad de los
padres, el nivel de escolarización alcanzado por los distintos
integrantes de la familia, entre otros datos.

---

[44] María José Billorou, *La constitución de la puericultura como campo
      científico y como política pública en Buenos Aires, 1930-1945*, Tesis de
      maestría, Facultad de Ciencias Humanas, Universidad Nacional de La
      Pampa, inédito, 2007. En relación con el ámbito judicial objeto del pre-
      sente análisis, véanse: "Cuatro cursos dicta la E. de visitadoras de la F. de
      Medicina", *El Día*, 12 de febrero de 1939; "En la escuela de visitadoras",
      El Día, 8 de marzo de 1939; "Egresadas de la Escuela para visitadoras
      de Higiene Social estuvieron en EL DÍA", *El Día*, 4 de enero de 1940.

El informe médico-psicológico encomendado al médico del tribunal completaba la información solicitada por el juez, en relación con "las condiciones actuales de salud del menor, sus antecedentes hereditarios, como así también los datos sobre enfermedades sufridas o que hayan padecido sus padres o hermanos". Como conclusión, el médico debía emitir un dictamen "acerca del destino u ocupaciones apropiadas a su naturaleza".[45] Por lo general, la información estaba organizada en cuatro grandes ítems: a) los antecedentes familiares, ambientales y personales complementaban los datos del informe ambiental, ahondando en conductas morales y disciplina laboral; b) el examen médico informaba sobre aspectos fisiológicos y antropométricos, tales como el desarrollo de los diferentes sistemas, la talla, el peso, el diámetro cefálico, la descripción de la piel, la distribución del vello, etc.; c) el examen psicológico refería a la inteligencia, atención, percepción, memoria y asociación de ideas; d) los rasgos del carácter y la vida afectiva aludían tanto a la sexualidad como al tipo de actividades desarrolladas durante el tiempo libre, el trabajo y la escolarización.

Los cuatro ítems de este informe refieren a un marcado énfasis en los factores sociales asociados al peligro moral, en detrimento de los factores fisiológicos o anatómicos del desarrollo. En su conjunto, la información recabada por el médico permite señalar una hibridación entre las preocupaciones de la tradición criminológica fundada por Cesare Lombroso y aquélla fundante de los estudios eugenésicos de raíz neolamarckiana.

Fundados sobre el conocimiento experto, los mencionados instrumentos de recolección de datos significaban un insumo para diagnosticar, analizar y evaluar la moralidad de los menores y, desde ellos, la de sus familias. La información

---

45   Ambas citas corresponden al artículo 17 de la Ley 4664.

obtenida aludía a prácticas, costumbres y formas de pensar la infancia que, en general, contrastaban con un patrón de conductas previsto como deseable para la vida de los niños y jóvenes. A través de estos informes y estas fichas, los expertos procuraban relevar indicios referidos a lo que puede señalarse como la base moral de los actos delictivos: imposibilidad de los padres para controlar a sus hijos, el trabajo de ambos cónyuges fuera del hogar, la viudez de las madres, trayectorias laborales iniciadas a temprana edad a causa de las desavenencias económicas del grupo familiar, trayectorias escolares fluctuantes, entre otras. Deficiencias morales y materiales eran, pues, señaladas como causas de la delincuencia infantil y juvenil.[46]

Consideraciones finales

Más allá de las definiciones prescriptas, las acciones vinculadas a la minoridad propuestas en los años treinta se caracterizaron por una serie de deficiencias, relacionadas con la dificultad para modificar anteriores prácticas, una ineficaz organización presupuestaria que impidió la creación de las nuevas instituciones previstas, así como por la ausencia de los funcionarios requeridos. Prueba de ello fue la dificultad para definir una *ley de fondo*, tal como lo proclamaba Jorge Eduardo Coll, y la demora en la constitución de los Tribunales de Menores en las diferentes jurisdicciones del país, a pesar de la urgencia diagnosticada en la Conferencia sobre Infancia Abandonada y Delincuente de 1933. En la provincia de Buenos Aires, la sanción de la Ley 4664 de 1937 debe comprenderse a la luz del impulso dado por Manuel Fresco, titular del Poder

---

[46]   Stagno, L. "Infancia, juventud y delincuencia a través de una práctica judicial", ob. cit.

Ejecutivo provincial e influyente cuadro político, quien hizo propias las denuncias de los expertos ligados a la cuestión social de la infancia y la juventud.

Frente a una Ley de Patronato de Menores que parecía no dar respuesta ante las persistentes situaciones que, según los diagnósticos, interferían sobre la formación moral de niños y jóvenes, la creación de los Tribunales de Menores se enmarcó en una política social definida como *preventiva, educativa y preservativa* (Justo Rocha), de *reeducación y amparo* (Manuel Fresco) o como *nueva política social de Estado* (Luis Morzone). Las diferentes nominaciones aludían a una intervención estatal que pretendía distanciarse de anteriores ideas punitivas y prácticas judiciales, proclive a limitar la patria potestad de padres o tutores ante el diagnóstico de *peligro moral o material*. En continuidad con los antecedentes ingleses y estadounidenses –en forma respectiva, la *Children Act* y las Cortes Juveniles–, dicha intervención daba cuenta de una marcada desconfianza en los patrones de sociabilidad característicos de los sectores populares urbanos, que asociaba las carencias materiales a problemas de orden moral.

El Tribunal de Menores del Departamento Judicial Capital logró condensar las exigencias de saber experto demandadas desde mediados de la década de 1920 para las acciones de asistencia social. El juez del tribunal debía ser letrado, abogado y especialista en materia de menores y, por otra parte, su sentencia debía considerar la información contenida en los informes redactados por las visitadoras ambientales y el médico del tribunal. Estos últimos registraban situaciones vinculadas al desarrollo fisiológico y anatómico del menor, sus prácticas de sociabilidad, información referida a sus padres, tutores o guardadores y, en especial, aquélla que podría contribuir o por el contrario interferir en el *desenvolvimiento moral y educacional* de niños y jóvenes. El conocimiento de estas dinámicas implicaba una asociación entre el saber del derecho, la medicina, la psiquiatría, la psicología y la eugenesia y, consiguientemente, la especialización de los agentes judiciales.

Tanto el informe ambiental como el médico-psicológico daban cuenta de una hibridación de ítems referidos a aspectos fisiológicos y anatómicos del desarrollo y otros a factores sociales. En ellos, la antropometría de matriz lombrosiana era matizada con una interpretación neolamarckiana de los postulados eugenésicos. Aunque registraban caracteres hereditarios y rasgos consignados por la criminología clásica, el énfasis estaba puesto en los condicionantes del medio social o *ambiente*, en sintonía con la creencia de poder modificar las consecuencias negativas de las patologías físicas y mentales producidas por la acción de dichos condicionantes.

Las prácticas judiciales previstas ante delitos que involucraban a menores perseguían individualizar y clasificar sus comportamientos y el de sus familiares y, desde allí, definir una serie de conductas que los expertos entendían como predictores de la capacidad para el ejercicio de la patria potestad. En este sentido, el proceso judicial resultante erigía a la familia como una estrategia de solución y como la causa principal del *peligro* diagnosticado.

ENTRE LO PÚBLICO Y LO PRIVADO: UNA HETEROGÉNEA TRAMA ENTRE LAS INSTITUCIONES DEDICADAS AL CUIDADO DE LA INFANCIA

Carolina Ciordia

Introducción

El objetivo de este trabajo es reflexionar sobre las modalidades que adquiere la relación entre Organizaciones No Gubernamentales (Ongs) que administran hogares convivenciales y los agentes de los organismos judiciales y administrativos del conurbano bonaerense. Estos hogares tienen por finalidad albergar niños, niñas y adolescentes que han sido objeto de una medida de protección de derechos que implicó la separación de su medio familiar. Cotidianamente, por tanto, sus agentes interactúan con diferentes agencias estatales (juzgados y/o organismos administrativos),[1] con otras organizaciones de la sociedad civil y con los grupos familiares de los niños que están allí alojados. Más aun, se vuelven actores claves al incidir de diferentes maneras en el egreso de los niños.

Si bien algunas de estas instituciones pueden ser caracterizadas como parte integrante de aquello que en los últimos años se ha denominado *tercer sector*,[2] lo cierto es que muchas de ellas preexisten a los procesos de recon-

---

[1]   Junto a otras instituciones pertenecientes a congregaciones religiosas y a Ongs forman parte de un programa dependiente de la Subsecretaría de Niñez y Adolescencia del Ministerio de Desarrollo Social de la provincia de Buenos Aires.

[2]   Andrés Thompson, *El 'tercer sector' en la historia argentina*, Buenos Aires, CEDES, 1994.

figuración estatal experimentados durante la década de
1990. Asimismo, antes que representar un sector separado
y autónomo que participa innovadoramente en el diseño
y la implementación de políticas sociales en muchos casos sus relaciones con distintos organismos estatales dan
cuenta de las porosas fronteras existentes entre ámbitos
públicos y privados.

En este trabajo intentamos alejarnos de una visión
mitificada de la sociedad civil y de sus organizaciones
que las conciben como una esfera autónoma y homogénea. Consideramos que esa conceptualización opaca
las relaciones de poder y la desigualdad que atraviesan
a dichas organizaciones así como las vinculaciones que
poseen con diferentes agencias estatales. En su reemplazo,
consideramos a la sociedad civil y a sus organizaciones
como una heterogénea trama y un escenario de luchas
sociales y procesos políticos.[3] Por lo tanto, nuestro interés
consiste en analizar los pasajes que se producen entre las
organizaciones de la sociedad civil y las agencias estatales,
y para ello, antes que partir de una concepción de lo público y lo privado como esferas *puras* y *homogéneas*, nos
interesa observar la imbricación existente entre ellas. Esto
nos permitirá analizar los "efectos de estado" que, según
Trouillot, no sólo tienen lugar en instituciones estatales
sino en múltiples espacios institucionales –como las ONGs
y las organizaciones supra nacionales– al considerar al
Estado "como un campo abierto con múltiples fronteras
y sin fijación institucional".[4]

---

[3]   En este punto seguimos a Elsie Rockwell en la lectura de los escritos de
      Gramsci. Elsie Rockwell, *Repensando institución: una lectura de Gramsci*,
      México DF, Instituto Politécnico Nacional, 1987.
[4]   Michel-Rolph Trouillot, "The Anthropology of the State in the Age
      of Globalization: Close Encounters of the Deceptive Kind", *Current
      Anthropology*, vol. 42, n° 1, 2001, p. 127. Existe traducción inédita de
      Alicia Comas, Cecilia Varela y Cecilia Diez.

Nuestro análisis se centra entonces en las características que adoptan las relaciones de intercambio entre los hogares convivenciales –en tanto organizaciones de la sociedad civil en las que viven niños institucionalizados– y las agencias estatales que conforman el entramado institucional a través del cual se *administra* la infancia. Este proceso, siguiendo a Adriana Vianna, supone el ejercicio de un tipo de dominación tutelar que se asienta en la complementariedad entre el aparato burocrático y las unidades domésticas en las cuales los niños están insertos (hacia las cuales su control directo es transferido). Por lo tanto, el ejercicio de este tipo de dominación no busca anular las unidades domésticas, sino que en algunas ocasiones son posibles situaciones de negociación entre éstas y los agentes jurídico-burocráticos y así se modelan soluciones administrativas que ponderan "la mejor situación posible" en el cuidado de los niños.[5]

La indagación se realiza basándose en un trabajo de campo que constó de entrevistas a las autoridades de los hogares convivenciales y sus equipos técnicos, más observaciones participantes, seguimientos de casos y charlas informales con las personas que participan de esas instituciones. Cabe señalar que este trabajo se realizó antes y después de la modificación de la ley provincial que regula la condición jurídica de los niños, las niñas y los adolescentes. La sanción de la nueva ley (Ley 13.298) supuso una reconfiguración de procedimientos. Establece que "la política respecto de todos los niños tendrá como objetivo principal su contención en el núcleo familiar" (art. 3) y estableció un desplazamiento de competencias del ámbito judicial al administrativo.

---

[5]   Adrianna Vianna, *Límites da Minoridade: tutela, família e autoridade em julgamento*. Tesis de Doctorado, Universidad Federal do Río de Janeiro, Museu Nacional, Programa de Pós-graduaçao en antropologia social, inédito, 2002.

Fronteras difusas – posiciones liminales

Al describir las formas que ha asumido la regulación de la infancia en las últimas décadas del siglo XX, Adriana Vianna señala que a partir de la Declaración Universal de los Derechos de los niños (1959) y la Convención Internacional de los Derechos de los niños, niñas y adolescentes (1989) es posible identificar la generalización de un modo ideal de intervención sobre la infancia.[6] En este modelo el niño es considerado un sujeto especial de derechos y su *protección* es responsabilidad tanto de su familia y del Estado como de la sociedad civil. Además, enfatiza la necesidad de una participación más heterogénea (ONGs, movimientos populares y la propia población objeto) en los modelos de gestión pública.

Estos modelos de gestión (uno de ellos denominado de *gestión asociada*) fueron promovidos en la década de 1990 por organismos multilaterales de crédito e impulsados en el marco de la reforma del Estado bajo el influjo de políticas neoliberales. Dichas modalidades postulaban que la incorporación de las organizaciones de la sociedad civil en el diseño y en la implementación de las políticas sociales dirigidas al desarrollo generaría un sistema más democrático, una sociedad más igualitaria y equitativa. Esta perspectiva también ganó adeptos en el contexto académico. En especial con aquella línea que enfatiza el papel de innovador social que presenta el sector voluntario en el desarrollo social, aduciendo diferentes conveniencias de la participación de la sociedad civil en las políticas sociales. No obstante, desde otro enfoque, el surgimiento y la expansión de distintas organizaciones de la sociedad civil estuvieron ligados a los procesos de reconfiguración

---

[6]   Adriana Vianna, *Limites da Minoridade: tutela, família e autoridade em julgamento,* ob. cit., pp. 65

del Estado experimentados en distintos países durante las últimas décadas del siglo XX, cuando el modelo de Estado de Bienestar comienza a retraerse.[7] Es decir, esos enfoques fueron simultáneos a los distintos planes de ajuste estructural del Estado dentro de los cuales se impuso la descentralización administrativa, la orientación focalizada y asistencialista de las políticas sociales y su terciarización hacia la sociedad civil.[8]

Ahora bien, sin desconocer el impulso que en las últimas décadas del siglo XX cobraron las organizaciones de la sociedad civil con fines públicos, el entramado asociativo destinado a la infancia no puede ser catalogado sin más como producto de la aplicación del modelo neoliberal. De

---

[7] Rubén M. Lo Vuolo y Alberto C. Barbeito, *La nueva oscuridad de la política social. Del Estado populista al neoconservador,* Buenos Aires, Niño y Dávila Editores - Ciepp, 1998.

[8] Estas reformas –como postulan Fiszman y Lara– "promovieron la trasferencia de responsabilidades a otros sectores como la sociedad civil, pero no implicaron el desplazamiento de aquél como usina central de la gubernamentalidad o la toma de decisiones". Laura Fiszman y M. Jimena Lara, "Divididos por la solidaridad: alianzas y disputas en una red de organizaciones sociales del conurbano bonaerense", *VIII Reunión de Antropología del Mercosur,* Buenos Aires, UNSAM, del 29 de septiembre al 02 de octubre de 2009, p. 5. Esto significa que el Estado no se retiró sino que modificó sus modos de intervención social. Véase Virginia Manzano, "Tradiciones asociativas, políticas estatales y modalidades de acción colectiva: análisis de una organización piquetera", *Intersecciones en Antropología* 5, Buenos Aires, Facultad de Ciencias Sociales, UNCPBA, 2004, pp.153-166. Refiero, también, a Laura Santillán y Marcela Woods, "Iglesia y cuestión social: la intervención de la Iglesia Católica en la construcción de demandas de educación, tierra y vivienda en el Gran Buenos Aires", *Revista de Antropología*, Sao Paulo, USP, 2005, vol. 48, n° 1. pp. 281-314; Gustavo Rodríguez Karaman, Hugo Trinchero y Marcela Woods, "La consulta del Banco Mundial a la sociedad civil en la Argentina", Revista *Realidad Económica*, IADE, n° 180, Buenos Aires, 2001, pp. 91-111; Estela Grassi y María Rosa Neufeld, "Corolario de la globalización neoliberal: la crisis social en la Argentina", en Laura Ramos (org.), *El fracaso del Consenso de Washington. La caída de su mejor alumno: Argentina*, Barcelona, Icaria, 2003, s/d.

hecho, como distintos autores han analizado, las organizaciones privadas destinadas a la protección de la infancia
tuvieron históricamente una activa intervención en este
campo.[9] Por otra parte, aun cuando la intervención de
algunas de ellas pueda generar efectos democratizadores,
el sentido político de sus intervenciones no está definido
a priori y en ningún caso garantizan *per se* la inclusión de
un enfoque de derechos en las políticas para la infancia.

[9] Al respecto, véase Carla Villalta, "Entre la administrativización, el pro-
fesionalismo y la salvación. La creación del Consejo Nacional de Menores y las técnicas de adopción de niños en los años sesenta", *Jornada
Historia de la infancia en Argentina, 1880-1960. Enfoques, problemas y
perspectivas,* Universidad Nacional de General Sarmiento – Universidad
de San Andrés, Buenos Aires, 2008; y "La conformación de una matriz
interpretativa: la definición jurídica del abandono y la pérdida de la patria
potestad", en Lucía Lionetti y Daniel Míguez (comps.), *Las Infancias en la
Historia Argentina. Intersecciones entre Prácticas, Discursos e Instituciones
(1880-1960),* Prohistoria, Rosario, 2010, pp. 71-93; Donna Guy, "Niñas
en la cárcel. La Casa Correccional de Mujeres como instituto de Socorro
infantil", en Fernanda Gil Lozano, Valeria Silvina Pita y Gabriela Ini (dir.),
Historia de las mujeres en la Argentina. Siglo XX, Buenos Aires, Editorial
Taurus, 2002, pp. 25-45; María Carolina Zapiola, "'¿Es realmente una
colonia? ¿Es una escuela? ¿Qué es?' Debates parlamentarios sobre la
creación de instituciones para menores en la Argentina, 1875- 1890", en
Juan Suriano y Daniel Lvovich (comps.), *Las políticas sociales en perspectiva histórica. Argentina, 1870-1952,* Buenos Aires, Prometeo/UNGS,
2005, pp. 65-88; y "La Ley de Patronato de 1919: una reestructuración
parcial de los vínculos entre Estado y 'minoridad'", Jornada *Historia de
la infancia en Argentina, 1880-1960. Enfoques, problemas y perspectivas,*
Universidad Nacional de General Sarmiento – Universidad de San Andrés,
Buenos Aires, 2008. Sin embargo, esto no significa que la participación y
el rol cumplido por estas organizaciones no gubernamentales se hayan
mantenido indemnes a lo largo del tiempo, por el contrario, se fueron
modificando según los diferentes contextos socio-históricos y en particular fueron afectados por los cambios en el tipo de relación establecido
entre el mercado y el estado, y entre éste y la sociedad civil. Al respecto,
Horacio Machado Aráoz, "La articulación entre Estado y sociedad en la
Gestión de las políticas sociales. Reflexiones en torno al rol político de
las ONGS en el contexto de la hegemonía neoliberal", *Primer Congreso
Nacional de Políticas Sociales,* Asociación Argentina de Políticas Sociales,
Universidad Nacional de Quilmes, Buenos Aires, 30 y 31 de mayo de 2002.

Al analizar el lugar de las organizaciones de la sociedad civil en el campo de la protección de la infancia es posible dar cuenta del carácter liminal que tuvieron y aún tienen algunas de ellas. De hecho, en algunos casos difícilmente pueden ser clasificadas sin más como pertenecientes a la esfera privada o al ámbito estatal. Es por eso que resulta necesario, para entender el funcionamiento de estas instituciones, analizar los vínculos que trazaron y trazan con el Estado. Además de ello, el análisis de esas relaciones deviene central para comprender también las modalidades que adopta el tránsito de niños, niñas y adolescentes, objeto de una medida de protección por diferentes instituciones y grupos domésticos, en tanto en este tránsito institucional las autoridades de los hogares convivenciales adquieren una notoria centralidad con respecto a la posibilidad de egreso de esos niños y de la ponderación de los adultos más adecuados para acompañarlos en ese proceso. Parte de esta centralidad radica en que son ellas quienes comunican y ofrecen sus "visiones del mundo" a los agentes estatales que tienen el poder de decisión respecto de esos niños. A su vez, si en ocasiones estas instituciones parecerían ocupar un lugar subsidiario con respecto a las diversas oficinas estatales con las que se vinculan, en otras son las propulsoras y las modeladoras del desenlace de las medidas de protección destinadas a los niños, las niñas y los adolescentes.

Viejos y nuevos actores y escenarios: la experiencia de los Hogares convivenciales del conurbano bonaerense

Los hogares convivenciales en los cuales he realizado trabajo de campo se ubican en distintas zonas del conurbano bonaerense: dos de ellos en zona norte, uno en la zona sur y otro en la zona oeste. Cada una de estas instituciones posee distintas trayectorias y posturas ideológicas que posibilitan la conformación (o no) de alianzas con algunas agencias estatales y/o con otras organizaciones de la sociedad civil. Así, por ejemplo, dos de ellas mantienen vínculos o lo han hecho con la Iglesia Católica; una tercera se define como laica pero tiene convenio con una orden religiosa para administrar durante un lapso de tiempo un hogar convivencial; y la última depende de una ONG internacional cuyo presidente es un sacerdote aunque la institución es laica.

Las organizaciones que administran hogares convivenciales se han posicionado de manera distinta con respecto a las modificaciones previstas con la sanción de la Ley provincial 13.298 y el Decreto 300/05 que regulan la condición de niños, niñas y adolescentes. Estas nuevas normativas establecieron que la permanencia de los niños en ámbitos familiares alternativos o en entidades de atención social tiene carácter excepcional y provisional y que las medidas de protección de derechos serán adoptadas por los organismos administrativos y ya no por los agentes judiciales. Para algunas organizaciones este cambio de escenario generó más resquemores que avenencias, dificultando su posicionamiento con respecto a los nuevos objetivos que les fueron encomendados. Para otras, la modificación normativa fue celebrada ya que fue conceptualizada como un triunfo, el resultado del trabajo militante con otras organizaciones de la sociedad civil del mismo campo y la generación de nuevos vínculos con otras agencias estatales dedicadas a la infancia. Aquéllas que no participaron de esa militancia pudieron reacomodarse en el nuevo escenario resignificando o ampliando sus tareas, creando nuevos proyectos en conformidad con los nuevos postulados normativos (la desinstitucionalización, la internación como última *ratio*, etc.). Ante este abanico de posiciones –que se corresponde también con una pluralidad de matices dentro de las agencias estatales– es imposible brindar una visión homogénea ni de estas organizaciones ni pensar al Estado como una entidad monolítica.

Todas estas organizaciones forman parte del Programa Hogares Convivenciales, en el que también participan diferentes asociaciones y fundaciones civiles, algunas instituciones dependientes de obispados u otras congregaciones religiosas (evangelista, etc.). Éstas firman un convenio con el Ministerio de Desarrollo Social mediante el cual se establece que recibirán una suma en dinero ("beca") por cada niño alojado en la institución. En contraparte, las instituciones reciben niños que, por diversas razones, no pueden continuar al cuidado de los adultos que hasta ese momento eran sus responsables, decisión que era tomada por los jueces de menores y que actualmente la toman los profesionales que trabajan en los Servicios de Protección y Promoción de Derechos de los niños, dependientes del Ministerio de Desarrollo Social.[10]

En principio, estas instituciones funcionan como "hogares", es decir, albergan niños porque ciertos agentes estatales (administrativos y/o judiciales) han decidido que esos niños no pueden permanecer más al cuidado de sus padres u otros adultos –aunque esa medida implique una cantidad variable de tiempo– y porque hasta el momento no se ha generalizado ninguna otra política alternativa para esos casos. Por lo tanto, el trabajo de estas organizaciones y el de los agentes estatales es complementario, en tanto para efectuar la medida de protección necesitan de una institución que sea su *responsable*.[11]

---

[10]   Pese a la modificación de la normativa aún hay niños internados bajo la disposición de jueces de menores.

[11]   En ese sentido, véase Adriana Vianna, *Limites da Minoridade: tutela, família e autoridade em julgamento,* ob. cit.

La relación entre el Estado y las organizaciones sociales ha sido analizada por Jacques Donzelot en términos de la creación de un "mercado de la infancia". En este sentido, al analizar el complejo tutelar, describe la reorganización que sufrió este mercado, cuando fue ampliado por la introducción del

> contingente de los "indomables" y de los "incapaces" de la escuela y por la reconversión de los organismos de encierro por medio abierto. Modificación de las formas de financiación por una nueva relación entre lo público y lo privado: el Estado financia más, así pues, controla más, aumenta el precio de las formas de acogida que pueden evitar ese control.[12]

Desde esta perspectiva, es posible pensar que las organizaciones de la sociedad civil necesitan que aquellas agencias estatales decidan la internación de esos chicos, ya que a más chicos con medidas de protección de derechos, más becas. En relación con lo señalado considero interesante el siguiente extracto de una entrevista realizada a la directora de un hogar de zona norte:

> Directora: la Fundación no ha tenido problemas, sino que al contrario, hemos sido muy cumplidores en cuanto a preservar a los niños, cuidar a los niños lo mejor que nosotros entendemos que se puede cuidar y de *preservar la autoridad en este momento de los jueces de menores que tenían la tenencia de los chicos ¿no? era como un matrimonio, yo los cuido, soy la mamá, y el juez es el que decide sobre el porvenir, sobre lo que es lo mejor para ese chico.*
> C: ¿Y por qué había que cuidar la autoridad de los jueces? ¿Qué pasaba?
> Directora: [eleva la voz] en realidad porque era muy nuevo para nosotros trabajar también con una estructura judicial, pensá que a veces está [tose] lo asistencial eh, con lo

---

[12]　Jacques Donzelot, *La policía de las familias*, Madrid, Pre-textos, 1990, p. 108.

judicial. Si bien estaba la Ley de Patronato y demás, pero, convengamos que *era una manera de cuidarnos recípro-camente*, porque todos los jueces no son iguales, y todas las instituciones –por llamarnos de alguna manera–, los hogares tampoco son iguales." (OSC 1, zona norte, 30 de noviembre de 2006)

Entonces, más allá del convenio concreto firmado con la subsecretaría correspondiente del Ministerio de Desarrollo Social, algunas fundaciones también han ce-lebrado uno –con un mayor o menor grado de explicita-ción– con los jueces de menores, actores tradicionalmente encargados de decidir las medidas de protección de los niños (y su subsecuente internación). Así, este último con-trato (entendido como "matrimonio") entre ambas partes es presentado en términos de "un cuidado recíproco", en tanto la directora de la organización continúa legitimando la figura del juez como autoridad para intervenir en aque-llos casos asistenciales y, por su parte, ella entiende que gracias al juez de menores sigue recibiendo niños en su institución. En realidad, no se trata del juez de menores en sí mismo, sino de la modalidad de intervención jurídico-estatal que prevaleció junto a la Ley del Patronato. De alguna manera, estas relaciones de reciprocidad –que hogares como éste establecen con la justicia– tienen su condición de posibilidad en el hecho de que ambos actores sociales comparten determinadas representaciones acerca de las familias y los niños que históricamente se han convertido en la "clientela" de los tribunales de menores y de estas organizaciones de la sociedad civil.

Estas relaciones de reciprocidad generan ciertos com-promisos entre los socios de los intercambios sociales (algunas organizaciones de la sociedad civil y agentes estatales), en los cuales no sólo se intercambian bienes materiales, sino también bienes simbólicos que colaboran en el fortalecimiento de las posiciones sociales de ambos actores sociales.[13] Así, los hogares convivenciales también son reconocidos por los agentes estatales como entidades con autoridad para estar al cuidado de los niños, y sus consejos o sus sugerencias son aceptados en tanto son conceptualizados como sumamente válidos e idóneos.

También tiene interés rescatar el contexto en que realizamos la entrevista. El año 2006 fue el año previo al comienzo de la aplicación de la nueva Ley provincial 13.298. Su entrada en vigencia estuvo acompañada por un discurso que cuestionaba fuertemente a los jueces de menores ("preservar la autoridad") y a la judicialización de niños, niñas y adolescentes que vivían en situaciones de pobreza ("lo asistencial") como también la medida internativa ("institución, por llamarnos de alguna manera").[14] Ésa es la razón por la cual la entrevistada introduce cierta distinción en el grupo de los jueces y en el de los hogares. Así, en ese momento, el destino de algunos actores sociales se veía atado al de otros.

En su análisis sobre los "efectos de estado", Trouillot menciona el de la "identificación" mediante la cual se desarrolla la férrea creencia compartida acerca de que "estamos todos en el mismo bote".[15] En este caso, la reor-

---

[13]   En este punto seguimos a Mauss sobre los diversos intercambios en los que quedan implicados los actores sociales a partir de la triple obligación: dar, recibir y devolver. A través de estos intercambios se establece una trama de relaciones sociales instituidas a partir del acto de donar. A su vez, este acto es en apariencia voluntario y generoso, pero oculta los intereses de los agentes sociales que participan en él y las constricciones a las que quedan sujetos. Marcel Mauss. "Ensayo sobre los dones. Motivo y forma del cambio en las sociedades primitivas", *Sociología y Antropología*. Madrid, Tecnos, 1979.

[14]   Cabe aclarar que ese discurso cuestionador también provino de las autoridades de otras organizaciones de la sociedad civil (en ocasiones nucleadas en redes) que interpelaban al estado para una modificación de la legislación más respetuosa de los derechos y las garantías de los niños, las niñas y los adolescentes.

[15]   Michel-Rolph Trouillot, "La antropología del Estado en la era de la globalización. Encuentros cercanos de tipo engañoso", ob. cit., pp. 9-10.

ganización de las responsabilidades al interior del sistema jurídico-administrativo a partir de la sanción de la nueva ley provincial parecía acarrear la desaparición de los hogares. Es por ello que algunas de las organizaciones de la sociedad civil dedicadas a la infancia se identificaron con el proceso de reorganización de la justicia y entendieron que la quita de atribuciones a los jueces de menores redundaría en una merma de los niños alojados en sus instituciones y de sus capacidades para incidir en la intervención sobre esos casos. Por esa razón, debían abogar por preservar la posición social de estos funcionarios judiciales y las modalidades discrecionales y arbitrarias con que tradicionalmente han operado.

Teniendo en cuenta el planteo de Trouillot, también podemos destacar que muchas de las tareas que llevan a cabo los hogares pueden ser interpretadas en tanto "efectos de estado". En este sentido, como señaláramos en otros trabajos, la participación de los hogares en las decisiones que otros actores toman en relación al egreso de los chicos adquiere un lugar central.[16] Así, aunque son los agentes administrativos o judiciales quienes definen el egreso del niño y con qué adulto lo efectúan, los informes presentados por estas instituciones resultan de cabal importancia. En principio, porque son ellos quienes tienen a su cargo los niños cotidianamente, interactúan con los miembros de los

---

[16]   Carolina Ciordia, "La adopción y la circulación de niños, niñas y adolescentes tutelados en el conurbano bonaerense ¿Prácticas imbricadas?", en Carla Villalta (comp.), *Infancia, Justicia y Derechos Humanos*, Buenos Aires, Universidad Nacional de Quilmes, 2010, pp. 163-197; Carolina Ciordia y Carla Villalta, "En búsqueda de la preservación del orden familiar. Medidas judiciales y administrativas vinculadas a la 'protección' de la niñez", en Roberto Kant De Lima, Sofía Tiscornia y Lucía Eilbaum (orgs.), *Burocracias penales, procesos institucionales de administración de conflictos y formas de construcción de ciudadanía. Experiencia comparada entre Brasil y Argentina*, Buenos Aires, Editorial Antropofagia, 2009, pp. 161-191.

grupos familiares de los chicos e informan sobre la posible vinculación de éstos con adultos ajenos a sus familias. A su vez, porque muchas veces estas instituciones solicitan la definición de la situación en que se encuentran los niños (si están en "estado de abandono" y si corresponde declararlos en "estado de adoptabilidad") y motorizan la concreción de algún tipo de vínculo con voluntarios que se acercan a la institución para colaborar con ella. De esta manera, estas instituciones son una pieza clave que componen la administración estatal designada para el cuidado y la crianza de los niños, las niñas y los adolescentes. Por lo tanto, las acciones desarrolladas por estas organizaciones de la sociedad civil inciden en los sentidos que cobra actualmente la administración de la infancia.[17]

En ese sentido, no es posible pensar que las organizaciones de la sociedad civil existen y se desarrollan completamente al margen de lo que sucede en el Estado (como una esfera separada y autónoma). Al contrario, en lugar de una separación entre esas esferas se produce una mutua interpenetración entre ambas. Una expresión de este proceso se observa en el flujo de trabajadores (de los saberes que portan consigo y de sus prácticas). En algunos casos, como ya señalaron otros autores, muchos de los que ocupan puestos en el estado a la vez forman parte de las organizaciones de la sociedad civil, lo cual también nos lleva a pensar en fronteras porosas entre ambas esferas.[18] Uno de nuestros entrevistados relató:

---

[17] Si bien es una dimensión que aún no está trabajada en mi proceso de investigación, también es interesante reflexionar sobre cómo los padres o los familiares de los niños albergados en los hogares conceptualizan la labor llevada a cabo por las instituciones. Es decir, en qué medida para la madre de un niño internado en una institución, la directora del hogar ocupa una posición totalmente diferente o alejada de –por ejemplo– la trabajadora social del servicio zonal y/o local.

[18] Jorge Pantaleón, *Entre la Carta y el Formulario. Política y Técnica en el Desarrollo Social,* Buenos Aires, IDES-Antropofagia, 2005.

> Nosotros en el equipo tenemos gente que labura en juzgados, en un montón de lugares y desde esos lugares nos nutrimos para decir qué está sucediendo, acotadamente, acá. (Organización de la sociedad civil, zona oeste 01 de septiembre de 2009)

Esa interpenetración también se manifiesta en el pasaje de proyectos desde las organizaciones de la sociedad civil al Estado. En distintas ocasiones los proyectos que en un principio fueron diseñados e implementados por una organización de la sociedad civil luego son aplicados como programa estatal y sus agentes son contratados así por el Estado. En tal sentido, uno de los entrevistados (director de una organización) relataba su experiencia y dimensionaba la importancia de que el Estado se *apropie* de este tipo de proyectos:

> Nosotros, [en la organización de la sociedad civil], el acogimiento familiar hace dieciséis años que lo estamos trabajando. En el municipio hace tres. Para una práctica de estado por ahí no pasó nada, es un ratito. Para la vida de muchos chicos... hasta que el Estado se apropie de la herramienta y asigne los recursos que requiere, se pierden un montón de pibes la posibilidad de vivir y crecer en familia. (Organización de la sociedad civil, zona oeste, 01 de septiembre de 2009)

Si en la cita anterior los miembros de la organización *se nutrían* de los trabajos que mantenían en las oficinas estatales, en este caso parece ser el Estado quien *se apropia de la herramienta* creada por la institución. Sin embargo, en esta oportunidad el entrevistado no se coloca en el rol de funcionario público, sino que mantiene su identidad en tanto trabajador de una ONG, pero que se encuentra desarrollando tareas dentro de una oficina estatal. Por esa razón reflexiona en torno a algunas cualidades del "Estado" conceptualizado como un aparato que tiene un tiempo propio, como la famosa imagen weberiana de la máquina, la fría organización burocrática conformada por "especialistas sin espíritu" que genera que los niños se pierdan "la posibilidad de crecer y vivir en familia". Frente a esta imagen del sector estatal como ineficiente, burocratizado y deshumanizado, las organizaciones de la sociedad civil se presentan como realizadoras de un "trabajo artesanal" que requiere de compromiso personal con la tarea y que se basa en un contacto directo con los niños:

> La gente que está con el bebito limpiándole la papilla no va a estar nunca en la función pública, va a seguir eligiendo esto, estar con el chico. Porque eso se hace porque se elige, porque se quiere ayudar. (Exdirector de un hogar para niños, 12 de mayo de 2009).

Para fundar su legitimidad, entonces, apelan a su carácter de eximios sabedores de las necesidades locales e insisten en la importancia de estar empapados de las dificultades que atraviesan algunos grupos familiares de las zonas en las que desarrollan su tarea y resaltan sus fuertes vínculos con otras instituciones. También presentan a los agentes de las instituciones embebidos de las realidades locales y esto les permite posicionarse como "útiles" e "imprescindibles" para trabajar con esa población. Esta experiencia en el "terreno" posibilita que los agentes de los hogares se presenten ante diferentes actores sociales (entre ellos, los agentes estatales) como interlocutores sumamente válidos, como voces autorizadas en la administración de la infancia:

> Directora: Nosotros nacimos en esta comunidad [localidad bonaerense donde se encuentra ubicada la institución] para dar un poco de respuesta sobre la problemática del VIH, que en esta comunidad justamente no se hablaba porque era el problema, siempre era el problema de otros [...] y nosotros tomamos conciencia [...] en el comienzo del 92 que en el hospital Materno Infantil se atendían ya unos cuantos chicos que portaban, justamente, el virus del VIH. (Organización de la sociedad civil, zona norte 1, 30 de noviembre de 2006)

Directora: Empezamos [...] cuando detectamos la necesidad de espacios porque empiezan a fallecer los papás que se habían contagiado[19], suponte, más o menos por los 80 y eh... no había familia, no había red familiar, entonces, bueno, había varios niños que quedaban en los juzgados como para ser adoptados, o salir en guarda y no, no es tan fácil, entonces, bueno, se vio la necesidad de abrir un espacio donde esos chicos pudieran ser contenidos y bueno, y así nace la primera [sede]. (Organización de la sociedad civil, zona norte 2, 08 de junio de 2009)

Directora: Surge que acá [la localidad en que se sitúa el hogar] había un altísimo índice de embarazo adolescente. O sea que en ese momento, ahora más o menos igual, [aquí baja el volumen de la voz] las niñas entre 12 y 19 años, el 19% había tenido un embarazo o un aborto o tenía un hijo, lo cual es muy alto [sube el volumen de la voz] ¡es alarmante! (Organización de la sociedad civil, zona sur, 13 de mayo de 2009)

Finalmente, proponemos que la forma en que las autoridades de las instituciones se presentaron sea leída como una estrategia política, para asegurarse un lugar junto, dentro o en el límite de las agencias estatales. Dado que sigue siendo éste el horizonte, en otras palabras, el Estado (en sus varias escalas) continúa siendo el socio preferido con el cual mantienen su existencia.

Palabras finales

Si bien en la literatura de las dos últimas décadas se reflexionó en torno a las características que adoptó el Estado en cuanto a la modalidad del gasto social y de la

---

[19] La entrevistada hace referencia al virus VIH, dado que el hogar se especializa en albergar a niños afectados por ese virus. Esto significa que los chicos pueden vivir con el virus, o tener alguno de los padres seropositivos o algún hermano, o que hayan fallecido por ese motivo.

implementación de políticas sociales y su relación con el fortalecimiento de las organizaciones de la sociedad civil, en el caso de las instituciones destinadas a la infancia, la preponderancia de esas organizaciones no es nueva. A su vez, tampoco la modalidad de gestión por la cual el estado subsidia a los hogares privados por cada niño que aloja representa una característica de la década de 1980 o de 1990, ya que los subsidios a organizaciones privadas han sido parte integrante del modo en que se fue construyendo en nuestro país este campo institucional.[20]

Aquí no quisimos trazar una línea de continuidad entre nuevas y viejas organizaciones privadas o formas de gestión estatal a través de las políticas públicas, sino reflexionar en torno a las características de los hogares convivenciales con respecto a su ubicación entre lo privado y lo público en el momento actual. Así, partiendo de la noción de la sociedad civil como una heterogénea trama –escenario de luchas sociales y procesos políticos en términos de Rockwell– entendemos que las organizaciones de la sociedad civil analizadas participan de esas luchas.

En esa dirección, consideramos que las formas en que las organizaciones de la sociedad civil se vinculan con el Estado pueden ser mejor comprendidas si analizamos las relaciones de intercambio en las que unas y otro están insertos. Un intercambio que no sólo se reduce a los recursos materiales que el Estado transfiere a las organizaciones –y que suelen ser insuficientes o nulos en muchos casos– sino que también engloba otro tipo de bienes. A partir de

---

[20] Carla Villalta, "La conformación de una matriz interpretativa: la definición jurídica del abandono y la pérdida de la patria potestad", ob. cit.; Ma. Carolina Zapiola, "'¿Es realmente una colonia? ¿Es una escuela? ¿Qué es?' Debates parlamentarios sobre la creación de instituciones para menores en la Argentina, 1875- 1890", ob. cit.; y Donna Guy, *Women Build the Welfare State. Performing Charity and creating Rights in Argentina, 1880-1955*, Durham and London, Duke University Press, 2009.

experiencias conjuntas en la atención de los casos, los agentes estatales y de los hogares convivenciales intercambian
testimonios de gratitud, de reconocimiento, de respeto,
prestaciones y capitales de autoridad. En estos actos de
intercambio se traban relaciones sociales basadas en la
proximidad y en la confianza que permiten el desarrollo de
grados de autonomía por parte de estas organizaciones. En
su accionar, éstas ponen en juego discursos en los cuales
predominan diversos tópicos que justifican y legitiman sus
intervenciones: el contacto cara a cara con los niños y las
familias, un saber conformado a partir de la experiencia,
una narrativa basada en sentimientos y emociones acompañada por valores tales como el altruismo, la solidaridad
y el desinterés. Este compromiso personal implica que dan
más de sí mismos, se involucran más allá de la realización
técnica de la tarea (dan más de lo pautado en el convenio
firmado con el Ministerio de Desarrollo Social), pero lo
hacen en pos de un bien superior: el bienestar de los niños.

De este modo, pensar en un proceso de intercambio
donde los actores sociales se ven en muchas ocasiones
obligados y ubicados en relaciones de interdependencia
nos lleva a analizar más detalladamente la pertinencia de
los conceptos de tercerización y terciarización para este
tipo de organizaciones de la sociedad civil y de su relación con las agencias estatales. En principio, la primera
noción surge del ámbito de la producción, donde una
determinada parte de ella es transferida a otro agente,
esto implica pensar que estas organizaciones son externas
al Estado, lo cual nuevamente nos remite a la imagen de
dos ámbitos separados (público/privado). Otro sentido
que se desprende de esta noción es el de la fragmentación
(que divide al proceso productivo en distintas fases, cada
una de estas se realiza de manera independiente). Ahora
bien, si por un lado, la idea de fragmentación obstaculiza
la adopción de una visión procesual que permita abordar

las diferentes etapas, las relaciones sociales que se traman
entre los actores sociales que intervienen en los procesos a
través de los cuales se decide la adopción de una medida
de protección excepcional de derechos y las diferentes
soluciones que son ensayadas (con sus logros y sus fracasos); por otro lado, también evoca la existencia de cierta
autonomía al interior de cada organización de la sociedad
civil que redunda en un margen de maniobra para crear y
recrear diferentes estrategias en la realización de su trabajo.

A su vez, la noción de terciarización significa la con-
tratación de servicios que no hacen al núcleo de la producción. Ahora bien, si bien el quehacer de los hogares
convivenciales no se asemeja a la espectacularidad[21] de
las intervenciones de otros actores sociales (como la autoridad administrativa que dicta las medidas de protección
excepcionales o los juzgados que declaran el estado de
adoptabilidad de los niños y por lo tanto suprime la patria
potestad de sus progenitores), su accionar resulta opaco
pero no por ello menos importante. Como ya señalamos,
las intervenciones llevadas a cabo por los hogares convivenciales adquieren una notoria importancia en la trama y
en los desenlaces de las medidas de protección de derechos
que tienen por objeto a niños, niñas y adolescentes que se
encuentran albergados allí. Por lo tanto, suponer que estas
instituciones funcionan como un mero reservorio de niños
sin mayores implicancias en lo que respecta a las formas
en que se gestionan sus destinos resulta en una mirada
"ingenua" –parafraseando a Melossi– dado que no se tienen
en cuenta las prácticas y los sentidos que toman fuerza y

---

[21]   Adriana Vianna, "Derechos, moralidades y desigualdades. Consideraciones a partir de procesos de guarda de niños", en Carla Villalta (comp.),
Infancia, justicia y derechos humanos, Buenos Aires, Universidad Nacional
de Quilmes, 2010, pp. 21-72.

que configuran a esas instituciones.[22] En esa dirección, tal como plantea la nueva Ley provincial 13.298 –basada en las normativas internacionales que regulan la infancia–, suponer que la participación activa de las organizaciones de la sociedad civil dedicadas a la niñez redundará en "la vigencia y el disfrute pleno de los derechos y garantías de los niños" implica asumir sin cuestionamientos el sentido político de las intervenciones de estas organizaciones, ya que la participación de la sociedad civil no redunda necesariamente en la democratización y en la adopción de un enfoque de derechos.

---

[22]   María José Sarrabayrouse Oliveira, "Los juicios orales y la construcción del objeto judicial", *Revista electrónica Noticias de Antropología y Arqueología (NAyA)*, n° 18, octubre de 1997 (disponible en http://www.naya.org.ar/articulos/politica02.htm Consulta: agosto de 2011).

LA *INSTITUCIÓN TOTAL* NUNCA ES COSA BUENA: APROXIMACIONES A LA REALIDAD DEL ENCIERRO A LOS ADOLESCENTES INFRACTORES EN LA PROVINCIA DE BUENOS AIRES

Silvia Guemureman

Presentación

En esta presentación vamos a actualizar diversos reportes que oportunamente fueron confeccionados con el objetivo de dar cuenta de una realidad que pese a su variación en términos cuantitativos, es invariante en materia de fondo: el núcleo duro de la privación de la libertad para los adolescentes y los jóvenes que cometen delitos en la Argentina.

Nos hemos abocado al seguimiento de este tema con Alcira Daroqui desde hace muchos años, tal como dan cuentan las producciones conjuntas.[1] Esta preocupación se plasma en los proyectos de investigación realizados tanto desde el Observatorio de Adolescentes y Jóvenes como desde el GESPYDH, que encuentran cauce común en un nuevo proyecto que actualmente está en desarrollo titulado "Observatorio de políticas de control penal del

---

[1]   Alcira Daroqui y Silvia Guemureman, "Los menores de ayer, de hoy y de siempre", *Delito y Sociedad,* Buenos Aires, 1999, año 8, vol. 13, pp. 35-69; *La niñez ajusticiada,* Buenos Aires, Ediciones Del Puerto, 2001; "La privación de la libertad de adolescentes y jóvenes: el purgatorio del encierro a la espera de la nada", *Revista Niños, Menores e Infancias,* 2005, n° 3; y luego en el marco de los proyectos UBACYT que analizan el sistema penal en su conjunto, inscribiendo las privaciones de libertad de los adolescentes y jóvenes dentro de la más global preocupación acerca del uso de la pena privativa de la libertad y el aumento de la población carcelaria.

gobierno de la población excedentaria en espacios de
vulnerabilidad socioterritorial y en espacios de encierro
punitivo".[2] Este proyecto consagra el matrimonio entre
el Observatorio de adolescentes y jóvenes inscripto en
el Grupo de Estudios sobre Infancia, Adolescencia y
Juventud[3] y el Observatorio sobre Prisiones, inscripto en el
GESPYDH en convenio con la Procuración Penitenciaria.
La entidad en tanto "observatorios" dota de características
peculiares y específicas a estas instancias académicas: en
primer lugar, su pretensión de observación y monitoreo
permanente de los fenómenos bajo estudio; en segundo
lugar, el acopio de información sistemática sobre algunos ejes temáticos, y en tercer lugar, la pretensión de

---

[2]   Programación científica de la Universidad de Buenos Aires. Financia-
       miento 2010-2012. Dirección: Silvia Guemureman
[3]   Sobre la historia del Grupo de Estudios de Infancia, Adolescencia y
       Juventud (GEIA), véase Mariela Macri, "Maternidad y Escuela: adoles-
       centes viviendo situaciones de premura psico-social" en María Belén
       Noceti, Claudio Gallegos y Stella Maris Pérez (comps.), *Oportunidades.*
       Caminos hacia la protección integral de Derechos del niño, Departamento
       de Economía de la UNS, Bahía Blanca, 2009. Sobre la conformación
       de la infancia y la adolescencia como campo de investigación con
       entidad específica, véase Silvia Guemureman, "De cómo la niñez y la
       adolescencia se instalaron como temas de agenda académica: crónica
       de la Carrera de Especialización y posgrado en problemáticas sociales
       infanto-juveniles de la Universidad de Buenos Aires", *Los desafíos del*
       derecho de familia en el siglo XXI. Homenaje a la Dra. Nelly Minyersky,
       Buenos Aires, Ed. Errepar, 2010, pp. 675-692. Sobre la historia del Ob-
       servatorio de adolescentes y jóvenes en particular, Silvia Guemureman,
       "Las prácticas institucionales hacia los jóvenes: prácticas coercitivas y
       punitivas y despliegue de las agencias de control social penal", *Revista*
       Controversias y Concurrencias latinoamericanas, n° 3, año 2, 2010, pp.
       77-85; Equipo del Observatorio de Adolescentes y Jóvenes, "La investiga-
       ción y la transferencia, la cuestión de las prácticas", 2006, disponible en:
       www.observatoriojovenes.com.ar/Publicaciones/Informesobservatorio
       y "El observatorio de adolescentes y jóvenes: un dispositivo para audi-
       tar las políticas públicas de control social dirigidas a los adolescentes
       y jóvenes", Actas de la Primera Reunión Nacional de Investigadores/
       as en Juventudes "Hacia la elaboración de un estado del arte de las
       investigaciones en juventudes en Argentina", La Plata, 2007.

incidencia técnico-política, en un trasvasamiento que va desde las usinas de producción de conocimiento hasta la instancia de producción de políticas públicas.[4]

Específicamente, la privación de libertad de adolescentes y jóvenes es uno de los ejes en que el colectivo del Observatorio de Adolescentes y Jóvenes ha venido trabajando fuertemente en los últimos años, tal como lo expresan las producciones más recientes.[5] Así, retomo la preocupación que expresáramos con Julieta Azcarate en 2006[6] en el sentido de que la observación y el seguimiento de la población menor de edad alojada en institutos de

---

[4]   Una reflexión sobre el rol de los Observatorios puede encontrarse en Conversatorio Primera JUMIC, 2009. Disponible en http://www.perio. unlp.edu.ar/observatoriodejovenes/obs/jumic_paneles.php.

[5]   Silvia Guemureman, Florencia Graziano, Karen Jorolinsky, Ana Laura López y Julia Pasin, "Juventud y violencia intramuros. Ser joven al interior de las cárceles bonaerenses argentinas", *Revista Observatorio de Juventud,* Santiago de Chile, Año 6, núm. 23, 2009, y "La violencia detrás de los muros. Una reflexión crítica sobre las prácticas de las agencias de control penal", *Revista Taripawi. Revista semestral de estudios sobre Sociedad y Justicia.* Año I, Tomo I, 2010 (disponible en www.institutouejn. org.ar/taripawi.htmal, agosto 2011); Silvia Guemureman y Ana Laura López, "Situación de los adolescentes en el sistema penal juvenil de la Provincia de Buenos Aires desde la perspectiva de los datos", *Marisa Herrera y Gimol Pinto (comps.) Temas clave del Sistema de Protección y Promoción Integral de Derechos de Niños, Niñas y Adolescentes en la Provincia de Buenos Aires, Instituto de Estudios Judiciales de la Suprema Corte de la Provincia de Buenos Aires, y UNICEF, Buenos Aires, 2010, pp. 176-195; y Julieta* Azcarate y Silvia Guemureman, "Población alojada en institutos penales y asistenciales: una mirada necesaria"; "Informe de la Dirección Provincial tutelar. Situación de las personas menores de edad privadas de libertad en la Provincia de Buenos Aires" e "Informe sobre la población de niñas, niños y adolescentes institucionalizados en instituciones del CONNAF", disponibles en: www.observatoriojovenes. com.ar/Publicaciones/Informesobservatorio

[6]   Julieta Azcarate y Silvia Guemureman, "Organismos técnicos administrativos del derogado Patronato: un panorama cuantitativo de la situación de personas menores de edad privadas de libertad por la comisión o presunta comisión de delitos", *Revista Derecho de Familia,* Buenos Aires, núm. 34, julio-agosto, 2006, pp. 231-253.

seguridad y demás instituciones habilitadas para alojar a adolescentes y jóvenes acusados de cometer delitos es un analizador sumamente relevante para indagar acerca de los derechos y las garantías reales de los que gozan estas personas en términos de su cumplimiento, y su contracara, la magnitud y la entidad de su vulneración.

Por eso, el artículo se va a focalizar en brindar un panorama de la situación de las personas menores de edad que han pasado por instituciones de encierro dependientes del organismo técnico de la jurisdicción demográficamente más importante del país: la provincia de Buenos Aires (en adelante PBA), desde el año 2006 y hasta el año 2010, tomando de este modo el período inmediatamente posterior a la sanción de la Ley 26.061/2005 y capturando desde el inicio la implementación del Fuero de Responsabilidad Penal Juvenil.

La información procede de la Subsecretaría de Niñez y Adolescencia de la PBA, específicamente de la Dirección de Institutos Penales (ex-Dirección Provincial Tutelar) para Centros Cerrados y de la Dirección de Medidas Alternativas, para Centros de Contención hasta el año 2009. Se ha podido actualizar la información al año 2010 con la suministrada por el Área Informática dependiente del Departamento de Evaluación y Derivación de Causas Penales correspondiente al Sistema de Responsabilidad Penal Juvenil.[7]

---

[7]   Esta información fue suministrada al Comité contra la Tortura, en respuesta al oficio librado por éste solicitando información estadística general del año 2010 referente al sistema de responsabilidad penal juvenil.

Contexto jurisdiccional y normativo

A partir de la sanción de la Ley 26.061 a fines de septiembre del año 2005 se han producido modificaciones importantes en las áreas de niñez de los organismos rectores de políticas públicas. A su vez, las prerrogativas de la ley suponen que la privación de libertad debe ser lo más acotada posible y fija que los menores de 16 años queden bajo su órbita. Consecuentemente, es esperable una disminución de las internaciones de menores de 16 años en los institutos penales, aunque en la PBA el art. 64 de la Ley 13.634 prevé la medida de seguridad como privación de libertad para los no punibles, habiendo lugar a lo que aún sigue habilitado vía Decreto 22.278. Aun así podrá observarse un descenso que habrá de objetivarse en los años siguientes y que tendrá una dinámica propia. La disminución habrá de expresarse tanto en la dimensión cuantitativa de cantidad de adolescentes internados, como en la dimensión cualitativa de la entidad de las internaciones y las instituciones receptoras. Dado que este artículo focalizará en el período inmediatamente siguiente a la sanción de la Ley 26.061, tomando el período 2006-2010, buscará captar el proceso desde el inicio, captando asimismo el primer momento de la implementación del Fuero Penal Juvenil y de la Ley 13.634.

Aclaraciones metodológicas y alcance de la información presentada

Antes de pasar a la descripción del despliegue del organismo técnico respecto a la situación institucional de adolescentes y jóvenes, cabe hacer una aclaración metodológica importante, toda vez que orientará al lector en la comprensión cabal de aquello que vamos a relatar. Esta aclaración metodológica está vinculada al carácter de la información disponible, sus alcances, lo que permite y lo que no permite decir, lo que muestra y lo que oculta.

En el caso de la Subsecretaría de Niñez y Adolescencia de la PBA nos hemos basado en la información suministrada por la Dirección de Institutos Penales (DIP) y la Dirección de Medidas Alternativas (DMA), así como también en la información elaborada por el Departamento de Estadísticas de la Procuración General de la Suprema Corte de la PBA, toda vez que quisimos ponderar adecuadamente los datos presentados. Se trabajará el bienio 2006 y 2007 con el total de derivaciones oficiadas por los Tribunales de Menores al Registro y Ubicación Penal, con la precaria clasificación sobre derivaciones por tipo de institución y el nulo detalle sobre derivaciones por instituto. El año 2008 fue desestimado para la consideración estadística toda vez que resultaba muy difícil componer la información global.[8] Para el año 2009, nos valdremos de la radiografía confeccionada por Ana Laura López.[9] A fin de obtener una información rigurosa fue necesario realizar un tratamiento de la misma a partir de la información "en crudo" (listados de las personas alojadas en las instituciones o "partes diarios"), suministrada por la Subsecretaría de Niñez a través de las Direcciones específicas.[10] En este caso, sí será factible

---

[8] Cabe recordar que al haberse implementado el Fuero Penal de Responsabilidad Penal Juvenil durante aquel año en forma gradual, ningún sistema le dio cobertura completa, ni el Departamento de Estadísticas de la Corte que ha confeccionado información para el primer semestre, ni el SIMP.

[9] Ana Laura López, "Proceso de reforma legal e institucional del sistema penal juvenil en la Provincia de Buenos Aires, 2000-2009", Tesis de Maestría en Ciencias Sociales, Universidad de Buenos Aires, Buenos Aires, abril de 2010.

[10] El tratamiento artesanal de composición de la información es detalladamente descripto en Ana Laura López, "Proceso de reforma legal e institucional...", ob. cit.

discriminar por tipo de institución (centro cerrado, de contención o de recepción) y por instituciones específicas. Para el año 2010, se accedió a información estadística general procedente del Área informática del Sistema de Responsabilidad Penal Juvenil (AISRPJ) con una desagregación que permite conocer población alojada desagregada por edad y sexo de las personas que ingresan y egresan, y tiempos de permanencia de los jóvenes en cada tipo de institución genérica, sin detalle nominal de cada una.

¿Qué muestra una lectura en serie? El caso de la provincia de Buenos Aires: Subsecretaría de Niñez y Adolescencia e Instituciones de encierro para adolescentes con causas penales

Hasta el año 2007, e inclusive hasta el año 2008, para hablar de institucionalización de personas menores de edad en la PBA, habíamos tomado la decisión de adoptar las estadísticas elaboradas por la Procuración de la Suprema Corte y los Informes anuales de Movimientos y Variables de Consideración confeccionados por la Dirección Provincial Tutelar como fuente privilegiada. Con las primeras estadísticas medíamos la voluntad internativa de los jueces y cobraban sentido toda vez que esa voluntad era respetada a rajatabla por las instancias pertinentes del organismo técnico administrativo provincial, en cuyo caso, las demandas de internación solían convertirse en internaciones efectivas. Pero no siempre era así; muchas veces, irrefutable comprobación empírica, las derivaciones judiciales de internación diferían de la información estadística o de registro de partes diarios suministrados por la Dirección Provincial Tutelar, instancia que desde el organismo técnico administrativo, concentraba la información de los jóvenes institucionalizados por causas penales, y condensaba en los Informes Anuales de Variables de consideración arriba mencionados. Esta Dirección, luego devenida Dirección de Institutos Penales, dejó de confeccionar los Informes. El Registro de Ubicación de Menores, cuyos partes de carácter administrativo constituyeron para nosotros valiosa fuente de información para conocer cuántos, quiénes, dónde y por qué motivo estaban internadas las personas menores de edad en la PBA,[11] también dejó de suministrar información. Así, quedó librado a nuestra copiosa imaginación socioló- gica resolver el modo más adecuado y menos disparatado de conocer la realidad internativa de los adolescentes en PBA; desafío aun más difícil toda vez que en el medio del período estudiado se produce un cambio legislativo y procedimental en la jurisdicción, se instaura el fuero penal juvenil y se ordenan las competencias judiciales. En función de la información disponible, y como bien documenta Ana Laura López,[12] había dos modos de conocer la cantidad de personas internadas: solicitar la información en cru- do (listado de detenidos, denominados "partes diarios"), para construir los datos en forma artesanal; o valerse de la información fragmentada y tratarla estadísticamente para construir series homogéneas.

El cuadro de situación se puede componer del siguiente modo, tomando los datos del Departamento de Estadísticas de la Procuración:

---

[11]   Al respecto, "Situación de niños, niñas y adolescentes privados de libertad en la Provincia de Buenos Aires, CELS-Unicef, 2003, fue la primera publicación que brindó una radiografía completa del sistema internativo en la Provincia de Buenos Aires. La exhaustiva desagregación de datos fue posible merced a la entrega de la Base de datos de Registro y Ubicación de Menores al CELS.

[12]   Ana Laura López, "Proceso de reforma legal e institucional", *ob.cit.*

Cuadro Nº 1: Adolescentes por causa penal, según
unidad de alojamiento. PBA 2006-2008

	Años							
	2001	2002	2003	2004	2005	2006	2007	2008 (*)
Unidad carcelaria	49	34	48	58	32	31	32	18
Instituto	1697	1118	1410	1229	1052	1168	465	299
Comisaría	24	38	99	5	1	9	0	0
TOTAL (**)	1770	1190	1557	1292	1085	1208	497	317

Fuente: Elaboración propia en base a datos del departamento
de estadísticas de la SCPBA
(*) Primer semestre. Proyección 2008 completo (x 2): 634

Estas estadísticas guardan homogeneidad interna hasta
el primer semestre del 2008, en donde comienza nuestro
desafío a la imaginación sociológica. Hasta aquí, es evidente
que la institucionalización de personas menores de edad
había tenido un descenso brusco entre el año 2006 y el año
2007, descenso que se explica por la sustancial disminución de adolescentes en institutos penales y la extinción
de menores alojados en Comisarias y también porque al
haberse derogado en abril de 2007 la Ley de Patronato
10.067, un grueso enorme de chicos con causas asistenciales
"pseudo-penales" desaparecen de los registros de institucionalización. Esta tendencia, con la implementación del
Fuero Penal Juvenil, parece mantenerse. En el año 2009 y
apelando a otras fuentes, podemos completar la lectura
del período, que nos va arrojar una tendencia sostenida
en la institucionalización global, pero con sustanciales
cambios hacia su interior.

Veamos una foto del año 2009, recordando que la foto
es estática, no nos informa sobre el movimiento de ingresos,

egresos y traslados, sino que nos hace una radiografía de la realidad internativa en un momento determinado:[13]

Cuadro Nº 2. Adolescentes privados de libertad por causas penales, según tipo de Institución –PBA 2009

Centros cerrados	Cantidad	%
Nuevo Dique	47	8,48
Almafuerte	39	7,04
Lugones	23	4,15
Castillito	14	2,53
Merlo (mujeres)	6	1,08
Mar del Plata	23	4,15
Legarra	6	1,08
Centros de recepción		
Malvinas Argentinas	112	20,22
Lomas de Zamora	112	20,22
La Plata	49	8,84
Dolores	13	2,35
Subtotal cerrados	444	
Semilibertad	110	19,858
Total	554	100,00

Fuente: Elaboración Ana Laura López en base a datos de la Dirección de Institutos Penales de la Subsecretaría de Niñez, Adolescencia y Familia de PBA – Junio de 2009.

Según este cuadro, la tendencia de disminución en las internaciones continuaría consolidándose, trazando una línea de continuidad entre el año 2007 y 2009, habida cuenta que la información del 2008 sólo nos reporta el primer semestre. El 51,62% de los jóvenes están alojados en Centros de Recepción, es decir, en sedes que deberían ser

---

[13]   Esta reconstrucción la hizo Ana Laura López componiendo todos los partes diarios de las instituciones al día 25 de junio de 2009. Desarrolla la metodología en extenso en el capítulo 7 de su tesis de Maestría, "Proceso de reforma legal e institucional...", *ob.cit.*

provisorias con perspectivas de rápidas derivaciones a lugares que ofrezcan condiciones de alojamiento y programas adecuados de educación, recreación y capacitación.[14] Un análisis detallado realiza Ana Laura López, quien a partir de la información reconstruida caracteriza el universo:

> El 2% tenía menos de 16 años, es decir, era legalmente inimputable pero se encontraba detenido bajo "medidas de seguridad"; el 57% entre 16 y 17 años, el 32,6% 18 años y el 8,5% restante entre 18 y 21 años. Para el total de la población, la media y moda se ubican en los 17 años [...]. En cuanto al sexo, el 98,7% eran varones y sólo el 1,3% mujeres [...]. En cuanto al órgano judicial del cual dependían los adolescentes detenidos, el 69% estaba bajo Juzgado de Garantías, el 29% de Responsabilidad Penal Juvenil, el 2% en Cámara de Apelaciones y menos del 1% en Tribunal de Menores (denominación del viejo sistema). En cuanto al tiempo de permanencia en el instituto (calculado en base a la fecha de ingreso, que no contempla el tiempo de permanencia en otros institutos en caso de haber sido trasladados, lo cual marca un sub-registro importante de tiempo de permanencia) se destaca que el 43% lleva entre 6 y 90 días de detención, el 20% entre 3 y 6 meses e igual guarismo para los que están entre 6 meses y 1 año; mientras que el 11,4% hace 1 año o más.[15]

---

[14] En las visitas realizadas durante los años 2009 y 2010 a estos Centros de Recepción, en el marco de la investigación emprendida entre el GESPYDH, el Observatorio de Adolescentes y Jóvenes y el Comité contra la Tortura, los testimonios de los jóvenes sobre las nulas actividades a realizar en esas dependencias provisorias, los extensos períodos de inacción, las precarias instancias de educación y capacitación y los inacabables momentos de ocio fueron constantes.

[15] Se recupera sólo la información que admite ser comparada con la de la jurisdicción de Ciudad de Buenos Aires. El análisis que realiza López es bastante más complejo y agrega variables como instancia procesal de la causa aplicando las previsiones de la Ley 13.634, sobrepoblación por institución, etc. Otros datos, como el uso de los recursos de internación por cada departamento judicial, serán recuperados más adelante.

Esta información puede actualizarse con la información suministrada por el AISRPJ ante la solicitud formulada en que se informa sobre los ingresos de menores de edad por causas penales en el año 2010 desagregados. Los datos globales dan cuenta de que durante el año 2010 se produjeron 1463 ingresos en instituciones de la PBA de jóvenes incursos en procesos penales. Esta contabilidad incluye los Centros de Contención[16] (no contabilizados en los registros del 2009), los Centros Cerrados,[17] los Centros de Recepción,[18] las Comunidades Terapéuticas y las Clínicas Psiquiátricas.[19] Cabe mencionar que entre el año 2009 y el año 2010 se crearon nuevas plazas institucionales por efecto de la apertura de nuevos Centros de Recepción y la ampliación de vacantes institucionales en Centros Cerrados y de Recepción ya existente, amén de la duplicación de plazas en las alcaidías departamentales. Así, en 2010 hay

---

[16] Los Centros de Contención dependen de la Dirección de Medidas Alternativas y para 2010 eran 14 y disponen de 160 plazas, a saber: Gambier, Pelletier, Pelllegrini, Tránsito y Duplex (Depto. Judicial La Plata); Alte. Brown y Lanús (Depto. Judicial Lomas de Zamora), Dolores (Depto. Judicial Dolores), Mercedes, Moreno (Depto. Judicial Mercedes); Junín (Depto. Judicial Junín), Malvinas (Depto. Judicial San Martín); Vergara (Depto. Judicial Bahía Blanca) y Tandil (Depto. Judicial Azul).

[17] Los Centros Cerrados dependen de la Dirección de Institutos Penales y disponen de 214 plazas, a saber: La Matanza (creado en 2010, con 12 plazas), Almafuerte (36 plazas, hasta 2009 se consignaban 30), Nuevo Dique (40 plazas; hasta 2009 se consignaban 26 plazas), C. Mar del Plata (24 plazas), L. Lugones (23 plazas), Fco. Legarra (22 plazas, se aumentó la capacidad en 10 plazas), Dolores (18 plazas, eran 12 hasta 2009), El Castillito (14 plazas, eran 12), C.O.P.A. (8 plazas, este instituto estaba catalogado como Centro de Contención en 2009) y Merlo (mujeres, 14 plazas; se elevó la capacidad internativa en 2 plazas).

[18] Son 5 para el año 2010: Recepción Abasto (12 plazas), Recepción Mar del Plata (12 plazas), Recepción Malvinas Argentinas (84 plazas), Recepción Lomas de Zamora (98 plazas), Recepción La Plata (48 plazas), lo que hace un total de 254 plazas.

[19] En estos últimos casos, la capacidad depende de los convenios institucionales que se firmen en cada momento. Durante el año 2010, había 10 comunidades terapéuticas con convenios y 3 clínicas psiquiátricas.

una capacidad potencial de internación de 468 plazas, es decir, un incremento del 14,42% respecto al año 2009 en que habían sido 409. Considerando que las plazas suelen estar cubiertas a tope, se podría afirmar que su cantidad guarda correspondencia con el promedio diario de chicos institucionalizados.

El detalle de la información suministrada permite conocer para el año 2010 una distribución de la población internada según sexo, edad, tiempo promedio de permanencia en la institución y egresos, según hubieran sido efecto de una orden judicial, de una deserción o abandono de tratamiento, o de un traslado interinstitucional (los mal llamados egresos).

Una primera desagregación consiste en conocer la distribución de los jóvenes internados en PBA. De las 1463 internaciones el 60% fue a Centros de Recepción, el 28% a Centros Cerrados, el 10% a Centros de Contención (régimen semi-abierto) y el 2% restante a comunidades terapéuticas y clínicas psiquiátricas. El 88% de las derivaciones fue hacia instituciones cerradas, conservando los Centros de Recepción el mismo peso específico del año 2009.

Una distribución por sexo, replica distribuciones anteriores: un 98% de los adolescentes derivados a internación en el marco de procesos penales, fueron varones, siendo sólo 2% mujeres. Una distribución etaria muestra que un 12% de los adolescentes institucionalizados tenía menos de 16 años,[20] es decir, que habría aumentado respecto al año 2009 en forma preocupante la cantidad de niños

---

[20] Dado que la información primaria procede de la misma fuente, resulta difícil hacer aseveraciones terminantes sobre esta cuestión, sólo dejar el magnánimo beneficio de la duda, aunque la infografía de edad muestre cambios sustanciales respecto al año 2009, también en las otras franjas etarias. Así, en 2009 el 57,8% de las plazas había sido capturado por los jóvenes comprendidos entre 16 y 17 años, y un significativo 40% por jóvenes de 18 años y más.

y adolescentes sujetos a medidas de seguridad.[21] El 85% de las internaciones correspondió a la franja comprendida entre 16 y 17 años, mientras que el 3% restante fue ocupado por jóvenes de entre 18 y 20 años.

En la información que suministra la Subsecretaría de Minoridad a través del Área de Informática se consigna el detalle de las internaciones desagregadas por departamento judicial, pero no según los juzgados que hubieran intervenido en su derivación. Es importante hacer esta aclaración porque se presta a confusión toda vez que en otras oportunidades, tomando como fuente la información confeccionada por el Departamento de estadísticas de la Suprema Corte, se pudo hablar de "voluntad internativa de los jueces" a través de las derivaciones de internación oficiadas a la Dirección de Registro y Ubicación de Menores. En esta clave, pudieron hacerse afirmaciones como "Varios de los juzgados de los Distritos Judiciales de la PBA oficiaron una alta cantidad de derivaciones para internación al Registro y Ubicación durante el año 2004, en relación con la cantidad de causas penales iniciadas. Esto nos está indicando la existencia de tendencias internistas por parte de los jueces de menores"[22] y se pudo demostrar lo antedicho a través de parangonar la representación de causas penales de cada departamento judicial respecto a la proporción de plazas institucionales capturadas.

Al no disponer de la información consistente y homogénea para prolongar el análisis en la misma clave, sólo

---

[21]   Dado que la información primaria procede de la misma fuente, resulta difícil hacer aseveraciones terminantes sobre esta cuestión, sólo dejar el magnánimo beneficio de la duda, aunque la infografía de edad muestre cambios sustanciales respecto al año 2009, también en las otras franjas etarias. Así, en 2009 el 57,8% de las plazas había sido capturado por los jóvenes comprendidos entre 16 y 17 años, y un significativo 40% por jóvenes de 18 años y más.

[22]   Julieta Azcarate y Silvia Guemureman "Informe de la Dirección Provincial tutelar", ob. cit.

se pueden realizar análisis fragmentados en cuanto a la
proporción de jóvenes incursos en causas penales (para
los años 2006 y 2007) por DJ e Investigaciones Penales
Preparatorias iniciadas en el FRPJ (años 2009 y 2010)[23] de
un lado, y de otro, la distribución de los jóvenes en instituciones que corresponden geográficamente hablando a las
jurisdicciones de departamentos judiciales, sin que por ello
se pueda extrapolar en forma automática las instituciones
con los juzgados derivantes.[24] Veamos:

*Cuadro N° 3: Causas penales e IPP iniciadas
en Tribunales de Menores y FRPJ. Serie 2006-
2009, según Departamento Judicial.*

	2006	2007	2009	2010
DEPARTAMENTOS/SEDES	PENALES	PENALES	IPP	IPP
La Plata	2556	2498	2986	3070
Mercedes	968	966	2144	1910
San Nicolás	836	830	1086	1208
Dolores	805	942	931	705
Azul	1087	1033	1105	975
Bahía Blanca	917	685	1273	1295
Mar del Plata	2142	1720	1646	1485
Junín	476	553	630	623
San Isidro	3779	3433	2333	2272
San Martín	3286	3300	3496	3516
Trenque Lauquen	926	764	850	690
Morón	2355	1883	1917	1812
Lomas de Zamora	4596	3857	2693	2306

[23] El año 2008 debe ser dejado de lado a los efectos del tratamiento es-
tadístico porque al haber sido la implementación del Fuero gradual y
escalonada, la información contiene muchos errores.

[24] Es ilustrativo el documento oficial publicado en el sitio de la Subsecretaría de Niñez y Adolescencia de la PBA sobre Centros de Contención
y Cerrados y Centros por etapa de implementación en que se describe
cuáles deberían ser las instituciones a recurrir en cada caso conforme
a los recursos jurisdiccionales propios o cercanos.

	2006	2007	2009	2010
DEPARTAMENTOS/SEDES	PENALES	PENALES	IPP	IPP
Necochea	268	321	436	325
Pergamino	401	235	468	490
Quilmes	1107	934	2190	1867
Zárate – Campana	795	839	1006	1026
La Matanza	2235	1955	1749	1820
Tandil	232	237		
Tres Arroyos	203	149		
Florencio Varela	699	449		
Berazategui	509	752		
Moreno	824	869		
TOTAL	**32002**	**29204**	**28939**	**27395**

Fuente: Elaboración propia en base a datos de la Oficina de Estadísticas de la Procuración de la Suprema Corte de PBA (2006-2007) y de SIMP (2009 y 2010).

Durante los años 2006 y 2007 fueron los DJ de Lomas de Zamora, San Isidro y San Martín, en ese orden, los que registraron la mayor apertura de causas penales, concentrando entre los tres más de un 35% de las causas penales abiertas en esos años. Con la implementación del FRPJ, el DJ San Martín es quien lleva la delantera, seguido del Departamento Judicial La Plata, después Lomas de Zamora y un poco más atrás, San Isidro. Bastante cerca siguen Mercedes, Quilmes y Morón, este último conservando la proporción de los años anteriores, a diferencia de Quilmes y Mercedes que la elevan significativamente.

Si quisiéramos poner en correspondencia las causas con las derivaciones judiciales a internación, podríamos hacerlo apelando como fuente a la información confeccionada por la Procuración de la Suprema Corte para el período 2006 y 2007, de la reconstrucción artesanal que sobre partes diarios construye López para el año 2009 y del Departamento de Evaluación y Derivación de Causas penales del Área de Informática para el año 2010.

Cada fuente tiene sus problemas: en el caso de la información del Departamento de Estadísticas de la Procuración, la misma arrastra errores en su construcción que no pudieron ser subsanados: no guarda coherencia interna en términos de secuencia lógica; en el caso de la información construida por López, según ella refiere, contiene la limitación ínsita de la fuente,[25] no obstante lo cual, muestra una continuidad en la tendencia internativa propia de cada departamento judicial. No nos permite conocer cuál es la voluntad internativa de los jueces y la caracterización de los departamentos judiciales, pero sí conocer, a través de la población efectivamente institucionalizada, a la orden de qué juzgado están y qué proporción de plazas captura cada departamento judicial. En el caso de la información del organismo técnico administrativo, la misma no es suficientemente explícita sobre el alcance de la desagregación por departamento judicial, no sabiéndose a ciencia cierta si efectivamente el detalle se corresponde con las derivaciones realizadas por los departamentos judiciales que componen el FRPJ, o si consignan las institucionalizaciones distribuidas geográficamente por la sede judicial en que se encuentre localizado el recurso institucional utilizado (centro de contención, de recepción, centro cerrado, etc.) y el resultado pareciera disparatado de ser leído en forma lineal.

---

[25]   Dice Ana Laura López: "Los partes diarios son transversales y las causas longitudinales", resolviendo esta dispersión con el uso de porcentajes y afirmando que lo que se realiza es un "ensayo comparativo de datos" de valor heurístico. "Proceso de reforma legal e institucional", ob. cit.

Cuadro Nº 4: Adolescentes y jóvenes privados de libertad según Departamento Judicial

Dto. Judicial	2006				2007			
	Unidades carcelarias Total	Institutos Total	Comisarías Total	Totales	Unidades carcelarias Total	Institutos Total	Comisarías Total	Totales
La Plata (1)	1	36	0	37	1	41	0	42
Mercedes	3	94	0	220	3	25	0	28
San Nicolás	No informa			No informa	5	66	0	71
Dolores	0	40	0	40	0	34	0	34
Azul	0	19	0	32	0	1	0	9
B. Blanca	0	15	9	51	0	2	0	4
M. del Plata	1	52	0	53	0	21	0	21
Junín	No informa			No informa	No informa			No informa
San Isidro	0	71	0	71	0	52	0	60
San Martín	8	103	0	111	9	49	0	58
T. Lauquen		No discrimina		119		No discrimina		124
Morón	7	112	0	148	5	84	0	132
Lomas de Zamora (1)	4	114	0	119	2	20	0	22
Necochea	0	4	0	4	0	2	0	2
Pergamino	1	16	0	17	1	7	0	8
Quilmes	4	104	0	108	4	14	0	277
Zárate – Campana	1	19	0	30	1	12	0	28
La Matanza	1	368	0	379	1	35	0	36
TOTAL	31	1167	9	1539	32	465	0	956

Observaciones:

(1) Información parcial, algunos Tribunales no informaron datos

Las celdas marcadas en gris representan totales; Tribunales que no discriminan Unidad Carcelaria, Institutos o Comisarías.

Hasta este cuadro, podría señalarse a los departamentos judiciales de La Matanza y Mercedes como aquéllos que recurrirían más a los recursos institucionales para internar adolescentes en conflicto con la ley penal, seguidos de cerca por Morón, Trenque Lauquen, Lomas de Zamora, San Martín y Quilmes. En 2007, el departamento más internador habría sido Quilmes seguido de Morón y Trenque-Lauquen.[26]

Para el año 2009, siguiendo el análisis de Ana Laura López, mientras que Lomas de Zamora, Morón y San Isidro alcanzan respectivamente un 12,4%, 13,5% y 5,6% más de adolescentes detenidos en relación con el porcentaje de causas que tramitan, otros departamentos judiciales como San Martín y La Plata mantienen niveles de privación de libertad por debajo del porcentaje de causas que tramitan, 9,1% y 5,5% respectivamente.

En el informe suministrado por el Área de Informática se consigna una distribución de ingresos institucionales de jóvenes en el marco de procesos penales que ubica al Departamento Judicial de Mar del Plata como aquel que concentra la mayor cantidad de los ingresos institucionales (16%), seguido de Lomas de Zamora (13%), San Martín (11%), Morón y La Plata (9%), a los que siguen a escasa distancia San Isidro y Mercedes (sendos 8%). Fue la alta *perfomance* de Mar del Plata, a todas luces reñida con una realidad aunque más no fuere ficcional, la que hizo dudar de que la información suministrada informara efectivamente sobre derivaciones judiciales de

---

[26] Dudamos de estas cifras que ubican a Departamentos Judiciales como Mercedes al tope de las internaciones, seguido de Trenque Lauquen, un departamento con un porcentaje muy bajo de causas iniciadas. En 2007, muestra respecto a Quilmes un comportamiento que no guarda correspondencia ni con el registro anterior, ni con el registro histórico. Julieta Azcarate y Silvia Guemureman, "Informe de la Dirección Provincial tutelar...", ob. cit.

internación y no, como se cree, sobre jóvenes alojados según la ubicación geográfica de las instituciones de referencia, leída ésta en clave de departamento judicial y no como variable independiente de la instancia judicial derivante. Esto explicaría que mayores proporciones de jóvenes aparezcan ingresados en los departamentos judiciales donde están enclavados los centros cerrados, de recepción y de contención. Así se explicaría la altísima proporción de Mar del Plata (que en la estadística del SIMP concentra sólo el 5,4 de las IPP iniciadas durante el 2010).

Tiempo de permanencia en Centros Cerrados, de Contención, de Recepción, etc. Máximos, mínimos y promedios

Según la información suministrada por el Área de Informática, el rango de duración de las internaciones fluctúa entre menos de 15 días y más de un año. Una distribución de tiempos dio cuenta de que durante el año 2010, el 25,77% de los adolescentes que pasaron por instituciones, permanecieron menos de 15 días, es decir que una cuarta parte tuvo internaciones breves, no obstante, más de un tercio fue alojado en centros cerrados (288 de 730) y algo más del 10% directamente en Centros de Contención (75). Si extendemos el plazo de 15 días a un mes, se añade un 7,73% más, lo que sumado, hace un total de 33,5%, lo que equivale a afirmar que un tercio de la población que fue derivada a institucionalización en el marco de un proceso penal lo fue en un tiempo que osciló entre un día y un mes. Hubo otro 17% que permaneció internado entre 1 y 3 meses, y un significativo 18% entre 3 y 6 meses, lo que podría considerarse como institucionalizaciones de duración prolongada.[27] Según el régimen procesal, la prisión preventiva puede ser dictada hasta los 180 días, que excepcionalmente pueden ser prorrogados por otros 180. Esta excepción alcanzó a un 31% de los adolescentes y los jóvenes, que permanecieron internados en períodos que excedieron el dictado de la prisión preventiva que fue prorrogada. Menos de un 1% estuvo internado por un lapso superior al año. Muchas de las internaciones se prolongaron en traslados a otras instituciones en donde continuó la ejecución de la medida o la condena.[28] Un análisis del uso de los recursos de internación da cuenta de que los Centros de Recepción son la variable de ajuste del sistema, no pudiéndose encontrar una estricta correlación entre tiempo de internación, estadio procesal y sede de alojamiento. Cabría esperar que, conforme pasan los meses, las internaciones de los Centros de Recepción deriven a los Centros Cerrados o a los Centros de Contención, cosa que no se produce con la regularidad que debiera, siendo los traslados regulados por la disposición de vacantes y plazas institucionales más que por los tiempos procesales. Distinto comportamiento muestran las comunidades psiquiátricas, usualmente utilizadas en momentos de diagnóstico, lo que explica las internaciones con baja permanencia (4 alojados por menos de 15 días), y las internaciones crónicas para casos psiquiátricos graves, lo que explica las internaciones de más de 6 meses hasta el año. Los hogares

---

[27] Ana Laura López para 2009 constató un 43% de los adolescentes con internaciones hasta 3 meses, sendos 20% para internaciones comprendidas entre los 3 y los 6 meses, y los 6 meses y el año cumplido, habiendo constatado en su relevamiento un preocupante 11% con permanencia mayor al año, cifra que según la última información del Área Informática habría descendido a menos un 1%.

[28] Este dato no es real: tiene la peculiaridad de sólo recuperar para el registro la permanencia de ingresos del año en curso (2010), perdiéndose la "antigüedad" de los jóvenes que vienen internados desde el año anterior.

convivenciales aparecen muy residualmente presentes en el *fixture* internativo y constituyen resabios no explicables a partir del ordenamiento normativo actual. En el caso de las comunidades terapéuticas, reconocen internaciones de duración diversa, en muchos casos finalizadas, como lo consignan los cuadros de detalle de egresos, por *deserciones o abandonos unilaterales del programa*.

En síntesis, podría afirmarse que las internaciones de adolescentes y jóvenes en la PBA en el marco de los procesos penales luego de la implementación del FRPJ son de duraciones promedio más largas que susceptibles de observar en los Centros Cerrados en Ciudad de Buenos Aires,[29] habiéndose constatado también un aumento sostenido de plazas de internación a través de un plan de obras que incluye la construcción de nuevos centros de Recepción y de Contención. Es preocupante que la instauración del Fuero de Responsabilidad Penal Juvenil tenga una consecuencia tangible inmediata, observable en la extensión de los plazos de internación, que alejan la perspectiva de convertir a la privación de la libertad en una medida excepcional y de última instancia.

Egresos consentidos por orden judicial (los "genuinos"), las deserciones y los abandonos unilaterales de tratamiento (los "espurios") y los traslados (los "falsos egresos")

El título copia la conceptualización utilizada por el Departamento de Evaluación y Derivación de causas

---

[29]   Dato que se puede extraer de los Anuarios Estadísticos que confecciona el Observatorio de Niñez y Adolescencia de la Secretaría Nacional de Niñez, Adolescencia y Familia. Secretaría de Niñez, Adolescencia y Familia, Observatorio de Infancia y Adolescencia, Anuarios 2006, 2007, 2008 y 2009.

penales de la Subsecretaría de Niñez y Adolescencia de PBA y sirve para ampliar el repertorio de categorías que refiere al mismo fenómeno del que se pretende dar cuenta: si los egresos fueron ordenados o si, por el contrario, fueron de facto, consumados ante la fuga, el abandono de tratamiento, la licencia prolongada, etc., o si el egreso no es sino una contabilidad ejecutiva que saca de un casillero para colocar en otro.

En la PBA, sólo contamos con información detallada sobre los egresos para el año 2010. Según la información disponible, se produjeron 980 *egresos consentidos*, a los que deben añadirse 224 egresos producto de *deserción o abandono unilateral de programas* y 27 egresos por traslado a unidades penitenciarias del servicio bonaerense. Estos parciales suman 1231 egresos del circuito institucional de privación de libertad destinado a adolescentes y jóvenes, y al afirmar esto, explícitamente estamos dejando fuera de consideración los traslados entre instituciones de jóvenes en el marco de un proceso penal, ya que dichos traslados hacen a la circulación interinstitucional y no constituyen egresos.

No hay mucho que agregar de los *egresos consentidos*, ya que no hay información sobre "destinos" al egreso, sólo un detalle por sexo, edad y departamento judicial desde el que se produce el *egreso*, replicando las distribuciones las representaciones de sexo, edad y departamento judicial consignadas en los *ingresos*. Se conservan las proporciones y no cabe agregar ninguna información de carácter novedoso.

En el caso de las *deserciones o abandonos unilaterales*, cabe consignar que se informa un porcentaje muy alto (51%) de egresos de este tipo procedentes de Centros de Contención, que tienen dispositivos de seguridad reforzados que no deberían hacer tan fácil la deserción. Hay un 23% de deserciones de las Comunidades terapéuticas, que son la modalidad más blanda, y un 13% de deserciones de centros cerrados.

Hay 27 jóvenes (26 varones y una mujer) que son trasladados desde los institutos a unidades del Servicio penitenciario bonaerense, todos mayores de 18 años y trasladados en virtud del dictado de condenas efectivas.

Párrafo aparte merecen los *traslados entre instituciones*, ya que los mismos describen circuitos típicos. Durante el año 2010 se produjeron 1240 traslados entre instituciones, el 43,38% procedente de Centros de Recepción, otro significativo 42% procedente de centros cerrados, un 11% de Centros de Contención y los pocos traslados restantes se dividen entre comunidades terapéuticas, clínicas psiquiátricas y hogares convivenciales. El seguimiento de las derivaciones describe una modalidad que es bastante constante: la derivación entre instituciones del mismo tipo. En el caso de los Centros cerrados y de los Centros de Contención se replica el patrón de derivación que tiene por efecto la circulación de los jóvenes en la red institucional de la Subsecretaría de Niñez, que pasan durante su privación de la libertad por varios centros cerrados o centros de contención, siendo "habitués" y "viejos conocidos" de los maestros y del personal que reviste en dichos centros.[30] La proporción de los traslados de un Centro cerrado a otro alcanzó el 47%, o sea casi la mitad de los traslados que se hicieron desde Centros cerrados, y las dos terceras partes (66,77%) de los traslados se hicieron desde algún

---

[30] Esta afirmación procede de la investigación de tipo cualitativo realizada por el equipo del GESPYDH y el Observatorio, en la que los traslados aparecen como una constante y en cuyo transcurso se produce una acumulación de conocimientos que es trasmitido en forma oral entre los jóvenes, siendo éstos los mejores informantes sobre regímenes de vida, condiciones de detención, actividades, trato por parte de los guardias, dirección, etc. No ha sido infrecuente durante las visitas realizadas con el Comité contra la Tortura encontrar a los mismos jóvenes en diferentes centros de recepción, contención y centros cerrados.

Centro de Contención a otro. En el caso de las derivaciones desde Centros de Recepción, el patrón de derivación hacia Centros Cerrados (46%) y Centros de Contención es esperable (26%). La circulación entre diversos centros de Recepción alcanza a menos de un 10%.

Para terminar: ¿es la privación de la libertad la medida de última instancia?

Queda demostrado que la privación de la libertad aún alcanza a gran cantidad de adolescentes y jóvenes en el marco de procesos penales, aun cuando es objetivo afirmar que la privación de la libertad ha disminuido en los últimos años, lo que refleja una dinámica que expresa la realidad política, normativa e institucional de la jurisdicción bonaerense.

Una breve reconstrucción histórica nos remonta al año 2004 y al incendio en la Comisaría de Quilmes al que sucedieron sendas resoluciones del Ministerio de Seguridad (Res. 1623/04), que declaró la prohibición de alojar menores en Comisarías, y la Resolución 1212/04 del Ministerio de Desarrollo Humano provincial que regula funciones, atribuciones y competencias de la Subsecretaría de Minoridad, promoviendo cambios sustanciales en el tratamiento de las personas menores de edad que han cometido, o que presuntamente han cometido delitos, que recién se harán sentir en el año 2005.[31] Una constatación sobre sus efectos fue la cantidad de personas que ingresaron al cir-

---

[31] Esta Resolución acota grandemente las demandas de internación ya que establece en uno de sus Anexos lineamientos para la tramitación y la gestión de ingresos de adolescentes con causas judicial penal en el sistema internativo y, al exigir el cumplimiento de pasos procesales como prerrequisito para proceder a la internación de adolescentes y jóvenes, éstas empiezan a ser menos discrecionales.

cuito institucional de la Dirección Provincial del Menor: mientras que en 2004 habían sido 1182 casos, en 2005, y según el Informe sobre "Niños, niñas y adolescentes privados de libertad" elaborado por la Dirección Nacional de Atención Directa a Grupos Vulnerables de la Secretaría de Derechos Humanos de la Nación, se reportó un total de 578 adolescentes alojados en instituciones de tipo penal a junio del 2005.[32]

En PBA, las privaciones de libertad de adolescentes y jóvenes muestran registros más bajos y menos escandalosos que aquéllos que se conocieron en 2003,[33] pero los registros de los últimos años permiten inferir que el proceso iniciado con la implementación del Fuero Penal Juvenil aún contiene movimientos internos que a modo de tensiones están dirimiendo los efectos y las consecuencias de la aplicación de mayores garantías procesales, dato de indudable veracidad que puede constatarse en los registros judiciales, en las estadísticas del SIMP e incluso en los mismos testimonios de los jóvenes institucionalizados que refieren haber tenido la audiencia en el plazo estipulado. Sin embargo, el proceso de construcción de nuevos centros de contención y recepción, la ampliación de plazas institucionales en los distintos enclaves institucionales podrían ser indicadores de algo más que una readecuación funcional en términos jurisdiccionales y podría ser un indicador de ampliación

---

[32] Ministerio de Justicia, Secretaría de Derechos Humanos, *Privados de libertad: Situación de niños, niñas y adolescentes en la Argentina*, Buenos Aires, 2006. Si bien esta cifra es sensiblemente menor, no está hablando de los ingresos/las altas a instituciones penales, sino de los presentes al día del relevamiento.

[33] Según el Informe "Situación de niños, niñas y adolescentes privados de libertad en la Provincia de Buenos Aires", CELS-Unicef, 2003, en 2001 había bajo las dependencias del organismo técnico administrativo, entonces Consejo Provincial del Menor, 8195 niños y adolescentes privados de libertad, de los cuales el 18% estaba por causas penales, lo que representa 1560.

de capacidad internativa que luego nunca queda ociosa. En este caso, cabría esperar un escenario de aumento progresivo de las internaciones, máxime cuando ya se observa entre 2009 y 2010 un preocupante número de adolescentes menores de 16 años sujetos a medidas de seguridad. Este número tendría vía franca para convertirse en medida de privación de libertad en caso de procederse a bajar la edad de imputabilidad, y la expresión de preocupación se convertirá en ese caso en franca alarma.

Para cerrar este artículo, apelamos a información de cosecha propia que nos habilita a hablar de la realidad material de la internación y de las condiciones de detención con una contundencia difícilmente refutable, y con esto abonar la afirmación que encabeza este artículo, esa que asevera que *la internación nunca es cosa buena*. Así son contundentes los resultados obtenidos en el relevamiento realizado en el marco del proyecto "Engomados. Situación de los adolescentes en institutos de menores de la PBA. Violencia y Circuitos Institucionales de administración del castigo penal minoril", en cuyo transcurso se visitaron todos los institutos que alojan adolescentes y jóvenes con causas penales entre los años 2009-2010.[34]

---

[34] El proyecto desarrollado por el equipo del Observatorio de Adolescentes y Jóvenes y el GESPYDH constituye una subdimensión del proyecto marco "El 'programa' de gobernabilidad penitenciaria: Un estudio sobre el despliegue del régimen disciplinario-sanciones y aislamiento, los procedimientos de requisa, los mecanismos de traslados y agresiones físicas institucionalizadas en cárceles del Servicio Penitenciario Bonaerense", coordinado por Alcira Daroqui. Durante el 2009 se realizó la prueba piloto que alcanzó tres institutos: Centro de Recepción de La Plata (con 51 varones alojados); Centro de Recepción de Lomas de Zamora (con 107 varones alojados) y Centro Cerrado de Merlo (con 8 mujeres alojadas). Se realizaron un total de 79 encuestas, y la muestra registró un alto porcentaje de representatividad en relación con el total de la población alojada como así también en cuanto a su distribución al interior de los institutos. En el año 2010 se completó el relevamiento en los institutos restantes de la provincia de Buenos Aires, alcanzando

De todos los módulos que componen la encuesta, solamente hemos seleccionado los resultados referidos al encierro punitivo en los institutos, que condensa las dimensiones de condiciones al ingreso, régimen de vida, actividades y uso del tiempo y agresiones. Ésta es la síntesis de las respuestas:[35]

> Al ingresar a la institución, de 241 jóvenes, el 73% de los encuestados estuvo hasta 6 días encerrado sin salir de la celda, a modo de período de "adaptación". Mientras, un 2,9% aún no había salido al momento de ser encuestado.
>
> En el régimen de vida cotidiano del instituto, el 22,8% de los adolescentes no sale todos los días de su celda. Respecto de las horas de recreación, un 7,5% manifestó que sale de su celda hasta una hora por día. El 54,03% declaró que permanece entre 18 y 24 horas sin salir de su celda; y hay otro 18% que permanece por más de 24 horas seguidas.
>
> El 98,3% manifestó que le practican la requisa de cuerpo con modalidad de desnudo total y flexiones, en general entre 2 y 3 flexiones con exhibición de genitales. En el 59% de los casos esta forma de requisa se reitera a diario.
>
> El 22%, o sea 50 de los adolescentes encuestados, manifestó haber sido agredido de alguna manera por el personal a cargo del cuidado de los mismos ("maestros"- celadores). El 80% de los adolescentes que manifestó haber sido agredido mencionó haber recibido insultos (violencia verbal); el 59,6%, empujones; el 48,1%, golpes y el 15,4% haber sido víctima de golpizas. Así, insulto, empujón y golpe constituyen las tres principales formas de agresión ejercidas por el personal ("maestros"-celadores) de los institutos sobre los adolescentes presos. El 3,3% de los jóvenes declaró haber

---

a la realización de 241 encuestas, es decir, que se ha encuestado al 50% de los adolescentes y los jóvenes institucionalizados.

[35] Primer informe preliminar Prueba Piloto Proyecto "*Engomados*: Situación de los adolescentes en institutos de menores de la Provincia de Buenos Aires. Violencia y circuitos institucionales de administración del castigo penal minoril", abril de 2010, Equipo Observatorio Adolescentes y Jóvenes y GESPYDH. Se actualizan los datos con el total de las encuestas.

recibido escupitajos; el 5,8%, tirones de pelo y el 7,7%, tirones de oreja.

Los jóvenes sancionados en el instituto de permanencia al momento de la encuesta ascendieron al 69,2%; un 29%, una sola vez y otro tanto entre dos y tres veces. La mayor cantidad de sanciones consistió en aislamiento (engome, encierro prolongado en la celda), prohibición de salir al patio, suspensión de la recreación y restricción de cigarrillos. En relación con las faltas pasibles de sanción, el 66% manifestó no haber recibido el reglamento por escrito al ingresar al instituto, aunque de los que declararon que sí, la mitad afirmó que no se lo dejaron conservar.

El 32,1% de los sancionados no recibió comunicación formal (escrita) de la misma.

Entre los sancionados, el 57,1% no pudo apelar dicha medida ante ninguna autoridad. Entre quienes pudieron apelarla, el 35,5% lo hizo ante el director. El 24,4%, ante el jefe de guardia y el 40% restante, ante otro asistente de minoridad o personal sin jerarquía. Al ser consultados, el 91,2% desconoce que pueden apelar las sanciones impuestas en el instituto frente a su defensor oficial.

Los jóvenes y adolescentes ingresantes al sistema penal juvenil padecen violencias físicas y psicológicas severas por parte del personal policial al momento de la detención y durante el alojamiento prolongado dentro de las comisarías. El ingreso a los institutos comienza por "la bienvenida" a golpes y amenazas de los "maestros-celadores". Una vez ingresados al instituto, deben permanecer 5 días encerrados en la celda sin salir en ningún momento y sin objetos o mobiliario, como terapéutica de "adaptación" a la institución. Luego de este período, los adolescentes se encuentran encerrados ("engomados") en su mayoría por más de 22 horas, son requisados diariamente con la práctica más humillante: el desnudo total y flexiones. Son sancionados sistemáticamente con la medida de aislamiento por plazos prolongados, que como mínimo son de 7 días.

Este programa resocializador reconoce prácticas de "violencia pedagógica" a cargo de los "maestros" quienes en sus expresiones más descarnadas ejercen sobre los jóvenes:

insultos-amenazas, golpes, golpizas, pinchazos de arma blanca, tirones de oreja, de pelo, cachetazos, escupitajos, cabezazos y hasta ahorcamiento, nada que los diferencie de las prácticas violentas del servicio penitenciario bonaerense.[36] Este "tratamiento" se complementa con una asistencia y tiempo deficitario en la escuela, en particular de la mayoría de los jóvenes en el nivel primario, con la no participación en actividades recreativas y la falta o deficitaria atención de los equipos técnicos de los institutos.

Si lo que expresa esta investigación es que la privación de la libertad no es sino una vía regia en la vulneración de derechos y el núcleo duro de la privación de la libertad en términos de malos tratos, restricciones de todo tipo, falta de acceso a la salud, a la educación, a la recreación y a los programas de rehabilitación efectiva, la máxima sobre la privación de la libertad se mantiene: debe ser una medida de última instancia y por el menor tiempo posible. Y también que debería sanearse o mejorarse, para los pocos que lleguen a ser derivados ahí y por el poco tiempo que los tengan.

¿Quién quiere después de estos contundentes datos promover directa o indirectamente que haya mayor cantidad de niños, adolescentes y jóvenes que pasen por instituciones de encierro punitivo?

---

[36] Ver Informe Anual 2011, Capítulo Responsabilidad penal juvenil, Comisión Provincial por la Memoria, Comité Contra la Tortura, La Plata, 2011; y los resultados de la Investigación conjunta con el GESPYDH, "*Engomados*: Situación de los adolescentes en institutos de menores", ob. cit.

Sobre los autores

Editoras:

Isabella Cosse (CONICET / UdeSA) – Licenciada en Historia (Universidad de la República, Uruguay) y Doctora en Historia (Universidad de San Andrés). Es investigadora del CONICET y profesora de posgrado en la UBA, la FLACSO (Argentina) y la Universidad Nacional General San Martín. Entre sus libros se cuentan: *Estigmas de nacimiento: Peronismo y orden familiar, 1946-1955* (Buenos Aires, Fondo de Cultura Económica, 2006), *Pareja, sexualidad y Familia en los años sesenta* (Buenos Aires, Siglo XXI, 2010) y la compilación (en coautoría) *Los sesenta de otra manera. Vida cotidiana, género y sexualidades en la Argentina* (Buenos Aires, Prometeo, 2010).

Valeria Llobet (CONICET / UNSAM) – Es Psicóloga por la Universidad Nacional de Buenos Aires y Doctora en Psicología por la misma universidad. Realizó una estancia posdoctoral en The New School University en el área de estudios de infancia. Es investigadora del CONICET y profesora de la Universidad Nacional de San Martín y en posgrado de la FLACSO (Argentina) y de la Universidad de Buenos Aires. Ha publicado recientemente *¿Fábricas de Niños? Las Instituciones en la era de los derechos* (Noveduc, Buenos Aires, 2010), y ha escrito numerosos capítulos en compilaciones y artículos en revistas argentinas y extranjeras.

Carla Villalta (UBA / CONICET) – Doctora en Antropología de la Facultad de Filosofía y Letras de la Universidad de Buenos Aires. Es investigadora del CONICET, del Equipo de Antropología Política y Jurídica y docente de la carrera de Ciencias Antropológicas de la Facultad de Filosofía y Letras (UBA). Ha dictado cursos de posgrado en distintas universidades nacionales. Actualmente es directora de un proyecto de investigación UBACyT y ha dirigido un proyecto PICT de la ANPCyT. Ha publicado la compilación *Infancia, justicia y derechos humanos* (Buenos Aires, Editorial UNQ, 2010) y numerosos artículos en libros y en revistas científicas nacionales y extranjeras.

María Carolina Zapiola (UNGS) – Es Historiadora por la Universidad de Buenos Aires, Magíster en Sociología de la Cultura y Análisis Cultural por la Universidad Nacional de General San Martín y doctoranda en Historia en la Universidad de Buenos Aires. Se desempeña como investigadora y docente en el Instituto de Ciencias de la Universidad Nacional de General Sarmiento y dicta cursos de posgrado en la misma casa de estudios. Su campo de estudios es la Historia de la Infancia en Argentina entre fines del siglo XIX y mediados del siglo XX y cuenta con numerosas publicaciones sobre esa temática en libros y revistas nacionales y extranjeros.

Autores/as:

Adriana Álvarez (UNMdP / CONICET) – Magíster en Historia por la Universidad Nacional de Mar del Plata y Doctora en Historia por la UNICEN. Es Investigadora Adjunta de CONICET y Profesora Regular del Departamento de Historia de la Facultad de Humanidades de la UNMdP y de la Maestría y Doctorado en Historia de la misma

Universidad. Su campo de estudio es el de la historia social
de la salud. Ha publicado –como autora o coautora– seis
libros en su especialidad y más de una treintena de artículos
en revistas referadas y libros especializados.

María José Billorou (UNLpam) – Es profesora de
Historia de la Facultad de Filosofía y Letras (UBA) y Magíster
en Estudios Sociales y Culturales de la Universidad Nacional
de La Pampa. En la actualidad es Profesora Adjunta de
la Facultad de Ciencias Humanas de esa misma casa de
estudios y co-dirige el proyecto "Instituciones, actores y
prácticas. Sociedad y Economía en La Pampa, siglos XIX y
XX". Su campo de estudio es la historia de las mujeres y la
historia social del siglo XX, temática sobre la que ha publicado libros y numerosos artículos en revistas especializadas.

Sandra Carli (UBA / CONICET) – Doctora en Educación
por la Universidad de Buenos Aires. Es Investigadora independiente del CONICET del Instituto Gino Germani de
la Facultad de Ciencias Sociales de la UBA y es Profesora
Titular Regular de esa misma casa de estudios. Su campo
de investigación es la historia de la infancia en la Argentina.
Entre sus libros se cuentan: *Niñez, Pedagogía y Política.
Transformaciones de los discursos acerca de la infancia en
la historia de la educación argentina. 1880-1955* (Buenos
Aires, Miño y Dávila, 2002), la compilación *La cuestión de
la infancia. Entre la escuela, la calle y el shopping* (Buenos
Aires, Paidós, 2006) y *La memoria de la infancia. Estudios
sobre historia, cultura y sociedad* (Buenos Aires, Paidós,
2011).

Carolina Ciordia (UBA / CONICET) – Es profesora
en Ciencias Antropológicas, Facultad de Filosofía y Letras,
Universidad de Buenos Aires, Doctoranda en Antropología
por la misma casa de estudios y becaria doctoral CONICET.

Es integrante del Equipo de Antropología Política y Jurídica, Sección de Antropología Social, Instituto de Ciencias Antropológicas, FFyL, UBA. Su investigación doctoral versa sobre las modalidades que asume el tránsito institucional de niños y niñas, objeto de "medidas de protección" dictadas por la justicia y/o por los órganos administrativos, entre distintos hogares convivenciales del conurbano bonaerense.

María Adelaida Colangelo (UNLP) - Licenciada en Antropología por la Universidad Nacional de La Plata y *Mestre em Sociologia* (Universidade Federal do Rio de Janeiro). Actualmente se desempeña como Profesora Adjunta en la Cátedra de Antropología Social II de la Facultad de Trabajo Social de la Universidad Nacional de La Plata. Sus investigaciones se centran en diferentes aspectos de la construcción social de la niñez y en la actualidad estudia los procesos de medicalización del cuidado infantil en la Argentina. Ha publicado numerosos artículos en revistas y libros de su especialidad.

Yolanda de Paz Trueba (UNICEN / CONICET) - Es investigadora del IEHS y docente de la Facultad de Ciencias Humanas de la UNICEN. Es autora de una veintena de artículos publicados en revistas nacionales y extranjeras, entre ellas *Entrepasados, Revista História* (UNESP, Brasil), *Revista Historia Crítica* (Universidad Nacional de los Andes, Colombia) y *Revista Secuencia* (México) y del libro *Mujeres y esfera pública. La campaña bonaerense entre 1880 y 1910* (Prohistoria Ediciones, Rosario, 2010).

Claudia Fonseca (UFRG - Brasil) - Es profesora en el Programa de Estudios de Posgrado en Antropología Social en la Universidade Federal do Rio Grande do Sul (Brasil) y en el Programa de Doctorado en Antropología de la Universidad Nacional de San Martín (Argentina). Ha realizado investigaciones y publicado numerosos libros y artículos sobre género, familia e infancia con el enfoque de la antropología jurídica y, más recientemente, de la antropología de la ciencia. Entre sus libros, se encuentra *Caminos de adopción* (Buenos Aires, Eudeba, 1998).

Paola Gallo (UNICEN) – Diplomada en Estudios Avanzados en Cultura y Sociedad (IDAES – UNSAM) y Doctora en Historia por la Universidad Nacional del Centro de la Provincia de Buenos Aires. Es investigadora del Instituto de Estudios Históricos y Sociales de esa misma casa de estudios, donde desarrolla su trabajo sobre la historia de la educación y la familia. Ha publicado numerosos artículos en revistas y el libro *Respeto y autoridad en el espacio escolar. Mutaciones y supervivencias de sus valores constitutivos* (Buenos Aires, FLACSO/Libros de la Araucaria, 2011)

María Florencia Gentile (UNGS / CONICET) – Es Socióloga (UBA), Master en Sociología (EHESS-Paris) y Doctoranda en Ciencias Sociales en la Universidad de Buenos Aires. Es Investigadora-Docente del Área de Sociología del Instituto de Ciencias (UNGS) y tiene una beca del CONICET. Es coautora del libro *Cruzar la calle. Niñez y adolescencia en las calles de la Ciudad* y publicó diversos artículos en revistas y libros. Actualmente investiga temas de infancia y juventud en sectores populares, situación de calle e instituciones de inclusión social.

Silvia Guemureman (UBA / CONICET) – Socióloga, especialista en problemáticas sociales infanto-juveniles, Doctora en Ciencias Sociales (UBA). Profesora en la Facultad de Ciencias Sociales y diversos posgrados. Es investigadora del CONICET en el Instituto de Investigaciones Gino Germani, Facultad de Ciencias Sociales (UBA) y coordina el Observatorio de Adolescentes y jóvenes. Entre sus publicaciones se encuentran: *La niñez ajusticiada* (Buenos Aires, Editores del Puerto, 2001); *Érase una vez... un tribunal de menores. Observatorio de demandas de intervención judicial en los tribunales de menores* (Buenos Aires, Departamento de Publicaciones de la Facultad de Derecho, UBA, 2005); y *La Cartografía moral de las prácticas judiciales* (Editores del Puerto, Buenos Aires, 2011).

Moysés Kuhlmann Jr. (Universidade São Francisco / Fundação Carlos Chagas / Conselho Nacional de Desenvolvimento Científico e Tecnológico, Brasil) – Es Pedagogo (Universidade de São Paulo), Magíster en Educación (Pontifícia Universidade Católica de São Paulo) y Doctor en Historia Social (Universidade de São Paulo). Ha realizado su posdoctorado en Ciencias de la Educación en la Universidad de Lisboa. Su campo de investigación es la Historia de la infancia y la Historia de la educación. Entre sus libros se encuentran: *Infância e educação infantil: uma abordagem histórica* (6a ed., Porto Alegre, Mediação, 2011) y *As grandes festas didáticas: a educação brasileira e as exposições internacionais* (Bragança Paulista, Edusf, 2001) y con M. Freitas, *Os intelectuais na história da infancia* (São Paulo, Cortez, 2002)

Lucía Lionetti (UNICEN) – Profesora y Licenciada en Historia. Doctora en Historia por la Universidad Autónoma de Madrid. Docente e investigadora del Instituto de Estudios Históricos y Sociales de la Universidad Nacional del Centro de la Provincia de Buenos Aires. Autora del libro *La misión política de la escuela pública: la educación del ciudadano de la república, 1870-1916* (Buenos Aires: Editorial Miño y Dávila, 2007) y compiladora (con Daniel Míguez) de *Las Infancias en la Historia. Intersecciones entre Prácticas, Discursos e Instituciones en Argentina, 1890-1960* (Buenos

Aires: Editorial Prometeo, 2010). También es autora de numerosos artículos y capítulos de libros publicados en la Argentina, Estados Unidos, México, Brasil, Chile y España.

Cecilia Rustoyburu (UNMdP / CONICET) – Es profesora y licenciada en Historia por la Universidad Nacional de Mar del Plata. Es doctoranda en Ciencias Sociales de la Facultad de Ciencias Sociales de la UBA y becaria Tipo II del CONICET. Forma parte del Grupo de Investigación sobre Familia, Género y Subjetividades que dirige el Lic. Norberto Álvarez (Centro Estudios Históricos, UNMdP). Su campo de investigación es la construcción social de la infancia y las transformaciones familiares en relación con los saberes biomédicos y psicológicos y ha publicado sobre dicha temática diversos artículos en revistas y libros.

Daniel Reynoso (UNMdP) – Es profesor y licenciado en Historia por la Universidad Nacional de Mar del Plata. Se desempeña como Profesor Regular del Departamento de Historia de la Facultad de Humanidades de esa casa de estudios. Es Director del Grupo de Investigación Historia Social Argentina (HISA) y actualmente ejecuta el proyecto "La tuberculosis infantil en Argentina. El impacto de sus imágenes. Una perspectiva desde los archivos del Hospital Marítimo y el Solarium de Mar del Plata en la primera mitad del siglo XX". Es autor de distintos libros, capítulos de libros y artículos referidos a la temática de su especialidad.

Laura Santillán (UBA – CONICET) – Doctora en Antropología por la Facultad de Filosofía y Letras de la Universidad de Buenos Aires. Es investigadora del CONICET y del Programa de Antropología y Educación del Instituto de Ciencias Antropológicas de la Facultad de Filosofía y Letras (UBA). Actualmente se desempeña como docente en materias de grado y posgrado en distintas universidades nacionales y dirige un proyecto de investigación UBACyT. Su campo de estudio es el de los procesos políticos y cotidianos de la crianza y la educación infantil en contextos de desigualdad social. Ha publicado numerosos artículos en revistas referadas nacionales y extranjeras, y libros de su especialidad.

Leandro Stagno (UNLP / CONICET) – Profesor en Ciencias de la Educación (UNLP) y Magíster en Ciencias Sociales con Mención en Educación (FLACSO Argentina). Es becario doctoral del CONICET y Jefe de Trabajos Prácticos de la cátedra Historia de la Educación General (Facultad de Humanidades y Ciencias de la Educación – UNLP). Su campo de investigación es el de la infancia, la judicialización de los jóvenes y la historia de la educación. Ha publicado diversos artículos en revistas y compilaciones y el libro *Una infancia aparte. La minoridad en la provincia de Buenos Aires (1930-1943)* (Buenos Aires, Libros Libres – FLACSO, 2010).

www.ingramcontent.com/pod-product-compliance
Lightning Source LLC
Chambersburg PA
CBHW020653270326
41928CB00005B/94